シリーズ 古代史をひらく

古代寺院

吉村武彦
吉川真司
川尻秋生
［編］

シリーズ 古代史をひらく

古代寺院

新たに見えてきた生活と文化

岩波書店

刊行にあたって

歴史を知ること、古代史を知ることの「面白さ」を伝えたい。本シリーズは、私たち編集委員のそうした思いからスタートしました。

幸い日本の古代史に関心を持つ人は多く、各地の遺跡や博物館は訪問者で賑わい、古代史をテーマとする書籍や情報も巷にあふれています。いっぽうで最新の研究の進展はめざましく、より精緻なものとなっているために、その成果を専門家以外の方と共有することが難しくなっていることも事実です。

しかし、新しくわかってきた歴史の実像を知ることの興奮や喜びは、他の何にも替えがたいものです。私たち研究者が日々味わっているこの「面白さ」を、「やさしく、深く、面白い」歴史叙述によってさまざまに「ひらく」ことを通じて、読者の皆さんにお伝えしたいと考えました。

本シリーズは「前方後円墳」「古代の都」「古代寺院」「渡来系移住民」「文字とことば」「国風文化」と、数ある古代史の論点のなかでも特に「モノから語る」ことに適したテーマ＝問題群ごとに各冊を編成しました。これらは、考古学・文学・日本語学・美術史学・建築史学など、隣接分野との緊密な連携なしに語れない問題群です。各分野で活躍中の執筆陣の参加を得て、多様な方向からできるかぎり具体的に、当時の社会や民衆のありように迫ることをめざしました。同時に、海外の信頼できる研究者に執筆を依頼して、国際的な観点からの新しい視角を紹介していきます。

さらにもう一つの特徴として、単なる研究成果の羅列にならないように、執筆者相互が原稿を読みあい、その問題群の面白さ、現段階での争点や未解決の論点、そして今後の研究の方向性などを話しあう「座談会」を各冊ごとに収録します。

全編をつうじて、従来の「古代史」の枠内に閉じこもるのでなく、そのテーマが日本史全体のなかでどういう意味を持つのか、つねに意識するように心がけました。「学際」「国際」「通史」という三方向の視点を併せ持つことで、これまでにない古代史のシリーズを創り上げ、未来に向けて「古代史をひらく」ことをめざします。

二〇一九年四月

編集委員
吉村武彦・吉川真司・川尻秋生

目次

＊　引用文・引用挿図の出典や本文記述の典拠などを示す際には、［吉川、二〇一九］のように略記し、その文献名・出版社・出版年などは各章末の文献一覧に示した。

＊　史料の引用にあたっては、原則として旧字体を新字体に、歴史的仮名遣いを現代仮名遣いに改めた（『万葉集』からの引用など、一部例外的に旧仮名遣いのままとした箇所がある）。

〈古代寺院〉への招待

吉川真司

古代寺院を訪れて

古代寺院を訪れるのは、ほんとうに特別な経験だと思う。法隆寺《ほうりゅうじ》に行ったときのことを思い出してみよう。松並木の向こうに五重塔が姿を現わすと、思わずはっとしてしまう。金堂《こんどう》に入り、落ち着いた光と香りに包まれて、釈迦《しゃか》三尊《さんぞん》像《ぞう》に対面する。その相貌は取っつきにくいけれど、なぜか目が離せない。やがて、石畳道のかなたに夢殿《ゆめどの》の屋根が見えてきて、美しいデザインに心躍る思いをする。――このような時間をもつのは、たいへん貴重なことである。はるかな古代を感じとり、魅了されてしまう人もいるだろう。

ただ、美術史や建築史を学んで、仏像や建物のスタイルがどのように変化したかを知っておけば、見学はずっと面白くなる。また、法隆寺や斑鳩《いかるが》地域の歴史を勉強すれば、ひとつひとつの文化財の意味がよくわかる。詳しい地図もほしい(**図1**)。

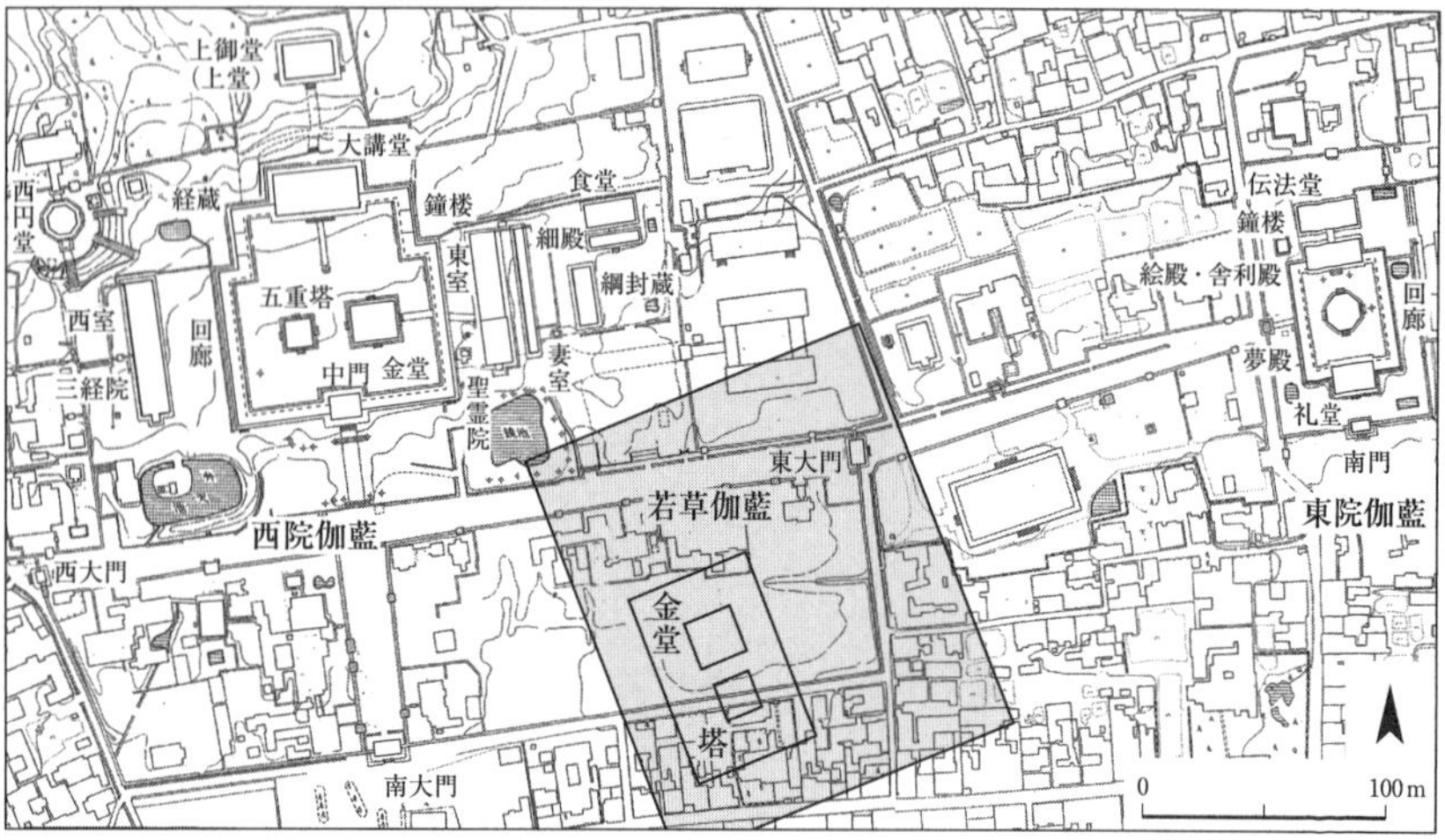

図1　法隆寺の地図（[奈良六大寺大観刊行会編，1972]の「解説」所収地図に，[仁藤，1991]所収の図を参考に加筆）

東大門のところで石畳道の方向が変わるのは、法隆寺の成立史に関わる問題なのだが[1]、地図があれば寺院全体を眺めわたし、かつての伽藍《がらん》の姿を考える手がかりにもなる。そして地図を手に、境内をくまなく歩く。東室《ひがしむろ》・西室《にしむろ》、食堂《じきどう》、綱封蔵《こうふうぞう》のように、有名ではないが、古代寺院の生活に欠かせない建物が目に入ってくる。知識と探究心をもって訪れれば、今も生きている古代寺院は、たくさんのことを教えてくれるのである。

　法隆寺を出て、西に三キロあまり行くと、近鉄生駒《いこま》線の

（1）古代の法隆寺は、三段階の歴史を経て形づくられた。第一段階が聖徳太子《しょうとくたいし》による若草《わかくさ》伽藍創建（七世紀初期）、第二段階が西院《さいいん》伽藍の再建（七世紀後葉―八世紀前葉）、第三段階が東院《とういん》伽藍の建立（八世紀中葉）である。このうち第一段階の建物と、第二・第三段階の建物は、方位が異なっている。前者は北で二〇度西に振れ、後者は八度西に振れる。東大門から北に伸びる道は、第一段階の古い方位をとどめており、飛鳥時代以来のものと考えられる。おそらく東大門を境として、東へ向かう道は第一段階、西へ向かう道は第二・第三段階の建設方位によっており、そのため一直線にならないのであろう。

勢野《せや》北口駅につく。すぐ近くに平隆寺《へいりゅうじ》という寺院がある。法隆寺と一字違いだが、こちらは小さく清々しい近世寺院で、受ける印象は全く異なっている。しかし平隆寺は、実は飛鳥《あすか》時代の寺院遺跡の上に建っていて、古い寺号を受けついでいるのである。平隆寺の「平」は平群氏《へぐりし》[2]の「平」。この地に勢力を張った古代豪族の氏寺《うじでら》[3]の遺跡が、今も地下に眠っている(**図2**)。

平隆寺を訪れる人はさほど多くない。古代の建物や仏像はすべて失われてしまった。しかし、本堂の床下をのぞけば古い礎石が並んでいるし、まわりの田畑や道ばたには布目《ぬのめ》のついた飛鳥時代の瓦《かわら》[4]が落ちている。なにより、すばらしい立地は古代から変わっていない。信貴山《しぎさん》から伸びてきた尾根の先端に、古代平隆寺の伽藍があった。大規模な造成工事のさまは、今でも地形からおおよそ見当がつく。在りし日の南大門から眺めれば、奈良盆地の水を集めた大和川《やまとがわ》の流れが、眼下に白く光っていたことだろう。

図2 平隆寺(著者撮影)

平隆寺は、これまでに何度か発掘調査された。参道の脇で塔跡が見つかり、

(2) 古代の有力豪族。蘇我《そが》氏・巨勢《こせ》氏・紀《き》氏などと同じく、建内宿禰《たけのうちのすくね》の後裔氏族とされ、五世紀ころに最も繁栄した。その本拠地は、平隆寺あたりからその北方の平群谷(奈良県平群町)にかけてと考えられる。

(3) 豪族が建てた寺院のこと。官寺に対する私寺に近い意味だが、研究上、寺院を建てた氏族が問題とされることが多いため、氏寺の語がよく使われる。しかし法隆寺のように、王族が創建した古代寺院を氏寺と呼ぶことは難しい。

(4) 布目瓦については、本書、菱田哲郎「遺跡からみた古代寺院の機能」七九頁、注3参照。

金堂は今の本堂の東側にあったらしい。塔・金堂・講堂が南北一直線にならぶ、四《し》天王寺《てんのうじ》式伽藍配置と考えられている。出土した軒瓦《のきがわら》は、法隆寺など斑鳩地域の寺院と同じ文様をもち、飛鳥・白鳳《はくほう》・奈良の各時代のものが見られる。平隆寺がいかなる人々と関係をもち、いつ・どのように建てられたかは、こうした考古資料から知ることができる。また、平安時代以降の文献史料もいくつかあり、中世の聖徳太子《しょうとくたいし》伝にもいろいろな伝承を収める(5)[奈良県立橿原考古学研究所、一九八四]。

斑鳩の法隆寺にも、もちろん豊かな考古資料と文献史料がある。法灯を今に伝える法隆寺も、遺跡となってしまった平隆寺も、かつては古代寺院として生き生きと活動していた。その痕跡がさまざまなかたちで、長い時間をこえて残っているのである。建築にも美術にも、地形にも道路にも、古代が息づいている。古代寺院やその遺跡を訪れて、よく歩き、よく見ることは、古代史に近づくための最良の方法だと思う。

飛鳥寺院

法隆寺(斑鳩寺)は七世紀の初期に創建された。私たちが見ている塔や金堂は、実はその時のものではない。やや東南にあった「若草《わかくさ》伽藍」こそが、聖徳太子が斑鳩宮《いかるがのみや》と東西にならべて建立した、最初の法隆寺であった。それが天智九年(六七

(5) 承平七年(九三七)の「信貴山《しぎさん》寺資財帳」(『平安遺文』四九〇四号)や延久二年(一〇七〇)の「興福寺大和国諸荘田畠坪付帳」(同四六四〇号)によれば、平隆寺の寺田は平群郡九条一四里にあった。現平隆寺の西側にあたり、いわゆる「寺辺所領」と見られる。したがって、古代の平隆寺は、その寺号で今の場所にあったと考えてよい。鎌倉時代以降は古文書に現われず、聖徳太子関係の説話が伝わるばかりになる。嘉吉元年(一四四一)の年紀をもつ『興福寺官務牒疏』は「平群寺。平群郡勢益《せや》原にあり。僧宇三十二坊、交衆二十一口、承仕十六人。推古天皇九辛酉年、平群神手将軍の本願なり。本尊は弥勒大士」と記す。しかし、

〇)に焼け落ちたあと、場所を少し移して再建されたのが、現在の「西院《さいいん》伽藍」なのである。(6)

法隆寺と同じころ創建された寺院を「飛鳥寺院」というが、その歴史は考古学によって解明されてきた[菱田、一九八六/大脇、一九九四/森、一九九八]。軒瓦の文様や製作技法から見れば、倭国《わこく》(日本)最初の本格的寺院は飛鳥寺《あすかでら》である。(7)発掘調査によって、飛鳥寺は塔を中心とし、その北・東・西に三つの金堂を置く、特異な伽藍配置であったことがわかった。文献史料によれば、飛鳥の真神原《まかみがはら》にこの寺を建てたのは、大臣蘇我馬子《おおおみそがのうまこ》である。百済《くだら》王が倭国に仏教を伝えたのは、五三八年とも五五二年ともされるが、(8)蘇我氏はずっと仏教護持の姿勢をとってきた。そして朝廷の排仏論をおさえこみ、崇峻《すしゅん》元年(五八八)に飛鳥寺の建設を始めたのである。八年後には主な堂塔ができあがり、ついで仏像の制作が進められたが、これらの事業を支えたのは百済の技術者たちだった。飛鳥寺は蘇我氏の庇護のもと、倭国の新しい宗教・技術のセンターとなっていく。

やがて、王族・豪族にも寺院を建てたいと考える人々が現われ、それとともに飛鳥寺の新技術が広まった。たとえば飛鳥寺の瓦工人は、すぐ近くの豊浦寺《とゆらでら》の建設にも参加し、ついで斑鳩の法隆寺、さらに摂津《せっつ》の四天王寺に移ったことがわかっている。(9)豊浦寺はおそらく推古《すいこ》天皇、法隆寺・四天王寺は聖徳太子に関わる寺院で、二

この史料は近世に捏造された偽文書なので[馬部、二〇一九]、信用してはいけない。

(6) 西院伽藍の東方に、夢殿を中心とする東院伽藍(上宮王院《じょうぐうおういん》)がある。これは天平七年(七三五)から同一一年にかけ、光明《こうみょう》皇后が創建した寺院である。この場所にはかつて聖徳太子の斑鳩宮があった。光明皇后は、律師行信《ぎょうしん》の働きかけによって太子信仰を深め、その跡地に太子をまつる寺院を建立したのである。こうした文献的知見は、発掘調査で見つかった遺構や軒瓦などの考古学的研究によっても裏付けられている。

(7) なお、蘇我馬子は敏達一三年(五八四)、石

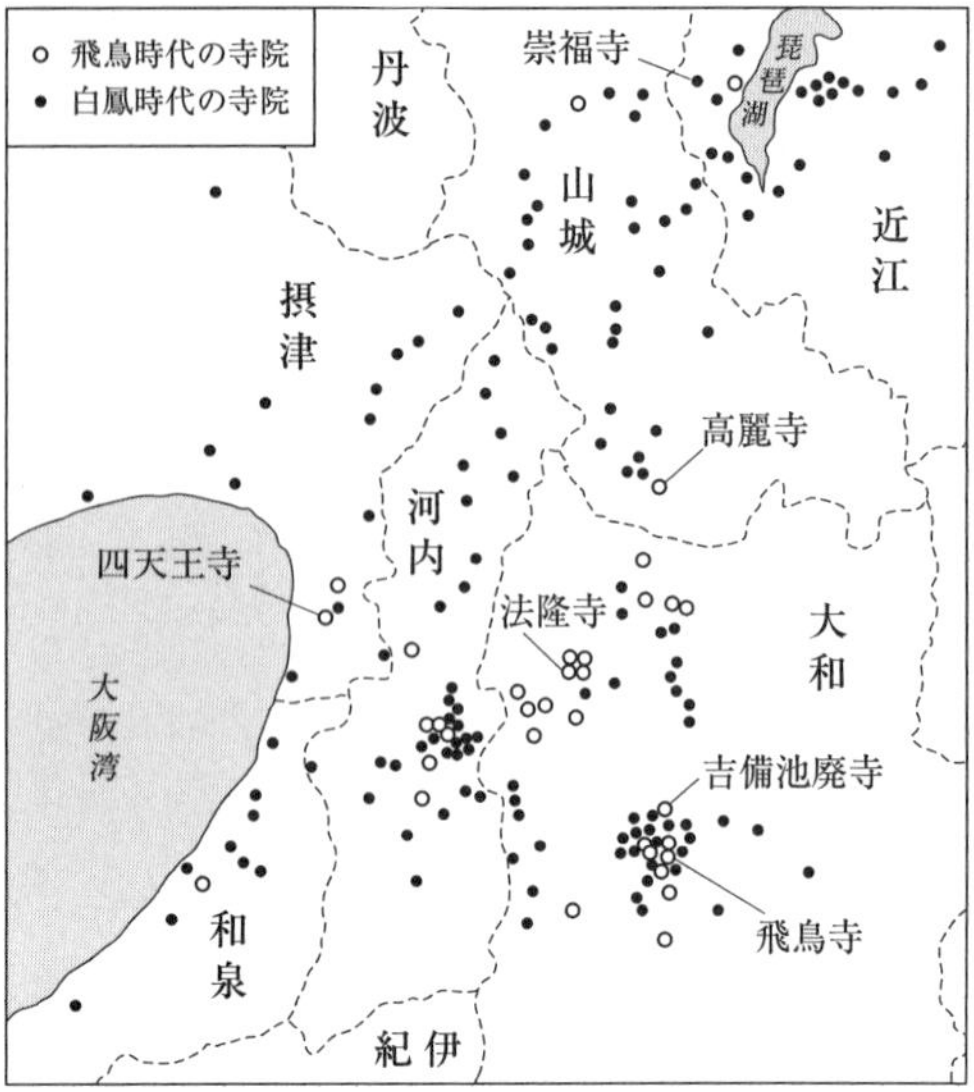

図3　近畿地方の寺院分布図([上田, 1979]巻末地図を参考に作図)

人はともに蘇我氏の血をひく王族であった。これに続き、斑鳩周辺では中宮寺《ちゅうぐうじ》・平隆寺・法起寺《ほっきじ》、飛鳥では坂田《さかた》寺《でら》・奥山廃寺、河内《かわち》では船橋廃寺・新堂《しんどう》廃寺、山背《やましろ》では北野廃寺が建てられる。飛鳥寺院は、蘇我氏・蘇我系王族の権勢のもと、ほとんどが畿内地方に生まれ、推古三二年(六二四)には僧寺・尼寺あわせて四六寺にのぼったという(10)(**図3**)。

こうした流れを変えたのが、舒明《じょめい》天皇による百済大寺《くだらだいじ》の創建であった。舒明一一年(六三九)、彼は百済川のほとりで王宮と寺院の建設を始め、百済大寺に九重塔を建てた。聖徳太子による斑鳩宮・斑鳩寺の造営をまねたものだが、天皇の勅願寺が創建されたのはこれが初めてである。蘇我氏の血を引かない舒明天皇は、このこと

川宅に仏殿を造り、翌年には大野丘の北に塔を建てたという(『日本書紀』敏達一三年是歳条・一四年二月壬寅条)。

(8) 公伝を五三八年とするのは『元興寺縁起』、五五二年とするのは『日本書紀』であるが、いずれとも決めがたい。

(9) 初期の瓦工人がいくつかの集団からなっていたことは、本書、菱田「遺跡からみた古代寺院の機能」一一三頁、本文および注30参照。

(10) 『日本書紀』推古三二年九月丙子条。「寺および僧尼を校《かぞ》えて、つぶさにその寺の造るところの縁、また僧尼の入道の縁、および度(僧尼として認可)せる年月日を録

によって権威を高めようとしたのだろうか。百済大寺の遺跡は近年、奈良県桜井市の吉備《きび》池《いけ》廃寺（図4）であることが確定した［奈良文化財研究所編、二〇〇三］。飛鳥寺の三倍の面積の金堂基壇と、高さ八〇メートルもある塔の基壇が東西にならぶ、壮大な寺院遺跡である。軒瓦はかつて「山田《やまだ》寺《でら》式(11)」と呼ばれていたもので、勅願寺の権威ゆえか、飛鳥寺の瓦にかわって全国に広まっていった。舒明の死後、百済大寺は妻の皇極《こうぎょく》天皇に受けつがれ、その後も舒明・皇極の子孫である歴代天皇の崇敬をうけた。何度も移転し、寺号を高市《たけち》大寺・大官《だいかん》大寺・大安寺《だいあんじ》と改めながら、ずっと官大寺(12)のトップにあり続けたのである。

図4　吉備池廃寺（写真提供＝奈良文化財研究所）

白鳳寺院

「脱・蘇我氏」を決定づけたのは、皇極四年（六四五）の宮廷クーデタとそれに続く大化改新である。蘇我本宗家を滅ぼした改新政権は、みずからが仏教興隆をはかり、王族・豪族たちの寺院建設を助けると宣言した。おそらくこの政策をうけて、

するなり。この時にあたり、寺四十六所、僧八百十六人・尼五百六十九人、あわせて一千三百八十五人あり」。

(11) 山田寺で見つかるのでこう呼ばれていたが、吉備池廃寺の発見により、先にこちらで製作・使用された文様であることがわかった。主な軒瓦の文様は一二―一三頁の図を参照。

(12) 朝廷が建設・運営した大寺院のこと。もっとも、天皇が発願した、天皇家の法会を行なうための寺院であるから、比喩的に言えば、天皇家の「氏寺」にほかならない。その意味では、「勅願寺」も「官大寺」も、内実はほとんど変わらない。

畿内地域だけでなく、列島各地で続々と寺院が建てられていく。

改新から平城遷都ころまでに創建された寺院をふつう「白鳳寺院」と呼び、その総数は飛鳥寺院のおよそ一〇倍にもなる。持統《じとう》六年（六九二）の倭国には五四五の寺があったとされ(13)、飛鳥・白鳳寺院の遺跡数とおおむね一致している。改新政権は、全国にコホリ（評、のちの郡）という地方行政組織を置いたが、その数も六〇〇ほどで、平均すれば「一郡に一寺」である。もっとも、コホリが全国にくまなく置かれたのに対し、白鳳寺院は分布にかたよりがあり、畿外では近江《おうみ》・播磨《はりま》・備中《びっちゅう》・讃岐《さぬき》・伊予《いよ》などに多く、日本海側はなぜか少ない［菱田、二〇〇二］。そうした偏差をもちながら、律令体制の形成とともに、あたかも双生児のように、寺院とコホリは列島各地に姿を現わしていった。

瓦の文様(14)を見てみると、各地の白鳳寺院には百済大寺の「山田寺式」軒瓦、ついで「川原寺《かわはらでら》式」軒瓦を用いるものが目立つ。川原寺は六六〇年代前半に、天智《てんじ》天皇が飛鳥に創建した倭国第二の勅願寺である。天智・天武朝に川原寺式軒瓦が広がったのは、直接的にせよ、間接的にせよ、王権による造寺支援があったためであろう。また、法隆寺は天智九年（六七〇）の全焼後、ほどなくして再建され、瓦の文様も新調された。この「法隆寺式」軒瓦も各地で出土しているが、その多くは法隆寺と結びついた地域・寺院の遺跡である［鬼頭、一九七七］。貴族・豪族や僧侶など、さま

(13)『扶桑略記』持統六年九月条。「勅ありて、天下の諸寺を計《かぞ》えしむ。すべて五百四十五寺。寺別に灯分稲《とうぶんとう》（灯明の財源となる稲）一千束を施入す。大官大寺には、資財・奴婢を種々施入し、旧き洪鐘（梵鐘）を改め、銅数千斤を加え調《とと》えて、新たにこれを鋳る」。

(14) 本書、一二―一三頁「古代寺院の軒瓦」図および海野聡「寺院建築と古代社会」二三二頁、注51参照）。

ざまな人的関係をたどって、中央の技術が全国化していったのであろう。

天武二年（六七三）、天武天皇は飛鳥浄御原宮《あすかきよみはらのみや》で即位すると、その北方に百済大寺を移して高市大寺（のち大官大寺）とし［小澤、二〇一九］、川原寺や飛鳥寺の整備にも力を入れた。飛鳥の都には豪族たちも寺院を営んでおり、天武朝には京内に二四以上の寺があった(15)。「仏都」の始まりである。やがて天武九年、大化の寺院支援策が改められ、天皇直営の「国大寺《くにのだいじ》」、三〇年間の援助を続ける「有封寺《ゆうふうじ》」、そのほかの一般寺院という三つのランクが定められた(16)。天武九年の三〇年後といえば、平城遷都が行なわれた和銅三年（七一〇）であるが、そのころには白鳳寺院の創建ラッシュも終焉を迎えたようである(17)。

天武天皇は、天武五年に新しい都の造営を始め、いったん中断したのち、同一一年に再開した。彼の死後、持統天皇が事業を受けつぎ、持統八年（六九四）に遷都がなされた。これが十条十坊の正方形都城、藤原京《ふじわらきょう》である［小澤、二〇〇三］。

藤原京の計画・造営とともに、多くの寺院がそのなかに位置づけられた。天武九年に天武天皇が発願《ほつがん》した薬師寺《やくしじ》、文武《もんむ》朝に移されてきた大官大寺などは、条坊にきっちり合わせて建てられている。藤原京の北部（横大路《よこおおじ》以北）は、飛鳥の都と重ならないため寺院が見あたらないが、あと何十年か都が存続すれば、ここにも新しい寺院が建ちならんだかもしれない。

(15)『日本書紀』天武九年五月乙亥条。「京内二十四寺」に繊維製品が勅施入されたのだが、倭京（飛鳥の都）にあった全寺院を対象にしたとは限らない。なお、天智朝には川原寺のほか、近江遷都にともない、大津宮北方に南滋賀廃寺と崇福寺が創建された。

(16)『日本書紀』天武九年四月是月条。

(17) 寺院の建設には長い時間がかかるので、その後も継続されたであろうが、新たに創建されることは減ったのではなかろうか。なお、霊亀二年（七一六）の寺院併合令も、このような歴史的文脈から理解できそうである。

しかし、和銅三年の平城遷都により、藤原京は廃止される。そしてこの時、古代史上でただ一度、数多くの寺院の移転が行なわれたのである。一〇年ほどの間に大官大寺(平城京では大安寺)、薬師寺、飛鳥寺(元興寺《がんごうじ》)、厩坂寺《うまやさかでら》(興福寺《こうふくじ》)(18)をはじめとする諸寺が、寺号と人員・資財を受けつぎながら、平城京で新造された。川原寺のように動かなかった寺院もあるが、移転した寺院でも、旧伽藍はもとの場所にそのまま残されるのがふつうであった。

国分寺と東大寺

奈良時代になると、全国の豪族たちの寺院建立熱は下がり、氏寺の創建はかなり少なくなった。しかし、天平年間(七二九—七四九年)に入るころから、聖武《しょうむ》天皇・光明《こうみょう》皇后が仏教に傾倒し、古代寺院史は新たな段階を迎えることになる。

神亀五年(七二八)、聖武天皇の皇子・某王(19)が夭折すると、その冥福を祈って山房(金鍾寺《こんしゅじ》)が創建された。山房は大規模な山林寺院で、その遺址が東大寺丸山西《まるやまにし》遺跡と考えられる[吉川、二〇〇〇]。ここに積極的な官寺造営の時代が幕をあけた。やがて天平七年(七三五)・九年に疫病が大流行し、列島社会が深刻な危機に陥ると、聖武は全国に国分寺《こくぶんじ》・国分尼寺《こくぶんにじ》を建て、人々の精神的救済をはかった。さらに聖武は、盧舎那《るしゃな》大仏を知識(仏教的作善《さぜん》を行なう信仰グループ。智識とも)の力によって建立

(18) 藤原氏の氏寺。藤原鎌足が山城国宇治郡に建てた山階寺《やましなでら》を起源とし、大和国高市郡に移されて厩坂寺となり、さらに平城京で興福寺に改められた。こうした歴史を裏付けるように、興福寺領の山城国宇治荘・大和国雲飛荘は、それぞれ山階寺・厩坂寺の故地を受け継いでいるらしい[吉川、二〇〇九]。平隆寺でもそうだったが、古代の荘園史・土地制度史をきちんと理解していれば、寺院史の研究にも役立つことが多い。

(19) 「基王」とする説もあるが、古代王族の名は、氏族名や地名によるのがふつうで、どちらでもない「モトイ」は不自然である。正式に命名されないまま夭折したため、

したいと願い、近江国紫香楽《しがらき》、ついで平城京東郊で工事を始めた。この過程で、金鍾寺は福寿寺《ふくじゅじ》(20)と統合されて大養徳国金光明寺《やまとのくにこんこうみょうじ》（大和国国分寺）になり、さらに大仏を本尊とする巨大寺院・東大寺へと成長していった［吉川、二〇一一］。

聖武天皇の造寺政策と連動し、あるいはそれを受けついで、八世紀半ば以降の平城京とその周辺では、新薬師寺・法華寺《ほっけじ》・西大寺《さいだいじ》・西隆寺《さいりゅうじ》などの建設が進められた。寺院法会《ほうえ》の振興策もあって、諸大寺では仏教学が発達し、平城京は「仏都」としての色彩を濃くしていく（**図5**）。それとともに、国分寺政策の意義を見すごすことはできない。すべての国に国分寺・尼寺が設けられ、それぞれで二〇人の僧、一〇人の尼が法会や修学・修行を行なうようになる。僧尼は国分寺・尼寺に安住することなく、地域社会のなかに分け入って活動した。こうして列島各地に仏教が本格的に浸透し、旧来の宗教秩序が再編されていくのである。

延暦三年（七八四）に長岡《ながおか》遷都、同一三年に平安遷都が行なわれても、平城京の寺院が移転されることはなかった。平安京には東寺《とうじ》・西寺《さいじ》が建てられ、国家的法会の場となったが、そこに出仕する僧尼が暮らし、教学を修め、後継者たちを育てるのは、平城京の寺院の役割であった。桓武《かんむ》天皇は、平城諸大寺の勢力を抑えるためではなく、移転の経費と混乱を避けるため、王都平安京とならんで、平城京を仏都として存続させたのであろう。つまり、「王都・仏都分離策」がとられたわけである

「某王」と記されたものが、「基王」と誤写・誤解されたのであろう。

(20) 光明皇后が天平一〇年（七三八）ころに発願・創建した寺院。その写経事業が金光明寺・東大寺へと受け継がれたことで知られ、場所には諸説あるが、三月堂などが建つ東大寺上院地区とみるのが妥当であろう［吉川、二〇〇〇］。

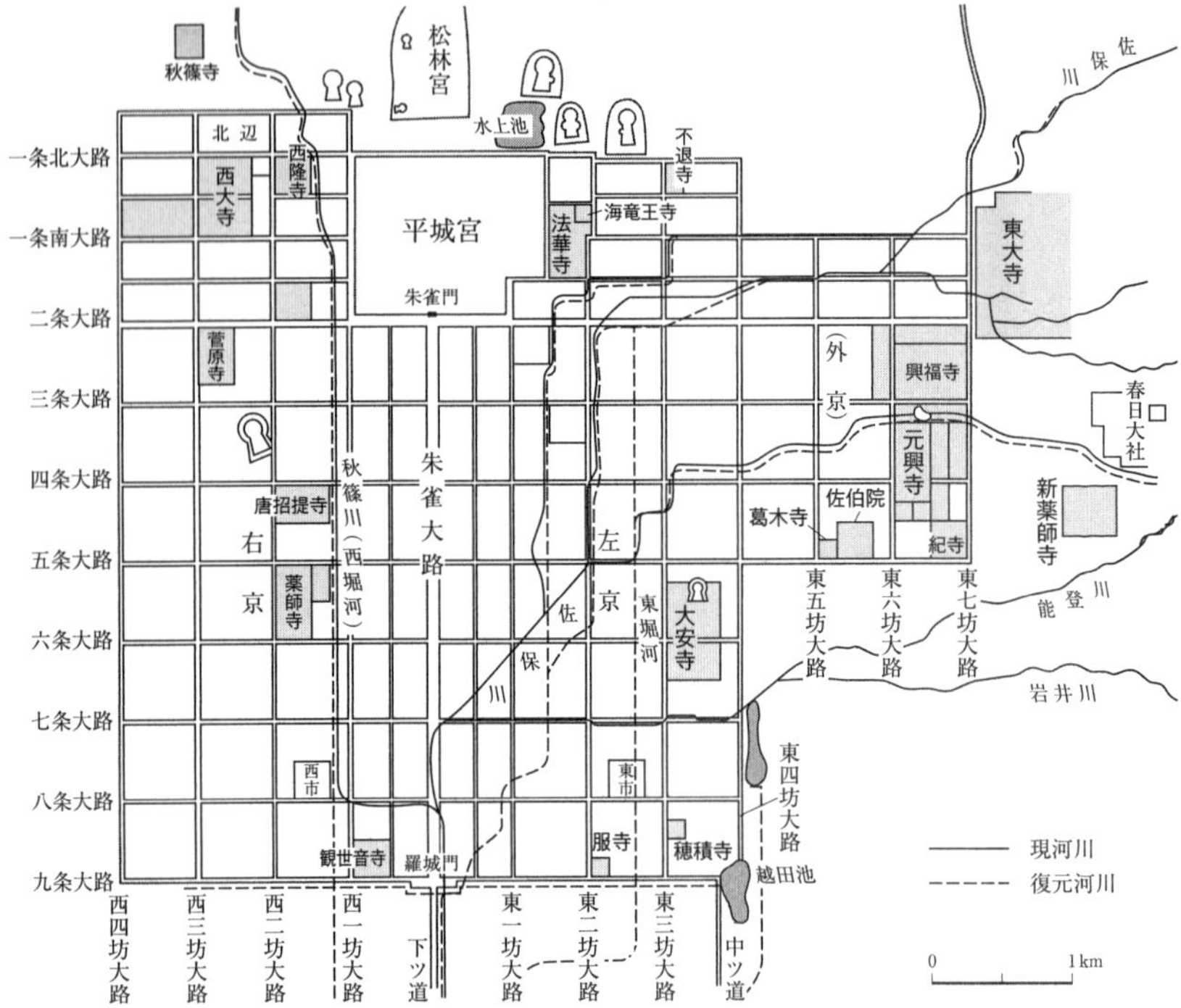

図5　仏都平城京の寺院分布図(永原慶二監修『岩波日本史辞典』所収「平城京図」を一部改変)

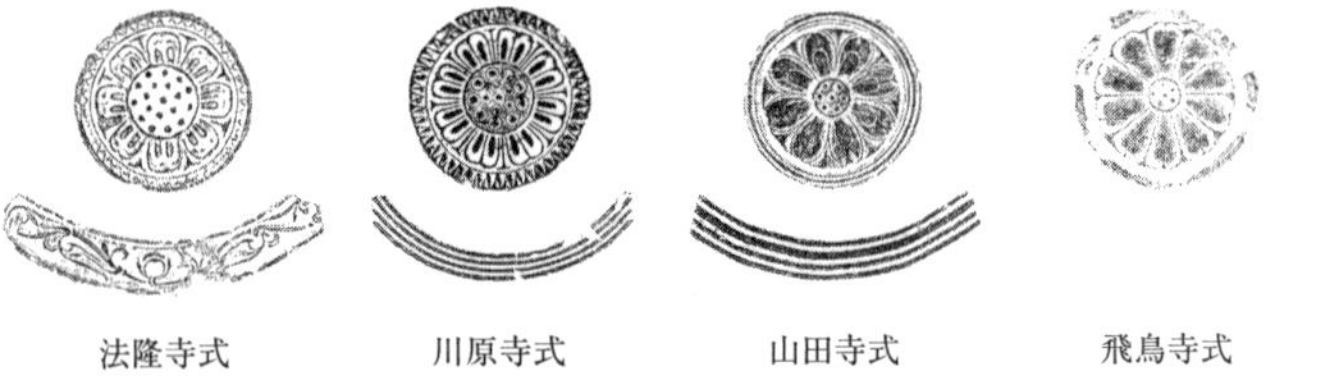

古代寺院の軒瓦

［吉川、二〇一一］。その後も平城京の諸寺の重要性が失われることはなく、仏都はやがて中世都市・奈良に転成していった。

瓦葺きからの脱皮

飛鳥・白鳳寺院の多い、畿内などの文化的先進地域につづいて、全国の地域社会で寺院がたくさん建てられるようになったのは、おおむね八世紀半ば以降のことらしい。

八三八年、入唐留学僧《にっとうるがくそう》の円載《えんさい》は「日本には三七〇〇余りの僧寺があり、尼寺も多い」と唐人に語った(21)。この言葉には何らかの統計的根拠があると見られ、九世紀前半の日本には四〇〇〇―五〇〇〇にのぼる寺院があったと推定される。飛鳥・白鳳寺院に比べて、ざっと七―八倍の激増ということになる。従来、こうした考え方がされてこなかったのは、「瓦が出土するのが古代寺院遺跡」という通念があったためだろうが、おそらく八世紀半ば以降、仏教が地域社会に浸透し、「日本化」をとげていくなかで、新しい「瓦葺《かわらぶ》きでない寺院」が続々と列島各地で建てられていったのである［吉川、二〇一九a］。

瓦葺きから脱皮した寺院は、三つのタイプに分けられる。第一は、地域社会に根ざした小寺院である。たとえば、行基《ぎょうき》は八世紀前半に畿内地域を中心に民間布教を

本薬師寺式　興福寺式　東大寺式

(21) 円仁《えんにん》『入唐求法巡礼行記《にっとうぐほうじゅんれいこうき》』唐・開成三年一一月一八日条。円載は円仁とともに入唐した天台僧。こののち長安でながらく修学し、元慶元年

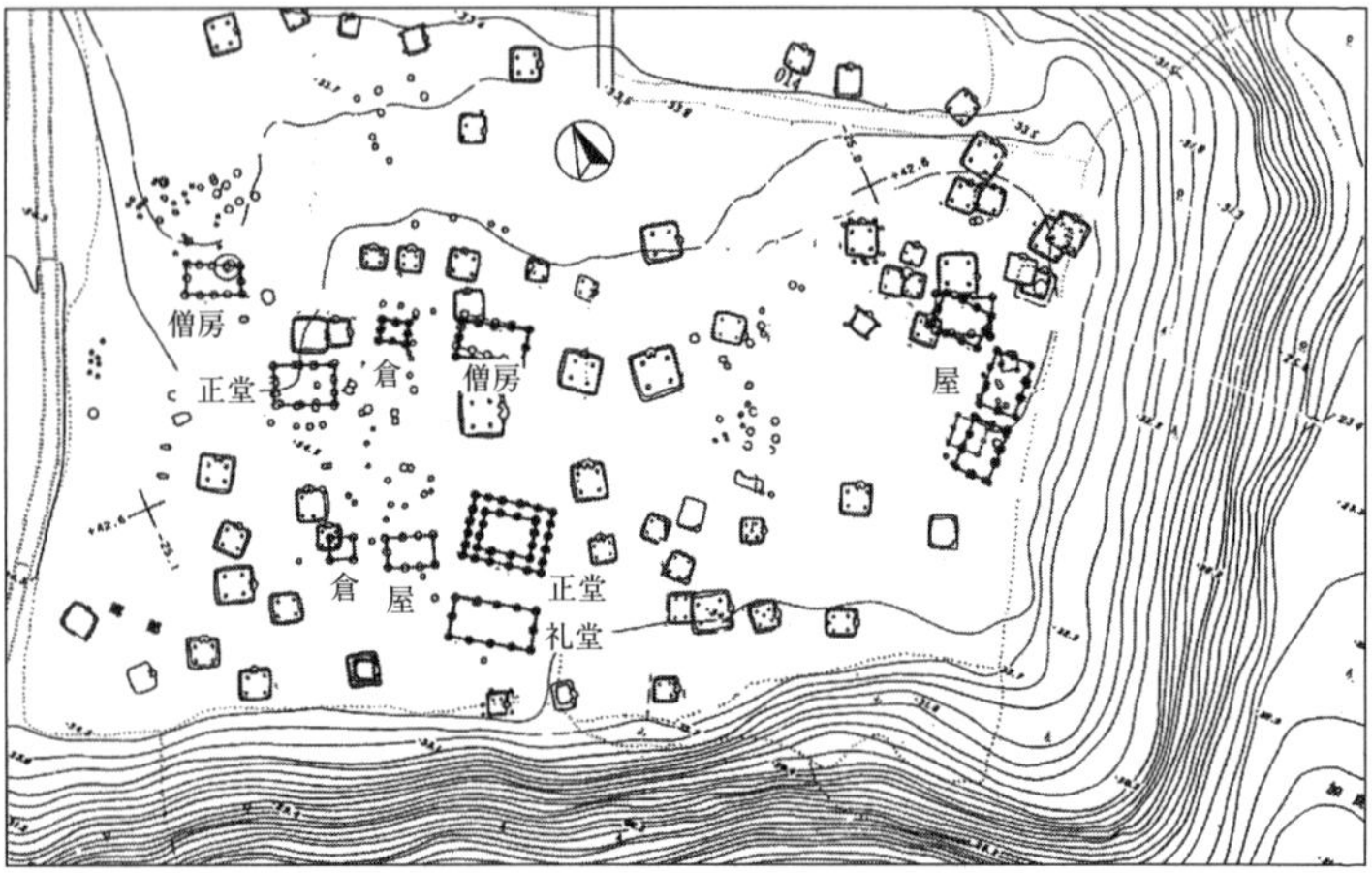

図6　東国の村落寺院(千葉県郷部・加良部遺跡)[須田，2006]

行ない、五〇あまりの道場を建てたが、(22) このうち瓦をともなう遺跡が見つかっているのは、今のところ八寺にすぎない。残りのほとんどは板葺きなどの簡素な道場だったらしく、だから遺跡が発見されにくいのである。また関東地方では、村落遺跡がたくさん発掘されてきたが、その一角に小さな寺院の遺構が見つかる場合が少なくない(**図6**)。これらは「村落寺院」と呼ばれており、八世紀後葉に出現し、九世紀まで続いていくという[須田、二〇〇六]。おそらく古代の「村落寺院」は東国特有の現象ではなく、全国各地で見られたものであろう。やや時期は下るが、

(八七七)に帰国しようとしたが、海難にあって命を失った。

(22) 行基のいわゆる四十九院。そのリストは『行基年譜』の実録的記事から知ることができる[吉川、二〇一九a]。ただし、『行基年譜』は冒頭部が欠けていること、四十九院は畿内に限られるが、行基の道場は「諸道(=畿外)にもまた往々にして在り」(『続日本紀』天平勝宝元年〈七四九〉二月丁酉条)と伝えられること、などには注意を要する。行基については本書、吉川真司「古代寺院の生態」注44参照。

一〇世紀の伊勢《いせ》国多気《たき》郡でも、一郷に五つか六つの小寺院があったことが確認できる。ただし、瓦をともなう遺跡は知られていない［吉川、二〇一九a］。

第二は、神宮寺《じんぐうじ》である。右にあげた伊勢国多気郡の五—六寺のうち、二寺は神社に関わるものと考えられる。いわゆる神仏習合の動きにより、神社に付属して寺院が建てられたり、寺院に鎮守《ちんじゅ》・護法の神がまつられたりするようになった。前者が神宮寺と呼ばれ、越前《えちぜん》国気比《けひ》神社・若狭《わかさ》国若狭彦《わかさひこ》神社などは八世紀前葉に生まれている(23)。やがて八世紀半ばに東大寺と八幡神《はちまんしん》が深い関係を結んでから、神仏習合は国家公認のイデオロギーとなり、全国に広まっていく［吉川、二〇一一］。こうして八世紀後半から九世紀にかけ、各地の神社に神宮寺が建てられるようになるが、伊勢国多度《たど》神宮寺にはっきり見られるように(24)、建物のほとんどは瓦葺きではなかったのである。なお、「村落寺院」のような民衆生活に根ざした宗教施設では、そもそも神まつりと仏教信仰はかけ離れたものではなかったらしい［笹生、二〇〇五］。

第三は、山林寺院である。日本では七世紀代から山中に道場を建て、僧尼が読経・修禅などの「山林修行」にはげんだ(25)。都の大寺院の僧尼には、伽藍での修学と山林での修行をあわせ行なう者がいて、それゆえ山林寺院は都から近い山地に点在していた。吉野の比蘇寺《ひそでら》・龍門寺《りゅうもんじ》、葛城《かつらぎ》の高宮寺《たかみやでら》・地光寺《じこうじ》、春日の金鍾寺・香山堂《こうぜんどう》のように、八世紀前半までの山林寺院は瓦葺きがふつうだったが、八世紀後葉以降

(23) 気比神宮寺が霊亀年間（七一五—七一七年）に建てられたことは『藤氏家伝』下に、また若狭彦神宮寺が養老年間（七一七—七二四年）に生まれたことは『日本後紀』天長六年（八二九）三月乙未条（『類聚国史』所引）に述べられている。

(24) 延暦二〇年（八〇一）一一月三日「多度神宮寺伽藍縁起幷資財帳」（『平安遺文』二〇号）。

(25) 古代の山林修行の実態とその歴史的意義は、薗田香融によって解明された［薗田、一九八一］。ただし、薗田が強調した「虚空蔵求聞持法《こくうぞうぐもんじほう》」の読誦は山林修行の一部分にすぎず、むしろ中心に据えられていたのは、読経と修禅であった。

図7　室生寺金堂(辻本米三郎撮影,［太田, 1976］)

になると、室生寺《むろうじ》・神護寺《じんごじ》・安祥寺《あんしょうじ》のように、堂塔は檜皮《ひわだ》葺きや板葺きで建てられるようになる(**図7**)。全国的に見ても、国分寺僧の活動もあって、八世紀後半から山林寺院が次々に建てられるが、それらも基本的には檜皮葺き・板葺きだったのである。九世紀前葉には、最澄《さいちょう》の比叡山延暦寺《ひえいざんえんりゃくじ》、空海《くうかい》の高野山金剛峯寺《こうやさんこんごうぶじ》のように、特定の宗派グループが山上を結界《けっかい》し、修学・修行の拠点とする動きが現われる。ここに天台《てんだい》宗・真言《しんごん》宗の新しさを認めることができるが、それらが山林寺院の歴史を受けつぎ、もともと瓦葺きを用いなかったことにも注意しておきたい。

　瓦葺きは朝鮮半島から伝わった建築技術であり、寺院の象徴でもあった(26)。やがて仏教の定着・「日本化」とともに、寺院は全国的に数を増し、瓦葺きから脱皮して

(26) 本書、海野「寺院建築と古代社会」二〇八頁、注13参照。

いった。そうした状況は、平安後期に中世瓦が出現し、普及するまで続いたと考えられる。

古代寺院史研究の歩み

法隆寺から出発し、やや駆け足で古代寺院の歴史をたどってきた。古代寺院にはその後、中世寺院に転成するものが少なくなく、一部はさらに近世・近代まで生き続けた。日本前近代の政治・経済・宗教・美術・建築を研究する際に、寺院に伝わった史料・文化財によるところが大きいのは、寺院がこのような長い生命を保ったためである。

しかし、明治維新後に吹きあれた「廃仏毀釈《はいぶつきしゃく》」の嵐によって、寺院の伽藍や文化財は壊滅・流出の危機にさらされた。そこで明治政府は、寺社に保存金を与える一方、宝物の調査を進めて、建築・美術・文書の保全に力を入れた。さらに明治三〇年(一八九七)には「古社寺保存法」を公布し、本格的な文化財保護制度をスタートさせた。日本近代における古代寺院の研究は、こうした文化財の調査・保存の動きとともに始まる。初期の美術史研究ではフェノロサや岡倉天心《おかくらてんしん》、建築史研究では伊《い》東忠太《とうちゅうた》の貢献が大きい。岡倉らが夢殿の救世《ぐぜ》観音《かんのん》を公開し、伊東が法隆寺建築の価値を見出したことはよく知られている。

明治三〇年、関野貞《せきのただし》は奈良県技師として、寺社建築の修理を担当することになった。そこで彼は精力的に調査を行ない、またたく間に建築史の年代観を打ち立てた。関野は法隆寺について、天智九年(六七〇)の焼亡による再建は認めがたいという学説を提起したが、これに対して歴史学者・喜田貞吉《きたさだきち》が猛然と反論し、建築史・美術史・文献史を巻きこんだ「法隆寺再建・非再建論争(27)」が繰り広げられることになる。この論争によって古代寺院の研究法、つまり実物資料・文献史料を厳密にあつかう方法論が深められたが、論争を決着させたのは昭和一四年(一九三九)、石田茂作《いしだもさく》による若草伽藍の発掘調査であった。

戦前の古代寺院の研究には、個別寺院の歴史や文化財に関するものが多く、美術・建築・歴史それぞれの分野において考察が深められた。そうしたなか、石田茂作が飛鳥寺院について、また角田文衞《つのだぶんえい》が国分寺について、実物資料と文献史料の双方を活用した研究を進めたことは、特筆されねばならない[石田、一九三六・一九四四/角田編者、一九三八]。文献史学においても、竹内理三《たけうちりぞう》が古代寺院史を古代仏教史から独立させ、個別寺院研究をこえた総合的研究のあり方を示してみせた(28)[竹内、一九三二/吉川、二〇一九b]。

戦後の研究では、歴史考古学の発達がめざましい。特に奈良国立文化財研究所が昭和三一年(一九五六)から行なった飛鳥寺の発掘調査は画期的で、古代寺院を考え

(27) 論争とその後の経過については、本書、海野コラム「建立年代論争」二五八—二五九頁、および藤岡穣「古代寺院の仏像」一四四—一四六頁、参照。戦前の激しい論争を、もとの論文でたどってみるのは実に面白い。それには論争の一方の雄、足立康《あだちこう》自身が編集した『法隆寺再建非再建論争史』(龍吟社、一九四一年)をひもとくのが一番である。また、喜田貞吉の論文はその著作集第七巻(平凡社、一九八二年)に集成されている。

(28) 文献史料による研究が進んだ背景には、正倉院文書が『大日本古文書』全二五巻として刊行されたことがあった(一九〇一—四〇年)。また、竹内理三は正倉院文書な

る上で、考古学を中心とした組織的・総合的な調査研究がいかに有効であるかを知らしめた。百済大寺・川原寺・薬師寺・興福寺・東大寺の調査も同様であり、現在では考古・文献・建築・美術のタイアップは当然のこととなっている。また、建築史では年輪年代法、美術史では成分分析などの新しい研究技術が開発され、成果をあげている。文献史学でも、出土文字史料、絵図、説話、中世史料、海外史料などが積極的に活用されるようになり、いまや古代寺院のイメージは一新されつつあると言ってよい［吉川、二〇一九b］。

本書の構成

本書は、右のような現状認識に基づき、さまざまな分野の研究者が連携しながら、「古代寺院の生活と文化」を総合的に明らかにしようとする試みである。

まず、吉川真司「古代寺院の生態」は、多様な文献史料から、古代寺院の実像を描き出そうとしたものである。東大寺を主な舞台としながら、伽藍の構成、寺院で生きる人々、年間の行事などが述べられていく。古代寺院は僧尼が暮らす宗教的空間であったが、それにとどまらない広がりをもつ「ひとつの社会」であったことが見えてくる。

菱田哲郎「遺跡からみた古代寺院の機能」は、考古学の立場から、各地の遺跡調

どを整理して『寧楽遺《ならい》文《ぶん》』を出版し（一九四三—四四年、改訂版は一九六二年）、これも学界に裨益するところ大であった。このほか藤田経世編『校刊美術史料　寺院篇』全三巻（一九七二—七六年）も、寺院縁起類を中心として良質の校訂文を提供し、ここ半世紀の研究を支えた。それらを含めて、近年は史料の校訂本・影印本の充実が著しく、文献による寺院史研究がいっそう発展することが期待できる。

査の成果を縦横に用い、古代の寺院・僧侶の活動を明らかにする。それ自体が「ひとつの社会」であった古代寺院が、僧尼たちの活動によって地域社会と深く結びついていたさまが活写され、物言わぬ考古資料から、ここまで多様なことがわかるのかと驚かされる。

藤岡穣「古代寺院の仏像」は、古代寺院の核心ともいうべき仏像について、明治以来の美術史研究をふまえながら、最先端の調査・研究成果を紹介する。取り上げられたトピックは、飛鳥・白鳳・天平の各時期を代表するものばかりであり、美術面から古代寺院の文化の流れがよく理解できる。斬新な見解には思わず目をみはってしまうだろう。

海野聡「寺院建築と古代社会」は、古代寺院の建築の歴史をわかりやすく説きつくしている。寺院見学に際しては、この文章を事前に読むだけでなく、ぜひ現地に携えて行ってほしい。ここで明らかにされるのは、建築からみた寺院文化・技術の実像であるが、建設とメンテナンスが古代社会の中でいかなる意味をもったかも読みどころである。

ブライアン・ロウ「古代寺院のネットワークと人々」は、宗教学者としての見地から、日本古代の仏教的ネットワークを復原し、その意味を考える。移動する僧侶、彼ら・彼女らが出会う人々、結節点となった古代寺院の姿を活写し、そうした活動の中から「この世界はすべて仏身である」という教義が生み出されたと論じている。

巻末には、筆者の菱田・藤岡・海野・吉川、および編集委員の吉村武彦による座談会を収めた。個人史におよぶ部分はちょっと恥ずかしいが、打ちとけた会話から本書全体の見取り図が浮かび上がり、まずはここから読んでいただくのがよいかもしれない。この座談会を含めて、本書が「古代寺院」への招待状となり、日本古代史を問い直すきっかけにもなることを、編者として心から願うものである。

引用・参考文献

石田茂作、一九三六年『飛鳥時代寺院址の研究』聖徳太子奉讃会
石田茂作、一九四四年『総説 飛鳥時代寺院址の研究』大塚巧芸社
大脇 潔、一九九四年「飛鳥時代初期の同笵軒丸瓦」『古代』97
小澤 毅、二〇〇三年『日本古代宮都構造の研究』青木書店
小澤 毅、二〇一九年「高市大寺の所在地をめぐって」菱田哲郎・吉川真司編『古代寺院史の研究』思文閣出版
鬼頭清明、一九七七年「法隆寺の庄倉と軒瓦の分布」『古代研究』11
笹生 衛、二〇〇五年『神仏と村景観の考古学』弘文堂
須田 勉、二〇〇六年「古代村落寺院とその信仰」国士舘大学考古学会編『古代の信仰と社会』六一書房
薗田香融、一九八一年『平安仏教の研究』法蔵館
竹内理三、一九三二年『奈良朝時代に於ける寺院経済の研究』大岡山書店(『竹内理三著作集』1、角川書店、一九九八年)
角田文衞編著、一九三八年『国分寺の研究』考古学研究会

奈良県立橿原考古学研究所、一九八四年『三郷町平隆寺』奈良県立橿原考古学研究所
奈良文化財研究所編、二〇〇三年『吉備池廃寺発掘調査報告』奈良文化財研究所
馬部隆弘、二〇一九年『由緒・偽文書と地域社会』勉誠出版
菱田哲郎、一九八六年「畿内の初期瓦生産と工人の動向」『史林』69―3
菱田哲郎、二〇〇二年「考古学からみた古代社会の変容」『日本の時代史5　平安京』吉川弘文館
森　郁夫、一九九八年『日本古代寺院造営の研究』法政大学出版局
吉川真司、二〇〇〇年「東大寺の古層」『南都仏教』78
吉川真司、二〇〇九年「藤原鎌足と三島別業」『藤原鎌足と阿武山古墳』茨木市・茨木市教育委員会
吉川真司、二〇一一年『天皇の歴史02　聖武天皇と仏都平城京』講談社
吉川真司、二〇一九年a「古代寺院の数的変遷」前掲『古代寺院史の研究』
吉川真司、二〇一九年b「古代寺院史研究と文献史学」前掲『古代寺院史の研究』

挿図引用文献

上田正昭ほか編、一九七九年『図説日本文化の歴史2　飛鳥・白鳳』小学館
太田博太郎、一九七六年『大和古寺大観6　室生寺』岩波書店
奈良六大寺大観刊行会編、一九七二年『奈良六大寺大観1　法隆寺1』岩波書店
仁藤敦史、一九九一年「上宮王家と斑鳩」『新版古代の日本6　近畿Ⅱ』角川書店

古代寺院の生態

吉川真司

はじめに

六世紀も終わりに近づいた推古《すいこ》四年(五九六)の冬、飛鳥の地に建設されてきた倭国最初の本格的寺院が、ついに完成した。飛鳥寺《あすかでら》(法興寺《ほうこうじ》)である。大臣《おおおみ》蘇我馬子《そがのうまこ》は巨大な権力と財力をふるい、百済《くだら》・高句麗《こうくり》からも援助を受け、ほとんどの倭人が見たこともなかった「寺」を造り上げたのである〔飛鳥資料館、一九八六〕。

その日、馬子の長男であった蘇我善徳《ぜんとく》が「寺司」となり、高句麗僧の慧慈《えじ》と百済僧の慧聡《えそう》が飛鳥寺に入った。これこそが、日本における寺院生活の始まりである。僧たちは礼仏《らいぶつ》と読経《どきょう》、そして修学・修行の日々を送り、それを俗人の寺司が支えたことであろう。やがて飛鳥寺では住僧が少しずつ増え、「僧伽《そうぎゃ》[1]」と呼ばれる宗教的集団が成長していく。推古三二年(六二四)の倭国には全部で八一六人の僧、五六九人の尼がいたが[2]、飛鳥寺は最大・最古の寺院であったから、おそらく一〇〇人をこえる僧が暮らしていたのではなかろうか。

このようにして寺院という組織が生まれ、僧尼の集団生活が始まった。四月の仏《ぶっ》生会《しょうえ》、七月の盂蘭盆会《うらぼんえ》といった法会《ほうえ》[3]も毎年開催されるようになる。古墳時代までの倭国に全く存在しなかった生活と文化が、突如として出現したのである。瓦葺きの

(1) サンスクリット語のsamghaに漢字をあてた語。修行僧の集団をいう。本章では、文脈によって「僧伽」「僧尼集団」「寺僧集団」などの表現を用いる。

(2) 『日本書紀』推古三二年九月丙子条(本書、吉川真司「〈古代寺院〉への招待」六頁、注10参照)。この時、寺院の数は四六だったから、単純計算すれば、一寺あたり三〇人ほどの僧尼がいたことになる。

(3) さまざまな仏事・法要をいう。倭国では、釈迦降誕の四月八日に行なわれる仏生会(灌仏会《かんぶつえ》)、祖先供養の意味をもつ七月一五日の盂蘭盆会が重視され、推古一四年(六〇六)から諸寺で開催さ

大建築、髪を剃って法衣をまとう僧尼の姿、酒や生臭物《なまぐさもの》を口にしない食事——衣食住のすべてにおいて、寺院の生活は特異だった。金色に輝く仏像の前で、舶来の香をたき、漢字の経典を読んで教えを説き、伎楽《ぎがく》をにぎやかに奏するなど、寺院のあらゆる文化が新奇だった。

飛鳥時代の列島社会に現われた新しい組織・集団、その生活と文化は、やがて形成されていく律令体制にも組み込まれ、不可欠の要素となった「吉川、二〇一一a・b」。律令体制下の「国家仏教(4)」などと聞けば、寺院についても何となくわかった気持ちになる。法制史料から寺院・僧侶の統制のシステムを知ったり、王権と仏教イデオロギーの関係を考えたりするのも、確かに必要な作業ではあろう。しかし、それればかりでは理解がかたよってしまい、大切なことを取り落としかねない。古代寺院や僧尼集団そのものをじっくりと観察すること。その実像をクリアにとらえ、歴史的意義を見きわめること。それは古代仏教だけでなく、日本古代史全体を広く深く知るために、たいへん重要な作業だろうと思われる。

幸運にも日本では、古代寺院に関する史料がたくさん残っている。考古史料・美術史料・建築史料からわかることは、それぞれ章を立てて詳しく述べられるから、本章では文献史料に立脚して、古代寺院のリアルな生態を眺めわたすことにしよう。その際には、古代最大の寺院であった東大寺を、主たる検討素材にしたい。古代東

れるようになった(『日本書紀』同年四月壬辰条)。

(4) 律令体制下の仏教を、主に鎮護国家のためのものとし、寺院・僧尼に対して国家的な保護と統制が行なわれたとする考え方。井上光貞がその代表的論者だが「井上、一九七一」、根本的批判もなされている「吉田、一九九五」。

大寺については、正倉院文書・東南院文書などの古文書や、寺誌の『東大寺要録』(5)があり、建物を描いた絵図も残っている。こうした文献史料を用い、先学の優れた仕事[竹内、一九三二/太田、一九七九/堀池、一九八〇/福山、一九八二]に学びつつ、東大寺と東大寺に集った人々の実像に迫ってみたい。そこで見えてくることは、きっと多くの古代寺院にも当てはまるだろう。それゆえ、東大寺と諸寺を結ぶ思考回路をつねに開いておき、相互に参照しあうことによって、理解をいっそう豊かなものにしたいと思う。

(5) 一二世紀前半に成立。全一〇巻。東大寺研究の根本史料である。

1 古代寺院の空間

寺院の基本となる建物

古代の東大寺は、日本史上、まさに空前絶後の巨大寺院であった(6)(**図1**)。天平勝宝四年(七五二)に開眼供養《かいげんくよう》された本尊・盧舎那大仏《るしゃなだいぶつ》は、高さ一六メートルの金銅像で、陸奥《むつ》産の黄金をまとって光り輝いていた。大仏が鎮座する金堂《こんどう》(大仏殿)の規模は、東西八六メートル、南北五〇メートル、高さ四六メートル。現在よりも東西幅がずっと大きく、古代日本で最大の建物であった。さらにその東西には、高さ一〇〇メートル(一説では七〇メートル)もある七重塔が二基、天を衝《つ》くようにそびえる。

(6) 東大寺は平城京東《ひがし》京極路《きょうごくじ》の外、つまり厳密に言えば大和《やまと》国に立地した。しかし、その機能・性格は平城京内の大寺とあまり変わるところはない。本章で「平城京の大寺院」などと書く場合、それには東大寺を含めることとする。

大仏殿の後方には講堂が建ち、その外側の三面を僧房が取り囲んでいた(東室・北室・西室)。

こうした東大寺の主要建物は、七五〇年前後に建設が始まり、三〇年ほどかかって竣工した。つまり東大寺がほぼ完成した姿を見せるのは、奈良時代の終わりごろ

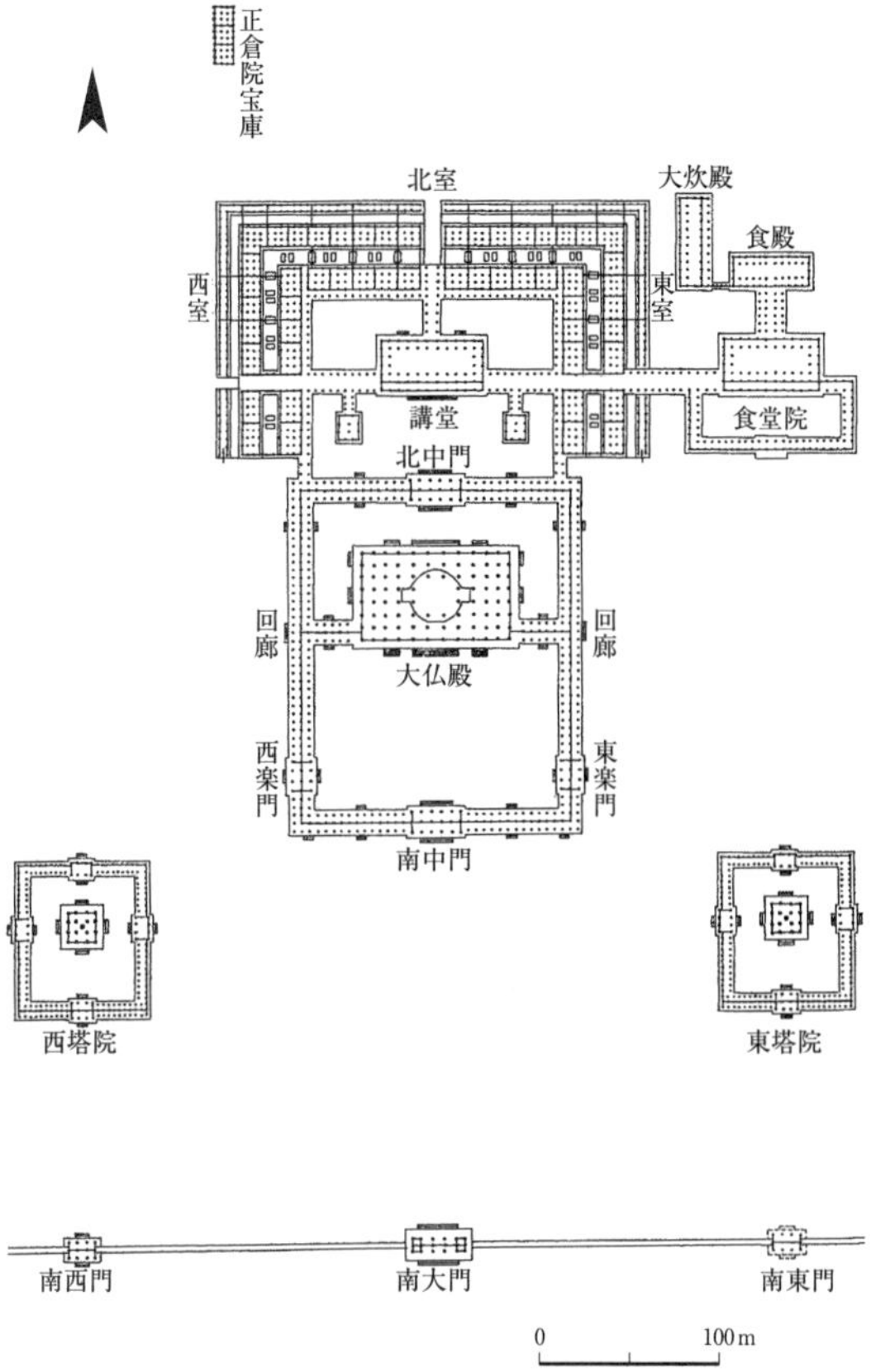

図1　東大寺の主要伽藍[太田, 1979]

だったのである。(7) しかし、建設の間にも東大寺は宗教活動を続けていたし、おそらく一〇〇〇人前後の寺僧たちも(8)日々の生活をずっと営んでいた。

僧尼集団が暮らす清浄な空間を、インドでは saṃghārāma と呼び、それを漢字で「伽藍《がらん》」と表した。伽藍とは寺院、あるいはその建物の総称であり、特に「七堂《しちどう》伽藍」という場合には、塔・金堂・講堂・鐘楼《しょうろう》・経蔵《きょうぞう》・僧房・食堂《じきどう》をさした。**図1**には示せていないが、東大寺の鐘楼は東塔と食堂の間にあった。経蔵は講堂・僧房の一画に建っていたらしい。しかし、七堂の全部がそろわないと困るわけではないし、逆に炊事などのための施設は不可欠だったろう。いったい、古代寺院の基本となる建物とは何だったのであろうか。

ここで参考になるのは、東大寺修二会《しゅにえ》の空間である〔堀池ほか、一九八五〕。修二会は天平勝宝四年（七五二）に始まった悔過会《けかえ》(9)で、古代の法会のかたちを今によく伝えている。すなわち、①二月堂《にがつどう》の本尊十一面観音《じゅういちめんかんのん》に対し、練行衆《れんぎょうしゅう》と呼ばれる僧侶集団が罪を懺悔《ざんげ》し、祈りを捧げるのが修二会の根幹である。二月堂の西方（下方）には、②食堂と③参籠《さんろう》宿所が建ち、さらに下方に④仏餉屋《ぶっしょうのや》・湯屋《ゆや》がある（**図2**）。練行衆は参籠宿所で寝起きし、お昼前に食堂に集まって規律正しく食事をとり、二月堂の悔過会に赴くが、彼らの食事は仏餉屋・湯屋で準備されるのである。

これらを古代寺院に当てはめれば、①は金堂・講堂などの仏堂、②は食堂、③は

（7）東大寺の造営にあたった組織（造東大寺司《ぞうとうだいじし》）も延暦八年（七八九）に廃止された。建設時の苦労話は「実忠二十九箇条」（『東大寺要録』巻七）に詳しい。

（8）古代東大寺の僧侶の人数ははっきりしない。天平一九年（七四七）の大安寺《だいあんじ》には、具足戒を受けた僧（比丘《びく》）が四七三人、見習い僧である沙弥《しゃみ》が四一四人、合わせて八八七人の僧侶がいた（『大安寺伽藍縁起幷流記資財帳』）。比丘を「大僧」ともいうが、東大寺では正月一五日に「望粥《もちがゆ》」が供され、その対象は「仏神・大僧五百員」であったから（『東大寺要録』巻五）、大僧の人数は大安寺と同レベルであったと思われる。なお、寛和二年（九

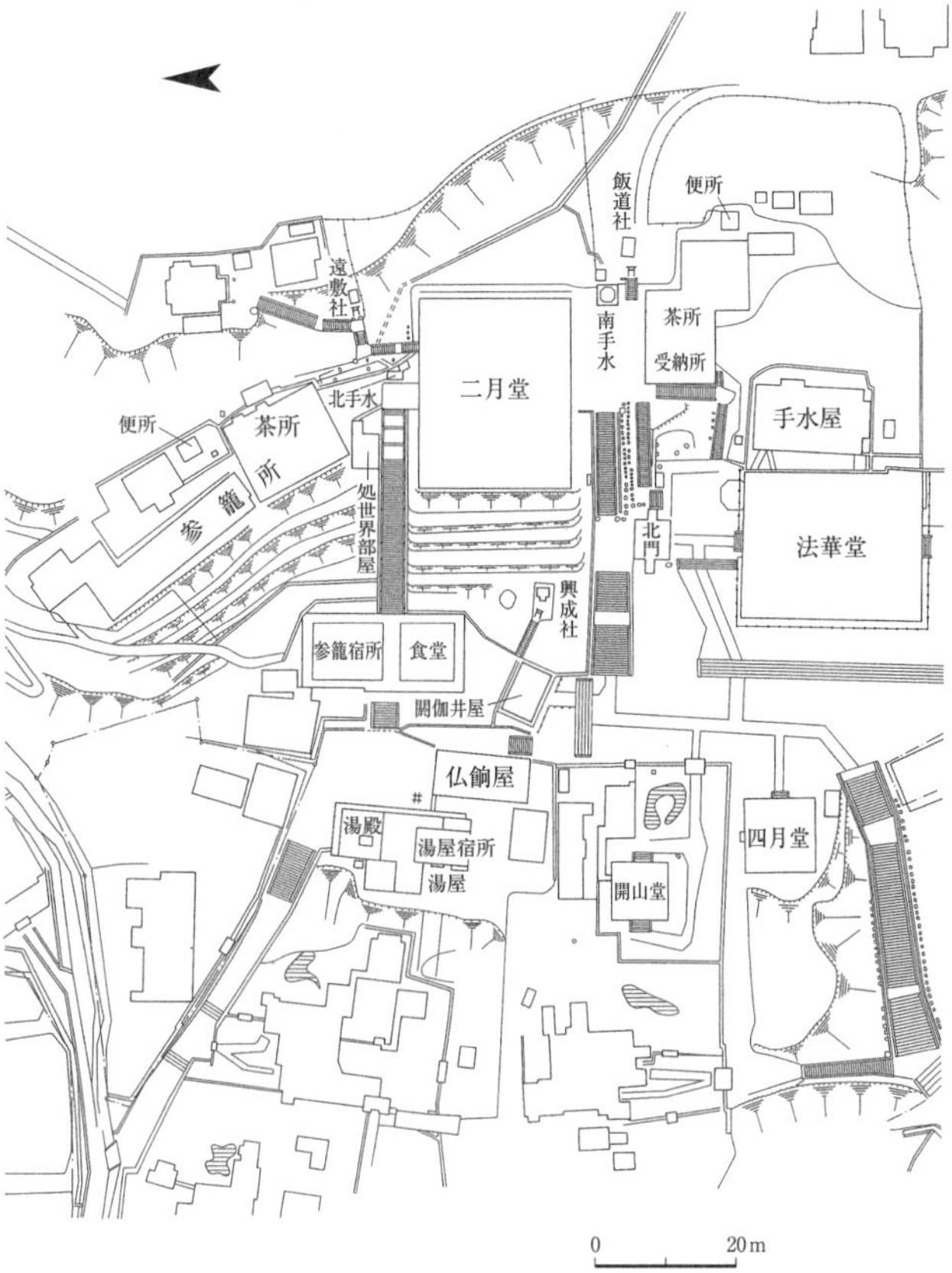

図2 二月堂とその周辺[堀池ほか, 1985]

八六)に円融《えんゆう》太上天皇が受戒のため東大寺を訪れた際、「一千僧」(他寺僧を少し含む)が食堂についたというのも、一つの目安になろう(同巻九)。

(9) 修二会・悔過会については第3節で詳しく述べる。

僧房、④は「大衆院《だいしゅいん》」と呼ばれる実務施設、ということになる。古代寺院の法会と集団生活が、現在でも修二会の二週間、コンパクトなかたちで再現されているのである。仏堂・食堂・僧房・大衆院が必要だというのは、奈良・平安時代に大極殿《だいごくでん》で行なわれた御斎会《ごさいえ》(10)でも、ほぼ同じことであった[吉川、二〇一七a]。

もともと古代寺院の中心にあったのは、塔と金堂である。しかし、奈良時代には塔の役割が低下し、法会の多くは金堂や講堂で行なわれた。そもそも小寺院には塔がなく、一つの仏堂が金堂・講堂を兼ねることもあった。仏堂に梵鐘《ぼんしょう》をつるし、経典を置けば(11)、鐘楼も経蔵もいらない。しかし、いかなる寺院であっても、僧尼集団を維持するためには、食堂・僧房・大衆院がなくてはならない(12)。大衆院には厨房だけがあったわけではなく、湯屋や事務施設・倉庫などを含み込んだり、それらをごく近隣に置くことが多かった[川尻、二〇〇二]。

古代寺院の基本建物は、七堂伽藍というよりも、仏堂・食堂・僧房・大衆院である。これを基本的事実として確認した上で、寺院を構成する多様な空間をひとつひとつ検討していくことにしよう。

礼仏と説法の空間

仏教では「仏・法・僧」を「三宝《さんぽう》」として尊ぶが、「仏」を礼拝する空間と「法」

(10) 正月八日から一四日まで、大極殿を仏堂として用い、金光明最勝王経《こんこうみょうさいしょうおうきょう》を講説する法会。

(11) 東大寺の一切経《いっさいきょう》は三月堂近くの下如法院にあり、その半数以上は大仏殿から移されたものだった(『東大寺要録』巻四)。西大寺には一切経が四セットあり、それぞれ弥勒《みろく》金堂・薬師金堂・四王堂・十一面堂東楼に置かれていた(『西大寺資財流記帳』)。

(12) 僧房の一部分を広間とし、食堂に用いることもあったらしい。東大寺二月堂でも、参籠宿所と食堂は一続きの建物である。

を説くための空間について、最初に見ておきたい。

「仏」の礼拝には、釈迦《しゃか》の遺骨である仏舎利《ぶっしゃり》の礼拝と、釈迦如来《にょらい》・薬師如来・阿《あ》弥陀《みだ》如来・観音菩薩などの仏像の礼拝とがある。仏舎利を安置するのが塔であり、仏像を安置するのが仏堂であるが、寺院の本尊仏のいます仏堂を、その金色の像容から金堂と呼ぶ。

塔は卒塔婆《そとば》(stūpa の音写)を略した語である。インドの寺院では、土饅頭《どまんじゅう》型の塔に釈迦の遺骨を埋葬し、僧尼や参詣者はそのまわりを巡って釈迦の恩を讃えた。それが中国や日本にも伝わり、高層建築となった塔に仏舎利を納め、「遶塔《にょうとう》」という礼拝が行なわれた。東大寺東塔・西塔に複廊が巡らされているのは、こうした礼拝作法にも関係するのであろう。しかし、東大寺は大和《やまと》国国分寺でもあったため、塔には仏舎利ではなく『金光明最勝王経《こんこうみょうさいしょうおうきょう》』が安置された。『東大寺要録』には、東塔・西塔で行なわれた法会・行事は見えず(本書五三頁、**表1**)、むしろ寺院のシンボルとしての役割が大きかったようである[13]。

金堂は寺院全体の本尊仏が鎮座する、最も重要な建物であった。寺院造営にあたり、最初に金堂が建てられたのもそのためで、この仏堂さえあれば古代寺院の第一要件が満たされる。金堂での仏像礼拝は、毎日の行事に組み込まれていたはずだが[14]、年に何度もある恒例・臨時の法会では、いっそう大がかりになった。東大寺では、

(13) 大安寺「塔院」で経論が講義された例はあるが(『唐大和上東征伝』)、塔院は唐僧道璿《どうせん》も止住した院家《いんげ》であり(『七大寺年表』)、塔を用いた法会とは見なしがたい。

(14) 『日本霊異記《にほんりょういき》』上巻三三縁に、河内《かわち》国八多寺《はたでら》の金堂に阿弥陀画像が安置され、つねに「敬礼」がなされたとあり、金堂での日常的礼拝を示唆する[山岸、一九九〇b]。

金堂＝大仏殿が主要な法会の場とされ、礼仏・読経のほか、のちに述べる講説も行なわれていた。こうした法会の空間は、ふつう大仏殿の内部で完結したと思われるが、大法会では前庭にも舞台など多種多様のしつらえがなされ、数多くの僧俗が参会した。また、金堂回廊の南に開く中門は、単なる出入口ではなく、礼仏の場としても用いられていた［山岸、一九九〇a］。

講堂は、金堂の後方に建つ仏堂である。講堂にも確かに本尊仏は安置されていた。しかし、九世紀の資財帳類では「法堂」「講法堂」などと呼ばれ、金堂・塔が「仏物」とされたのに対し、講堂は「法物」であった[15]［川尻、二〇〇一］。つまり、講堂は仏法を説くことを主目的とする建物で、東大寺では大仏殿が大きすぎて目立たないが、たくさんの僧侶を収容する必要から、金堂よりも広い面積をもつことが多かったのである。僧房が講堂を取り囲んで建つのも、「法」のもとに「僧」が結集したかたちであろう。このため、講堂で行なわれる法会は、講経・論義など、経典の内容に関わるものが中心となっていた。

金堂・講堂などの仏堂は、寺院を寺院たらしめる重要な儀礼空間である。釈迦その人を象徴する塔とともに、伽藍の中心部に建てられ、荘厳《しょうごん》に力がつくされたのも当然であった。

(15) 延暦二〇年（八〇二）一一月三日「多度神宮寺伽藍縁起幷資財帳」（『平安遺文』二〇号）、寛平二年（八九〇）頃「広隆寺資財交替実録帳」（同一七五号）。

集団生活と修学の空間

次に「僧」の空間について考えてみよう。資財帳類で「僧物」とされる建物は、食堂、僧房・小子房、湯屋である。(16) 古代の東大寺では、三面僧房の東方、少し高いところに食堂があり、雨の日のために登廊でつないでいた。湯屋(温室院)も食堂のすぐ南にあったらしい。こうした位置関係からも、食堂・僧房・湯屋の一体性がうかがわれるが、(17) そのすべてが寺僧たちの集団生活のために設けられていた。

食堂は、寺僧集団が正式の食事(斎食《さいじき》)をとる建物である[吉川、二〇一〇]。東大寺の食堂は、講堂よりもやや規模が大きく、内部には十数列の長大な床子《しょうじ》(幅広のベンチ)が並べられていた。(18) 僧たちは毎日一度、食堂に集まり、床子の座について斎食をとる。決まった作法があり、おごそかな無言の食事であったことは、修二会の食堂作法から推測できるだろう。僧侶とて食事をとらないことには生きていけない。食堂における斎食は、寺僧集団を秩序正しく存続させることを目的とした、宗教的な共食儀礼だったのである。

古代の食堂にはふつう、本尊仏がない。そのかわりに聖僧像や、文殊《もんじゅ》像・賓頭盧《びんずる》像が安置されていた。(19) 聖僧とは、僧尼集団の模範となる理想的な高僧のことで、文殊も賓頭盧も聖僧の一種と言ってよい。それが食堂の最上位にいたのである。そして、集団生活のルール＝戒律に関わる局面になると、聖僧はきわだった存在感を見

(16) 注15に同じ。

(17) 二月堂の食堂・参籠宿所・湯屋も同じであった。ただし、こちらの湯屋では副菜の調理も行なわれる。

(18) 寛和二年(九八六)「太上法皇御受戒記」(『東大寺要録』巻九)。床子のすわり方は、図10・11が参考になる。

(19) 聖僧は見えない存在として、その座だけが置かれることもあった。

図3　二月堂食堂の賓頭盧像[堀池ほか, 1985]

せる。例えば「布薩《ふさつ》」は、僧侶たちが戒律を保つための儀礼であるが(後述)、多くの寺院では食堂で行なわれ、聖僧が全体の「上座」とされた[20]。また、修二会の始まりにあたって、練行衆は深夜の食堂に集まり、戒律を授けられる。このとき僧侶集団への授戒を行なうのは、やはり聖僧の賓頭盧なのである(**図3**)。つまり聖僧は、僧侶たちに規律と秩序を与える存在であり、それを実現するための食堂は、僧伽の維持に欠かせない空間だったと言えよう。

僧房は一般に細長い建物で、内部を細かく区切って部屋(房)をしつらえ、僧侶の住まいにあてた。大寺院では、この僧房(大房)に平行して幅のせまい小子房を置いた。古代東大寺の三面僧房は「一百二十四間」あったが[21]、仮に僧の数を一〇〇〇人とすると、一間に八人の僧が暮らしたことになる。具体的な構造や使い方はなかなか知りがたいが、古代の僧房生活は決してゆったりしたものではなかったようである。禅定《ぜんじょう》(悟りに至るための瞑想)などの修行を行なうためには、専用の施設(禅院)や

(20) 第3節で述べるように、東大寺では大乗布薩と小乗布薩の両方が行なわれた。大乗布薩は文殊を上座として講堂で行なわれたが、小乗布薩の場所と上座はわからない。最澄《さいちょう》『山家学生式』に照らせば、賓頭盧を上座にし、食堂で行なわれたと推測される。

(21) 『扶桑略記』延喜一七年(九一七)一二月一日条。

山林に赴くことが望ましかったに違いない。

　僧侶たちは、僧房で修学することが期待された。経典を読み、思索を深め、師僧の房に行って教えを受けるのが、インド・中国以来の僧院の日々である。伝承によれば、東大寺三面僧房の「東室《ひがしむろ》南端第二坊」を「荒室《あらむろ》」と言い、そこで聖宝《しょうぼう》（八三二―九〇九年）が夜遅くまで学問していると、怪異が現われたという。また、西室の北から三番目は法蔵（?―九六九年）の房で、夏安《げあん》居《ご》(22)の間に最勝王経を講説したところ、龍が聴《ちょう》聞《もん》に訪れたと伝える。(23)このように、優れた学僧が自房で講義を行なうことがあり、そこに多くの僧が参集して学んだ。仏堂における講説会・論義会は儀礼的性格が強く、僧房での学習や授業こそが、日常的かつ実質的な修学であり、伝法であったと考えられる。

　最後に湯屋であるが、これは僧侶たちが沐《もく》浴《よく》・潔斎《けっさい》するための建物で、内部に湯釜や湯船が設けられた。中世の東大寺では、寺僧集

図4　東大寺の湯屋（鎌倉時代再建）

(22) 四月一五日から七月一五日までの夏の三カ月間、寺中にこもって修学する行事。第3節でもふれる。

(23)『東大寺要録』巻四。

団の集会は大湯屋で行なわれることが多かったが[永村、一九八九]、「僧物」という古代以来の意識が残っていたのだろうか(**図4**)。

実務と事務の空間

古代寺院においても、「仏」を拝み、「法」を学び伝え、「僧」を維持するためには、さまざまな実務作業が必要不可欠であった。建物のメンテナンス、物資や道具の調達・出納、食事や灯明の準備、人事や交渉ごとなど、くる日もくる日も俗世間と同じような仕事をこなしていかねばならない。だから、寺院の敷地のかなりの部分はそうした用途に向けられ、堂塔にくらべて見た目はぱっとしないが、それぞれの機能に即した建物が建ちならんでいた。それは都の大寺でも、各地の在地寺院でも同じことであった(**図5・6**)。

平安時代の東大寺には、二つの実務組織があった。一つが上司(公文所《くもんじょ》)、もう一つが下司(修理所)である[永村、一九八九]。ともに寺僧が取りしきり、その下でたくさんの俗人が立ち働く組織であった(次節参照)。それぞれの起源は奈良時代の東大寺三綱《さんごう》(後述)と造東大寺司《ぞうとうだいじし》に求められるが、上司・下司とも呼ばれたのは、格の上下というよりは場所の問題のようである。上司は食堂の北から北東にかけて、つまり東大寺でも高いところに位置した(24)。下司はよくわからないが、奈良時代の梵鐘鋳

(24) 上司の文書・資財倉庫であった油倉(印蔵)は、近世まで食堂跡の北方二〇〇mの地にあった。二棟の校倉からなり、現在では東大寺本坊の経庫と手向山《たむけやま》八幡宮の宝庫として用いられている。東南院文書はこの倉に伝えられてきたものである。

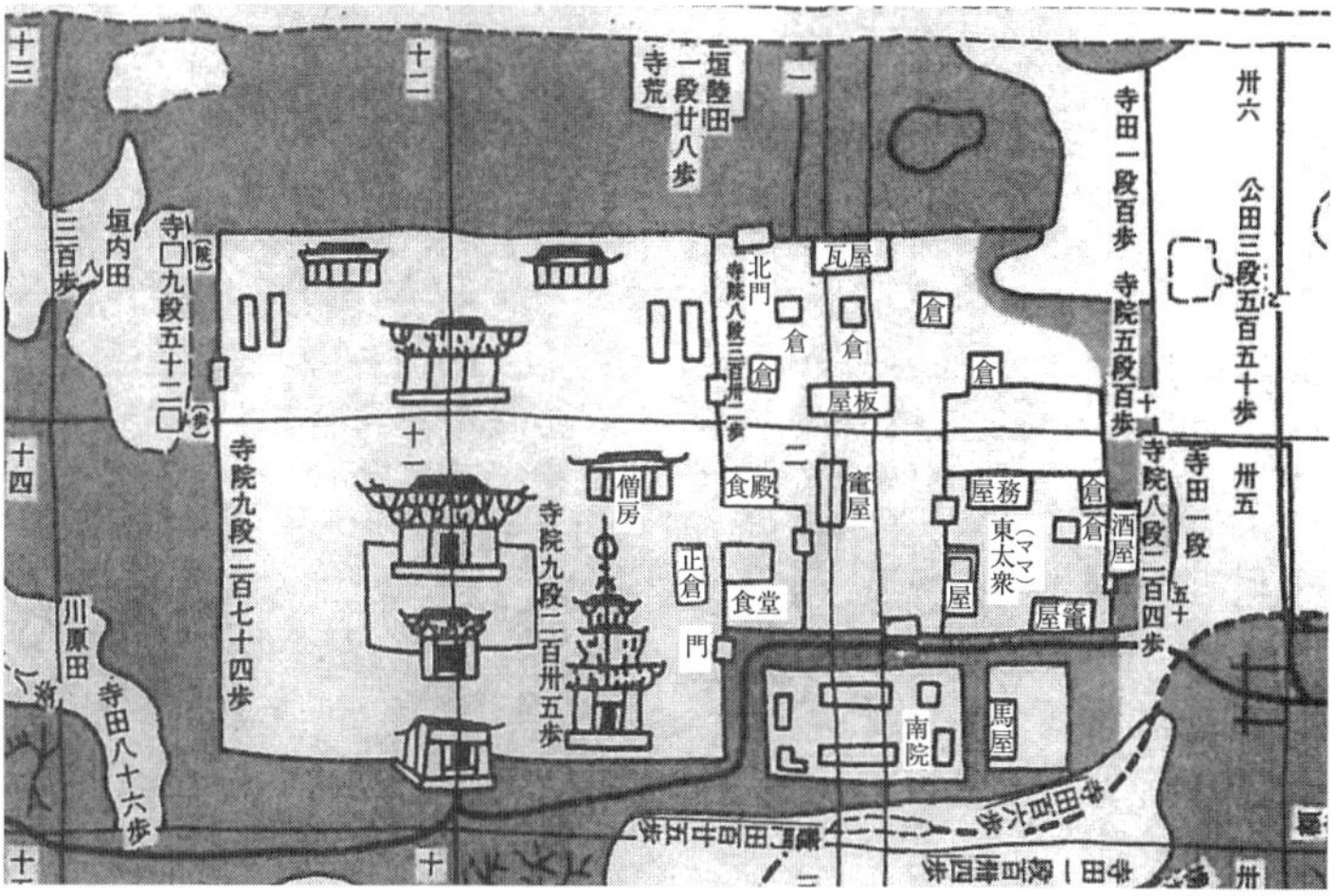

図5　額田寺伽藍並条里図[金田ほか編，1996]

造遺構が戒壇院《かいだんいん》近辺で見つかっているので、平城京東京極《ひがしきょうごく》路に近い、標高の低い場所にあったと思われる(**図7**)。

『東大寺要録』は、食堂・僧《そう》正堂《じょうどう》・紫摩《しま》金院《こんいん》のあとに、上司の建物群を書き上げている。それによれば、「上司」は「仏・聖僧・僧供」を準備するところであった。大炊殿《おおいどの》・羹所《あつものどころ》・間備所・碓殿《からうすどの》・北厨《きたくりや》・南厨・細殿などの調理施設があり、大炊殿には釜が四つ、羹所には鉄炉が一つ置かれ、煮炊きに使っていた。北厨・南厨に甕《かめ》が一四二個ずつあるのは、調味料や漬物を入れていたのだろう。北酒

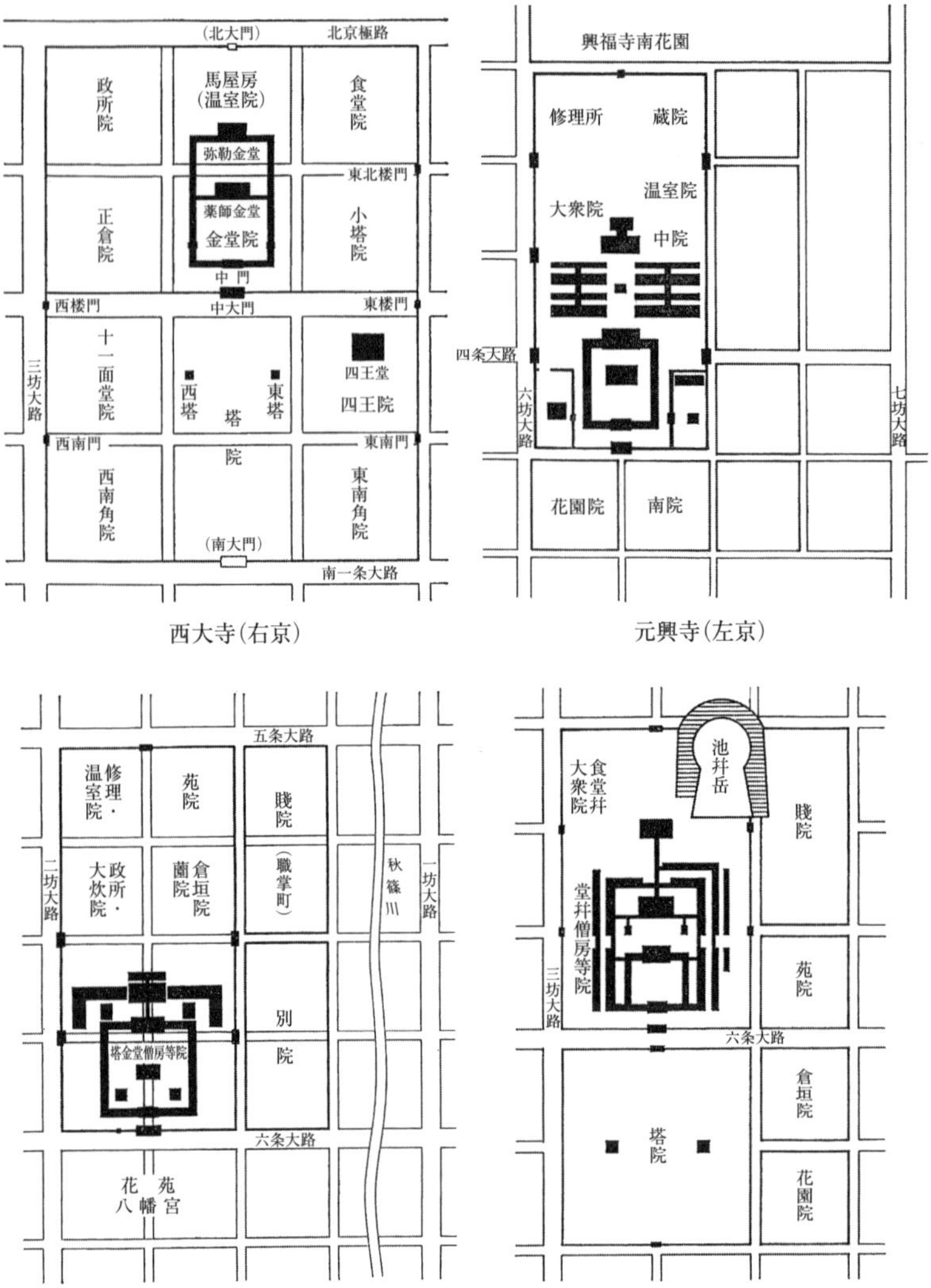

西大寺(右京)　元興寺(左京)

薬師寺(右京)　大安寺(左京)

図 6　平城京諸大寺の寺地[太田, 1979 を一部改変]

殿・油殿では酒や油を貯蔵していたが、この酒は建前としては「薬」であった。東大寺では、以上の建物で仏供や斎食が用意されたのである。先にも触れたが、古代寺院では一般に、こうした施設を「大衆院」と呼んでいた。

上司の次に記されるのが「大庁」である。両者はごく近くにあった一体的施設と見てよい。大庁の中心となる倉代殿《くらしろどの》は宿直殿《とのいどの》・公文殿《くもんどの》・鼓殿《つづみどの》に区切られ、東大寺の事務中枢＝公文所の建物と見られる。奈良時代の三綱所を引き継ぐものであろう。ほかにも四棟の殿・倉があり、倉には楽舞装束や楽器が入っていた。「神代」（いわゆる御神体）を安置する建物は、他史料に見える「竈神殿《かまどがみどの》」である。さらに大庁に続けて「印蔵」が記され、「流記公験《るきくげん》」（記録や文書）などを納めているという。事

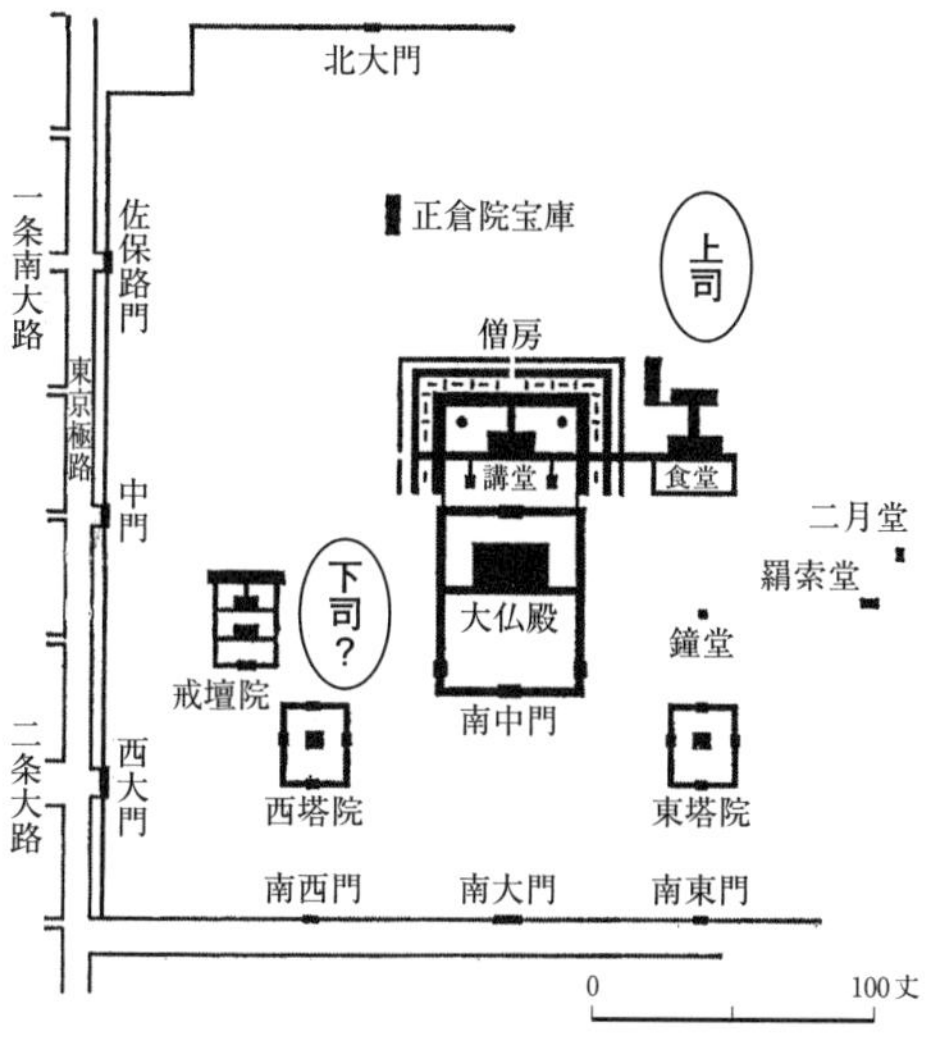

図7　古代東大寺の全体像［福山，1982に加筆］

務作業に不可欠の文書庫であった[25]。大庁ではこうした書類を活用しながら、東大寺の主要な事務を処理していた。古代寺院ではふつう「政所《まんどころ》」と呼ばれ、大衆院に含み込まれるか、「政所院」として大衆院に近接するものだが、東大寺もその例に漏れなかった。

東大寺にはこのほか、正倉院・薗院・厩院・悲田院《ひでんいん》・西院といった施設があるとされ、全体の末尾に「造司寺家修理所」が記される。先にふれた「下司」のことであり、それが大庁と倉からなるのは、公文所(政所)と同じであった。**図6**に見える元《がん》興寺《ごうじ》の「修理所」、薬師寺の「修理院」なども同じような施設だったのであろう。

仏・法・僧の空間と実務・事務の空間は、すべて古代寺院に欠かせないものであった。主要伽藍ばかりを眺めていては、古代寺院のほんとうの姿はわからない。

2　古代寺院の人々

僧尼とその組織

古代寺院がどのような空間からなっていたかを見てきたが、それぞれの場所で祈り、学び、実務にいそしむのは「人」である。ここで注意すべきは、例えば東大寺にいた人々は、必ずしも東大寺の僧侶のみに限られなかったことである。他寺の僧

(25) 注24を参照のこと。

が訪れる。俗人が働く。参詣に来る人々もいる。専寺(26)・他寺を問わず、僧・俗を通じて、さまざまな人が暮らし、集まってくる「ひとつの社会」が古代寺院であった。

まず、寺院を寺院たらしめる存在、僧尼について考えよう。すでに述べたように、それぞれの寺院の僧尼は一つの宗教的集団を形づくり、和合の精神を重んじた。また、修学・修行をつんだ僧尼を敬うことも重要視され、「年臈《ねんろう》」に基づく序列が設けられていた。年臈というのは仏門に入ってからの年数のことで、「夏臈《げろう》」とも言うように、夏安居を経るごとに臈は一つずつ増えた。こうした集団秩序が規律正しく守られないと、寺院生活は成り立たない。そのために厳しいルール＝戒律があった。天平勝宝五年(七五三)に鑑真《がんじん》が来日したのも、仏教教団の戒律を正しく伝えるためだったのである。

古代寺院の僧尼は、このように全体として「僧伽」を形づくったが、そのほかにも別レベルの組織・集団があった。その第一が、寺院運営や僧尼管理にあたる組織で、これを三綱《さんごう》という。もともと上座・寺主・都維那《ついな》の三ランクであったが、奈良時代後半以降、三綱の上にさらに別当が置かれることが増えた(27)。

もう一つの寺内集団は、「宗《しゅう》」である。奈良時代の東大寺には、華厳《けごん》宗・法相《ほっそう》宗・三論宗・律宗・成実《じょうじつ》宗・倶舎《くしゃ》宗があり、「六宗《りくしゅう》」と総称されたが(28)、例えば華厳宗は華厳経、法相宗は成唯識論《じょうゆいしきろん》を基本とする法相学というふうに、宗とは特定の経

(26)「専寺」とは、自分の寺を言うときは「当寺」「この寺」、相手の寺を指すときには「貴寺」「かの寺」の意味になる。見慣れない語だが、古代・中世にはよく使われた。

(27) 東大寺や興福寺では別当だが、延暦寺《えんりゃくじ》では座主《ざす》、園城寺《おんじょうじ》では長吏、東寺では長者と呼んでいた。

(28)『東大寺六宗未決義』。同書は宝亀七年(七七六)の成立で、教学上の疑問を書き連ねたもの。遣唐使とともに渡海する僧侶に託して、中国仏教界の回答(唐決)を得るために書かれたと考えられている。

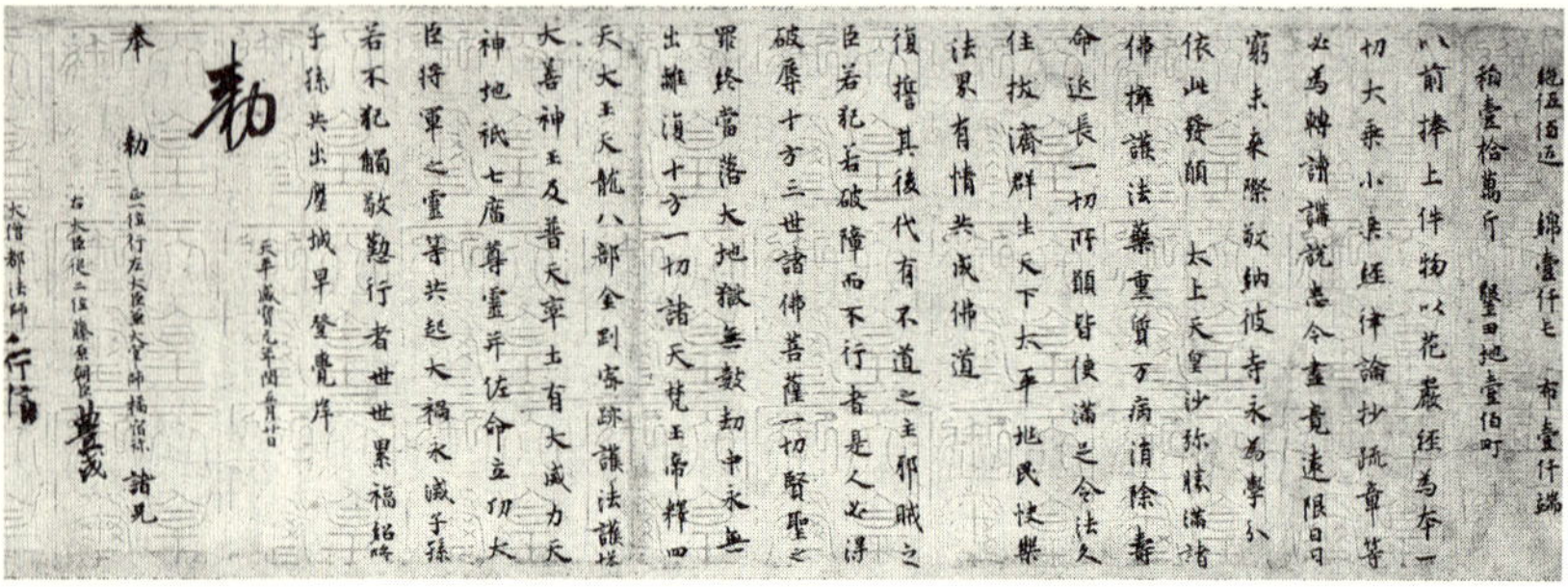

絁伍佰疋　綿壹仟屯　布壹仟端
稲壹拾萬束　墾田地壹伯町
以前捧上件物以花嚴經為本一
切大乘小乘經律論抄疏章等
必為轉讀講說悉令盡竟遠限日月
窮未來際敬納彼寺永為學分
依此發願　太上天皇沙弥勝滿諸
佛擁護法藥薫質万病消除壽
命延長一切所願皆使滿足令法久
住抜濟群生天下太平兆民快樂
法界有情共成佛道
復誓其後代有不道之主邪賊之
臣若犯若破障而不行者是人必得
破辱十方三世諸佛菩薩一切賢聖之
罪終當落大地獄無數劫中永無
出離復十方一切諸天梵王帝釋四
天大王天龍八部金剛密跡護法護塔
大善神王及普天率土有大威力天
神地祇七廟尊靈并佐命立功大
臣將軍之靈等共起大禍永滅子孫
若不犯觸敬勤行者世世累福紹隆
子孫共出塵域早登覺岸
天平感寶元年閏五月廿日
勅
奉
勅　正一位行左大臣兼大宰帥橘宿祢　諸兄
右大臣従二位藤原朝臣　豊成
大僧都法師　行信

図8　聖武天皇勅書(静岡県平田寺蔵)

典・思想を研究する学問グループである。古代の大寺院には、寺ごとの伝統により、それぞれ複数の宗があった。さらに天平感宝元年(七四九)、聖武《しょうむ》天皇の詔により、大安寺《だいあんじ》・薬師寺・東大寺などの一二大寺に「大修多羅衆《だいすたらしゅう》」が設けられた(**図8**)。これは華厳経を根本としながら、あらゆる経典の読経・講義を行なうための組織である。大修多羅衆は、僧尼の育成と法会の開催を担当しつつ、寺内の諸宗をたばねる重要な役割を担うことになった〔堀、二〇〇三〕。

古代の僧尼は、必ずしも自分の寺院に安住していなかった。各地の寺院に赴いて法会を開いたり、学匠《がくしょう》の教えを受けたりした。山林の道場に赴き、修行にいそしむ者もいた。例えば、鑑真は来日当初、東大寺の唐禅院《とうぜんいん》(29)に止住したが、戒律を学ぼうとする僧が各地から集まってくるので、朝廷は「十方衆僧供養料」を施して支援

(29) 戒壇院から谷を一つ隔てた北側、現在の宮内庁正倉院事務所の場所にあった。なお、『東大寺要録』巻四の「大和尚伝」は、鑑真が最初「客堂」に入ったと記す。後述する「客房」のことであろう。

した[30]。また、最澄《さいちょう》も比叡山《ひえいざん》を出て活動することがあった。弘仁三年（八一二）には興福寺維摩会《ゆいまえ》を聴聞したあと、西大寺の泰演《たいえん》の房に泊まった。帰途には乙訓寺《おとくにでら》に宿して空海《くうかい》と語り合っている[31]。このように、寺院をこえた教学のネットワークのなかで僧尼は活動しており、平城京諸寺を横断する「六宗」の枠組みもそうして生み出されていったのである。

古代寺院には、他寺の僧尼も宿泊していた。僧房に泊めてもらうこともあったろうが、大衆院などには「客房」が設けられ、僧尼や参詣者の宿泊にあてられていた。客房は「七堂伽藍」には含まれないが、どこの寺院にもあった。それは、古代寺院の開放的側面を体現する施設と言ってよかろう[吉川、二〇一七a]。

寺院に仕える俗人

寺院の実務・事務の多くは、僧尼ではない俗人が行なった。東大寺では、奈良時代に造東大寺司という律令官司が置かれ、造営や経営を担っていた。やや一般化しづらい部分もあるのだが、その活動が正倉院文書からうかがえるのは貴重である。造東大寺司は、本局（政所）が長官・次官・判官・主典《さかん》の四等官からなり、さらに「木工所」「造瓦所」「写経所」といった多くの実務部局があった。これらに分属しながら、朝廷の官人・工人のほか、在家信者の優婆塞《うばそく》、全国からやってきた仕丁な

（30）『唐大和上東征伝』、『続日本紀』天平宝字元年（七五七）一一月壬寅条。

（31）『伝述一心戒文』上。この書は最澄の弟子・光定《こうじょう》の著で、師やみずからの活動を詳しく記し、平安初期の寺院社会を知る上で、第一級史料として活用できる。

どが働いていたのである。発足からまもない天平勝宝二年(七五〇)には、「官人以下、優婆塞以上」が六七一人いたというから、[32]現業官司としてはトップクラスであったと見られる。当初は東大寺の資財管理や荘園経営にもあたり、実務のかなりの部分を引き受けていた。

東大寺では、天皇家が施入した二〇〇人の寺奴婢《じぬひ》[33]を中心として、数多くの奴婢も仕えていた。彼ら・彼女らは造東大寺司の業務を支え、なかには貴重な資財の出納・運搬を任される者もいた。[34]また、東大寺は僧寺であるが、婢のほかにも俗人の女性が働いていた。正倉院文書を調べてみると、「女豎《にょじゅ》」「優婆夷《うばい》」「仕女」「雇女」といった女性が、調理・洗濯・裁縫・染色などを行なっていたことがわかる。こうした女性労働は他の寺院でも見られたはずで、王族や貴族の家政機関とあまり違わない印象がある。

東大寺の整備が進むにつれ、造東大寺司の業務は少しずつ寺僧組織の東大寺三綱へと移っていった。平安時代になると、上司(政所・公文所)・下司(造司・造寺所)に再編された組織で、寺務のすべてを僧侶が取りしきる体制が生まれるが、そうなっても多種多様の現業を僧侶が行なったわけではない。例えば天暦四年(九五〇)には、「職掌」「雑色」と呼ばれる男女の俗人が一〇三人、東大寺のさまざまな実務に奉仕していた。列挙してみよう。[35]

(32)『続日本紀』天平勝宝二年正月丙辰条。

(33)『続日本紀』天平勝宝元年(七四九)一二月丁亥条。

(34) 資財帳によれば、奈良時代中期の法隆寺は五〇九人、元興寺は六六二人の奴婢を所有していた(『寧楽遺文』中巻三六一・三八九頁)。ただし、すべてが寺院内にいたとは限らない。

(35) 天暦四年一一月二〇日「東大寺封戸荘園幷寺用帳」(『平安遺文』二五七号)。黒米支給のリストが、最も詳細で人数も多いので、修正しながらこれを用いる。

男六三人：長二人、造二人、倉人四人、鎰取《かぎとり》四人、大小膳二人、商長二人、綱所鎰取一人、土師工二人、杣《そま》工二人、膳夫《かしわで》七人、その他二七人、荘預《あずかり》二人、小子六人

女四〇人：寺刀自二人、女長二人、醬刀自一人、酢刀自一人、御厨女四人、雑使四人、羹《あつもの》女二人、員外二二人、神子二人

仕事の内容が何となく推測できる者も多いが、彼ら・彼女らは東大寺から給与をもらう実務職員であった。このほかにも、臨時に雇われたり、手伝いや見習いに来る俗人がかなりいたに違いない。さらに一〇世紀ともなれば、寺内に真言院《しんごんいん》・東南院などの院家《いんげ》[36]が発達していたから、そうした院家で働く俗人も多かったであろう。

平安時代の職掌たちは、奈良時代の奴婢の子孫だと言われていた[37]。仏供や斎食を調理し、堂塔を作り、楽舞を奏した奴婢たちの仕事を、彼らは受け継いできたのだ、と。東大寺の楽人たちの歴史を追っていくと、それもあながち作り話とは思えないのであるが[吉川、二〇一七b]、いずれにせよ、古代寺院には俗人たちが果たすべき役割がずっとあった。その意味で、彼ら・彼女らも寺院にとって必要不可欠の存在だったのである。

(36) 院家とその発達については、本章「おわりに」参照。

(37) 『東大寺要録』巻七「東大寺職掌寺奴事」。

檀越と知識

平城京の大寺院の僧尼は、各地の寺院に招かれることがあった。ほとんどは畿内・近国の在地寺院(38)であったが、そこで法会を開き、人々に仏教を説くためには、しっかりと準備していかねばならない。こうした必要から、平安初期には東大寺の僧が法会のための文集として『東大寺諷誦文稿《ふじゅもんこう》』を、また薬師寺の景戒《けいかい》(「きょうかい」とも)が説話集として『日本霊異記《にほんりょういき》』を著した。これらの史料には仏都と各地を結ぶネットワークや、在地寺院で息づく古代仏教の姿が活写されている[鈴木、一九九四]。

在地寺院のさまざまな法会は、寺を建てた人物やその子孫が主催するのがふつうであった。多くは現地の豪族であったろう。彼ら・彼女らは寺院経営の主体であり、資財の施入・管理に力をつくした。こうした存在を檀越《だんおつ》(39)(檀主)という。わざわざ仏都の僧尼に来てもらい、法会を立派なものにしようとしたのも檀越である。そうした宗教的貢献に応えるべく、やってきた僧尼は檀越の徳を讃え、寺堂や仏像、さらには村里のすばらしさを述べつくすのである。在地寺院といっても、ふつう住僧はいただろうし、男女の在家信者も少なくなかった(檀越の親族・姻族がその中心であろう)。そうした人々への賛辞も、法会の導師は忘れないようにした(40)。

在地寺院をめぐる人々を知る上で、紀伊国の弥気堂《みけどう》(弥気寺)の説話はほんとうに

(38)『日本霊異記』説話の主な舞台は、京・畿内(山城・大和・摂津・河内・和泉)とその周辺諸国(伊賀・近江・播磨・紀伊など)である。仏都平城京を中心とするネットワークは、おおむねこのエリアで機能していた。

(39)サンスクリット語のdāna-patiの音を写した語。施しを与える人物というのが原義であるが、日本古代では一般に、寺院の創建者やその子孫の意味で用いる。

(40)本書、ブライアン・ロウ「古代寺院のネットワークと人々」参照。

(41)『日本霊異記』下巻一七縁。別名は弥気山室堂、慈氏禅定堂。『日本霊異記』は、寺院そのも

面白い[41]。この寺は峠道沿いにあった山林寺院で、本尊は弥勒《みろく》菩薩であった。脇侍《きょうじ》は未完成だったが、檀越は手をこまねいていた。ある夜、寺僧の信行は女性のうめき声らしきものを聞く。旅人が病気になって泊まっているのかと、「坊」をめぐるが誰もいない。それは「鐘堂」に放置された脇侍像の声なのであった。事実を知った信行は、弥気堂に「常住」する元興寺僧の豊慶に相談し、「知識」を率いて像を完成させ、供養の法会を開いたという。

平城京の僧侶が暮らし、俗人が泊まれる客房や鐘つき堂があるなど、在地寺院のようすがリアルにわかるが、「檀越」のほかに「知識」がいて、仏像の制作に大きな力を果たしたことが特に注目される。知識(智識)とは、造寺・造像・写経などの仏教的作善《さぜん》を行なう、信仰グループをいう。彼ら・彼女らは師僧にいざなわれ、労力や資財を提供した。寺院にとっては、檀越だけでなく知識の力が重要なのだと、この説話は言いたいらしい。

弥気堂に関しては、知識の力で書写された経典が現存している[42]。紀氏・坂本氏という近隣の豪族だけでなく、上毛野伊賀麻呂《かみつけぬのいがまろ》という右京の人の名も見える。彼は東大寺の写経所に勤務した人物で、ここにも仏教的なネットワークがうかがわれる。畿内・近国では知識の活動がきわめて盛んであった[43]。行基《ぎょうき》[44]の民間布教も、畿内各地で信仰グループを形づくり、知識による社会事業を続けて、大きな影響力をもった。

のを指して「〇〇堂」と呼ぶことが多い(これには異論もあるが、素直に史料を読めば、そう解するほかない)。だから、「弥気堂」とは「弥気寺」のことである。

(42) 和歌山県小川八幡神社所蔵『大般若経』(薗田編著、二〇〇八)。その奥書には「天平十三年歳次辛巳四月、紀伊国御毛寺の智識、紀直商人写す」(巻四一九)、「天平十三年歳次辛巳閏月、紀伊国那賀郡御気院に写し奉る知識大般若経一部六百、河内国和泉郡坂本朝臣栗柄」(巻四三八)、「右京六条四坊上毛野伊賀麻呂写す」(巻四九六)などとある。「御毛寺」や「御気院」は「弥気堂」と同一実体と見るのが自然である。

檀越が寺院の創建・運営を取りしきり、知識がこれに加わるという構図は、在地寺院だけのものではない。平城京の大寺院でも同じであった。ただ、檀越が天皇家や王族・貴族であったため、つぎこまれる財力が格段に違っただけである。

例えば東大寺は、聖武天皇が「本願皇帝」として創建し、歴代天皇が檀越となった。聖武は大仏建立に際し、人々に知識としての参加を呼びかけ、師僧として行基を登用した。莫大な財源(封戸《ふこ》や荘園)、宝物、奴婢が施入されたのも、檀越として天皇・天皇家が行なった宗教的行為である。「鎮護国家」のための「国家的事業」などと抽象的にとらえては、ことの本質を見誤ってしまう。(45) 大安寺や薬師寺、西大寺なども同様であるし、元興寺はもともと蘇我氏が、興福寺はずっと藤原氏が檀越であった。檀越とその一族は支援を惜しまず、おのおのの祈願を込めて法会を催し、時にはみずから参拝に赴いた。また、治病・追善などを目的として、寺院に集う人々がさまざまな知識を結ぶこともあった。

参詣者と社会的弱者

平城京の大寺院は、天皇家や王族・貴族が建てたものばかりであった。とすれば、それらは檀越一族や関係者以外にはとざされた、温かみのない存在だったのであろうか。そんなことはない。現に都の僧尼は、各地の寺院に赴き、人々に仏法を説い

(43) 河内国大県郡の知識寺(智識寺)のように、主として知識の力で造営された在地寺院もある。ただし、一般には、檀越としての豪族の力が大きかったように思われる。

(44) 奈良時代の薬師寺僧。天智七年(六六八)に河内国大鳥評(のちの和泉国大鳥郡)に生まれ、平城遷都後、京周辺で民間布教に乗り出した。当初は朝廷に弾圧されたが、やがて聖武天皇の信任を得て、大仏造顕に貢献する。天平二一年(七四九)死去。

(45) 造東大寺司は「内廷官司」として天皇家に直結していた。東大寺に施入された二〇〇人の奴婢も、もともと官奴婢・嶋宮奴婢など、天皇家が

ていたではないか。同じように都市民にとっても、巨大な伽藍は思いのほか身近なものだったようである。

大安寺は、舒明《じょめい》天皇の百済大寺《くだらだいじ》に始まる、最も由緒ある天皇家の寺院であった(46)。それゆえ東大寺ができるまで、寺院序列のトップにあった。大安寺の本尊は釈迦如来像で、その端厳なる姿はいたく称賛され、平安時代には南都随一と言われた。しかし平城京の人々にとって、この「大安寺丈六《じょうろく》」は自分たちの願いをよく聞き届けてくれる、霊験《れいげん》あらたかな仏像であった。参詣してお経をあげてもらう人、香華や灯明を捧げる人などがいて、貧しい庶民も仏のすぐ前で拝むことができたらしい(47)。平安後期の『信貴山縁起《しぎさんえんぎ》絵巻』には、尼公が東大寺大仏殿に参籠し、金《こん》色《じき》の盧舎那仏を礼拝するさまが描

図 9 『信貴山縁起絵巻』より東大寺大仏殿と尼公(『日本絵巻物全集』2, 角川書店, 1958 年)

所有していたものである。寺領荘園にも同様のものがあったことは、コラム「東大寺の古代荘園」で述べる。

(46) この寺は移転を繰り返し、寺名も「百済大寺→高市《たけち》大寺→大官大寺→大安寺」と変わった。百済・高市は地名だが、「大官」とは天皇そのものを意味する語である。

(47) 『日本霊異記』上巻三二縁、中巻二八縁。なお、下巻三縁には大安寺の弁宗が「白堂」(祈願の取りつぎ)をつとめ、多くの檀越を得たとあり、参詣者の便宜をはかる僧もいた。

図10　修二会食堂作法の供膳［堀池ほか，1985］

かれているが（**図9**）、一般の信者が金堂で礼仏することは、奈良時代からあったのだろう。伽藍は開かれていたのである。それは各地の在地寺院や国分寺でも、一般的に見られたことではなかったろうか。そう言えば、東大寺大仏殿や大安寺金堂の本尊近くには、寺の由緒を記した碑が立っていたが、[48]これも参拝者が見ることを想定したものかもしれない。

平城京では服部寺の吉祥天女《きっしょうてんにょ》、元興寺中門の四天王などの霊験も語られたが、[49]とりわけ印象深いのは、薬師寺の千手観音《せんじゅかんのん》の話である。[50]それによると、薬師寺の「東辺の里」には一人の盲人がいて、この観音を信仰していた。昼は寺の東門で観音がもつ宝珠の名をとなえ、日中の鐘[51]が鳴ると、ちょうど斎食が終わる時刻なので、寺内に入って衆僧から飯をもらう。こうして暮らしているうちに、信仰

(48)『七大寺巡礼私記』東大寺条・大安寺条によれば、前者は長さ二四〇cm余、幅一〇八cmほどの板で、「仏前の右方の柱の下」に衝立障子のように立ててあった。後者は長さ一三八cm、幅六〇cm余の「簡板」で、「仏前の右の壇の下」にあった。それぞれの内容は『東大寺要録』巻二、醍醐寺本『諸寺縁起集』が伝える。

(49)『日本霊異記』中巻一四縁、『日本感霊録』。

(50)『日本霊異記』下巻一二縁。

(51) 日中は、一日を六等分した仏教的時刻法(六時)の一つ。晨朝・日中・日没・初夜・半夜・後夜と続く。修二会がそうであったように、六時

の功徳で目が見えるようになったという。この男もまた、大寺院の仏像に信心を捧げている。しかも、寺院の残飯(52)で命を養うという、乞食生活を送っていたのである。こうした社会的弱者に対し、平城京の大寺院は決して冷淡ではなく、大乗仏教の教えにもとづく民衆救済を心がけていた。

　寛和二年(九八六)、円融《えんゆう》太上天皇が受戒のため東大寺を訪れたとき、食堂で一千僧の斎食が行なわれた。この時、数百人の乞食者が集まってきたので、円融は米二〇石を施行《せぎょう》している(53)。一〇世紀後葉には食堂儀はごく稀になっていたが、八―九世紀には日々行なわれていたと思われ、食堂の残飯をもらう人々も多かったのではなかろうか。大寺院の寺辺には寺役をつとめる俗人だけでなく、貧困者が集住して「里」を作っていたのかもしれない。七世紀後葉の飛鳥寺でも「飢者」に米を与えていたし、八世紀の河内《かわち》国西琳寺《さいりんじ》、一一世紀の播磨国円教寺など、貧民施行を行なう在地寺院は少なくなかった[吉野、一九九九]。貧窮・老幼の人々を救済する「悲田院」や、病気の人々を療養させる「施薬院《やくいん》」は、古代寺院の民衆救済をよく物語る施設であり、興福寺・四天王寺・東大寺・西大寺などにあったことが知られている[勝浦、二〇〇二]。

　このように古代寺院は、参詣者や社会的弱者が日常的に集まる場であった。「鎮護国家の大伽藍」といった固定的イメージではとらえきれない。そして臨時の法会

は礼拝・行法の基準であるとともに、鐘をつくことによって寺中・寺外の人々に生活のリズムを与えていたのである。飛鳥寺の鐘楼では、夜間にも鐘がつかれていたらしい『日本霊異記』上巻三縁)。

(52) 修二会の食堂作法には、練行衆が食べきれないほどの飯が配膳される(図10)。大量の残飯は、奉仕する俗人たちに下げ渡されるのであるが、その一部は練行衆がみずから鳥獣に与える。これを生飯《さば》という。

(53) 出典は注18に同じ。

には、仏法に結縁するだけでなく、華やかな荘厳や珍しい楽舞を見ようと、多くの人々がやってきた。闘乱騒ぎを防ぐために検非違使《けびいし》が派遣されるほど、大法会は賑わっていたのである。(54)

3　古代寺院の日々

古代寺院の年中行事

古代寺院では、さまざまな人々が日々の暮らしを送っていた。草創期を過ぎるころから寺院活動は定式化していき、それぞれの寺の歴史や性格に応じた行事が毎年くりかえされることになる。寺院の年中行事は、俗世間と異なるところが多いが、相通じる面も確かにあった。

東大寺は、古代から中世に至る年中行事を詳しく跡づけることのできる、唯一無二の寺院である。(55) それを**表1**にまとめた。表の見かたを説明しておくと、全体のベースは『東大寺要録』巻四で、同書ができた一二世紀前葉の様子を表している。○印は『東大寺要録』巻五に見える九世紀末ころの行事、◎印は八世紀に遡ることが正倉院文書から推定できる行事(56)である。年中行事の大枠は奈良時代に生まれていたこと、その後、必要に応じて追加・修正が行なわれたことを、ひとまずは読み取る

(54)『東大寺要録』巻三「恵運僧都記録文」、巻七「講堂供養事」など。

(55)『東大寺要録』巻四・巻五、正安元年(一二九九)一一月「東大寺年中行事用度帳」(『鎌倉遺文』二〇三〇八号)。なお、興福寺の平安時代末期の年中行事は『類聚世要抄』から、薬師寺の鎌倉時代の年中行事は『薬師寺黒草紙』から知ることができる。

(56) 推定の根拠は、法会そのものの名称が見えること、開催日に特別の支出がなされていること、その前後に関係経典や楽舞装束が動いていること、などである。

表1　古代東大寺の年中行事(12世紀前葉，［吉川，2011c］に加筆)

正月1日	政所朝拝	7月7日	◎節供(食堂)
	食堂礼拝	7月14日	○自恣(大仏殿)
	◎元節供(食堂)	7月15日	◎伎楽会(大仏殿)
	○講堂修正(7箇夜)		○夏講結願(大仏殿)
	○中門修正(7箇夜)		◎盂蘭盆講(羂索院)
正月6日	薪迎	7月19日	○梵網会(宮子国忌，戒壇院)
正月8日	◎吉祥御願(吉祥堂→羂索院)	8月11日	○講功徳経(羂索院)
	○散節(講堂，7箇日)	8月20日	御八講(八幡宮，4箇日)
正月15日	◎望粥		八幡宮彼岸
正月	大仁王会	9月3日	○手掻会(転害門)
2月1日	◎修二会(上院)	9月9日	○節供(食堂)
2月20日	御八講(八幡宮，4箇日)	9月15日	○般若会(大仏殿)
2月	八幡宮彼岸	10月18日	龍樹供(東南院)
3月3日	◎節供(食堂)		同法供(講堂)
3月14日	◎華厳会	11月14日	○千灯会(羂索院)
3月16日	◎法華会(羂索院，→12月15日)	11月16日	華厳講(羂索院，5箇日)
4月1日	読大般若経(食堂，～8月)	11月	○冬季神祭
4月8日	◎伎楽会(大仏殿)		三十講(政所房)
	講浴像経(羂索院)	12月8日	◎温室節(食堂)
4月15日	○夏講(安居，大仏殿)	12月14日	◎万灯会(大仏殿)
4月	○春季神祭	12月15日	方広会(講堂，3箇日)
	○授戒会(戒壇院)	12月29日	○上政所・下政所歳末読経
5月2日	◎御斎会(聖武国忌，大仏殿)	12月晦日	○諸神供
5月5日	◎節供(食堂)		○山陵奉幣・読経
5月8日	小五月会(八幡宮)		
6月14日	◎万花会(大仏殿)	毎月14日	大乗布薩(講堂)
6月23日	◎千花会(羂索院)	毎月15日	小乗布薩
6月25日	○大掃除	毎月29日	大乗布薩(講堂)
6月28日	○解除会(講堂)	毎月30日	小乗布薩

◎は8世紀に遡る行事，○は9世紀末ころの行事.

ことができる。

表にあげた行事を分類すれば、①講説・悔過・読経などの法会、②布薩・安居・自恣《じし》(後述)といった「僧伽」の儀礼、③神祇《じんぎ》や忌日・山陵に関わる行事、④節供《せっく》その他、となろう。このうち、①法会は「仏」の礼拝と「法」の講読を行なうもの、②僧伽儀礼は「僧」の集団の維持をはかるもので、ともに仏教の根幹に関わる、寺院特有の行事である。③は①と内容が重なるが、特殊な目的をもつため別立てにした。④は、宮廷社会・官人社会でも行なわれた節日儀礼を中心とし、俗世間との関わりが深い行事である。

寺院の年中行事の主軸をなすのは、①恒例の法会であった。**表1**を見れば、実にさまざまな法会が勤修《ごんしゅ》されていたことがわかるが、それぞれ特定の目的をもち、内容も一様ではない。夏の万花会《まんげえ》(大仏殿)—千花会(羂索院《けんさくいん》)、冬の万灯会(大仏殿)—千灯会(羂索院)のように、一年の前半・後半で対になる法会、大仏殿と羂索院で分担される法会がいくつかある。法会が寺院生活にリズムを与えたこと、諸堂の歴史・性格をふまえて法会の場が選ばれたこと、などがうかがわれる。

古代の僧侶には、智(智恵を磨く)と行(修行に励む)の双方が求められたが、法会もこの智・行と対応していたように思われる。ここでは講説会・論義会を「智」の法会、悔過会・読経会を「行」の法会と見なし、東大寺の代表的な法会を紹介しよう。(57)

(57) 東大寺の法会については、智・行の区分はとらないが、すでに優れた概説があるので参照されたい[永村、一九八九／二〇〇一]。

図 11　『春日権現験記絵』より興福寺維摩会(『続日本絵巻大成』14, 中央公論社, 1982 年)
ただし, 律令体制の時代には, このように裹頭《かとう》(顔や頭を隠した)僧が法会に集まってくることはなかった.

智の法会

まず「智」の法会は、経論の内容を解説する「講説」や、質疑・討論を行なう「論義」を中心とする法会である。学匠が「講師」として法会のリーダーをつとめ、講説会の場合は「読師《どくし》」が、論義会の場合は「問者《もんじゃ》」がこれに対座する。また、講説会・論義会に付け加える格好で、修学僧(竪者《りっしゃ》)を口頭試問する「竪義《りゅうぎ》」を行なう場合もあった。

東大寺の「智」の法会の代表は、三月一四日の華厳会である。天平感宝元年(七四九)閏五月の詔により、一二大寺の一つであった東大寺では、華厳経の講説と一切経の読経が始まった〔堀、二〇〇二〕。ここに起源をもつ華厳会は、九月一五日の般若会《はんにゃえ》と対になる大がかりな法会で、たくさんの寺僧や楽人《がくじん》が奉仕した。大仏殿の堂内正面に講師・読師の高座が向き合い、僧侶たちは東西の床子にすわった(58)。さらに大仏殿前庭には舞台が設けられ、その南方

表2　東大寺華厳会のプログラム

①礼仏・荘厳
僧侶が床子，楽人が楽屋に着く．
講師・読師が高座に登る．
講師・読師が三礼，僧侶が総礼．
菩薩・胡蝶・迦陵頻伽が花と仏供を供える．
迦陵頻伽・胡蝶が舞を奏す．
②四箇法要
唄(仏を讃嘆する声明)．
散華・行道(花を散らし，会場をめぐる声明)．
梵音(三宝を供養する声明)．
錫杖(錫杖を振り鳴らす声明)．
③講説
講師が表白を読み上げる．
講師・読師が講説を行なう．
④法楽楽舞
菩薩舞を奏す．
勅楽・中楽の楽人が舞を奏す．
講師・読師・僧侶・楽人が退出する．

に音楽を奏でる楽屋があった。古代の式次第はよくわからないが、鎌倉時代の「華厳会式」が華やかな法会のさまを伝えている(59)（**表2**）。

華厳会のプログラムは四つの部分からなる(60)。①礼仏・荘厳は、出仕した僧侶が仏を礼拝し、迦陵頻伽《かりょうびんが》や胡蝶が供え物をし、舞を奏する儀。法会の導入部分である。②四箇法要は、唄《ばい》・散華《さんげ》・梵音《ぼんおん》・錫杖《しゃくじょう》という四種の声明《しょうみょう》をうたい、仏を讃嘆・荘厳する儀。それぞれに異なる内容とメロディーをもつ、妙なる声楽であった。③が法

(58) 参考までに、『春日権現験記絵』に描かれた維摩会の様子を掲げておく（図11）。維摩会は、興福寺講堂で行なわれた藤原鎌足の忌日法会で、講説・竪義が行なわれた。

(59) 『東大寺続要録』諸会篇本、華厳会式（建暦二年式、近代作法）。なお、古代寺院の法会の構成や楽舞に関しては、すでに優れた研究がある〔佐藤、二〇〇〇／小野、二〇一三〕。

(60) 『東大寺要録』巻五から、九世紀末には同じような式次第であったと推測できる。八世紀段階でも高座が設けられ、散華が行なわれていたらしい（宝亀四年〈七七三〉「倉代西端雑物下用帳」『大日本古文書』六巻四

会の中核部分である。法会の趣旨・歴史を読み上げ（表白）、そののち華厳経を読師が読み、講師が講釈を加えた(61)。最後の④は華麗な楽舞である。大きな法会になれば、この部分がずっと続き、参列者は目と耳を楽しませたことであろう。しかし、楽舞は人々の娯楽のために行なわれたのではない。天上世界を思わせる美しい舞や音楽は、あくまで仏を供養するための「法楽」なのである。古代寺院の法会は、香花や灯明だけでなく、さまざまな音や声で満ちあふれていたが、すべては仏の荘厳・讃嘆・供養を目的としていた。仏法の講説は、こうした感覚的要素に支えられ、数多くの僧侶や楽人が参仕することによって成り立つものであった。

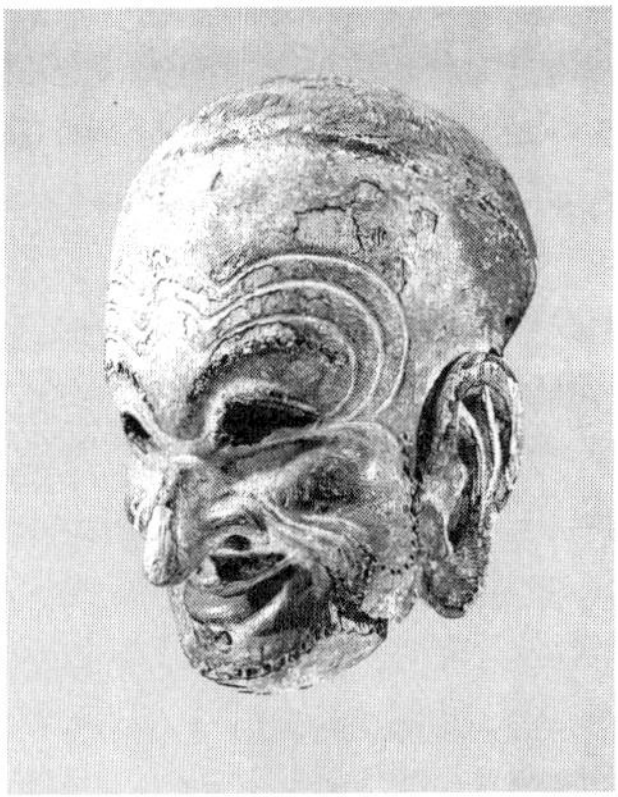

図12　東大寺伎楽面［奈良六大寺大観刊行会編，1970］

四月八日の仏生会、七月一五日の盂蘭盆会は、日本では七世紀代から行なわれ、東大寺でももちろん重視されていた。その際、法楽として伎楽（仮面を用いるユーモラスな宗教楽劇）が奏されたため、ともに「伎楽会」と呼ばれた(62)。奈良時代にも盛んだったさまは正倉院文書からうかがわれ、「盂蘭盆経講師」という表現から(63)講説があったこともわかる。ただ、平安時代には

六五頁）。なお、『延喜式』巻二一によれば、東大寺の華厳会・般若会、西大寺の成道会、大安寺の般若会には、朝廷から特に楽人が派遣された。東大寺側ではこれを「勅楽」と呼んだ［吉川、二〇一七b］。

(61) 華厳会では講師を前囀《さえずり》、読師を後囀と呼ぶが、これは八世紀に講説がサンスクリット語で行なわれ、まるで鳥のさえずりのように聞こえた故事によるものらしい（『東大寺要録』巻二「化人講師事」）。なお、『延喜式』巻二一によれば、大極殿御斎会では、講師は維摩会講師の経験をもつ学僧がつとめたが、読師は「内供奉十禅師」「持律持経」「久修練行」という三種の僧から選ば

大仏殿での仏生会・盂蘭盆会と、羂索院での浴像経・盂蘭盆経講説が同じ日にあり、金鍾寺《こんしゅじ》以来の歴史をもつ羂索院の独立性を示しているが、中心となる大仏殿での法会で講説が行なわれたか、読経だけであったのかは、よくわからない。

東大寺の「智」の法会としては、三月一六日(のち一二月一五日)の法華会と一二月一五日からの方広会《ほごえ》、夏講(夏安居での講説、四月一五日・七月一五日)なども重要である。夏講については後に触れるが、法華会と方広会では、論義とともに、竪義が行なわれたことが見逃せない。竪義は若い僧侶の登竜門であり、修学を重ねて厳しい試問を突破すれば、学僧として昇進の道が開けていった。(64)「智」の法会は、儀礼的・形式的な性格があったことも否めないが、仏法を広め、伝えていくためには欠かせない行事であった。

行の法会

日本古代の僧尼はさまざまな「行」に励んでいた。仏像を礼拝して名号を唱える、経典や陀羅尼《だらに》を読誦する、心静かに修禅を行なう、(65)といったふうに。これらすべてが修行であるが、『日本霊異記』が活写するように、礼仏や誦経《ずきょう》はしばしば仏像や経典の呪力・霊験を期待して行なわれた。悔過会・読経会などの「行」の法会は、そうした行為が定式化したものと言える。なお、「行」の法会のリーダーは「導師」

れた。この三種はすべて「行」に関連するものだが、そもそも読経は修行の方法でもあった(『日本霊異記』に何人もの「持経者」が見える)。講師は「智」の僧、読師は「行」の僧というのが、本来あるべき姿だったと想定したい。

(62) 古代の伎楽面は、正倉院・東大寺・法隆寺などに伝わる(図12)。

(63) 天平勝宝四年(七五二)七月一〇日「東大寺牒」(『大日本古文書』一二巻三三二頁)。

(64)『東大寺要録』巻四によれば、九世紀の渡唐僧・恵運《えうん》は、講堂方広会での竪義を経て受戒し、さらに修学を深めた後、羂索院法華会・講堂方広

と呼ばれた。

東大寺の「行」の法会の代表格は、修二会である[堀池ほか、一九八五]。二月堂において、二月(現在は三月)一日から一四日までの二週間、本尊十一面観音の名号を唱えて礼拝し、みずからの過ちを懺悔(悔過)して、国家・社会の安寧を祈念する。

図13　修二会五体投地[堀池ほか, 1985]

こうした法会を「悔過会」と言い、東大寺にはほかに修正会・吉祥会などがあった。そのなかで修二会だけが残り、今も古代法会のかたちを保っているのは、まさしく奇跡と言わねばならない。生きている人間から人間への伝授によって、「不退の行法」は一二五〇年以上続けられてきたのである(66)。

修二会を勤修するのは、一一人の練行衆である(中世には二〇人前後)。第1節で見たように、彼らは参籠宿所で古代僧房のような集団生活を送り、食堂で斎食をとってから二月堂に赴く。そ

会でまた竪義をつとめた。

(65) 日本古代にも「禅」はあった。道昭(六二九—七〇〇年)は入唐して玄奘三蔵《げんじょうさんぞう》に学んだが、禅を日本に伝えるよう指導され、飛鳥寺に禅院を創建した。また、唐僧・道《どう》璿《せん》(七〇二—七六〇年)も北宗禅を日本に伝えた。鑑真も東大寺では「唐禅院」に止住し、その座禅の姿は唐招提寺の鑑真像に表されている。禅行をよく修め、治病などの呪術的能力を身につけた僧尼は「禅師」と呼ばれ、尊崇をうけた。

(66) 創始は天平勝宝四年(七五二)に遡る。四年後の「東大寺山堺四至図」には二月堂閼伽井《あかい》が描かれているから、当初から現在の場所で行なわ

れから深夜まで、一日六度（日中・日没・初夜・半夜・後夜・晨朝の六時）の悔過作法が続けられる。(67) 唄・散華のあと、観音を讃嘆して名号を唱え、懺悔と祈りの言葉をつらねて、礼拝や五体投地を行なう（**図13**）。すべて独特の声明を用い、練行衆は二月堂内を激しく動く。なお、初夜には神名帳を読み上げて神々を勧請《かんじょう》し、初夜・後夜には大導師作法（祈願の表白など）と呪師作法（会場の密教的呪禁《じゅごん》）が行なわれる。(68) また、日によって、過去帳奉読・法華《ほっけ》懺法《せんぽう》・走り・水取り（香水汲み）・達陀《だったん》などの儀が組み込まれる。こうした修二会の構成は、根本となる悔過作法は最初からあったはずであり、平安時代には諸要素が出そろった。厳しい「行」の法会の姿をよく示すものであるが、実は華厳会などとは比較にならない小規模の法会だったことにも注意しておきたい。

悔過会のほか、「行」の法会と言えるのは読経会である。ただ**表1**を見ても、明らかに読経が中心となっている法会は、あまり見当たらない。八幡宮彼《はちまんぐうひ》岸《がん》や春季・冬季の神祭、歳末の山陵奉幣、そして歳末の上司・下司で読経が行なわれた程度である。ただし、一一月一四日の千灯会、一二月一四日の万灯会には「十二導師」が奉仕しており、読経会であった可能性がある。とすれば、同じように荘厳に主眼をおく千花会・万花会も、読経会だったかもしれない。その当否はともかく、東大寺のような大寺院でも、日常的な祈禱には主として読経が行なわれたであろうし、まれていたと見てよい。

(67) 日中・日没の後にいったん宿所に戻り、夕刻にふたたび上堂して、初夜以後の作法を行なう。夕闇の中で上堂するため、たいまつが一人一人の練行衆の足許を照らし、先導するのである。

(68) 修二会のリーダーは大導師で、授戒役の和上が（形式的に）その上位にいる。呪師は密教的呪力でサポートを行なう。なお、六時の悔過作法ごとにも導師（担当者）がいて、これを「時導師」という。

して在地寺院においては、講説会や論義会はごく限られたものだったに違いない。(69)読経・礼仏・悔過の功徳《くどく》を求める「行」の法会は、簡便にしてわかりやすく、人々の求めも多かったことと思われる。

僧伽の行事

僧尼は「僧伽」と呼ばれる集団を形づくり、俗世間とは異なるルールで生活していた。僧伽のルール＝戒律を守ることは、僧尼になるときに誓約するだけでなく、日常的に確認し、維持していく必要があった。そのために古代寺院では月に二度、「布薩」が行なわれた。布薩はサンスクリット語 poṣadha の音写であるが、むしろ「説戒」という訳語のほうがわかりやすい。

『三宝絵《さんぼうえ》』によれば、布薩を日本に伝えたのは鑑真で、東大寺で始められた後、諸寺に広まったという。確かに鑑真渡来後の天平宝字元年(七五七)、布薩の財源(戒本師田)が諸大寺に与えられたが、(70)実際にはそれ以前から行なわれていた。(71)平安時代の東大寺では、毎月一四日・二九日に大乗布薩が講堂で、一五日・三〇日に小乗布薩がおそらく食堂で開催された。もともと布薩とは、半月ごとに僧尼が集まり、上座僧が戒律を説く。そこで衆僧は戒律を守れたかどうかを反省し、破戒があれば懺悔する、という行事であった。しかし『東大寺要録』は、「戒師」による「戒本」

(69) そのような局限された講説会に、大寺院の僧尼が招かれることが多かった。『日本霊異記』が描く在地寺院の法会で、思いのほか講説会が目立つのはそのためであろう。

(70)『続日本紀』天平宝字元年閏八月丙寅条。

(71) 天平一三年(七四一)の国分寺建立詔に「月の半ばに至るごとに戒羯磨を誦せ」とあり(『続日本紀』同年三月乙巳条)、天平一九年(七四七)の大安寺・法隆寺の資財帳にも布薩(木叉)に用いる仏具類が載せられている。

の読誦については記していても、懺悔のことは何も述べない(72)。梵唄《ぼんばい》や香水授与などもなされたが、古代日本の布薩は戒律を読み聞かせることが中心であったように思われる。

布薩はインドに由来する僧伽の行事であったが、年中行事としては「夏安居」が重要なものとされた。これまで何度か述べたように、四月一五日から七月一五日までの夏の三カ月間、伽藍にこもって集団生活を送り、静かに修学を行なう行事である。古代の東大寺では、初日・結願《けちがん》日に大仏殿で「夏講」という講説会を開催していた。また、一〇世紀の法蔵のように、僧房で経典の講義を行なった僧もいて(第1節)、夏安居における修学が重んじられたことは確かであろう。

夏安居は「雨安居《うあんご》」とも呼ばれた。インドの夏は雨季だからである。古代インドの仏教修行者は、ふだんは遊行《ゆぎょう》の生活を続けていたのだが、雨季になると一所にとどまり、集団生活を送った。それが安居の始まりである。しかし、日本の四季はインドと違う。また、僧尼たちは寺外へ伝法や修行に赴くこともあったが、木造伽藍における集団生活を基本にしていた。つまり、古代のインドと日本の僧尼の生活は大きく異なっていたのである。その日本で毎年繰り返される夏安居の意味を、古代の僧尼はどのように感じていたのであろうか(73)。

夏安居の結願の一日前、七月一四日には「自恣」が行なわれた。これも『東大寺

(72)『東大寺要録』巻九「新撰東大寺戒壇授戒法規」のうち、「布薩戒師作法(小乗)」「大乗布薩作法」。延暦寺の布薩も同じようであったことは、天禄元年(九七〇)七月一六日「天台座主良源起請」(『平安遺文』三〇三号)からうかがわれる。

(73) こうした関心で、インドの僧団生活を体験した中国人僧侶・義浄の『南海寄帰内法伝』を読んでみるのも面白い。

要録』によれば、(74)夏安居の間、戒律に反した、欲するがままの行ないがなかったか、反省・懺悔する行事である。僧たちがみな「歓喜頌」をとなえ、その人数が数えられるなど、布薩が「説戒」を中心とするのに対し、自恣は僧尼一人一人の「懺悔」に重きをおく行事だったように読める。ただ、九世紀末には「法用五口」(75)が参加しており、四箇法要などを行なったらしい。会場が大仏殿であることからみても、自恣は儀礼的性格がかなり強かったように思われる。

このほか四月には、戒壇院で授戒会があった。正式の僧尼になることを認め、厳しい戒律を授ける国家的な行事で、東大寺・下野《しもつけ》薬師寺・筑紫《つくし》観世音寺《かんぜおんじ》だけで行なわれていた。古代の制度では、正式の僧尼となるためには、まず「得度《とくど》」して沙《しゃ》弥《み》・沙弥尼《しゃみに》となり、師僧について修行をつんだ後、「受戒」して比丘《びく》・比丘尼《びくに》に進むきまりであった。寺院では子供は生まれない。僧尼となる少年・少女は、必ず俗世間からやってきて、集団生活に入ることになる。官人社会と寺院社会の接触や、在地社会にまで広がる仏教的ネットワークを通じて、彼ら・彼女らはリクルートされ、「僧伽」の一員となって、父母とは全く違う人生を歩んでいった。

神祇と忌日・山陵

古代東大寺の年中行事には、神祇や忌日・山陵に関わる行事も含まれている。神

(74)『東大寺要録』巻九「新撰東大寺戒壇授戒法規」のうち、「自恣作法」。

(75)「法用」とは、唄・散華などからなる四箇法要をはじめ、法会におけるさまざまな役をつとめる僧のこと。

祇関係としては、鎮守神《ちんじゅ》の八幡宮に関わるもの(春秋の法華八講と彼岸読経、五月の小五月会、九月の手掻会《てがいえ》)と、その他の神祭(四月と一一月)・神供(大晦日)がある。このうち手掻会は、八幡神の御輿《みこし》が手掻門《てがいもん》(76)まで赴き、そこで競馬・相撲・舞楽などが行なわれる祭儀であるが、ほかはすべて仏教的な法会であった。八幡宮ではむろん日々の祭祀が行なわれていたはずだが、寺誌である『東大寺要録』には何も書かれていない。

東大寺に縁の深い人物の忌日法会も、盛大に行なわれた。本願(創建者)聖武天皇の忌日=五月二日に開かれた御斎会と、その母藤原宮子《ふじわらのみやこ》の忌日=七月一九日に催された梵網会《ぼんもうえ》である。聖武天皇は天平勝宝八歳(七五六)、藤原宮子は天平勝宝六年(七五四)に死去した。毎年の忌日法会はともに東大寺で行なわれ、奈良時代には朝廷が主催する「国忌《こき》」とされた。聖武が大同二年(八〇七)、宮子が延暦一〇年(七九一)に国忌の対象からはずれると[堀、二〇〇四]、忌日法会は東大寺の寺内行事に変わるが、いずれも華厳会・般若会につぐ大法会として維持されていく。御斎会は梵網経の講説会で、大仏殿で行なわれた。九世紀には「法用七口」や「木工」が奉仕しており、四箇法要や舞台での楽舞をともなう法会であったことがわかる。梵網会も梵網経の講説会である。ただ、会場の戒壇院は前庭が狭いため、楽舞はなかったらしい。なお、歳末には「山陵読経」も行なわれた。聖武天皇の佐保《さほ》山陵での行事

(76) 平城京東京極路に面する東大寺の西面北門。奈良時代は「佐保路門」と呼ばれ、現在ではふつう「転害門」と書く。天平時代の建築が今も残り、基壇上には御輿をすえる台石がある。

らしく、「御幣《ごへい》」とともに読経が奉られ、楽人たちも出仕した。

本願や有縁の人々の忌日法会は、どこの寺でも行なわれていたはずである。薬師寺で天武天皇(九月九日)・持統《じとう》天皇(一二月二二日)・元明天皇(一二月七日)のため、興福寺で藤原鎌足《かまたり》(一〇月一六日、維摩会)・藤原不比等《ふひと》(八月三日)・藤原房前《ふささき》(四月一七日)・光明《こうみょう》皇后(六月七日)のための法会があったように。寺院の創建・興隆に果たした檀越の功績は、その寺院が続く限り、年ごとに想起され、顕彰されていった。

しかし、少なくとも平城京の古代寺院では、僧尼の忌日法会はあまり目立たない。東大寺では、法華会が一二月一五日に移され、開山の高僧・良弁《ろうべん》の忌日法会の役割を果たした。ただ、それ以外の僧侶については、忌日に追善供養された人物もいたであろうに、『東大寺要録』は黙して語らない。二月堂修二会では、五日と一二日に過去帳が読み上げられ、法会に貢献した僧俗の名を知ることができる。しかし、今となっては彼ら・彼女らの忌日も、墓地もほとんどわからない。(77) まして や、功績も悪行も残さなかった、ごくふつうの僧尼たちは、死んで数十年も経てば忘れ去られ、歴史のなかに消えていった。ただ伽藍と僧伽だけが、まるで巨大な生き物のように、長い生命を保ち続けたのである。

(77) 奈良時代の僧尼の墓で、所在がわかるのは行基(竹林寺)と鑑真(唐招提寺)ぐらいであろう。菩提僊那《ぼだいせんな》は大和国添下郡、良弁は大和国宇陀郡に葬られたが、所在は不明である。一般の僧尼がどこに、どのように葬られたかについては、ほとんど何もわからない。

節供と食堂

残りの年中行事についても見ておこう。その主軸となるのは節供である。一年の節目となる日を祝う共食儀礼で、正月一日、三月三日、五月五日、七月七日、九月九日、一二月八日に食堂で行なわれ、僧侶に特別な食事が出された(78)。九世紀末には、餅・餺飥《ほうとう》(79)や酒のほか、正月節に芋・大豆・大根・わかめ、五月節にちまき・いちご、七月節に瓜、九月節に栗・豆といったように、季節にふさわしい食品が供される。上司・下司の実務職員たちにもふるまいがあった。奈良時代の造東大寺司では、九月節以外は実施が確かめられ〔大日方、一九九三〕、五月節にちまきや柏餅が作られたこともわかる(80)。造東大寺司は俗人の実務組織だが、僧侶についても奈良時代から節供が行なわれていたことであろう。なお、一二月八日の温室節も奈良時代以来の節日であるが、のちの禅宗の臘八会《ろうはちえ》(成道会)とは趣が違うようである。

節供に似た行事として、正月一五日には「望粥《もちがゆ》」があった。宇多《うだ》天皇は寛平二年(八九〇)、民間で行なわれていた「正月十五日七種粥」を宮廷に取り入れたが、東大寺・造東大寺司では奈良時代からずっと続いており、大仏にも「七種粥」が奉献されていた(81)。

また、正月一日には節供に先立ち、「政所朝拝」と「食堂礼拝」が行なわれた。政所朝拝は、上司(政所)の僧侶・俗人が別当を拝する儀式かと思われ、酒肴・禄物

(78) 朝廷の節日は、八世紀の養老令では正月一日、七日、一六日、三月三日、五月五日、七月七日、一一月下卯日である。一〇世紀の『延喜式』では、これに正月一七日と九月九日が加わり、三月三日が省かれ、七月七日は二五日に移された。

(79) 小麦粉をこねて延ばし、切りそろえた食べ物。現在のうどんに似たものとされる。

(80) 宝亀二年(七七一)五月二九日「奉写一切経所告朔解」(『大日本古文書』六巻一七三頁)〔吉川、二〇一二〕。

(81) 『宇多天皇御記』寛平二年二月三〇日条、「北倉代中間下帳」(『大日本古文書』一六巻五六六

がふるまわれる。一方、食堂礼拝は上司・下司のメンバーが食堂に集まり、本尊仏(82)を礼拝する儀礼であった。これらは寺僧集団の行事というよりは、実務・事務を行なう組織の行事と見られる。その意味では、朝廷の朝賀や国庁・貴族家の朝拝などと相通じるところがある(83)。

それにしても、節供の共食儀礼が食堂で開かれ、また元日の拝礼が大仏でなく、食堂の本尊に対して行なわれたことは興味深い。この建物が寺院全体の秩序を維持する上で、重要な空間であったことがよくわかる(84)。また、**表1**には挙げていないが、一一世紀の東大寺では、荘園経営に関する衆僧会議を、毎年春に食堂で行っていた。唐代の寺院でも、年末の財務報告は食堂でなされていた(85)。つまり日本でも唐でも、食堂は僧尼集団が寺院を運営するための建物、あるいはそれを象徴する建物であったと考えられる［吉川、二〇一七a］。

こうした財務に限らず、寺院の仕事はきわめて多かった。東大寺では日々、上司と下司の僧侶・俗人が立ち働き、寺院の経営を支えていた。文書のやりとり、道具の出し入れ、貢納物の受け取りなど、毎年この月、この日にすると決まっている仕事もあり、事務・実務にたずさわる人々にとっては、それも大切な年中行事であった。僧尼と俗人が織りなす古代寺院の活動を、一つ一つ復原していく作業は、まだ緒についたばかりである。

頁）。なお、大仏の七種粥は内裏から献じられた。奈良時代には、宮廷でも望粥が行なわれていたのかもしれない。

(82) 東大寺食堂には、九世紀末までに本尊仏が安置され、これとは別に聖僧としての賓頭盧像があったらしい。

(83) 儀制令元日条・元日国司条。朝廷では、朝賀（拝礼）のあとに節会（共食）が催された。

(84) 新しい別当が決まった時も、その就任儀礼は食堂を中心として行なわれた。東寺でも同様であったことが確認できる［吉川、二〇一〇］。

(85) 『入唐求法巡礼行記』開成三年（八三八）一

おわりに――古代寺院の変貌

本章では、東大寺を主な素材として、古代寺院の空間・人的構成・行事について述べてきた。東大寺は古代随一の規模をもち、天皇家とのつながりも緊密であるなど、かなり特別な寺院ではあった。しかし、そうした特権的立場にあったからこそ、古代寺院のさまざまな属性が最大限に展開し、小さな在地寺院では見えにくい部分もよく見えるのである。つまり、ここまで述べてきた東大寺の姿は、古代寺院の生態のモデルケースと言うことができ、それを可能にしたのが『東大寺要録』などの豊かな文献史料である。

ここで急いで付言しておかなければならない。本章では、寺院の生態をとらえることを主眼としたため、時期による推移をおおむね捨象してきた。しかし、東大寺も時の流れのなかにあって、絶えざる変化をまぬがれなかった。一二世紀前半に書かれた『東大寺要録』は、古代寺院から中世寺院に脱皮をとげつつある東大寺の寺誌であるから、古代寺院としての姿を読み取ることもできるし、中世への変容を跡づけることもできる。古代寺院の生態の変化を、歴史的に考えていくことは、もう一つの大切な課題なのである。

二月二九日条・同五年一二月二五日条。

(86) 宇佐八幡神は大仏建立を助けるためとして、天平勝宝元年(七四九)一二月に入京した。最初は「宮南梨原宮」、ついで東大寺境内に鎮座した。その場所は鏡池と東塔の間で、現在も基壇跡が残る。治承四年(一一八〇)の南都焼打ちで焼失し、嘉禎三年(一二三七)に「千手そもそも東大寺が生まれた八世紀中葉は、古代寺院史の転換期であった。東大寺はその当初から、飛鳥・白鳳《はくほう》寺院と異なる部分があった。本書「〈古代寺院〉への招待」で述べたように、このころ山林寺院の重要性が高まり、神仏習合の動きが広まるとともに、列島各地で村落寺院が叢生しつつあった。東大寺が山林寺院として出発し、平地伽藍ができてからもその伝統が保たれたこと、大仏造顕にあたって宇佐《うさ》八幡神を勧請《かんじょう》し、鎮守《ちんじゅ》神としたこと(86)などは、八世紀中葉の新しい時代相のなかで、東大寺が誕生したことをよく物語っている。

そして創建から約一〇〇年、おおむね九世紀中葉ころから、東大寺は深刻な変容をとげていく。それは主として、(一)院家の発達、(二)寺院経営の再編、として現われた。優れた中世寺院史研究に導かれつつ(87)、最後にその概要を述べておきたい。

まず「院家」とは、真言院・東南院といった「寺院内の小寺院」のことで、中世以降には塔頭《たっちゅう》とも呼ばれた。東大寺では、山林寺院の流れをくむ羂索院、鑑真の法脈をつぐ唐禅院などが、早くから独立性をもっていた。やがて承和三年(八三六)、真言院に二一人の住僧が置かれると、彼らは院内で密教修法に専念することになり、僧房に住んだり、食堂に参集することがなくなった。これは明らかに寺僧集団全体の和合・共同性を破るものである。さらに東南院の三論宗、尊勝院の華厳宗など、特定の院家が特定の宗派・学統を伝える傾向が強まっていく。院家はそれぞれ独自

院岡」に移された。これが現在の手向山八幡宮である。なお、平安時代には大安寺・薬師寺・西大寺にも八幡神が勧請され、今も鎮守社として存続している。

(87) 中世寺院史研究は一九八〇年代から隆盛したが、それを主導した黒田俊雄の総説的論考[黒田、一九七五／一九八〇]は、今もなお重要性を失っていない。

(88) 寺院に与えられた食封。一定数の公民の戸を封戸と定め、租調庸などをその寺院に納入させた。寺院の建設・運営の基本財源で、東大寺の寺封は天平勝宝二年(七五〇)に総計五〇〇〇戸となった。天平宝字四年(七六〇)に用途別戸数が

の財源・組織・行事をもち、私的に師資相承される「寺院内寺院」であった。こうして寺院全体の一体性が薄まり、東大寺はたくさんの院家・坊舎の集合体のようになっていった。食堂や僧房はなおしばらく存続するが、特に食堂は象徴的な機能しか果たさなくなる。東大寺以外でも、九世紀半ば以降に生まれた有力寺院には、最初から食堂が建てられなかった。古代寺院特有の集団秩序は、このようなプロセスを経て空洞化し、中世寺院への変貌が進んでいった。

　次に寺院経営であるが、古代東大寺には五〇〇〇戸もの寺封《じふ》(88)、四〇〇〇町にのぼる寺領荘園が与えられ、豊かな運営がなされていた［竹内、一九三二］。しかし、平安時代には寺封が二七〇〇戸に減っただけでなく、諸国の国司が必ずしも協力的でなかったため、封戸収入は落ち込んでいった(89)。遠隔地の荘園にも目が届かなくなり、東大寺は九世紀中葉に「寺領回復運動」を進めたが、ほとんど効果はなかった［吉川、二〇〇二］。一〇世紀後葉以降、東大寺の経済は畿内・近国の荘園に重きを置くようになり、収入は全体として激減してしまったと思われる。それとともに、寺院を構成する僧侶・俗人の人数も減り、法会の開催や建物の維持にもたいへんな努力が必要となったのである。

　こうした経営難は、七・八世紀以来の在地寺院でも同じであったと考えられる。受領《ずりょう》や新興勢力によって、存立を脅かされる寺院も多かったろう。そこで東大寺な

決められ、伽藍修造分が一〇〇〇戸、三宝・住僧供養分が二〇〇〇戸、官家修行諸仏事（天皇家の法会）分が二〇〇〇戸となる。このうち官家修行諸仏事分が九世紀に東大寺の手を離れ、さらに新薬師寺分に三〇〇戸が割かれたため、東大寺の寺封は二七〇〇戸に減った。そのリストは、寺領荘園のリストとともに『東大寺要録』巻六に載せられている。

(89) 国司は封戸の租調庸を進上・納入する任務があった。しかし、九世紀代から上級貴族と国司の結託が進み、国司は自分に親しかったり、政治的メリットのある貴族・寺院への納入を優先した。一〇世紀後葉、国司長官が「受領」として専権を

どの大寺院は、各地の在地寺院を「末寺」と呼び、支配と庇護を加えるようになった(90)。末寺からは、人や物資が送られてきたから、大寺院(本寺)側から見れば一種の荘園のような存在であったが、その一方、末寺は修行や教学の拠点としての性格を依然として備えていた。古代寺院のネットワークの一面が、「本寺—末寺」関係に変化しながら残った、と言うこともできそうである。

九世紀中葉から一〇世紀、つまり律令体制の解体期において、古代寺院は大きな変貌を余儀なくされ、本来の秩序を失っていった。それは東大寺のような大寺院にも、各地の在地寺院にも、否応なく訪れた運命である。しかし、それまでの古代仏教の達成は確かに大きかった。列島には数千の寺院が存立し、「日本化」をとげつつ列島社会に根を下ろしていた(本書「〈古代寺院〉への招待」参照)。変化をとげる寺院も、退転してしまう寺院もあったが、そのような分厚い基盤、すなわち古代の遺産を受けつぐことによって、中世寺社勢力は生まれ出ることができたのである。このとき、古代寺院の生態と生活史は、どのように中世寺院に継承されたのであろうか。それを綿密・丁寧に探っていくことは、たいへん興味深く、かつ重要な作業となるにちがいない。

確立すると、そうした傾向はいっそう強まった。東大寺のような古い寺院は、受領にとって優先順位が低く、物資はなかなか額面通りに納入されなかったと思われる。

(90) 一二世紀の東大寺の末寺リストは、『東大寺要録』巻六に収める。新薬師寺・笠置寺・石山寺など、八世紀から深い関係をもつ寺院が見えるほか、大和国では阿倍氏の崇敬寺、伴氏の永隆寺、小野氏の願興寺など、古代雄族の氏寺が末寺となっていることが注目される。なお、天台宗・真言宗は、九世紀から各地の在地寺院を「天台別院」「真言別院」として掌握した。南都諸寺が末寺支配を確立するのは、それよりかなり遅れる。

引用・参考文献

飛鳥資料館、一九八六年『飛鳥寺』(飛鳥資料館図録第15冊)
井上光貞、一九七一年『日本古代の国家と仏教』岩波書店
太田博太郎、一九七九年『南都七大寺の歴史と年表』岩波書店
小野功龍、二〇一三年『仏教と雅楽』法蔵館
大日方克己、一九九三年『古代国家と年中行事』吉川弘文館
勝浦令子、二〇〇一年「七・八世紀の仏教社会救済活動」『史論』54
川尻秋生、二〇〇一年「資財帳からみた伽藍と大衆院・政所」『古代』110
黒田俊雄、一九七五年「中世寺社勢力論」『岩波講座日本歴史6　中世2』岩波書店
黒田俊雄、一九八〇年『寺社勢力』岩波新書
佐藤道子、二〇〇〇年「楽・舞」『アジア遊学』17
鈴木景二、一九九四年「都鄙間交通と在地秩序——奈良・平安初期の仏教を素材として」『日本史研究』379
薗田香融編著、二〇〇八年『南紀寺社史料』関西大学出版部
竹内理三、一九三二年『奈良朝時代に於ける寺院経済の研究』大岡山書店(『竹内理三著作集』1、角川書店、一九九八年)
永村　眞、一九八九年『中世東大寺の組織と経営』塙書房
永村　眞、二〇〇一年「寺院社会史の視点からみる中世の法会」奈良女子大学古代学術研究センター設立準備室編『儀礼にみる日本の仏教』法蔵館
福山敏男、一九八二年『福山敏男著作集2　寺院建築の研究(中)』中央公論美術出版
堀　裕、二〇〇三年「法会に刻まれた古代の記憶」『仏教史学研究』46—1
堀　裕、二〇〇四年「平安初期の天皇権威と国忌」『史林』87—6
堀池春峰、一九八〇年『南都仏教史の研究上　東大寺篇』法蔵館
堀池春峰ほか、一九八五年『東大寺お水取り——二月堂修二会の記録と研究』小学館

山岸常人、一九九〇年a『中世寺院社会と仏堂』塙書房
山岸常人、一九九〇年b「奈良時代の法会と寺院建築」『日本美術全集』4、講談社
吉川真司、二〇〇二年「院宮王臣家」『日本の時代史5　平安京』吉川弘文館
吉川真司、二〇一〇年「古代寺院の食堂」栄原永遠男ほか編『律令国家史論集』塙書房
吉川真司、二〇一一年a『天皇の歴史02　聖武天皇と仏都平城京』講談社
吉川真司、二〇一一年b『シリーズ日本古代史③　飛鳥の都』岩波新書
吉川真司、二〇一一年c「国分寺と東大寺」須田勉・佐藤信編『国分寺の創建　思想・制度編』吉川弘文館
吉川真司、二〇一二年「日本古代的端午節」『彰顕与重塑』浙江古籍出版社
吉川真司、二〇一七年a「文献から見た奈良平安時代の伽藍」菱田哲郎編『古代寺院の儀礼・経営に関する分野横断的研究』京都府立大学
吉川真司、二〇一七年b「古代東大寺の楽舞と楽人」GBS実行委員会編『論集　古代東大寺の世界』東大寺・法蔵館
吉田一彦、一九九五年『日本古代社会と仏教』吉川弘文館
吉野秋二、一九九九年「非人身分成立の歴史的前提」『ヒストリア』164(同『日本古代社会編成の研究』塙書房、二〇一〇年)

挿図引用文献

金田章裕・石上英一・鎌田元一・栄原永遠男編、一九九六年『日本古代荘園図』東京大学出版会
奈良六大寺大観刊行会編、一九七〇年『奈良六大寺大観10　東大寺2』岩波書店

コラム　東大寺の古代荘園

古代東大寺の経済基盤のひとつは、総面積にして四〇〇〇町にのぼる荘園群であった。東大寺の荘園のうち、北陸地方のものは史料がよく残り、戦前から盛んに研究が進められた。また、それを基礎として、「初期荘園」のイメージが形づくられてきた。

「初期荘園」は、次のような特徴をもつという。①天平一五年(七四三)の墾田永年私財法《こんでんえいねんしざいほう》によって生まれた。②国司《こくし》や郡司《ぐんじ》に依拠して開発・経営された。③荘園には村落が含まれない(＝領域的でなく、荘民もいない)。④だから周辺農民を使った賃租(小作)経営が行なわれた。⑤公権力に依拠していたので、律令体制とともに一〇世紀に没落した。

「初期荘園」と呼ばれた理由はわからなくもない。本格的な荘園は中世になって生まれ、古代の荘園はそれに直接つながっていかない。経営の内実からしても、「端緒的・初期的」な荘園にすぎない、というのである。

しかし近年、こうした教科書的理解には疑問が呈されつつある〔石上、一九九六〕。「初期荘園」概念は、東大寺領北陸荘園の実態に影響されすぎていて、東大寺以外の荘園(たとえば貴族や諸寺院の荘園)や、八世紀半ば以前にさかのぼる荘園をきちんと評価していない。古代から中世に続く荘園もあるのに、それらも軽視しがちである。中世と対比するのはよいとしても、「古代独自の大土地所有の内容や歴史的意義」の検討が不十分であってはならない。従って、概念としても「古代荘園」が適当である、と。

私は「古代荘園」論に賛成である。そもそも古代荘園は、墾田が開発されたものばかりではない〔吉田、一九九一〕。弥生時代以来の長い歴史をもつ田地も、貴族や寺院の荘園に含みこまれていた。位田《いでん》・賜田《しでん》・功田《こうでん》・寺田《じでん》などの法制的名目をまとった田地も、それぞれは「○○荘」と呼ばれていたのである。墾田永年私財法から古代の荘園が始まったとする学説は、もはや過去のものになっている。

東大寺に即して、少し補足しておこう。東大寺の古代荘園には、二つのタイプがあった。Aタイプは、「檀越《だんおつ》」である聖武天皇や光明皇后ゆかりの土地が施入《せにゅう》されたもの、Bタイプは、新たに墾田を開発したり、寄進を受けたりしたものである。

Aタイプの古代荘園は畿内・近国にあり、開発の歴史も古い。長屋王家《ながやおうけ》領荘園のように、奴婢《ぬひ》に耕作させる場合もあったろう。弘福寺《ぐふくじ》領荘園のように、山林をも含む広大な領域的荘園があったかもしれない。Bタイプには、国司や郡司に命じて開発させたものもあるが、それは王権に密着した特権的寺院・東大寺ならではのこと。ふつうの貴族や寺院の荘園が同様であったとは、とうてい考えられない。

東大寺領北陸荘園は、Bタイプの代表であった。それらは九世紀から経営困難に陥り、一〇世紀には「荒廃」した。しかし、それは新興の貴族や寺院との競争に負け、また受領《ずりょう》の圧迫に耐えられなくて、東大寺の経営が成り立たなくなっただけの話である〔吉川、二〇〇二〕。一方、Aタイプは、近場ということもあって、東大寺の支配が長く続き、中世荘園に転成して寺院経済を支えていくのである。

「初期荘園」の①～⑤の特徴はすべて考え直さねばならない。「古代荘園」研究の最前線では、大化前代から中世までを視野に入れ、新しい史実と理解が示されつつある。東大寺領荘園についても、いずれ通説が一新される日がやってくるであろう。

◉石上英一「古代荘園と荘園図」金田章裕ほか編『日本古代荘園図』東京大学出版会、一九九六年
◉吉川真司「院宮王臣家」『日本の時代史5　平安京』吉川弘文館、二〇〇二年
◉吉田　孝「律令制と庄」『講座日本荘園史2　荘園の成立と領有』吉川弘文館、一九九一年（のちに『続　律令国家と古代の社会』岩波書店、二〇一八年）

遺跡からみた古代寺院の機能

菱田哲郎

はじめに

寺院には基壇《きだん》(1)をもつ建物が建ち並ぶことから、寺院遺跡は、他の種類の遺跡と比べて見分けやすいのが特徴である。とりわけ、古代においては、藤原宮で宮殿の瓦《かわら》葺《ぶ》きが始まるまでは、瓦が寺院でのみ使用されていたため、古代の瓦が地表に落ちている場所を見つけることにより寺院を発見でき、その瓦にもとづいて年代を推測できるなど、研究上の利点をもっている。こうしたことから、寺院の伽藍《がらん》を調査によって明らかにする取り組みが古くからおこなわれている。しかしながら、その寺院での活動、すなわち法会《ほうえ》などの儀礼や日常の僧侶の生活については、資料的な限界もあり、十分には検討がされてこなかった。

近年では、寺院の活動を示す発見例が増加し、また経営施設も各地で見つかっており、こうした寺院のソフトウェア的な側面について、遺跡や遺物にもとづく検討が可能になっている。ここでは、このような考古学的な発見に加えて、文献との対比を試みながら、寺院の機能を考えてみることにしたい。

(1) 建物の基礎にあたる土壇。通常は版築《はんちく》工法を用い、頑丈に造られる(本書、海野聡「寺院建築と古代社会」二〇二頁、注8参照)。

1　日本列島における古代寺院の調査と整備の略史

初期寺院の探索と調査

日本の古代寺院についての発掘調査は、二〇世紀前半にはすでに活発におこなわれていた。とりわけ七世紀代の寺院は「初期寺院」として探索され、列島における仏教の普及過程を解明するための重要な手がかりとされた。そのため、各地に所在する寺院の最初の調査がこの時期に始まることも偶然ではない。この研究をリードした石田茂作《もさく》の関心が伽藍配置(2)に寄せられていたこともあり、金堂《こんどう》や塔、中門、回廊、講堂など、寺院の中心施設の解明が進められた〔石田、一九五六〕。とくに、布《ぬの》目瓦《めがわら》(3)と礎石《そせき》を探索することから、多くの寺院跡を発見することができ、寺院跡の観察から伽藍配置を推測する試みもおこなわれている。このような事例の典型例とも言えるのが鎌谷木三次《かまたにきそじ》の『播磨上代寺院阯の研究』〔鎌谷、一九四二〕であり、石田茂作の『飛鳥時代寺院址の研究』〔石田、一九三六〕に倣いながら、踏査にもとづく所見をまとめ、採集された瓦を紹介し、可能な限りの情報を記述している。こうした試みは各地でおこなわれ、寺院研究が古墳研究などと並ぶ重要なテーマとして定着していった。

（2）金堂や塔など寺院の主要な建物のレイアウトをいう。日本では、中門、塔、金堂、講堂を一直線に配する「四天王寺式」や、中門から見て右手に金堂、左手に塔を配する「法隆寺式」、その逆の「法起寺式」など、典型的な寺院の名を付けて呼ばれることが多い（本書、海野「寺院建築と古代社会」二〇〇頁、図1参照）。

（3）平瓦《ひらがわら》・丸瓦《まるがわら》の凹んだ側の面に布目の付く瓦。製作時に型からの粘土の脱着を容易にする目的で布袋を用いるために付く。とくに布目の付く平瓦は中世の間になくなるため、古い寺院を探す際に有効な資料となった。

そして、伽藍配置を復原する際に参照されたのが、奈良県斑鳩《いかるが》町・法隆寺西院《さいいん》伽藍のように現存する伽藍であり、建物が建て替えられても伽藍配置が踏襲されている大阪市・四天王寺なども参考に、各地の寺院の伽藍が四天王寺式、法隆寺式、法起《ほっき》寺《じ》式といった中央の寺院を標式とする名称で分類された。また、瓦についても山《やま》田《だ》寺《でら》式、川原寺《かわはらでら》式といった全国に波及した瓦の存在が明らかになる中で、中央の寺院が各地の「地方寺院」に影響を与えたとする見方が有力になっていった。

二〇世紀前半の調査では、発掘された寺院跡は、建物基壇の全体が明らかになったのちに、そのまま埋め戻されないで、見学できるように残された事例も多い。たとえば、滋賀県大津市の崇福寺《すうふくじ》跡は、一九二八年からしばしば発掘調査がなされ、古代山林寺院の典型とされる寺院であるが、三つの尾根上の基壇が、礎石が露出した状態で今日に至っている。筆者の調査した滋賀県竜王町・雪野《ゆきの》寺《でら》跡も、一九三〇年代に調査された塔跡が、礎石が露出した状態で残されていた。現在では、完全に埋め戻すことが原則となっているが、戦前の調査では、発見された礎石をそのまま見せて、基壇の輪郭がわかるように一定の修景がしばしばおこなわれていたのである。

中央の大寺と国分寺の調査

二〇世紀後半の寺院の発掘調査は、考古学と建築史学との協業を前提として、より組織的に実施されることになる。文化財保護委員会による四天王寺（一九五五・五六年）の発掘、奈良国立文化財研究所による奈良県明日香村・飛鳥寺《あすかでら》（一九五六・五七年）、川原寺（一九五七―五九年）の発掘は、まさにこのような発掘調査の典型と言える。いずれも中心伽藍の状況を明らかにし、造営尺度(4)の検討も進み、より緻密に寺院造営を検討することが可能になった。そして、川原寺では、中金堂《ちゅうこんどう》を中心に本格的な整備が一九七二年から文化庁直営によりおこなわれ、各地の寺院遺跡の整備の先駆けとなった。

　列島各地の寺院遺跡の中でも、早くから整備がおこなわれたのは、各国ごとに置かれた国分寺である。国分寺は、天平一三年（七四一）の国分寺建立の詔《みことのり》に「国華」と謳われたように、各地域を代表する施設として顕彰されてきたため、地域ごとに史跡整備が進められる際に、優先順位が高かったと考えられる。実際に、一九七〇・七一年に整備がおこなわれた島根県松江市・出雲《いずも》国分寺のほか、鳥取県倉吉市・伯耆《ほうき》国分寺、兵庫県姫路市・播磨《はりま》国分寺、岐阜県大垣市・美濃《みの》国分寺、長野県上田市・信濃《しなの》国分寺など、早くから史跡整備が進められた国分寺は枚挙にいとまがない。これらの調査と整備の特徴は、やはり塔や金堂、中門、回廊、講堂など、寺院の中心施設を示す点にある。七重塔をもつという国分寺の性格から、その巨大な

（4）基壇や建物の設計時に用いられた尺度。一尺が何cmにあたるかを遺構の計測値から算出した。一尺が三五・六cmほどの高麗尺《こまじゃく》や三〇cm弱の唐尺《とうじゃく》がよく用いられていた。

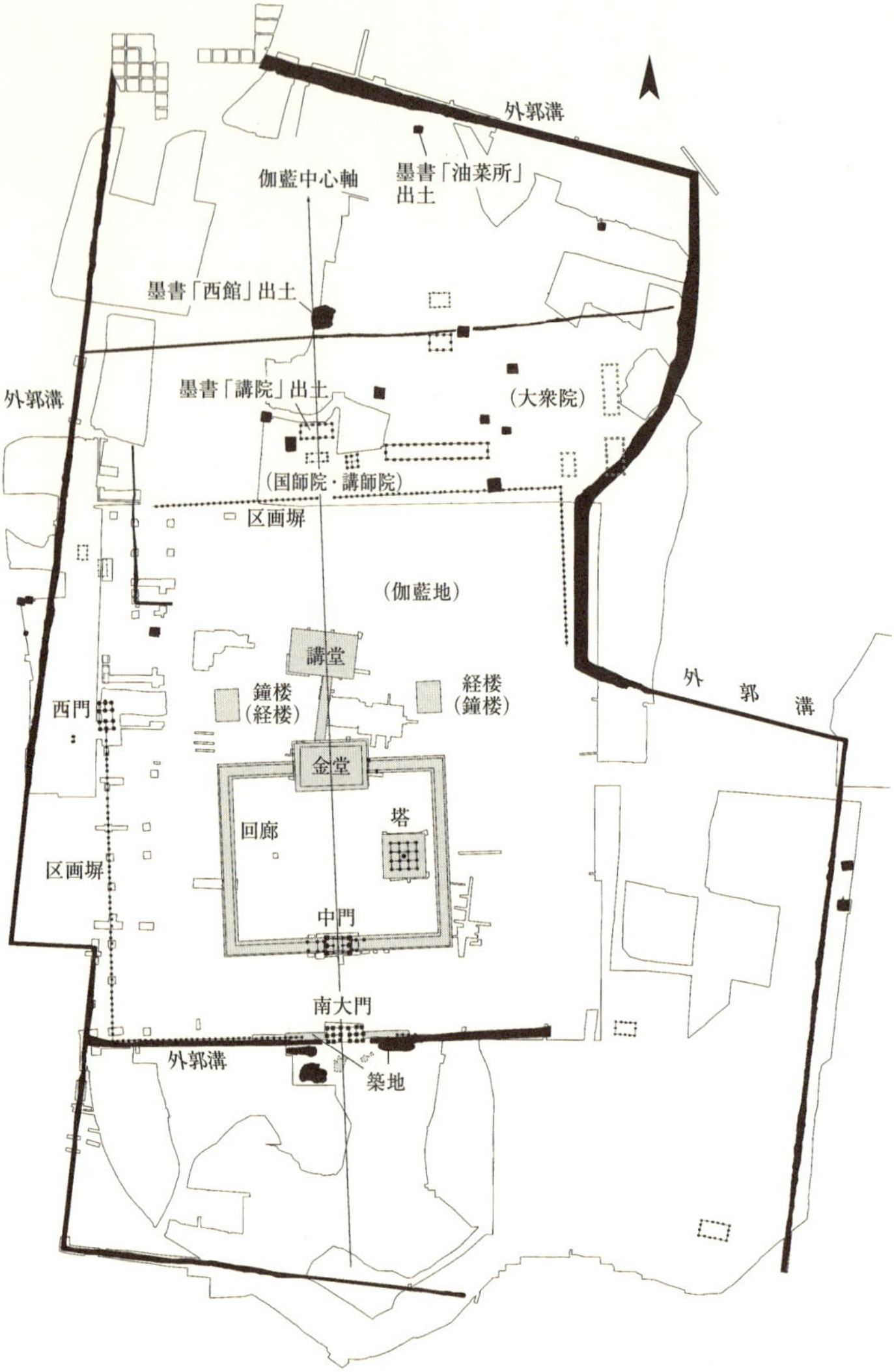

図 1　千葉県・上総国分寺(創建時のⅢ期を中心とする)[櫻井，2009 を一部改変]

塔基壇に目が向けられたのは当然のことと言える。

寺院の周辺域の重要性が意識されるようになるのは、開発などが増大する中で、寺院の周辺域での発掘調査が活発におこなわれるようになってからである。とりわけ関東地方の国分寺は、寺院周辺での発掘調査がおこなわれることが多く、千葉県市原市の上総《かずさ》国分寺や国分尼《にじ》寺では、寺域北方の調査が進み、寺院を経営するための重要な施設が設けられていることが判明した（図1）〔須田・櫻井、二〇一三〕。武蔵《むさし》国分寺（東京都国分寺市）や下総《しもうさ》国分寺（千葉県市川市）も同様であり、それらの調査をとおして、伽藍の周辺域を包摂する「寺院地」の概念が提唱され、中心施設をとりまく寺院の経営施設の重要性が注意されるようになった〔山路、二〇〇二〕。

寺院の経営に関する諸施設については、寺院の資財帳[5]によって検討されてきた。西大寺《さいだいじ》の資財帳の内容を、鎌倉時代の「西大寺敷地図」を用いて図上に復原した宮本長二郎の研究により、伽藍地である金堂院や塔院の周囲に、食堂院《じきどういん》、政所院《まんどころいん》、正《しょう》倉院《そういん》など、寺院経営に関わる諸施設が配されている状況が復原されている（図2）〔宮本、一九八三〕。諸国国分寺においても、このような諸施設の解明が進みつつあると言ってよいだろう。また、後述する例にみられるように、国分寺以外の寺院においてもこのような諸施設が調査によって明らかになる事例が増えてきており、それらを総合的に検討する必要性が高まってきている。

（5）寺院の資財を書き上げた帳簿。現存する例では寺院の縁起《えんぎ》も併せて記録する。奈良時代に国家が官大寺《かんだいじ》や定額寺《じょうがくじ》（注18参照）に命じたことで作成され、寺院の堂舎、仏像、仏具、経典、さらに寺領などが書き上げられており、古代寺院の実態を知るための貴重な資料群になっている。

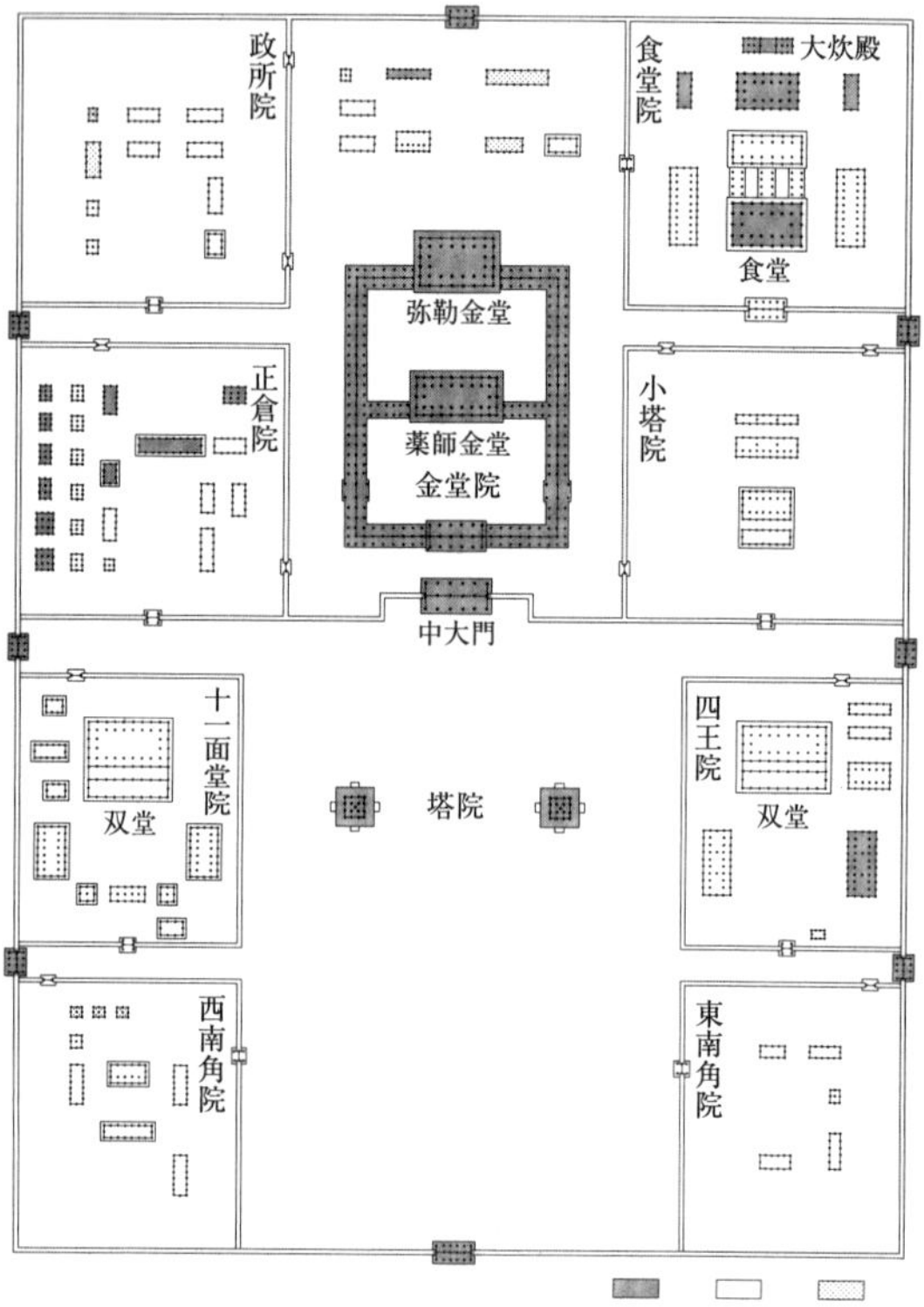

図2　西大寺資財帳による境内復原[宮本, 1983]

瓦葺きでない寺院への注目

上述してきたように、古代寺院の研究では瓦葺きであることが決定的に重要であり、それが寺院そのものの存在を示すだけでなく、瓦からみた創建や補修の時期決

(6) 出家し僧となることを得度《とくど》というが、官の許可を得て正式に得度した僧を官度僧、許可を得ず、私に僧侶となった者を私度僧という。古代においては私度僧は厳しく禁じられたが、天平三年(七三一)に行基《ぎょうき》集団の老年の者が特別に入道を認められたような例がある。

(7) 焼き物で作られた仏塔や仏堂の模型。後者は陶製仏殿とも呼ばれる。奈良時代から平安時代前期に流行し、とりわけ関東地方に優れた遺品が多い。実際の堂塔の代わりとして、仏教信仰の対象定、瓦の系譜からの位置付けが図られ、寺院の展開について分厚い研究を生み出してきた。しかしながら、古代における仏教施設は瓦葺きの寺院だけではない。『日《に》本霊異記《ほんりょういき》』など、古代の文献に登場する仏堂や山寺では、伽藍を整えない簡素な寺が知られ、私度僧《しどそう》(6)の活動も含め、古代仏教に関わる遺跡は、広がりをもつことが予測される。ただし、瓦葺きではない寺院については、寺院かどうかの認定にも困難がともない、その考古学的研究が後手に回ってきたきらいがある。

図3　須恵器の仏器

関東地方においては、大規模な発掘調査によって、集落の縁辺で、仏器的な土器、あるいは瓦塔《がとう》・瓦堂《がどう》(7)が出土し、仏堂と考えられる簡素な仏教施設であると認められる遺跡が判明してきた。これらは「村落寺院」と命名され、八世紀後半以降に隆盛することが確かめられている[須田、二〇〇六]。一方、北陸地方では、白山《はくさん》信仰(8)もあり、中世以降に山寺が多く営まれているが、その中に奈良時代に遡る例が多くあることが判明し、瓦葺きでない山林寺院の存在が明らかになっている[久保編、二〇一六]。とくに、須恵器《すえき》の鉄鉢《てっぱつ》形や浄瓶《じょうへい》などの仏器(9)(**図3**)が出土する山中の平場については、

となっていたと考えられている。

(8) 石川県・福井県・岐阜県の県境にある白山を対象とする信仰。奈良時代にこの山中で修行したとする泰澄《たいちょう》の伝説をもつ多くの霊場がある。記録に現れるのは中世以降の神仏習合した一大霊場であるが、それ以前の山林寺院も多く発見されており、白山信仰の源を遺跡から探ることが可能になっている。

(9) 須恵器の器形の中には仏器として特有のものがある。水瓶や鉄鉢をかたどったものがその典型である。これらの出土は、瓦葺きではない寺院、また屋敷地内の仏教施設の探索にとって重要な手がかりとなる。

積極的に山林寺院と認定されるようになった。八世紀中頃以降、列島各地で瓦葺きの平地の寺院の造営が不振である一方で、瓦葺きではない山林寺院が次第に増加し、相対的に平地の寺院から山中の寺院へと比重が移る傾向が看取される。このような検討を経て、中世以降の寺院史との接続も図られるようになり、豊かな古代寺院像を描くことが可能になってきた。

2　寺院の機能を探る

国分寺の僧房

仏教寺院では、当然のことながら法会をはじめとする僧侶の活動が重要な役割を果たしている。この僧侶の活動は、寺院の経営なども含め、中央の大寺院を中心に文献史学が取り組んできた分野である。一方、列島各地に残された寺院においてどのような仏教活動がおこなわれていたかは、史料が少ないため、十分には検討されてこなかった。しかしながら、僧房や食堂のほか、従来は雑舎《ざっしゃ》として片付けられてきた寺院の経営施設についての発掘成果に注目することから、寺院の活動の一端を明らかにすることができ、寺院の機能に迫ることが可能になる。ここでは、顕著な事例を取り上げて、検討することにしたい。

図4　香川県・讃岐国分寺僧房跡(写真提供＝高松市埋蔵文化財センター)

国分寺建立の詔によって、国分寺には二〇名の僧、国分尼寺には一〇名の尼が置かれることになった。そのため、諸国の国分寺・国分尼寺の調査では僧房や尼房が明瞭な形で発見される場合が多い。その最も鮮明な事例となったのが香川県高松市・讃岐《さぬき》国分寺である〔岡田、一九八六／渡部、二〇一三〕。寺院の中心域には四国八十八箇所の霊場の一つ國分寺があり、古代の国分寺跡の調査は、その周辺域を中心におこなわれた。その結果、講堂の北方にある僧房跡の遺存状態がきわめてよく、建物の内部の構造もうかがうことができる資料が得られた(**図4**)。

この僧房跡は東西八八メートル、

南北一六メートルの基壇上に建ち、礎石位置から桁行《けたゆき》二一間《けん》、梁間《はりま》三間の建物が復原できる。桁行三間分で一房をなし、中央間、東第一房、東第二房、東第三房が発掘された。間仕切りの扉の基礎となる凝灰岩《ぎょうかいがん》の切石《きりいし》も残されていたことから、それぞれの房の中の区画も明らかで、一房の北と南に扉をもち、その中が四室の個室に区分されていた[10]。この一室の大きさは一三・五尺(四メートル余り)四方で、約一六平方メートルである。発掘されていない西側にも三房あることから、六房×四室で、合計で二四名の僧侶を収容できることが判明する。また、中央の房は、居室の房とは異なり、個室には分けられていなかったので、共通の空間として用いられたと想定されている。食堂が別に設けられていないので、この僧房内の共通空間で食事が摂られていた可能性がある。このように、讃岐国分寺の僧房は、二〇名の僧侶が配置された諸国国分寺の僧侶の生活を知る重要な資料となった。

　国分寺の僧房は、和歌山県紀《き》の川《かわ》市・紀伊国分寺においても桁行一三間、梁間四間の掘立柱《ほったてばしら》建物[11]の僧房が判明しており、やはり七房に分けられることが推測されている。ほかにも駿河《するが》国分寺に比定される静岡市・片山廃寺でも講堂の北側で長大な礎石建物が発見されており、僧房は、伽藍の中で、教学の中心である講堂の北に隣接して存在することが一般的であったと推測できる。講堂との間を軒廊《こんろう》でつなぐ例も、広島県東広島市・安芸《あき》国分寺や三重県鈴鹿《すずか》市・伊勢国分寺、栃木県下野《しもつけ》市・下

(10) 讃岐国分寺僧房の復原図［岡田、一九八六］

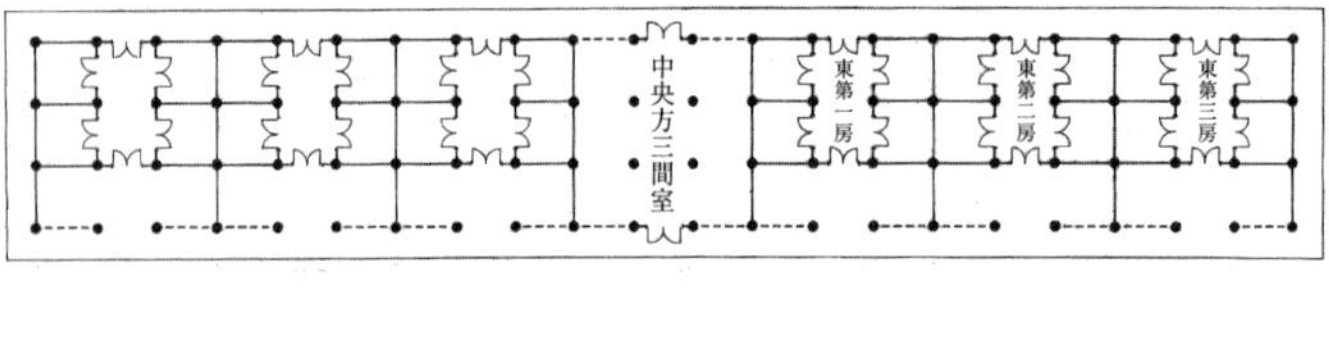

野国分寺で発見されており、僧房の中央房がそのまま講堂と接続する通路の延長にあたっていることがわかる。講堂と僧房の一体的な利用が想定できる。

北側に東西に長い僧房を置く例が、国分寺では一般的であるのに対し、武蔵国分寺では講堂の東側で南北に長い僧房が発見されている。桁行一五間、梁間四間で、桁行三間で一房をなし、五房が復原できる。おそらく、西側にも同様の僧房があったと考えられ、他の国分寺よりも収容人数が多くなる。異なった僧房の形式をとる背景は不明であるが、中央の大寺院では北と東西の三面に僧房を巡らせることが一般的であることから、そこから派生する形で、北面のみ、あるいは東面と西面という僧房形式が採用されたと想定することができる。

(11) 古代の建築には地面に穴を掘って柱を据える掘立柱建物と礎石を据えて柱を置く礎石建物とがある。寺院では礎石建物が格が高く、金堂、塔、講堂は礎石建物であることが一般的である。一方、僧房については両者が見られるが、国分寺以外の寺院の僧房は掘立柱建物である場合が多い。

僧房のある寺院

各地の寺院において、国分寺以外でも僧房が発掘によって明らかになる例がいくつかある。福岡県太宰府《だざいふ》市・観世音寺《かんぜおんじ》や栃木県下野市・下野薬師寺といった有力寺院では、国分寺と同様に、講堂の北側で東西に長い僧房が確認されている。一方、飛鳥・白鳳《はくほう》寺院と称せられる、七世紀代に成立した寺院では、僧房を見いだすことに困難がともなう。『出雲国風土記《ふどき》』には寺院の記載が一一カ寺あるが、唯一寺名の定まっている教昊寺《きょうこうじ》が僧有りとあるほかは、寺名の定まらない「新造院」と記さ

表1　『出雲国風土記』寺院一覧

郡	郷	寺名	建物	僧尼	創立者	位置
意宇郡	舎人郷	教昊寺	五層塔	僧有り	教昊僧 散位大初位下上腹首押猪の祖父	郡家正東 25 里 120 歩
	山代郷	新造院	厳堂	僧無し	日置君目烈 出雲神戸日置君猪麻呂の祖	郡家西北 4 里 200 歩
	山代郷	新造院	厳堂	僧一人	飯石郡少領出雲臣弟山	郡家西北 2 里
	山国郷	新造院	三層塔		山国郷人日置部根緒	郡家東南 21 里 120 歩
楯縫郡	沼田郷	新造院	厳堂		大領出雲臣太田	郡家正西 6 里 160 歩
出雲郡	河内郷	新造院	厳堂		旧大領日置部臣布禰 今大領佐底麿の祖父	郡家正南 13 里 100 歩
神門郡	朝山郷	新造院	厳堂		神門臣等	郡家正東 2 里 60 歩
	古志郷	新造院	厳堂		刑部臣等	郡家東南 1 里
大原郡	斐伊郷	新造院	厳堂	僧五人	大領勝部臣虫麻呂	郡家西南 1 里
	屋裏郷	新造院	層塔	僧一人	前少領額田部臣押嶋 今少領伊去美の従父兄	郡家西北 11 里 120 歩
	斐伊郷	新造院	厳堂	尼二人	斐伊郷人樋伊支知麻呂	郡家東北 1 里

れる。僧尼の人数も記載があり、五名の僧を抱える大原郡斐伊《ひい》郷の僧寺が最多で、他は一名もしくは二名、さらには僧無しの寺もある（**表1**）。風土記編纂のおこなわれた八世紀初めの状況としては、国分寺のような大型の僧房を必要とする寺院はきわめて稀だということを示していよう。

一方、国分寺の僧房の配置や構造は、他の寺院の僧房を考える手がかりとなる。すなわち、僧房の立地として講堂の北側が最も可能性が高いことが導かれるが、この場所に僧房とみなしうる建物がある例として、兵庫県姫路市・辻井廃寺をあげることができる。(12) 講堂の北側に桁行一三間、梁間三間の東西棟の建物があり、柱位置から二間×二間の房が東と西に三房ずつ、中央に一間の中央間をもち、国分寺の僧房を縮小したような建物となっていることがわかる(**図5**)。辻井廃寺の創建は七世紀後半に遡るものの、僧房の近くにある井戸からは八世紀前半の土器が出土しており、僧房の完成は八世紀に下ることがうかがえる[大谷ほか、二〇一〇]。京都府亀岡市・観音芝《かんのんしば》廃寺では、辻井廃寺と同様、講堂の北側で、桁行九間、梁間三間の建物が見つかっており、中央間から東西に二房ずつ配する僧房であると推測できる。辻井廃寺と観音芝廃寺の僧房は、ともに南側を通路もしくは共用の場としており、讃岐国分寺の構造と共通する。

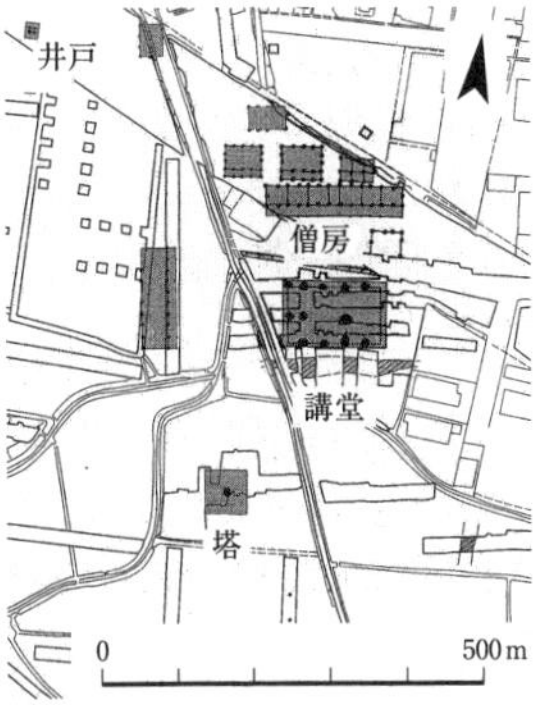

図5　兵庫県・辻井廃寺
[大谷ほか, 2010]

　このように、国分寺の僧房と同じ位置に規模を小さくした僧房を置く寺院は、これら辻井廃寺や観音芝廃寺のほか、熊本県城南町・陣内廃寺、滋賀県大津市・南滋賀廃寺、香川県坂出市・開法寺跡、愛知県岡崎市・北野廃寺など、各地で散見される。これらは、国分寺創建以前の

(12) 辻井廃寺と播磨国府との位置関係は**図21**参照。

諸国における僧侶の存在形態を考えるうえで重要な意味をもつ。

『日本書紀』持統《じとう》八年(六九四)五月癸巳(一一日)条に「金光明経《こんこうみょうきょう》一百部を以て諸国に送置せよ。必ず取りて毎年正月上玄《じょうげん》に之を読め。其《そ》の布施《ふせ》は当国の官物を以て之に充てよ」というように、諸国では正月に金光明経を読誦《どくじゅ》することが義務づけられ、そのための得度も、『日本書紀』持統一〇年(六九六)一二月己巳朔(一日)条で「勅旨に縁《よ》り金光明経を読むため、毎年十二月晦日に、浄行者一十人を度せ」と命じられたように、毎年おこなわれるようになった。この法会は、天平年間(七二九—七四八年)の諸国の正税帳《しょうぜいちょう》にも記載があり、実際に毎年おこなわれていたことが確実視できる。その場所は国衙《こくが》であると考えられているが、そこに参加する僧侶は、国内の寺院に所属していた可能性が高い。辻井廃寺は、播磨国府所在郡の飾磨《しかま》郡にあり、陣内廃寺の属する益城《ましき》郡も肥後《ひご》国府の所在した郡であり、観音芝廃寺も国府所在の丹波《たんば》国桑田郡、南滋賀廃寺も国府所在の近江国志賀郡にあり、開法寺は讃岐国府に隣接して位置する。また、北野廃寺は、三河国内で最も都に近い郡である碧海《あおみ》郡にあり、郡の役所である郡家《ぐうけ》も周辺で想定されている[西宮、二〇〇七]。このような点から、国分寺が創建されるまでの間、諸国で実施される法会に参加する僧侶を収容する寺院が、それぞれの国に成立していたとみることができ、とりわけ国府所在郡が重要な役割を担っていたことが導かれる。

国師の居所

諸国の僧侶を束ねる役割を果たしたのが国師《こくし》であり、大宝律令の僧尼令に規定されている。以後、大国師、小国師に分かれたのち、延暦一四年(七九五)には国分寺講師《こうじ》に変更された。この国師の存在を決定づける発見があったのが安芸国分寺であり、上述した僧房の東側で大型の廂《ひさし》付《つき》建物が発見され、近くから「国師院」と記された墨書土器が出土した(**図6**)。この墨書土器の時期は国分寺創建時と考えて矛盾はなく、国師が国分寺の成立とともに国分寺に居住し、安居《あんご》(13)などの行事の中心となったことが推測できるようになった。安芸国分寺では、さらに東方で平安時代の区画が発見され、そこから、講師院の省略と考えられる、「講院」と記された墨書土器が出土している。

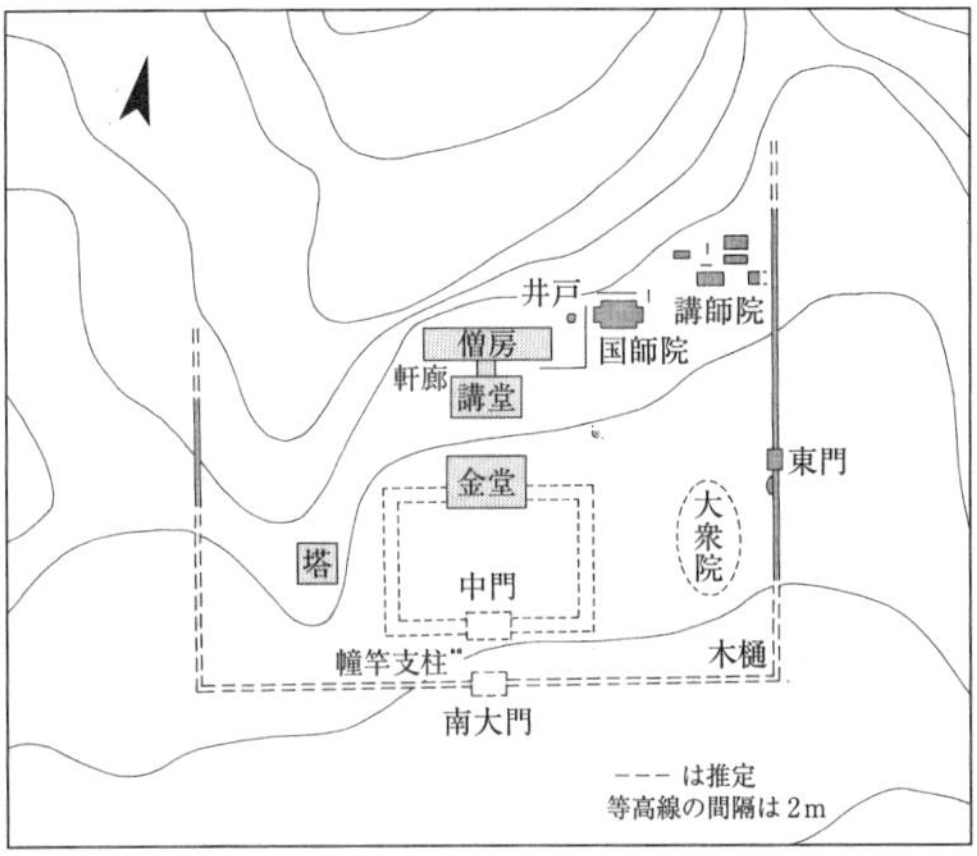

図6 広島県・安芸国分寺[藤岡・妹尾, 2011を一部改変]

(13) 夏《げ》安居《あんご》ともいう。夏期に僧侶が寺院にこもって修業すること。古代日本においても早くからおこなわれていた仏教行事の一つである。安芸国分寺から出土した墨書土器に「安居」とあり、国分寺において実際におこなわれていたことの証拠となった。「夏安居」については本書、吉川真司「古代寺院の生態」六二頁も参照。

二つの堂が向き合う構造で、以下に示す上総国分寺の講師院との共通性が指摘されている。「講院」の墨書土器は他の国分寺からも出土しており、とくに上総国分寺では、「講院」墨書土器の出土する建物群が国分寺の中軸の北方に位置し(**図1**参照)、この区画が国分寺の創建期から機能しているため、国師院から講師院へと同じ場所が受け継がれたと推測されている。

国分寺創建以前の国師の居所については謎が多い。国衙の中、もしくは隣接して「国府寺」が設けられていたとする考えがあるが、たとえば備前《びぜん》国府の中の仏教施設である岡山市・ハガ遺跡などの例があるにはあるものの、八世紀前半の遺物は希薄であり、確証がないのが実態である。先に触れたように国府所在郡などの有力寺院に僧房が設けられていたことを想起すると、そのような寺院に国師の居所があった可能性も想定できるが、それと特定できる建物は未発見でもあり、今後の課題と言えよう。

大衆院と寺院の経営施設

寺院の資財帳の分析では、僧侶の生活を支える大衆院《だいしゅいん》が設けられていたことがわかり、寺院の経営を支える政所も大衆院の中にあるのが基本であったと推測されている[川尻、二〇〇二]。国分寺を中心にこの大衆院の様相がかなり明らかになっており、その分析も進んでいる。上総国分寺では、この大衆院の政所に相当する部分が国師院・講師院の東側で発見されており、「東院」と記された墨書土器が多数出土することから、当時はそのように呼ばれていたらしいとわかる。官衙のような規則正しい建物配置が特徴であり、繰り返し建て替えがおこなわれていた。その北方には「油菜所」と記された墨書土器が出土した場所があり、菜種などから灯明《とうみょう》のための油を製造する場所と考えられる(**図1**参照)。

大衆院を構成する施設は、国分寺以外の寺院でも発見されている。僧侶の食事を作る厨房に関する遺構が確認できた例として、長岡京の川原寺をあげることができる。この寺院は、長岡京期に新たに造られた寺院で、小字《こあざ》名から文献に登場する川原寺に比定されている。屋内に竈《かまど》を並べた建物、一部を石敷きとする建物や、それに隣接する井戸などが発見されており、大衆院を構成する「大炊屋《おおいや》」にあたると推測されている[長宗、一九九六]。この寺院の中心部分は未発見で不明であるが、大炊屋の位置が、四条大路の南に接し、西側も東二坊大路に面することから、寺域の西北隅にあたることがわかる。火を使う施設を堂塔からなるべく遠ざけようとしたことが読み取れる。

同じ長岡京では、京都府向日《むこう》市・宝菩提院《ほうぼだいいん》廃寺においても寺域の北辺で九世紀前半の井戸が検出され、「大膳」「寺」「供養」などと記した墨書土器が発見されてお

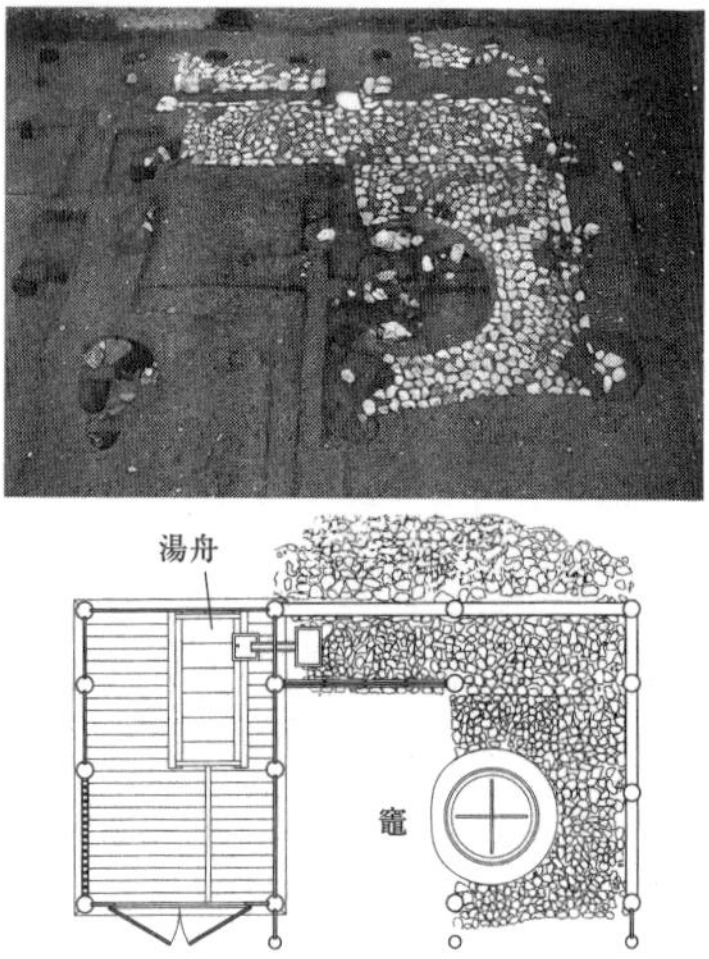

平面模式図(1/200)

図7　京都府・宝菩提院廃寺の湯屋跡［梅本ほか，2005］(写真提供＝向日市埋蔵文化財センター)

り、日常食器や炊飯具の出土から大衆院の一部と目されている。その東五メートルの位置では、大型の竈と石敷きをもつ掘立柱建物が見つかり、湯屋《ゆや》(14)と推測された（**図7**）［梅本ほか、二〇〇五］。竈の据え付け痕跡は直径一・七メートルもあり、そこから水を導く部分には石敷きが施されていた。湯舟の痕跡は残らないが、建物の西半が排水施設を備えており、そこに湯舟が置かれたと推測されている。湯舟の使用は寺院の資財帳などからも判明するが、たとえば石山寺《いしやまでら》の造営に関わる文書、「造石山院所解案」において、長さ四尺、幅三尺、深さ二尺五寸の「湯船」が知られており、この大きさから考えて、中に湯をためて沐浴をおこなったことが推測できる。このような文献の記載について、宝菩提院廃寺の遺構が実像を与えることとなったが、そこから導かれる使用法は、竈において湯を沸かし、湯舟に移して湯浴《ゆあ》みをすることであったようだ。この方法が、

(14) 今日の風呂にあたる施設。奈良時代の寺院の資財帳にみえるほか、中世の建造物として東大寺や法隆寺に大湯屋（本書、吉川「古代寺院の生態」三五頁、**図4**参照）が残る。宝菩提院廃寺の湯屋遺構は平安時代前期の湯屋の実態を伝える遺構として貴重な実例である。

古代寺院の湯屋では一般的であったと考えられる。
湯屋も大衆院の重要な構成要素であるが、竈屋などと同様に火を扱うことから、寺院の縁辺部に配置されたのであろう。以上のように、寺院の北辺部は、大衆院が置かれた場所として寺院経営にとって重要な役割を果たしていた。

寺院の経営施設の状況は、「額田《ぬかた》寺伽藍並条里図《でらがらんならびにじょうりず》」(15)のような絵図史料に詳しい。そこでは倉が多数設けられていることがうかがえる。寺院の境内で実際に倉が発見された例は少ないが、その典型的な事例として、大阪府枚方《ひらかた》市・九頭神《くずがみ》廃寺の西北部があげられる。九頭神廃寺では、塔基壇の北方でおこなわれた調査において寺域内を区画する築地《ついじ》(16)とその区画内で整然と並ぶ倉庫群が検出された(**図8**)[西田ほか、二〇一〇]。倉庫は総柱の建物で、四棟が柱筋を合わせて建っているこ

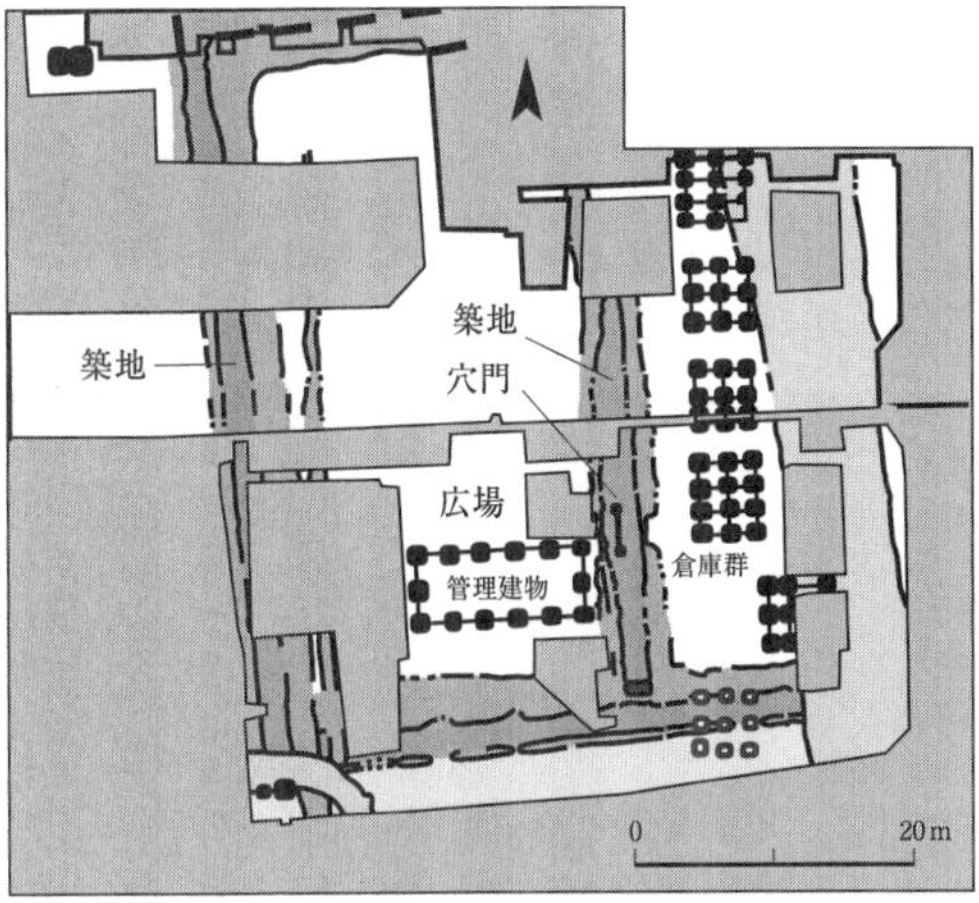

図8　大阪府・九頭神廃寺の「倉院」

(15) 吉川「古代寺院の生態」三七頁、**図5**参照。

(16) 土を突き固めて塀を作り、屋根をかけて瓦葺きにしたもの。築垣ともいう。

とから、いわゆる双倉《ならびぐら》の形態をとっていたと考えられる。この倉庫群の西側は築地で画され、そのさらに西側の区画には東西棟の大型掘立柱建物がある。その築地には一対の柱穴を設置したいわゆる穴門《あなもん》(17)が設けられており、築地の側溝も狭くなっていることから、通路が設けられていたことがわかる。倉庫群の区画からこの穴門を抜けると、ちょうど大型掘立柱建物の北側の広場に出ることができ、この場所で倉庫群の管理業務にあたっていたと推測できる。おそらく、米などを運び入れる際に、この場所で帳面に記され、出納《すいとう》を管理していたのであろう。

これらの施設は、西大寺の資財帳にみえる正倉院に相当するものであったと考えられる。およそ一〇〇メートル四方の九頭神廃寺の寺域の中で、西北部に「倉院」というべき施設群が設けられていたことになり、西大寺の正倉院推定位置ともよく符合する。他の施設については不明であるが、倉庫群の東端が後世の道となっており、築地を踏襲したものとすれば、これが寺域の北半を三分割した位置にあたる。中央区に僧房や食堂院、そして東北区には大衆院といった施設が設けられていたと仮定しておきたい。なお、九頭神廃寺の創建は、出土瓦の年代から七世紀中頃に遡るが、塔などの主要部は七世紀後半に造られ、そして倉庫群などの寺務施設は、築地の側溝からの出土遺物により八世紀中頃に建てられたと考えられている。

九頭神廃寺の倉庫群の建立年代は、寺院の造営過程において経営施設の充実がか

(17) 築地などをくりぬいて設けた小さな門。

なり遅れることを示しており、辻井廃寺の僧房が創建からかなり遅れて建てられたことと共通する現象である。その背景には、寺院の実質化を促す契機となった霊亀二年(七一六)の詔勅があげられる。この詔勅では、実態をともなわない寺院について問題とされ、そのような寺院の併合を進めることと、寺田などを帳面によって「相対検校《あいたいけんぎょう》」、すなわち互いに監査することが定められた。この段階で、一堂のみの寺や僧のない寺が不適格とされたと考えられ、これを機会に、伽藍を整えるだけでなく、僧房など僧侶のための施設や大衆院などの経営施設の充実が図られたと考えられる。たとえば、岡山市・賞田《しょうだ》廃寺では、金堂と東塔のみがあったところに、八世紀になって西塔が付加されることについて、この詔勅が背景にあると評価されている[高橋伸二、二〇〇五]。霊亀二年の詔勅、寺院併合令については、その実効性を疑問視する意見もあるが、賞田廃寺のように、各地の寺院では、七世紀後半に創建されたものの、堂塔が揃い、伽藍が整うのが八世紀前半になる場合がしばしばみられる。こうしたことから、八世紀前半に進められた伽藍整備の背景として、やはり寺院併合令の存在を考えると理解しやすい。

寺院併合令は、寺院の資財の管理を徹底することが狙いの一つであったが、このことは、その後の資財帳作成の契機になったと考えられる。資財帳は、都の大寺院のほか、各地の有力寺院も作成しており、それらの有力寺院が官寺に準ずる寺格で

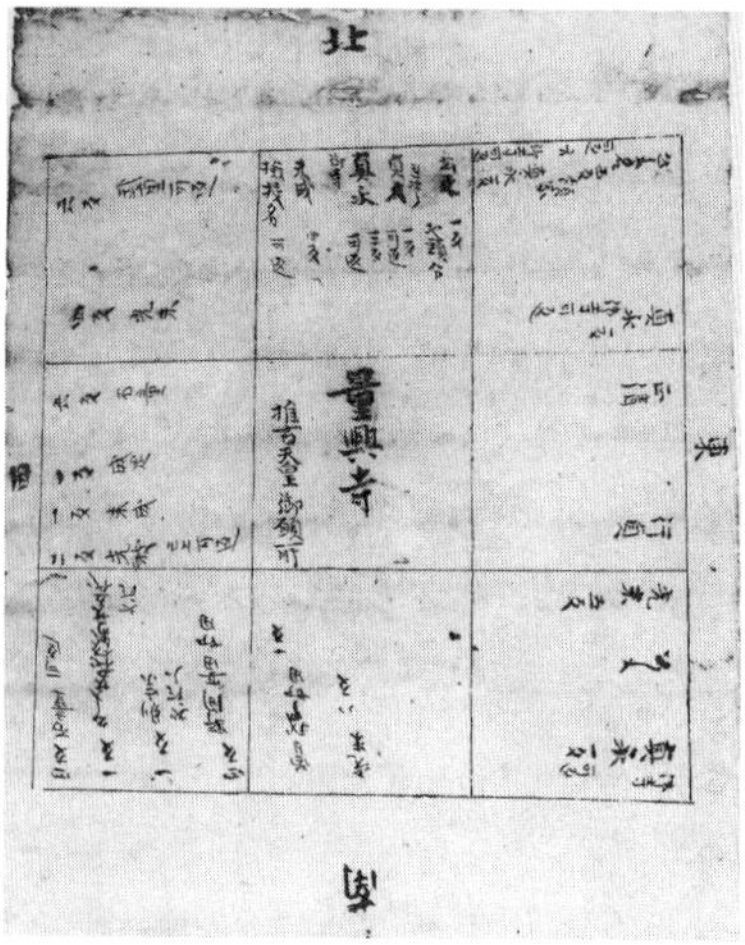

図9　量興寺寺領図(兵庫県多可町量興寺所蔵)

ある定額寺《じょうがくじ》[18]に位置づけられたと考えられるので、定額寺の制度も霊亀二年前後を起点に始まった可能性が高い。

　定額寺は天平勝宝元年(七四九)の詔勅が史料上の初見で、ここでは官大寺や国分寺、国分尼寺などと並んで、墾《こん》田《でん》[19]の上限が定められた。先の霊亀二年の詔勅でも寺院の所有する田が扱われているが、各地の寺院も寺田をもって、その経営に充てていたことが確実視できる。その状況を示す事例としてしばしば紹介される「額田寺伽藍並条里図」では、寺の田や畑が絵図上に示されている。時期が下る例になるが、兵庫県多可町の多哥寺《たかでら》についても、同様に後身の寺院である量興寺《りょうこうじ》に残された中世の図によって、寺院を囲む八つの区画がいずれも寺院に所属すべき田として書き上げられている(**図9**)[宮原ほか、二〇〇〇]。ただ残念ながら、この史料の描かれた段階では、「返すべし」と書かれるように、寺院の手を離れてしまっていることがうかが

(18)　奈良時代から平安時代にみられる官に認められた寺院。官大寺や国分寺に次ぐ寺格であった。定額の名の由来には諸説があるが、本章で後述するように寺院の名称として法号(仏教の教義にもとづく名称)を与えられた寺院が寺名の額を掲げたことによると考えられる。修理料や灯分料などの補助を国府から受けるとともに、資財帳などによる監査を受けていた。

(19)　開墾した田のこと。墾田の私有については、天平一五年(七四三)の墾田永年私財法を契機に大寺院などによる墾田開発が盛んになった。天平勝宝元年の詔勅は、その所有できる上限を定めたものである。

える。しかし、寺院の周辺はいずれも寺院に属する田畑として扱われ、寺院の経済を支えていたとみることができる。

法会の場としての寺院

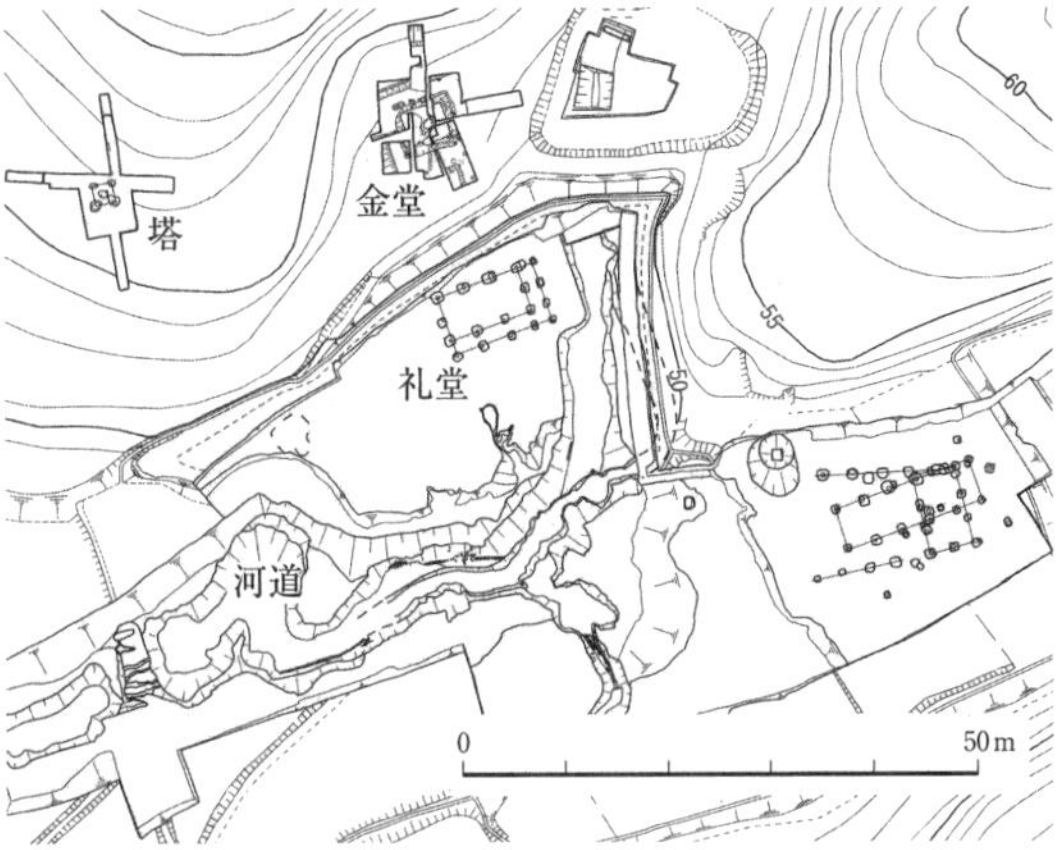

図10　京都府・神雄寺跡[大坪ほか, 2014を一部改変]

寺院は、本来、法会をおこなう会場としての役割を果たす。しかしながら、多くの寺院跡では、寺域内を清浄に保つためか、法会の状況がわかる発見はきわめて稀である。発掘調査では、かろうじて幢幡《どうばん》(注22参照)を立てた柱跡などが見つかっているにすぎない。その中で、京都府木津川市・神雄《かみお》寺《でら》跡は、法具も含め多様な器物の出土と、悔過《けか》(20)などの法会を示す墨書土器、そして五〇〇〇枚を超す灯明皿の出土があり、法会の実態に迫ることのできる重要な手

(20) 仏教法会における儀式の一つで、罪を懺悔すること。古代にはこの悔過そのものを目的とする法会がおこなわれていた。悔過については本書、吉川「古代寺院の生態」五八―六一頁の記述も参照。

神雄寺跡出土「悔過」墨書土器

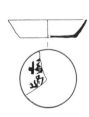

がかりをもたらした（図10）。寺名そのものも多量に出土した墨書土器から明らかとなった。出土遺物のうち、須恵器鼓胴《こどう》は、東大寺正倉院の三彩陶器鼓胴によく似た形態をもち、西域から伝わった楽器の一つ腰鼓《ようこ》であるとみなされている［高橋照彦、二〇一〇］。大仏開眼会《だいぶつかいげんえ》で唐楽《とうがく》が演奏されたように、法会の中での楽の存在を示す重要な証拠となる。同様に法会との関係が示されるものに、「阿支波支乃之多波毛美」（あきはきのしたはもみ）で始まる木簡がある。『万葉集』所載の和歌「秋萩の　下葉もみちぬ　あらたまの　月の経ぬれば　風をいたみかも」の一部と一致し、大型の木簡であることから、唱和するのに用いられたと推測されている。薬師寺の仏足石歌碑から知られるように、仏教法会で和歌が詠唱されることがあり、神雄寺の歌木簡も法会で披露されたと考えられている［吉川、二〇一四］。このように、唐の楽とともに、和の歌も法会を構成する重要な要素であった。なお、先に触れた播磨国の辻井廃寺においても和歌を記した木簡が出土しており、和歌をともなう法会の普及例として注目できる。

　さて、神雄寺は、金堂（仏堂）の前の広場に掘立柱建物を建て、そこを法会会場としていたと考えられ、その南の溝からは、おびただしい量の灯明皿が出土した。これらは燃灯《ねんとう》供養(21)にともなうものと考えられる。奈良時代の文献にはしばしば燃灯の記事が出てくるが、実際にどのように実施されていたかは不明であった。神雄寺跡

（21）供養のために灯をともすこと。通常、多量の灯を同時にともし、千灯会、万灯会のように呼ばれることが多い。古代においては灯明皿に油を満たし灯芯に火をつけて明かりとしていた。

の出土状況から判断すると、堂内で用いられた灯明皿が廃棄されたというよりも、出土した場所の近くで、すなわち水辺の近くに並べて明かりをともしたと推測できる。東大寺羂索堂《けんさくどう》の南でも灯明皿が多量に出土し、奈良県葛城市・当麻寺《たいまでら》でも金堂南方での出土が確認されており、仏堂前の屋外が燃灯の場として利用されることが多かったと推測される〔平松、二〇〇七〕。

神雄寺の調査では、この仏堂の西方の丘陵上に小型の塔があったことが判明した。金堂を東に、塔を西に置く、伝統的な「法起寺式」の伽藍配置を踏襲したものとみなせるが、そもそも回廊や中門がなく、金堂前面の法会空間が発達した姿である。そして、金堂の前面の建物は金堂と柱の筋が通り、金堂の仏像を拝む施設、いわゆる礼堂《らいどう》であったことがわかる。礼堂は仏堂(正堂《しょうどう》)と対をなして双堂《ならびどう》とも呼ばれ、たとえば東大寺の二月堂を典型例とし、中世仏堂の主流となるが〔山岸、一九九〇〕、奈良時代の資財帳にも、西大寺の四王院や観音院(十一面堂院)について「双堂二宇」と記す例があり、確実に奈良時代に遡る。実際に、神雄寺の例のような発掘調査で確認できた例も増加しつつある。

兵庫県西脇市の野村廃寺(上《うえ》ノ段《だん》遺跡)では、金堂の前面で掘立柱の建物が発見されている(**図11**)〔岸本、二〇〇二〕。その柱筋が金堂のそれと対応することから、礼堂であると判断できる。東と南に廂をもつ建物という点で、神雄寺の礼堂との共通性も高い。この寺院は、瓦からは奈良時代初めに創建された寺院と考えられるが、伽藍を囲む施設にも少なくとも二時期あり、奈良時代の間にいく度かの改修がおこなわれたと推測される。敷地の西寄りに金堂があり、その東南に塔跡と推測される正方形の土壇がある。伽藍の周囲を囲む施設として二条の溝があり、その間が築地になると推測できる。出入りの場所はその築地の切れ目になると考えられるが、中門に相当する施設は設けられていない。野村廃寺の特徴として、幢幡㉒を立てた遺構が

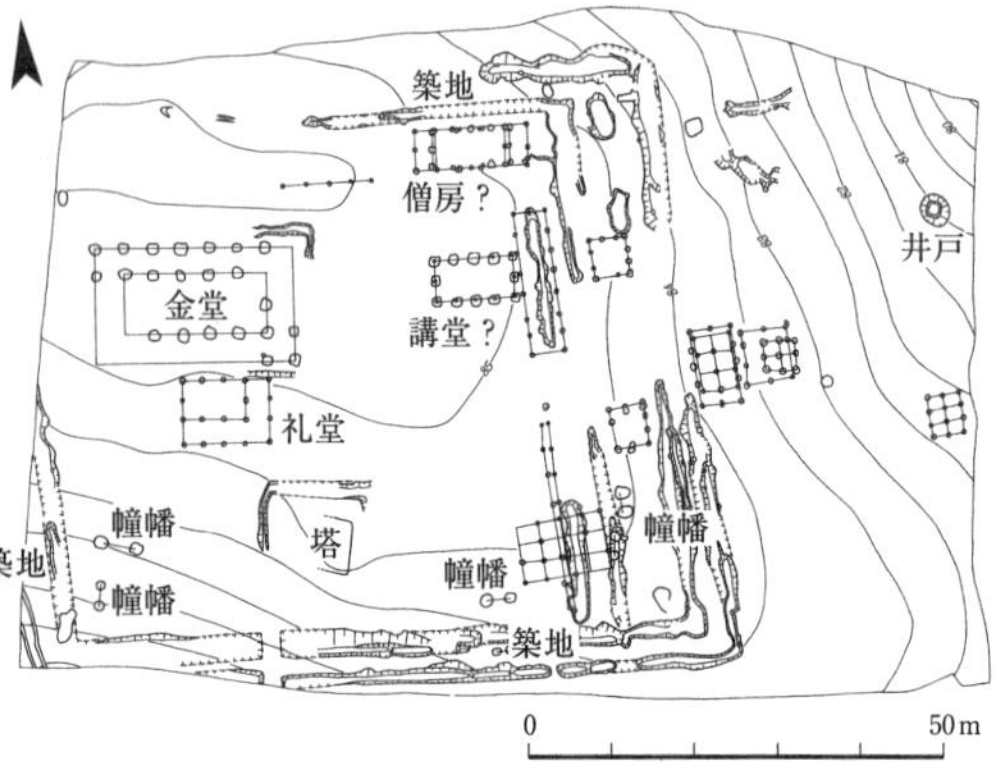

図11　兵庫県・野村廃寺[岸本，2002]

多く見つかっていることがあげられ、幡による荘厳《しょうごん》をともなって、法会がおこなわれていたことを示していよう。

関東地方では八世紀後半から九世紀に村落寺院が展開することが知られているが、その中にも正堂と礼堂という双堂形式をもつ例がしばしばある。掘立柱建物で構成

(22)　竿柱に長方形の布をたらした旗。仏教寺院では仏堂や門の前面、あるいは境内の四隅などに立てられる。遺跡では竿柱を支える一対の支柱の柱穴が見つかることが多い(図11参照)。

されており、定型的な配置をとるものではないが、いずれの場合も中門や回廊を欠失しており、法会に必要最小限の建物で構成されていると言える。東大寺二月堂が悔過専用の仏堂であることをふまえ、これら礼堂をもつ村落寺院についても、悔過などの法会が重要な位置を占めていたと考えられている〔須田、二〇〇六〕。神雄寺で「悔過」の墨書土器が出土していたことや、奈良時代には悔過の法会がしばしば史料に登場することなどから、その普及過程を双堂形式の遺構と重ねることは可能であろう。

寺院と地域社会

寺院の調査の進展は、その周辺環境の解明に寄与する場合も多い。寺院は各地域の核となるロケーションをとることから、地域社会の把握にとっても寺院の調査が果たす役割は大きい。このような観点から、郡の政治的中心である郡家の周辺に寺院が設けられる事例が注目されるようになってきた。

郡家と寺院の関係を考えるうえで参考となるのが、先にあげた『出雲国風土記』所載の寺院である（**表1**参照）。大原郡の三カ寺のうち、斐伊《ひい》郷には僧寺と尼寺があり、その僧寺は郡の大領《だいりょう》(23)が創立した寺院とされている。この寺院は郡家の西南一里（およそ五三〇メートル）の距離にあり、郡家周辺寺院であると言える。一方、屋裏《やうら》郷

(23) 地方行政における郡の長官が大領、次官が少領。両者を合わせて郡領という場合もある。地域の有力者が任じられる場合が多い。

にある寺院は、少領が創立者であり、郡家からは西北に一一里余り（六キロメートル）の距離にあることが記される。このことから、郡家周辺寺院の背景に、郡の大領となった有力氏族を考えることが許されよう。もちろん、郡の大領、少領は必ずしも譜代で継承されるとは限らず、交替もしばしばあることが指摘されているが、郡家が営まれる時期と寺院の建立される時期がいずれも七世紀後半から八世紀初めであり、郡家周辺寺院がその段階の郡の中心域を示すと考えることができる。

郡家と寺院が密接して存在している状況の典型としてあげられるのが、岐阜県関市の弥勒寺《みろくじ》と弥勒寺東遺跡である。ここでは、弥勒寺の整備のための調査を契機として、古代官衙跡である弥勒寺東遺跡が調査され、結果として美濃国武儀《むぎ》郡家の郡庁院、正倉院、館・厨区域が判明した（**図12**）［関市教育委員会、二〇一五］。弥勒寺の西で発見された祭祀遺跡の弥勒寺西遺跡[24]も含め、郡の政治・宗教の中心が浮かび上がる成果となった。

同様の事例は近年増えてきており、寺院跡とされた遺跡に付随して官衙が発見されたり、その逆の事例も増えている。茨城県水戸市の台渡里《だいわたり》廃寺を中心とする台渡里官衙遺跡群もその一つであり、二つの時期の寺院と、郡家正倉院が明らかになっており、さらに郡庁院などの施設も隣接して存在することが予測されている［水戸市教育委員会、二〇一一］。この寺院からは、「徳輪寺」とヘラ書きされた文字瓦（**図13**）

(24) 弥勒寺西遺跡では、泉を中心とする祭場から、斎串《ゆぐし》や人形《ひとがた》といった祭祀具のほか、「大寺」と墨書された土器も出土しており、祭祀に寺院の僧侶が関与したことがうかがえる。

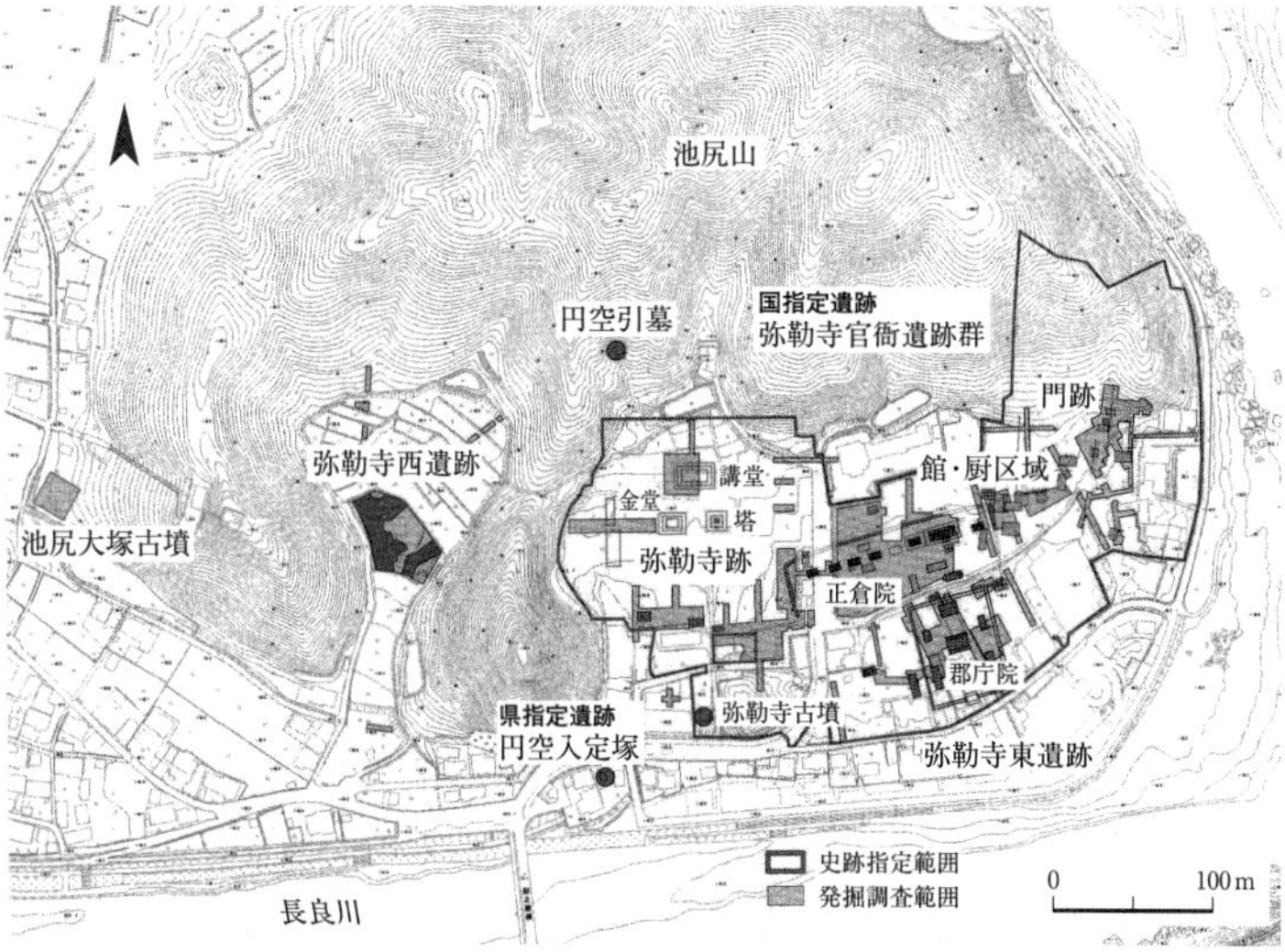

図12　岐阜県・弥勒寺跡および弥勒寺東遺跡，弥勒寺西遺跡［関市教育委員会，2015］

と「仲寺」の墨書土器が発見されており、常陸《ひたち》国那賀《なか》郡の郡家に隣接する寺院であることが示される。時期ごとに場所を違えて、繰り返し官衙や寺院が設けられる状況が判明しており、複雑な変遷過程を追跡することが重要な課題になっている。

この台渡里廃寺の事例は、古代寺院の寺名についての重要な知見となった。すなわち郡名と共通する「仲寺」(那賀寺)と、法号すなわち仏教の教えにもとづく名称である

図13　茨城県・台渡里廃寺出土の「徳輪寺」ヘラ書き瓦(辰馬考古資料館保管)

「徳輪寺」の双方をもつことが注目される。というのは、先に触れた霊亀二年の詔勅でも、「争って題額を求め」というように、寺名を記した額を求めることが寺院の要件として重視されていたことが知られ、定額寺という制度の名も、寺名の額を定めることに由来すると考えられるからである。八世紀前半に寺院の伽藍が整い、僧侶や経営のための施設が整備されるのと軌を一にして、「徳輪寺」のような法号による寺名が定められたのではないだろうか。中央の官寺については、それ以前には法号をもっていたことが確実視できるが、これは『日本書紀』天武天皇八年(六七九)四月乙卯(五日)条の「是日、諸寺の名を定む」が関係すると考えられる。飛鳥寺＝法興寺、斑鳩寺＝法隆寺など、官大寺はさらに遡る可能性があるが、天武朝の段階には中央の寺院の法号が定まり、そして八世紀に入ると諸国の寺院へと広まったのであろう。

3　遺跡遺物からみた僧侶の活動

瓦《が》当文様《とうもんよう》と僧侶

古代寺院出土品の中で、文様をもつ瓦は、特徴的な遺物として古くから注目を集めてきた。寺院の研究においても、時代を明らかにするだけでなく、寺院の造営者や造営背景を考える材料とされてきた。その中で、僧侶との関係を考える見方も生まれてきている。奈良県明日香村の岡寺《おかでら》から出土する葡萄唐草文軒平瓦《ぶどうからくさもんのきひらがわら》と、それとセットとなる複弁五弁蓮華文軒丸瓦《れんげもんのきまるがわら》(25)を検討した近江昌司は、その文様の成立に岡寺と関係の深い義淵《ぎえん》が関与したと推測し、またその瓦の分布が岡寺や奈良県大淀町・比曽寺《ひそでら》(比蘇寺)をはじめ大和《やまと》国内の山寺に限られることから、日本列島の初期仏教において山林修行をおこなった神叡《しんえい》、道璿《どうせん》などの僧侶との関係を指摘した[近江、一九七〇]。義淵は、百済《くだら》系渡来氏族の市往《いちき》氏の出身であり、その氏寺である岡寺の瓦に義淵が関わった可能性は高いと言え、同様の立地にある大和国内の山林寺院において、僧侶のネットワークを介して同系統の瓦が採用されたという経緯が読み取れる。このように、瓦という資料が僧侶の活動や関係を探る上での重要な手がかりになることが示される。

(25) 近世初頭までは丸瓦と平瓦を葺く本瓦葺きで、それぞれの軒先の瓦を軒丸瓦と軒平瓦と呼ぶ。飛鳥時代に瓦が伝わった当初は軒平瓦はなく、単弁蓮華文軒丸瓦のみが軒先を飾った。七世紀後半には複弁蓮華文が現れ、主流となっている。一方、軒平瓦はまず重弧文が現れ、のちに唐草文が主流となるが、葡萄唐草文は少数派の文様である。

飛鳥寺の周辺でも僧侶に関わる重要な発掘成果が明らかとなった。飛鳥寺の東南に隣接する飛鳥池遺跡において、天武朝期を中心とする手工業工房が発見され、最古の銅銭である富本銭《ふほんせん》の出土が脚光を浴びたが、これは、飛鳥寺に関わる瓦窯など、本来は寺院に関係する工房であったとみなされている。そして、この遺跡からは「知調」と記した木簡も発見され、それが、飛鳥寺東南禅院[26]に居住した僧道昭《どうしょう》（道照）の弟子の名、智調とみなせることから、東南禅院に関係する遺跡であることが判明した。

道昭は、『続日本紀《しょくにほんぎ》』文武四年（七〇〇）三月己未（一〇日）条の薨伝《こうでん》記事により、その生涯が知られるが、唐から帰国後に飛鳥寺の東南に禅院を設け、そこを薨去まで拠点としていたことが明らかである。その東南禅院の瓦については、花谷浩によって詳細に検討され、飛鳥寺18型式とされる複弁八弁蓮華文軒丸瓦をはじめとする軒丸瓦五種類と重弧文軒平瓦の組合せであり、また丸瓦には竹状模骨《ちくじょうもこつ》という特殊な用具が用いられていたことが解明され、それらを追跡することから道昭の活動を追跡することが可能となった（**図14**）［花谷、一九九九］。

道昭が関わった事績の中でも、山崎橋の架橋と山崎廃寺の造営への関与は、重要な意味をもつ。山崎橋は行基《ぎょうき》の架橋が有名であるが、『行基年譜』の神亀二年（七二五）の「久修園院」の項に、山崎橋について「往昔、老旧尊船大徳所渡柱云云」と

（26）飛鳥寺の東回廊から東へ八〇mほどの場所で発見された建物跡が、東南禅院と考えられている。

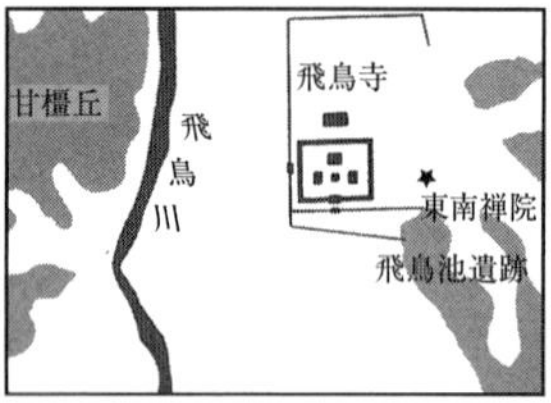

記され、以前に船大徳すなわち道昭が架橋していたことが記憶されている。行基が架橋後に建立した山崎院は、橋の北側で発見された山崎廃寺と考えられ、多くの僧俗の名を記した文字瓦が出土しており、行基建立の大野寺と共通する。これは、行基が多数の知識[27]を率いて架橋などの土木事業をおこなったことと関係し、行基が関与した寺院の特徴となるものである。この山崎廃寺の創建は行基によるのではなく、それよりも古い七世紀後半の瓦が出土している。その中に、先にあげた飛鳥寺東南禅院の軒丸瓦と同笵《どうはん》瓦(同じ型で作られた瓦)があることが判明し、行基の前に道昭が山崎廃寺の造営に関与している証拠となった[花谷、二〇〇三]。同時に、『行基年譜』が伝える、道昭の山崎橋架橋の伝えを実証する事実となる。山崎廃寺からは、頂部を尖らせた火頭形塼仏《せんぶつ》[28]も出土しており、これもまた道昭関連の遺物と目されている。この塼仏は

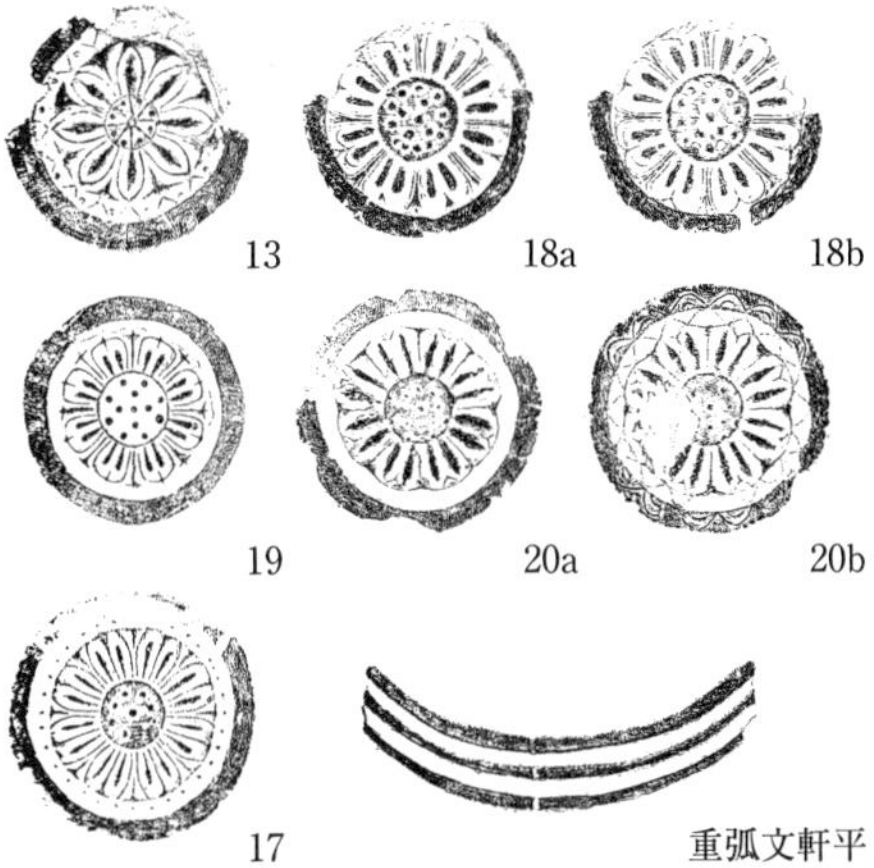

図 14　奈良県・飛鳥寺東南禅院の創建軒瓦[花谷, 1999](番号は軒丸瓦の型式番号を示す)

(27) 仏教に帰依し、寺院や僧に物資や労働力を寄進する人、またはその行為。

(28) 仏像を浮き彫りにしたタイル状の焼き物。瓦と同様の焼成であるが、金箔が貼られた例もある。三尊や五尊などを表現したもののほかに、壁面に多量の仏像を配列することを目的に作られたものもある(本書、海野「寺院建築と古代社会」二三二頁、注50参照)。

中国西安（長安）の出土品に原型があり、その地で玄奘《げんじょう》に師事した道昭によって模倣され、広められたとする考えが網伸也によって提示されている〔網、二〇一三〕。

さらに、道昭の活動で特筆すべきは、藤原京の造営である。藤原京の基準となる東西の大路である横大路《よこおおじ》（三条大路）と、南北の大路である下《しも》ツ道《みち》の交差点推定地から西に三〇〇メートルほど横大路を行ったところで、路面下で地鎮《じちん》(29)の跡が発見された。この地鎮のための穴の中に、東南禅院の軒丸瓦（飛鳥寺17型式、**図14**の17）が丁寧に置かれていた。花谷浩は、この地鎮が陰陽道《おんみょうどう》によるものであり、それに道昭が関わった可能性を指摘している〔花谷、一九九九〕。天武天皇の信の篤い道昭であれば、藤原京の造営に参与しても不思議ではなく、架橋をはじめとする土木事業と僧侶との関係を下敷きにすると、理解はしやすい。このように、瓦を根拠として、寺院造営にとどまらない、多様な僧侶の活動がみえるようになってきた。

(29) 建物などの構築物を造る際に土地を鎮めるための祭祀行為。古代の寺院では貨幣などを埋めることがしばしばおこなわれた。

飛鳥寺の渡来僧

最古の本格的な寺院である飛鳥寺は、百済からの僧侶、技術者の渡来を契機に建設が進み、完成時の推古四年（五九六）に百済の僧侶慧聰《えそう》、高句麗《こうくり》の僧侶慧慈《えじ》が住むなど、渡来した僧侶が中心になって始動する。造営に用いられた瓦が文様と技術の双方において百済のものに酷似することもこの間の事情を語っている。また、飛鳥

(30)「花組」「星組」「雪

寺の伽藍が、塔を中心に、三基の金堂を配するという変則的な配置をとることについても、高句麗の清岩里《せいがんり》廃寺との近似関係から、高句麗僧の関与を考える見方もあり、飛鳥寺に居した僧侶の活動を示すものとして、その瓦や伽藍配置をみることができる。

　飛鳥寺の創建に用いられた軒丸瓦は、いずれも蓮弁に子葉をもたない単弁蓮華文とされる瓦で、蓮弁の先端に切り込みをもつものと、先端が膨らむものとに大きく分けられ、前者を「花組」、後者は「星組」というニックネームで呼び分けられている[30]。これらの瓦と同笵の瓦がいくつかの寺院から出土しているが、なかでも著名なのは星組の8型式とされる瓦で、同笵瓦の傷の進み具合から、飛鳥寺から豊浦寺《とゆらでら》、そして法隆寺（若草伽藍）へと移っていったことが判明している。豊浦寺は飛鳥寺に対応する尼寺であり、法隆寺は聖徳太子（厩戸《うまやど》皇子）の斑鳩宮に隣接する寺院である。同笵瓦を共有することから瓦工人の移動が復原できるが、飛鳥寺に止住した高句麗僧の慧慈が聖徳太子の師であったように、僧侶の関与も考えてよいだろう。そうすると、百済系の瓦笵の移動の背景に高句麗僧の活動もあるということになる。

　京都府木津川市・高麗寺《こまでら》から、飛鳥寺の同笵瓦が二種類、いずれも花組が出土していることも特筆される（図15）。高麗寺は、『日本霊異記』に登場し、また小字名《こあざ》「高麗寺」も残ることから、もともとの寺名がわかる寺院である。早くから調査が

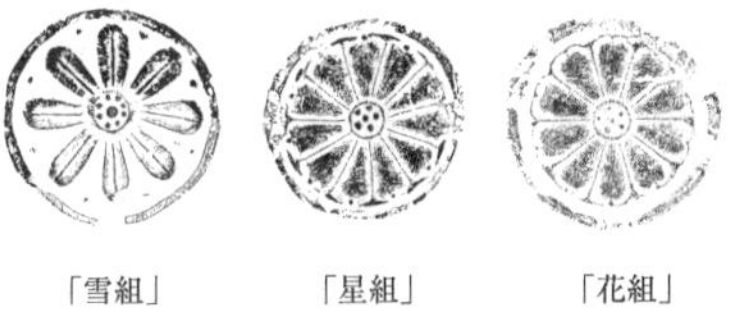

「花組」　「星組」　「雪組」

「組」は、飛鳥時代前半に用いられた単弁蓮華文軒丸瓦の文様をわかりやすく表現した言い方。飛鳥寺創建瓦にある花弁の先端が切り込み状になるものを花組、花弁先端が膨らむものを星組、そして豊浦寺の軒丸瓦にある肉厚の花弁と花弁の間に珠点を配するものを雪組と呼ぶ［納谷、二〇〇五］。

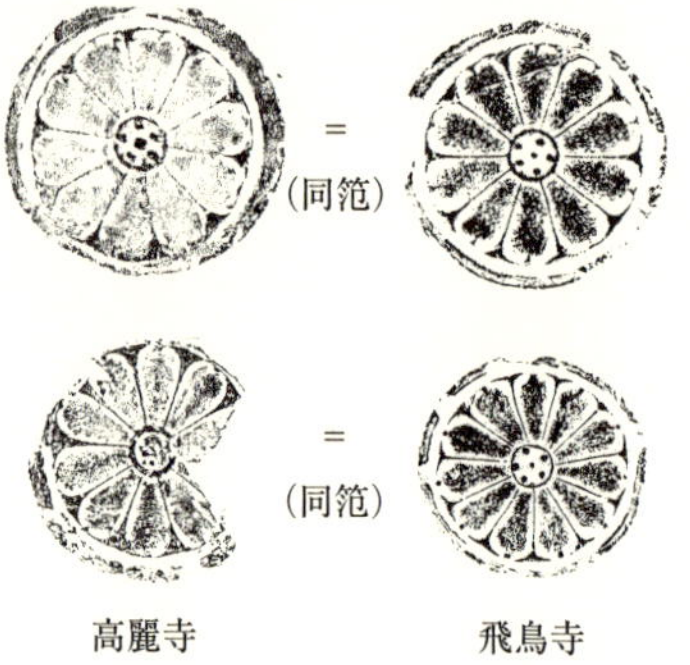

図 15　飛鳥寺と高麗寺の同笵軒丸瓦

おこなわれ、金堂や塔をはじめとする伽藍が明らかになっている。この伽藍主要部が造営されたのは、瓦積み基壇(31)に用いられた瓦が示すように、七世紀後半であるが、それよりも古い飛鳥寺同笵の瓦が出土するため、その意義をめぐって議論が分かれている。

この高麗寺と関連する施設として高械《こまいの》館《むろつみ》が取り上げられてきた。これは、高句麗の使節を迎えるために欽明三一年（五七〇）に山背《やましろ》国に設けられた施設で、一連の記事に「相楽館《さがらかのむろつみ》」とも表わされ、山背国相楽郡に高句麗使節のための客館があったことが知られる。高句麗と百済が交戦状態であった欽明朝においては、高句麗使節が倭国に到達するために、朝鮮半島の東海岸から日本海を渡り北陸地方に至るルートを採らざるをえず、越路《こしじ》（北陸道）から大和に入る手前の位置になる山背国相楽郡に使節のための客館が設けられたのである。具体的な場所については諸説があるが、北陸道に沿うことを重視して、高麗寺の西方が有力視できる。高麗寺から出土する飛鳥寺同笵瓦をこの高械館のものとする意見もあるが［小笠原、一九九九］、瓦の

(31) 通常、建物の基壇の側面はきれいに整えられる。基壇化粧と呼ばれ、切石や木装によるもののほか、瓦積み基壇や乱石積みの基壇が知られている。瓦積み基壇を採用した寺院には渡来人を造営者とする場合が多いとされている。

年代が示す七世紀初めには、高句麗と百済の関係が修復され、両方の使節の迎接が難波に移るとみられることから、この時期に新たに相楽の高槭館を瓦葺きに修築する必要性は低いと考えられる。ただし、高句麗僧は、先にあげた慧慈ののちも、推古一〇年（六〇二）に僧隆《そうりゅう》、雲聡《うんそう》が、そして、彩色、紙墨および碾磑《てんがい》(32)をもたらしたことで著名な曇徴《どんちょう》が法定《ほうじょう》とともに推古一八年（六一〇）に来日、さらに推古三三年（六二五）には高句麗王が僧恵灌《えかん》を献じるなど、継続的に認められ、彼らは飛鳥寺に居したと推測される。このような高句麗僧にとって、高句麗使のための高槭館が特別な意味をもっていたと考えられるので、高麗寺は飛鳥寺の高句麗僧がゆかりの地に建てた仏堂であるという可能性が飛鳥寺同笵瓦から導かれる。

（32）すり臼のこと。この高句麗から伝えられた碾磑の実態は不明であるが、東大寺境内で出土した奈良時代のすり臼が碾磑にあたると考えられる。用途ははっきりしないが製粉用、あるいは工業用に用いられたのであろう。

高麗学生道登と高句麗風の瓦

飛鳥寺の創建瓦は、百済からの瓦博士がもたらした百済系の軒丸瓦（先に触れた「花組」と「星組」）であったが、高句麗との関係を物語る点としては、飛鳥寺の伽藍配置が高句麗の清岩里廃寺に近似することのほか、飛鳥寺と対になる尼寺である豊浦寺の瓦に高句麗系の文様をもつ瓦「雪組」が採用されているといったことが注意されてきた。このように、初期の瓦を百済系、高句麗系と分けて呼ぶことが早くからおこなわれてきている。しかしながら、高句麗系については、そのもともとの高句麗の軒丸瓦とは文様がかなり異なることや、百済や新羅《しらぎ》にも高句麗の瓦の影響がみられることから、現在ではそのように呼ぶことが躊躇される状況にある。そして、瓦の製作技術の検討が進んだ結果、豊浦寺で用いられた「雪組」の軒丸瓦は、韓国慶州《キョンジュ》の月城《ウォルソン》の例とよく似ていることが明らかとなり〔高田、二〇一二〕、むしろ「新羅系」の瓦であるという評価がされている〔清水、二〇一八〕。ただし、「雪組」の軒丸瓦の主要な文様要素である蓮弁と蓮弁との間に珠点を置くといった配置は、新羅月城の軒丸瓦にはなく、やはり高句麗風の文様であることには変わりがない。この点について、再度、検討を加えてみよう。

「雪組」の軒丸瓦の起点である豊浦寺の調査が進んだ結果、創建時の金堂では、飛鳥寺と同じ笵で作られた「星組」の軒丸瓦が使用されており、「雪組」の瓦の使用はそれよりも遅れて、塔の造営の段階であると推測されている〔花谷、二〇〇〇〕。その瓦の生産を担ったのが隼上り《はやあが》瓦窯であり、宇治市菟道《とどう》に所在する。ここでは、四基の窯が発見されており、[33] 出土土器の年代観も豊浦寺の創建よりもやや新しい六二〇―六三〇年代に比定される〔菱田、一九八六〕。豊浦寺所用の「雪組」の瓦のほかに、北野廃寺と同笵の瓦、そして供給先不明の百済系の瓦が生産されていた（**図16**）。近くの池山瓦窯においても高句麗系瓦が焼かれており、これらの瓦の誕生に宇治地域が重要な役割を果たしたということができる。

(33) 隼上り瓦窯では、四基の窯のほかに、工房跡も発見されている。

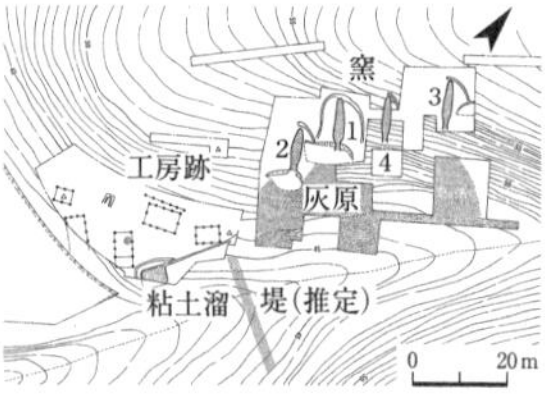

宇治と高句麗をつなぐものとして宇治橋と宇治橋碑がある。碑文によれば、大化二年（六四六）に山尻《やましろ》（山背）の恵満《えまん》の家に出自をもつ道登《どうとう》により架橋されたことが知られるが、このことは『日本霊異記』上巻一二縁にも記載があり、「高麗学生《こまのがくしょう》道登は、元興寺《がんごうじ》沙門なり。山背恵満家より出ず。往《い》にし大化二年丙午、宇治椅《はし》を営むがため往来の時（下略）」と記され、道登が元興寺（飛鳥寺）の僧侶で、「高麗学生」つまり高句麗に留学したことがわかる。そもそも宇治橋の位置は、大和から越《こし》に向かう北陸道の要地にあり、かつては高句麗使節もこのルートを通って大和に至っていた（**図17**）。したがって、高句麗との通交にとっても重要な意味をもっていたのが、宇治架橋であると言える。高句麗に留学した道登が架橋する必然性が感じられよう。

図16　京都府・隼上り瓦窯出土の軒丸瓦
（写真提供＝宇治市）

道登は、大化元年（六四五）に十師、すなわち一〇名の指導的僧侶の一人として名があげられ

図17　宇治橋と隼上り瓦窯の位置関係

たほか、白雉《はくち》改元にあたって、孝徳天皇の下問に対し、高句麗の故事で白雉（白いキジ）の発見が吉祥であると答えるなど、晩年においても高麗学生であった片鱗をのぞかせている。このような高句麗への通暁を自負する態度と、宇治における高句麗風の瓦の生産とが脈絡をもつと考えることも、あながち的外れではないだろう。飛鳥時代から奈良時代にかけては、瓦の意匠について、僧侶が関わる例がしばしばあったのはこれまで述べてきた通りであるので、高句麗風の文様をあえて採用した背景に、高麗学生の道登の存在を考えておきたい。彼の所属する飛鳥寺と一対になる豊浦寺の瓦生産にあたって、彼の故郷の近くにある宇治の隼上り瓦窯で、新羅系の工人を動員しながら、文様については高句麗風のデザインを採用したという経緯が想定できる。この瓦生産の余力で、宇治橋の架橋にあたったのではないだろうか。

道登の出自である山背恵満については、詳らかではない。しかし、学問僧を出すほどの名家ということを前提にすると、山代国造の流れをくむ山背忌寸《いみき》などが候補となろう。その根拠地は、久津川《くつかわ》古墳群などが築かれた山城国久世《くせ》郡と目されている［吉田、一九七六］。ここは、早くに古代寺院が建てられた地域の一つであり、正道《しょうどう》廃寺、久世廃寺、平川廃寺が至近距離に林立している。それらの造営者を明らかにすることには困難がともなうが、奈良時代に最も隆盛する平川廃寺の背景として当地を基盤とした黄文連《きぶみのむらじ》が推測されている［辻本、二〇〇二］。黄文氏は、東大寺の画工を多く輩出するなど、推古朝の黄文画師につながる氏族と考えられ、『新撰姓氏録《しんせんしょうじろく》』山城国諸蕃の記載では高句麗王から派生するとされている。黄文連本実《ほんじつ》(34)といった薬師寺の仏足石のために図案を唐から持ち帰った人物も一族におり、優れた技術者としての側面がうかがえる。このほかにも、『新撰姓氏録』等から、南山城地域に高句麗系の氏族が多く居住していたと推測でき、そうした環境が、山背氏に出自をもつ道登の高句麗留学を実現したのであろう。

(34) 画工集団である黄文氏の出身で、薬師寺の仏足石の刻文に、天智天皇の頃に黄文連本実が長安の普光寺で仏足石を写し取り日本に持ち帰ったことが記され、図画に長じた人物であることがわかる。また、大宝二年(七〇二)の持統太上天皇の死去、および慶雲四年(七〇七)の文武天皇の死去に際して、殯宮《もがりのみや》(死者をまつる宮殿)に奉仕するなど、葬送にも関与しており、高松塚古墳壁画の画者ではないかとする説がある。

恵隠と浄土信仰

道登のように高句麗に渡って仏教を学ぶものは少数派と考えられ、実際には隋唐に留学するものが主流であった。遣隋使、遣唐使の派遣によりその交通が開け、多くの知識を輸入するため、積極的に留学生が派遣されていたことが背景にある。先にあげた白雉改元のおり、道登が高句麗の故事で答えたのに対し、唐で学んだ僧旻《みん》は、中国の故事で答えており、やはりその自負心が垣間見えるようである。

その唐学生の中で、遺跡との関係から活動が追えるものに恵隠《えおん》がいる。恵隠は推古一六年（六〇八）の隋国への派遣学生の一人、志賀漢人《しがのあやひと》恵隠として名前が登場し、舒明《じょめい》天皇一一年（六三九）に帰国後、翌年には内裏で無量寿経《むりょうじゅきょう》を講説している。白雉三年（六五二）にも再び無量寿経を内裏で講じており、浄土信仰を得意としていたこととともに、舒明天皇・皇極《こうぎょく》天皇夫妻の信が篤かったことがうかがえる。この浄土信仰、すなわち阿弥陀仏《あみだぶつ》に対する信仰と密接な関係があるのが、飛鳥にある川原寺である（**図18**）。川原寺の創建事情には謎が多いが、斉明天皇没後に川原宮を施入して建立されたと考えられており、飛鳥宮と正対する位置にあるように、都の中心的な寺院として機能していた。この寺院は、中金堂のほかに東向きの西金堂をもつことが特徴で、西金堂は、西方浄土との関係から阿弥陀仏との関連が考えられる［菱田、二〇〇五］。観世音寺《かんぜおんじ》や西琳寺《さいりんじ》など、資財帳などから本尊がわかる例でも、東向きの金堂が阿弥陀信仰と深い関わりがあることが明らかである。宮中と密接な関わりをもつ川原寺に阿弥陀仏をまつる西金堂が営まれた背景に、先に触れた恵隠の存在が考えられる。恵隠は、志賀漢人の出自であったが、その本拠地に営まれた滋賀県大津市・穴太《あのう》廃寺では、やはり東向きの金堂を配する伽藍配置が採用されていた(35)。時期的にも恵隠の帰国直後の創建に位置づけられ、新たな伽藍配置と僧侶の関係を考える好例となっている。しかしながら、興福寺の西金堂の建立に際して、本尊が阿弥陀仏から釈迦仏に変更されたように、仏像と建物の方位性との関係は、日本列島においてはそれほど厳密には守られてはいない。ただし、平等院鳳凰堂《びょうどういんほうおうどう》のように、阿弥陀のための東向きの仏堂は、浄土信仰の昂揚とともに時を超えて繰り返し現れ、西方浄土を感じさせる空間を演出しているのである。

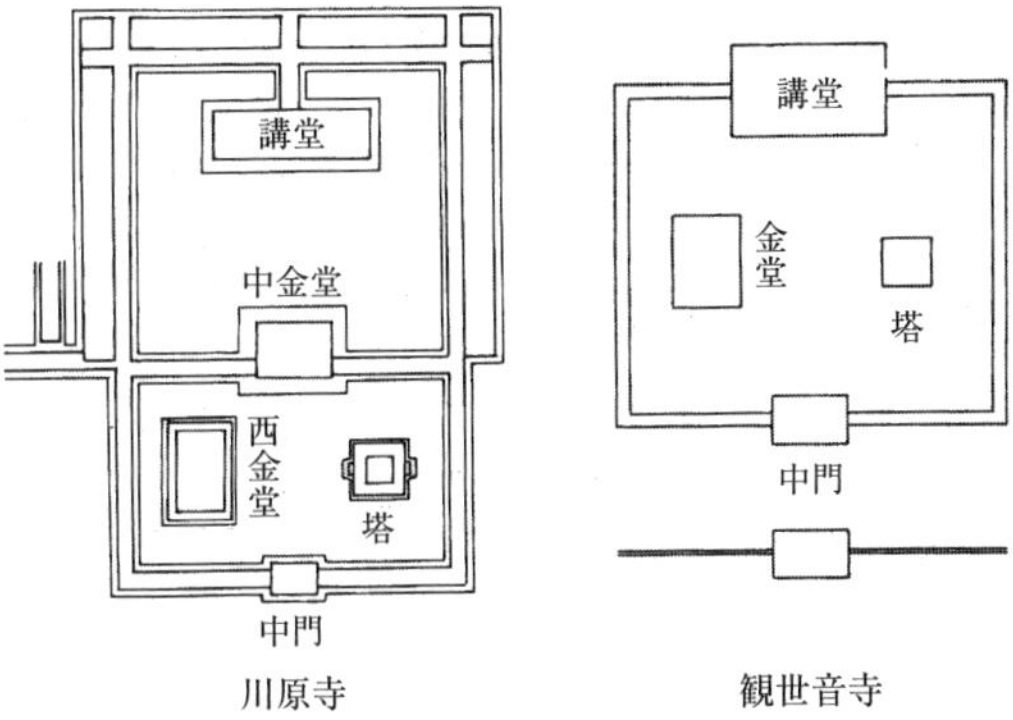

図18 川原寺と観世音寺の伽藍配置

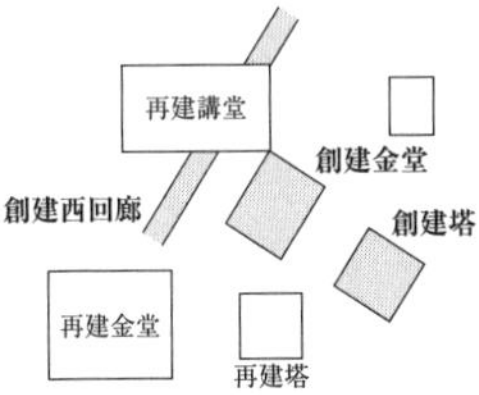

(35) 穴太廃寺では七世紀前半の創建伽藍と七世紀後半の再建伽藍が発見されている。東向きの金堂は創建期伽藍にともなう。

僧侶の都鄙間交通

道登が宇治橋架橋のおりに、元興寺と宇治との間を行き来していたことは、『日本霊異記』に記載されるが、そもそも『日本霊異記』には都鄙間を行き来する僧侶がしばしば登場する。『日本霊異記』は、平安時代の初めに薬師寺の僧景戒《けいかい》がまとめた仏教説話集であり、各地の寺院にまつわる話が多く採録されているように、奈良時代ごろの僧侶の活発な都鄙間交通の結果とみなされている〔鈴木、一九九四〕。地方在住の僧侶もしばしば登場するが、なかでも百済僧の禅師弘済《ぐさい》は、白村江の戦いののちに備後《びんご》国三谷《みたに》郡の大領の先祖とともに来日し、三谷寺を拠点に活動した僧侶として名高い。この説話の主題は、禅師弘済が仏像の材料である金丹《きんたん》を求めて都に上り、その帰途、難波で亀を放生《ほうじょう》し、備前の骨島《かばねしま》というところで海賊の難をその亀によって逃れるという報恩譚である（上巻七縁）。そこからみえることは、仏像などの材料である金丹を入手するために、地方の僧侶が上京するという都鄙間交通であり、中央の僧侶とは逆の交通も存在することがうかがえる。

この弘済が建立した三谷寺に推定されているのが、広島県三次《みよし》市の寺町《てらまち》廃寺であり、ここでは、瓦当部の下部に「水切り」と称される突起をもつ一群の軒丸瓦が用いられており、「寺町廃寺式」(36)と称されている〔松下、一九六九／妹尾、一九九二〕。その文様は単弁から複弁へと変化しているが、この「水切り」は一貫して保持され、

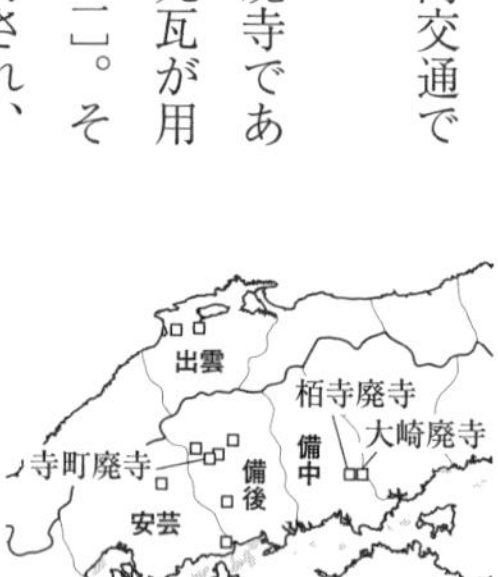

(36) 寺町廃寺式軒丸瓦の分布

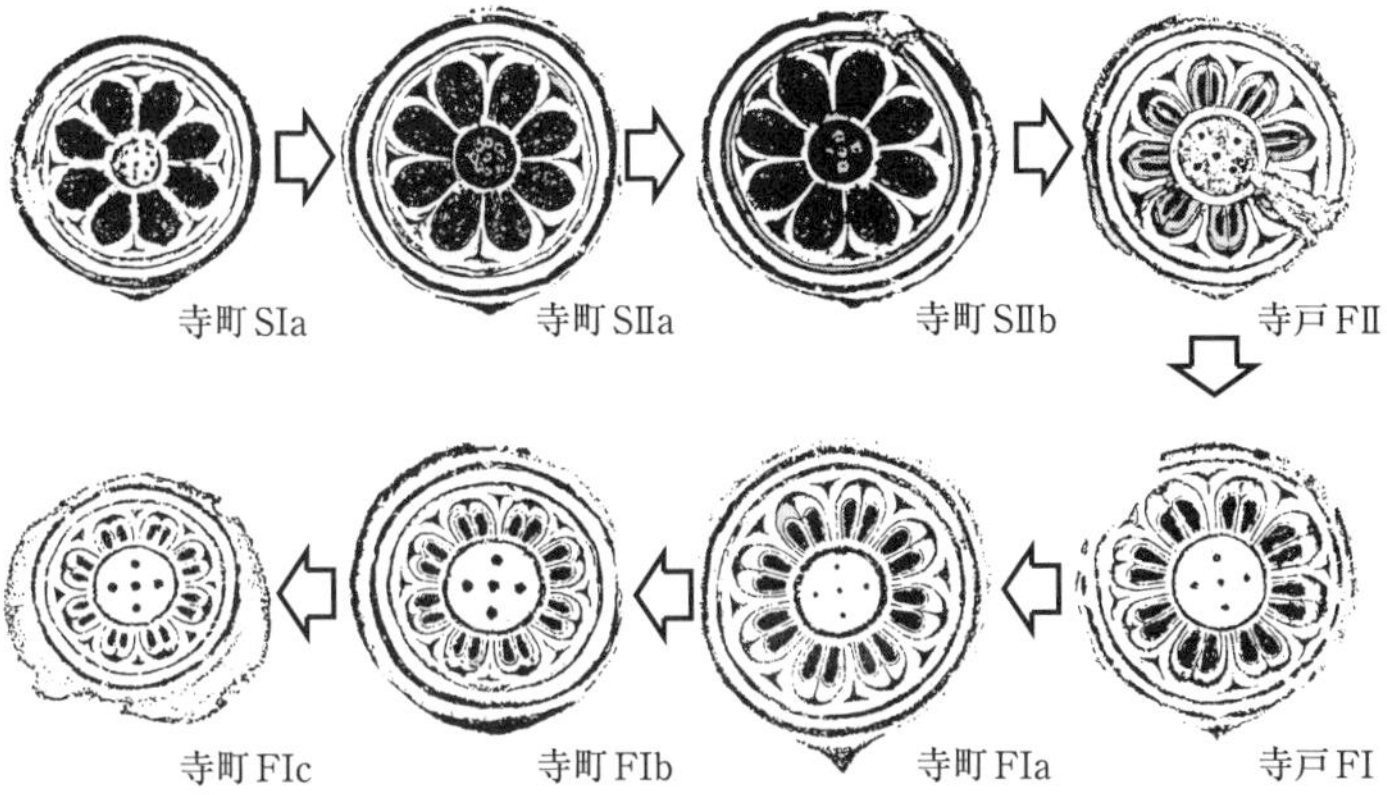

図 19 「寺町廃寺式」軒丸瓦の変遷［妹尾，1991］

蓮弁以外の要素も踏襲されていることが看取できる（**図19**）。その分布は、備後北部を中心とし、備中や出雲に及んでおり、『日本霊異記』に、「其禅師造立する所の伽藍多し」と三谷寺を建立した弘済の活動が記載されていることとよく対応する。「寺町廃寺式」の瓦は、その固有の特徴を保持していることから、特定の工房で長期にわたって作られた瓦であると言える。そして、その文様が、都の瓦と歩調を合わせて、単弁から複弁に変化していることは、都へと赴いた僧侶の影響を考えると理解しやすい。七世紀から八世紀前半にかけて、列島各地で寺院の造営が進み、瓦葺きの建物が数多く建立されることになるが、その際に都の瓦のデザインがよく採用されている。その背景として、都の僧侶の交通に加えて、三谷寺を建立した禅師弘済のように、地方在住の僧侶の交通も重要であった。

図20　高麗寺出土の播磨国府系瓦

諸国法会と僧侶の移動

瓦からみられる僧侶の移動は、先に触れた高麗寺についても指摘できる。高麗寺は、奈良時代にも多くの種類の補修瓦が用いられているが、その中に播磨国府系の瓦があることが注意されてきた（**図20**）。播磨国府系瓦というのは、播磨国内で、国分寺や国分尼寺、そして国府と目される本町《ほんまち》遺跡のほか、山陽道の駅家《うまや》から出土し、八世紀の中葉から九世紀にかけて展開する瓦である。国内の公的な施設で用いられるだけでなく、国内の寺院においても補修用の瓦として使用されていることから、国府の支援を受けるようになった定額寺の修理を示すと推測されている［今里、一九九五］。播磨国外から出土することは稀で、摂津国の西端で出土するほか、平城京左京五条四坊からも出土するが、ここは播磨国の調邸《ちょうてい》[37]ではないかと推測されている。

　このように限られた出土を示す播磨国府系瓦が高麗寺で出土する理由として、当寺の僧である栄常《えいじょう》の関与が考えられる。『日本霊異記』に高麗寺の僧栄常が天平の

（37）諸国が京に置いた調や庸（特産物で支払われる税）を管理する事務・収蔵施設。いわば在京出張所のようなもの。播磨国の場合、播磨国府系の瓦が出土した平城京左京五条四坊八・九坪に調邸を置いていたと推測されている。

頃の話として登場するが、ここでは碁が得意であることと、法華経に通じていたことが示されるにすぎない（中巻一八縁）。一方、中世の文献であるが、『播州増位《ますい》山随《さんずい》願寺《がんじ》集記』には、天平「十六年三月、興福寺・薬師寺・当寺の住僧三十八、勅を奉じて内裏に詣《いた》り、大般若経《だいはんにゃきょう》全部を読誦す。堂《（当カ）》寺の僧栄常法師は、此会畢《おわ》りて山背国高麗寺に往き還らず」と記されている〔高橋美久二、一九九八〕。天平一六年（七四四）三月の法会というのは、大般若経を平城京の金光明寺《こんこうみょうじ》から紫香楽宮《しがらきのみや》に運び、その内裏の大安殿でおこなった法会であり、紫香楽では行基が盧舎那仏《るしゃなぶつ》の造立にあたっていたことから、この法会も行基が催したとみてまちがいない。『播州増位山随願寺集記』には同寺の行基による創建を記し、そして行基の弟子として栄常が描かれるので、その師弟関係でこの法会に加わったと考えられる。

この栄常が高麗寺に居したのはなぜであろうか。恭仁京《くにきょう》の造営後は、高麗寺は京内の寺院として重要性が高まっていたことがまず考えられる〔中島、二〇一七〕。また、その恭仁京の大極殿跡が山背国分寺に施入されたように、国分寺の近傍の有力寺院という側面ももつ。一般に国分寺は国府のある郡もしくは隣接する郡に所在することが多いので、山背国府も相楽郡にあった可能性が高い。このことを念頭に置くと、本章第2節で触れた諸国の国府で正月に金光明経を読誦する法会との関係も想定できる。栄常がもともと居たとする随願寺も播磨国府を見下ろす位置にあった。

国府系瓦を差配できる力を栄常がもっていたことの背景として、播磨国における護国の法会に参与する僧であった可能性も導ける。諸国レベルの法会に加わる僧として、播磨国から山背国へ栄常が異動したと捉えることもできよう。

瓦をはじめとする考古資料からうかがえる僧侶の交通は、氷山の一角である。しかし、そこには道昭を典型とする中央の僧侶の都鄙間交通に加え、弘済からうかがえる地方僧の上京、そして栄常で想定した、国替えのように移っていく諸国法会に与かる僧侶など、多様な姿があった。このような動きを評価してこそ、仏教の普及をより詳細にあとづけることができると考える。

おわりに

最初に触れたように、考古学からの寺院研究は、遺跡としての伽藍・基壇、遺物としての瓦や墨書土器など、限られた資料を材料にするため、ハードウェアとしての寺院の研究が中心となり、そこでの活動などソフトウェア的な分野の研究は、文献史などによらざるをえないという課題がある。しかし、限られた資料であっても、文献との照合など、さらなる工夫をおこなうことにより、僧侶や檀越《だんおつ》(38)あるいは工人といった人の動向を明らかにすることに道が開けると考え、本論では可能な限り僧

(38) 寺院の造営、運営をおこなう在家の信者、施主。氏寺として建てられた寺院では、その氏族が檀越にあたる。

侶の活動に焦点を当てて検討を加えてきた。その中で浮かび上がってきた事実を、最後に時代を追ってまとめておきたい。

飛鳥寺が完成したのち、日本の仏教界の中心としてこの寺が機能したことは確実であり、そのことは飛鳥寺を起点とする同笵瓦の分布からもうかがえた。ただし、百済系の瓦に百済僧が対応するのではなく、高麗寺の飛鳥寺同笵瓦が示すように、高句麗僧の活動を百済系の瓦が物語る場合もある。その後、日本から海外に留学した僧たちが、仏教の興隆と普及の中心を担うようになる。恵隠のようにその思想が寺院遺跡からうかがえる例もあり、また、道登や道昭など瓦にその活動がみられる場合もあった。いずれにしても、活発な都鄙間交通により、諸国の寺院が整備されていったと推測される。同時に、禅師弘済のように地方在住の活動もあり、地域における仏教の普及過程にとって彼らが重要な役割を果たしていたこともうかがえた。百済滅亡後、このような僧侶の地方定住が促進されたにちがいない。

諸国における僧侶の存在形態にとって大きな変化となったのが、持統八年(六九四)に定められた正月の金光明経読誦であり、護国のための年中行事として毎年、実施するため、諸国在住の僧侶が増加し、体制が充実する契機になったと考える。そのため、国府の周辺の寺院では、僧房などの施設が準備され始めるようになる。ただし、このような僧侶の活動のための施設がさらに整備されるのは、第2節で検

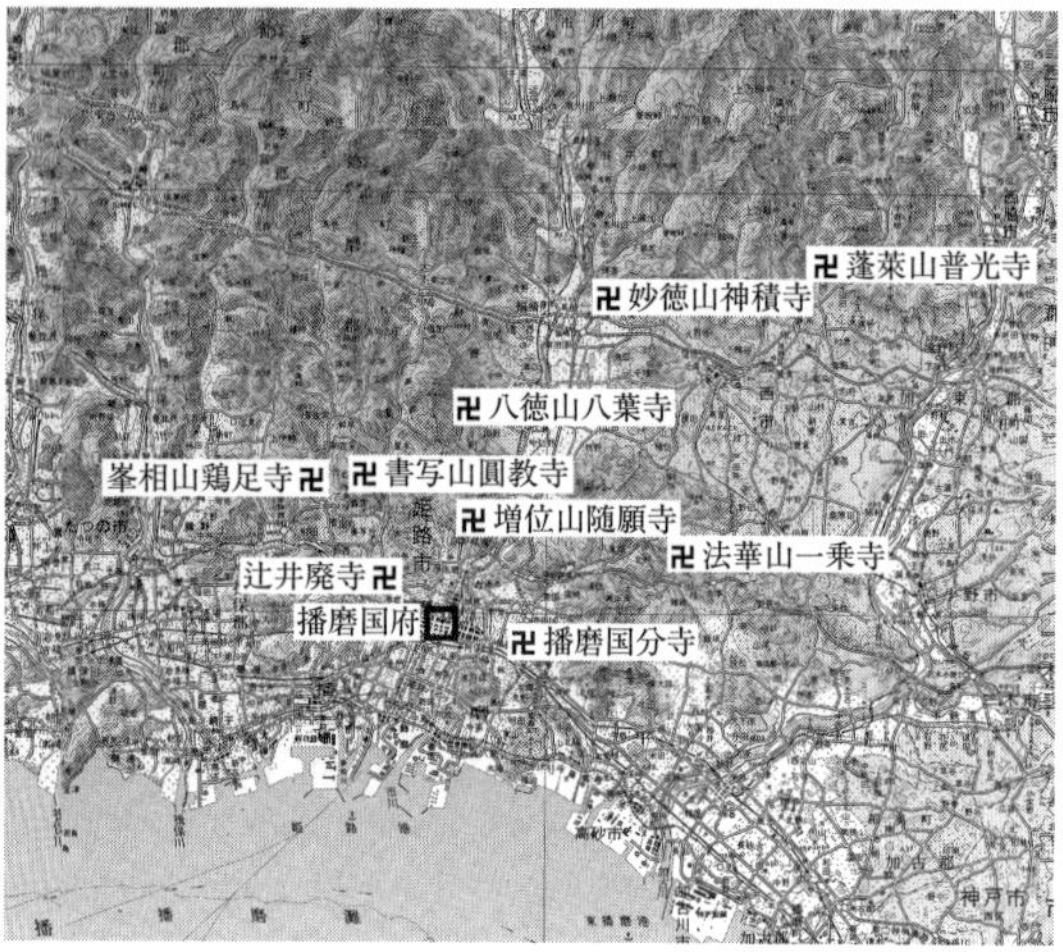

図21　播磨国府（本町遺跡）と周辺の古代寺院

討したように奈良時代以降であり、寺院の整備を促す霊亀二年（七一六）の詔勅などが影響したと考えられる。そして、諸国在住の僧侶が増加するにつれて、その修行のために山林に霊場が開かれていく。栄常の居した随願寺もそうした国府周辺の山林寺院であり、近くの山林寺院である圓教寺《えんぎょうじ》や鶏足寺《けいそくじ》では、八世紀前半に遡る土器が出土していて、この時期における山林修行の開始を物語っている（図21）。国分寺の造営もこのような一連の流れに拍車をかけることとなり、諸国在住の僧侶の増加を決定づけるとともに、山林寺院のさらなる開拓を促すこととなった。

ただし、仏教の普及は国分寺僧などの官度の僧によるだけではない。実際には私度の僧侶の活動も活発であったと考えられるが、遺跡遺物では、いわゆる村落寺院といった瓦葺きでない寺院が対応すると考えられる。また、寺院と言えなくても水瓶や鉄鉢形須恵器などが集落の一端で出土する場合にも、このような私度の僧侶の活動を重ねることができるかもしれない。

官大寺に代表される都の寺院の活動は、文献からかなり詳細に知ることができる。そして、これまで述べてきたように、各地の寺院の活動も遺跡や遺物を手がかりに復原に道が開けてくる。列島全体を視野に入れながら、僧侶の活動、仏教の普及をあとづけることが重要である。

引用・参考文献

網　伸也、二〇一三年「八坂寺の伽藍と塼仏」岡内三眞編『技術と交流の考古学』同成社
石田茂作、一九三六年『飛鳥時代寺院址の研究』聖徳太子奉讃会
石田茂作、一九五六年「伽藍配置の変遷」『日本考古学講座』6、河出書房
今里幾次、一九九五年『播磨古瓦の研究』真陽社
梅本康広ほか、二〇〇五年『宝菩提院廃寺湯屋跡』向日市埋蔵文化財センター
近江昌司、一九七〇年「葡萄唐草紋軒平瓦の研究」『考古学雑誌』55―4
大谷輝彦ほか、二〇一〇年「辻井廃寺」『姫路市史』第7巻下、姫路市
大坪州一郎ほか、二〇一四年『神雄寺跡（馬場南遺跡）発掘調査報告書』木津川市教育委員会
小笠原好彦、一九九九年「高麗寺の性格と造営氏族」『瓦衣千年――森郁夫先生還暦記念論文集』同論文集刊行会
岡田英男、一九八六年「讃岐国分寺僧坊の復原的考察」『特別史跡讃岐国分寺跡　昭和六〇年発掘調査概報』国分寺町教育委員会

鎌谷木三次、一九四二年『播磨上代寺院阯の研究』成武堂
川尻秋生、二〇〇一年「資財帳からみた伽藍と大衆院・政所」『古代』110
岸本一郎、二〇〇二年『上ノ段遺跡(野村廃寺)発掘調査報告書』兵庫県西脇市教育委員会
久保智康編、二〇一六年『日本の古代山寺』高志書院
櫻井敦史、二〇〇九年「上総国分僧寺の変遷」『上総国分僧寺跡Ⅰ』市原市教育委員会
清水昭博、二〇一八年「考古学からみた新羅と古代日本の仏教文化」GBS実行委員会編『論集 新羅仏教の思想と文化——奈良仏教への射程』東大寺・法蔵館
鈴木景二、一九九四年「都鄙間交通と在地秩序——奈良・平安初期の仏教を素材として」『日本史研究』379
須田 勉、二〇〇六年「古代村落寺院とその信仰」国士舘大学考古学会編『古代の信仰と社会』六一書房
須田勉・櫻井敦史、二〇一三年「上総国分寺」須田勉・佐藤信編『国分寺の創建 組織・技術編』吉川弘文館
関市教育委員会、二〇一五年『国指定史跡弥勒寺官衙遺跡群 弥勒寺東遺跡Ⅲ』関市教育委員会
妹尾周三、一九九一年「安芸・備後の古瓦(その一)」『古文化談叢』26
高田貫太、二〇一二年「瓦からみた七世紀の日羅関係についての予察」『国立歴史民俗博物館研究報告』167、国立歴史民俗博物館
高橋伸二、二〇〇五年「伽藍配置と堂塔の変遷」『史跡賞田廃寺跡』岡山市教育委員会文化財課
高橋照彦、二〇一〇年「彩釉山水文塼と須恵器鼓胴——陶製品からみた馬場南遺跡」京都府理蔵文化財調査研究センター編『天平びとの華と祈り——謎の神雄寺』柳原出版
高橋美久二、一九九八年「高麗寺の謎」『高麗寺 渡来文化の謎にせまる』第二回山城町歴史シンポジウム資料、山城町教育委員会
辻本和美、二〇〇一年「黄文の寺と瓦——平川廃寺軒丸瓦F型式をめぐって」『京都府埋蔵文化財論集』4、京都府埋蔵文化財調査研究センター
中島 正、二〇一七年『古代寺院造営の考古学——南山城における仏教の受容と展開』同成社
長宗繁一、一九九六年「長岡京の川原寺」京都市埋蔵文化財研究所編『つちの中の京都』京都市埋蔵文化財研究所

納谷守幸、二〇〇五年「軒丸瓦製作手法の変遷――飛鳥地域出土の七世紀前半代の資料を中心にして」『飛鳥文化財論攷――納谷守幸氏追悼論文集』納谷守幸氏追悼論文集刊行会
西田敏秀ほか、二〇一〇年『大阪府枚方市　九頭神遺跡Ⅲ』枚方市文化財研究調査会
西宮秀紀、二〇〇七年「「参河国」・碧海郡郷と東海道・矢作川」『新編安城市史1』安城市
花谷　浩、一九九九年「飛鳥寺東南禅院とその創建瓦」前掲『瓦衣千年――森郁夫先生還暦記念論文集』
花谷　浩、二〇〇〇年「豊浦寺の高句麗系軒丸瓦」『古代瓦研究Ⅰ』奈良国立文化財研究所
花谷　浩、二〇〇三年「山崎廃寺の造営と山崎院、そして堂内荘厳」『大山崎町埋蔵文化財調査報告書』25、大山崎町教育委員会
菱田哲郎、一九八六年「畿内の初期瓦生産と工人の動向」『史林』69―3
菱田哲郎、二〇〇五年「古代日本における仏教の普及」『考古学研究』52―3
平松良雄、二〇〇七年「八世紀の燃燈供養と灯明器」『古代中世史の探究』法蔵館
藤岡孝司・妹尾周三、二〇一一年「安芸国分寺」須田勉・佐藤信編『国分寺の創建　思想・制度編』吉川弘文館
松下正司、一九六九年「備後北部の古瓦――いわゆる「水切り瓦」の様相」『考古学雑誌』55―1
水戸市教育委員会、二〇一一年『台渡里3』水戸市教育委員会
宮原文隆ほか、二〇〇〇年『曽我井・野入遺跡Ⅰ　多哥寺遺跡Ⅲ』中町教育委員会
宮本長二郎、一九八三年「奈良時代における大安寺・西大寺の造営」『西大寺と奈良の古寺』（『日本古寺美術全集』6）、集英社
山岸常人、一九九〇年『中世寺院社会と仏堂』塙書房
山路直充、二〇〇一年「国分寺における寺院地と伽藍地」『古代』110
吉川真司、二〇一四年「天平文化論」『岩波講座日本歴史3　古代3』岩波書店
吉田　晶、一九七六年「大化前代の南山城――久世郡地域を中心として」大阪歴史学会編『古代国家の形成と展開』吉川弘文館
渡部明夫、二〇一三年『讃岐国分寺の考古学的研究』同成社

コラム　播磨犬寺の探索

鎌倉時代の末に禅僧の虎関師錬《こかんしれん》によって編まれた『元亨釈書《げんこうしゃくしょ》』には、高僧の伝記や仏教史が記されたほか、三〇ほどの寺院の縁起も掲載されている。その中に四天王寺や崇福寺と並んで「播磨犬寺」という不思議な名前の寺院が登場する。この寺院については播磨地域の寺院を記した『峯相記《みねあいき》《ほうそうき》』に「粟賀《あわが》犬寺」と記され、播磨国でも神崎郡の粟賀周辺にあることがわかり、その地にある法楽寺の寺伝にも播磨犬寺の物語が現れる。物語は、聖徳太子の息子の山《やま》背大兄王《しろのおおえのおう》を滅ぼす戦いに参加した枚夫（マイフと呼びならわされているがヒラフではないかと推測する）という人物が、帰郷後に従者に殺されそうになったところを飼い犬である二匹の黒犬に命を救われたことから、犬の死後に財産を寄進して寺院を建立したと伝える。その後、寺院が焼失したのちに北の山に移ったことが『峯相記』に見え、『元亨釈書』では桓武《かんむ》朝には官寺に列せられたとする。多分に物語的な内容であり、史実としてそのまま受けとることができないが、「犬寺」というネーミングもあって、中世にはよく知られた存在であったと推測される。

播磨犬寺の調査風景（著者撮影）

兵庫県神河《かみかわ》町中村にある法楽寺は、この播磨犬寺の後身と伝える。ただし、古代から現地に存在したことを示す資料はないため、犬寺の移転後の寺院とみることがふさわしく、その創建時の伽藍は不明であった。物語からは七世紀後半の創建が想定されるが、その時期の寺院が粟賀周辺にはなく、寺院遺跡からの推測が難しかったのである。一方で、この粟賀の南にある福本遺跡では瓦窯が発見され、七世紀末から八世紀前葉の窯が五基も明らかになっていた。ここの瓦が供給された寺院が近くにあるとすれば、「播磨犬寺」の旧地である可能性が高くなる。

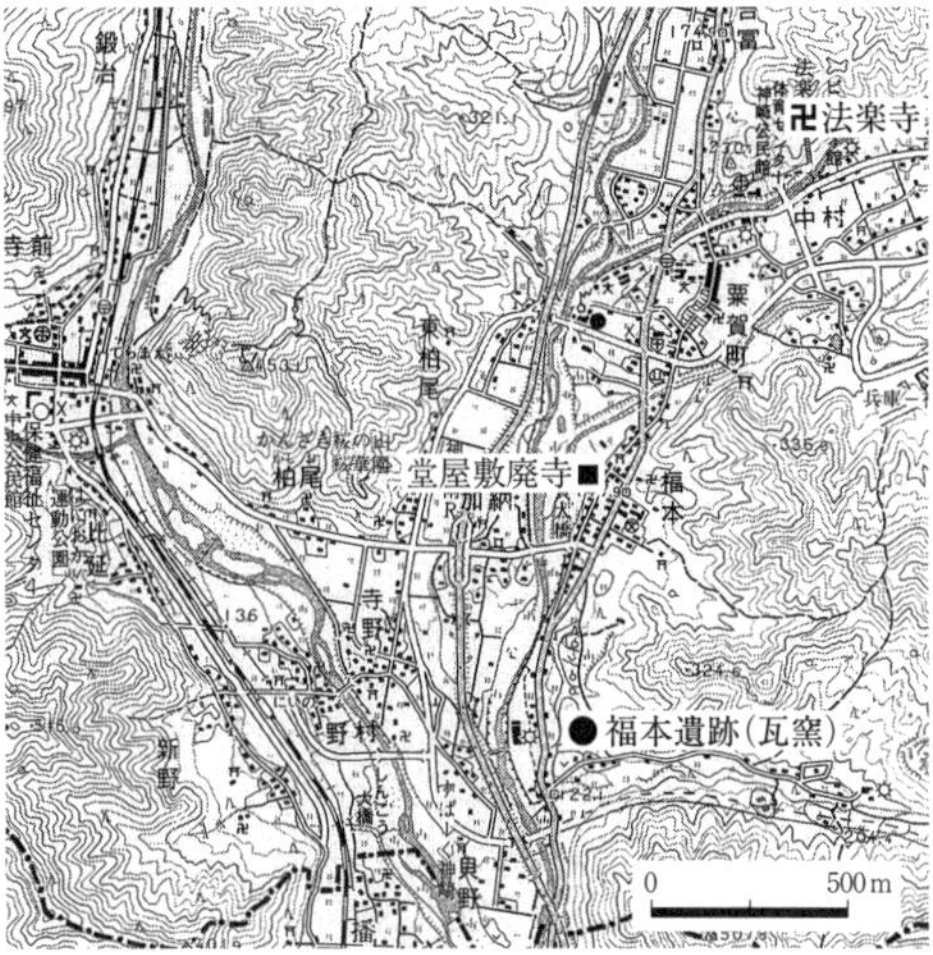

堂屋敷廃寺の位置

二〇一七年に神河町が「歴史文化基本構想」を作成することになり、この「犬寺の所在問題」に対応すべく、京都府立大学文学部考古学研究室が福本区で遺跡の分布調査を実施したところ、字「堂屋《どうや》敷《しき》」の畑地で古代瓦を採集した。その後、その畑地で発掘調査をおこない、建物の基壇の痕跡を発見し、その周囲から古代瓦が出土したことから、ここに古代寺院が埋もれていることが明らかになった。そこで出土した瓦には福本瓦窯で生産されたものがあり、七世紀末~八世紀前半に位置づけられる。遺跡は「堂屋敷廃寺」と命名されたが、その所在地は中世では粟賀下庄に含まれており、犬寺の所在地としてふさわしい。このようにして、謎の「播磨犬寺」は、その片鱗が明らかとなったのである。寺院の範囲や伽藍配置など、これから明らかにすべき課題も多いが、文献に記された寺院でもあるので、さらにその伝説の当否も検証できる素材が得られたことになる。『日本霊異記』に登場する寺院などと同様に、考古学的な調査と文献研究とを重ね合わせて、より深い検討が可能になることは疑いない。

古代寺院の仏像

藤岡　穣

はじめに

飛鳥時代から奈良時代にかけて古代寺院が次々と建立されたことは文献や発掘の成果によって知られるが、古代寺院において信仰の核となった舎利《しゃり》や仏像といった造形物が物語ることも少なくないだろう。今日では美術史の研究対象とされるそれらの存在、とりわけ仏像から古代寺院の一端を垣間見ようというのが本章の目的である。

古代の文献をひもとくと、朝鮮半島から渡来した仏像や、寺院に安置された仏像のことが散見される。また全国各地の古代寺院址から発掘された金銅《こんどう》、塑造《そぞう》の仏像ないしその断片、あるいは塼仏《せんぶつ》(1)なども当時の豊かな仏教信仰のありさまを伝えている。無論、すでに失われてしまった仏像も数多くあるに違いない。当時の仏像の世界の全体を知るには、本来は文献や出土遺物も含めての考察が不可欠であるが、ここではあえて人々が守り伝えてきた伝世する仏像に焦点をあてたい。

この時期の日本の仏像は、絶えず朝鮮半島や中国大陸の仏像を受容しながら展開したことは周知のとおりである。したがって、ここでも東アジア的視点から仏像の姿を俯瞰することを心がけたい。また、蛍光X線分析(2)をはじめとする最新の科学的

(1) 本書、海野聡「寺院建築と古代社会」二三二頁、注50参照。

(2) 微量のX線を照射して発生する蛍光X線(原子内の電子の移動によって生じる電磁波)を測定することで、その物質を構成する元素の種類や含有量を特定する分析方法。顔料分析、金属製品の成分分析など文化財の分析にも活用されている。

古代から金属製品に最もよく利用されてきたのが青銅《せいどう》(銅に錫《すず》や鉛、砒《ひ》素《そ》などを混ぜた合金。ブロンズ)である。青銅を用いるのは、純銅では柔らかすぎ、錫や砒素を混ぜることで適度な硬さが得られるからである。加

調査の成果を踏まえ、技法や表現などの美術的側面を中心に論じることになるが、できるだけ信仰内容についても視野に入れながら論じたい。

1 法興寺と飛鳥大仏

飛鳥寺の歴史と概要

日本に仏教が伝えられた後、蘇我《そが》氏が崇仏《すうぶつ》の立場をとり、仏教を積極的に受容したことはよく知られている。その蘇我馬子《うまこ》が日本で初めて本格的な伽藍《がらん》を営んだのが法興寺《ほうこうじ》(飛鳥寺《あすかでら》。現、奈良県明日香村)である。法興寺は、『日本書紀』と『元興寺《がんごうじ》伽藍縁起幷流記《えんぎならびにるき》資財帳《しざいちょう》』(以下『元興寺縁起』)所収「露盤銘《ろばんめい》」によれば、五八八年(崇峻元)に建立《こんりゅう》が始まり、五九六年(推古四)に造り終えたという。ところが、『日本書紀』、『元興寺縁起』所収「丈六光銘《じょうろくこうめい》」によれば、さらに六〇五年から六〇九年にかけて鞍作鳥《くらつくりのとり》(止利仏師《とりぶっし》)によって金銅と刺繡の丈六仏が作られたとされる。以降、飛鳥京の中央に位置し、壮大な伽藍を誇った法興寺は、日本における仏教興隆の中心的存在となっていった。

六四五年(皇極四)の乙巳《いっし》の変によって蘇我入鹿《いるか》が暗殺され、蝦夷《えみし》が自殺し、蘇我氏の嫡流は滅亡した。しかし、その結果、法興寺は蘇我氏の氏寺《うじでら》から国家の寺院へ

えて、錫や鉛を混ぜることで融点が下がり、錫や砒素を混ぜることで溶融状態での流動性が高くなるなど、鋳造上の利点もある。

近年、筆者は韓国国立中央博物館等と共同で金銅仏(青銅で鋳造し、鍍金した仏像)の成分分析を行ってきた。その結果、地域や時代によって青銅に含まれる各金属の成分比に一定の傾向があることがわかってきた[藤岡ほか、二〇一七]。たとえば、中国や朝鮮半島では錫や鉛の比率が比較的高く、日本では砒素やアンチモンの比率が高い場合があり、地域を限らず、時代がくだると鉛が増える傾向にある。また、精錬の巧拙、度合いの違いによって鉄が不純物として含まれる場合もある。

図1　飛鳥大仏（著者撮影）

と変貌を遂げた。孝徳天皇が即位すると難波《なにわ》に遷都したが、六五五年（斉明元）には再び飛鳥に還都し、法興寺周辺には祭祀施設や外交施設が置かれ、法興寺は飛鳥における中核寺院としての地位を保ったとみられる。七一〇年（和銅三）の平城遷都にともない、法興寺は七一八年（養老二）に平城京の東の外京に移転して元興寺と称し、壮大な伽藍が営まれた。しかし、飛鳥の伽藍も残り、現在は安居院《あんごいん》飛鳥寺がその法統を受け継いでいる。飛鳥寺には、丈六の金銅釈迦《しゃか》如来《にょらい》坐像（**図1**）が本尊として安置されている。この本尊像（以下、飛鳥大仏）については、六〇九年（『日本書紀』では六〇六年）に完成した止利仏師作の金銅丈六仏にあたるとされるのが一般的である。ただし、飛鳥大仏は鎌倉時代の初め、一一九六年（建久七）に火災にあい、頭部と手を残して焼失したと伝えられる。

一九五六年（昭和三一）から翌年にかけて行われた発掘調査の結果、飛鳥寺は塔を中心とする一塔三金堂形式の伽藍(3)であったことが明らかになった［奈良国立文化財研

（3）伽藍配置については、本書、海野「寺院建築と古代社会」二〇〇頁、図1参照。

（4）中金堂基壇南辺西部［奈良国立文化財研究所編、一九五八］

究所編、一九五八］。また、中金堂《ちゅうこんどう》と塔の基壇《きだん》がともに壇上積《だんじょうづみ》で、花崗岩の地覆石《じふくいし》と凝灰岩の羽目石《はめいし》からなるのに対して、(4) 東西金堂は二重基壇で、下成基壇が周囲に玉《たま》石《いし》一段を並べて壇上に礎石《そせき》を据え、上成基壇は乱石積《らんせきづみ》とする、(5) やや格下の基壇であることが明らかになった。そして、現本堂は中金堂の位置にあたり、飛鳥大仏もその本尊が置かれるべき位置に安置されているという。この発掘の成果に照らして、先の史料や飛鳥大仏の伝来をいかに解釈するか、その後活発な議論が展開している。

(5) 東金堂基壇東南隅［奈良国立文化財研究所編、一九五八］

飛鳥大仏の蛍光X線分析調査

図2 面部の鋳接ぎ，嵌金（著者撮影，作成）

近年、飛鳥大仏について蛍光X線による金属組成分析、三次元計測、像内観察等の詳細な調査を実施したところ、頭部のうち肉髻《にくけい》(6)の大半、地髪部(7)の正面下部から面部にかけて、右手の掌上半から第二―四指、第一・第五指の付根にオリジナル部分が残り、頭部の側面から背面にかけてと体部の大半は火災後の再鋳造になるものと判断された(8)［藤岡ほか、二〇一七］（**図2**）。ただし、頭部

(6) 如来の頭頂部の盛り上り。仏がそなえる三二の身体的特徴の一つ。

(7) 如来像の肉髻や菩薩像の髻《もとどり》（髷《まげ》）をのぞく頭髪部のこと。

(8) 面部の保存状態をもう少し詳しく述べると、左頬の絆創膏状の補修部のほか、鼻下〜上唇、右のオリジナル部分と再鋳造の体部では青銅成分が似通っており、体部の鋳造には火災で溶解した青銅を再利用した可能性があるのに対して、右手のオリジナル部分は金属組成が異なり、(9)もとより別製とみるべきことが明らかになった。また、肉髻も別鋳とみられ、本体の鋳造にあたっては頭頂部をいわゆるハバキ(10)とした可能性があることも確かめられた。頭頂部を別鋳とするのは薬師寺金堂薬師如来像と同じである。飛鳥大仏の肉髻、地髪部のオリジナル部分には当初からのものとみられる鋳造による巻き貝形の螺髪《らほつ》が多く残るが、これらは内部を中空とし、底部の一カ所に丸柄《まるほぞ》を作りだし、この丸柄を頭髪部にあけた孔《あな》にさし込み、脇に鏨《たがね》を打ってかしめている(**図3**)。実は、こうした螺髪の仕様も薬師寺金堂薬師如来と同様であるという(後述、一七一頁参照)〔松山、一九九〇〕。年代を超えて同じ技法が継承されているのは興味深い。

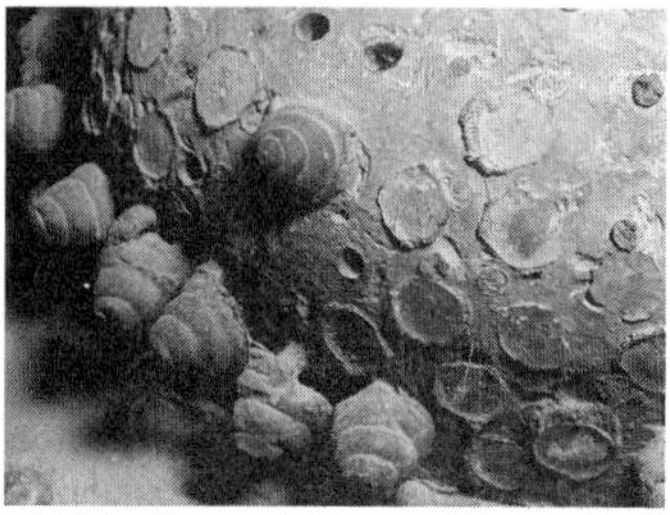

図3　飛鳥大仏螺髪(著者撮影)

金銅仏については、丈六仏であっても蠟型《ろうがた》による鋳造(11)が想定されてきたが、右手が別鋳だとすれば、土型(分割型)による鋳造(12)の可能性を考えなければならないだろう。また、右手が別鋳であることは、次のような可能性をもしめしている。すなわ

眼下部、右こめかみに当てられた鋲留めの銅板は補修とみられるが、瞼の周囲の嵌金《はめがね》(注35参照)は鬆《す》孔《あな》などの鋳造欠陥や型持《もち》《かた》(注67参照)の痕跡等を埋めたもので、当初からのものとみてよい。

(9) 面部は銅九四%、錫四・三%、鉛〇・九%、砒素〇・五%、鉄〇・三%、体部は銅九二・三%、錫四・六%、鉛〇・七%、砒素一%、鉄一・四%。一方、右手は銅八六・八%、錫五・三%、鉛四・三%、砒素一・七%、鉄一・四%。面部や体部は銅錫合金であるのに対して、右手は銅錫鉛の合金というべき組成であった。

(10) 幅木、巾木、巾置とも。日本刀の身の根元につける、刀身を支える

ち、毛利久が提案した、飛鳥大仏は五九六年に完成した中金堂本尊であり、六〇九年に止利仏師が造立した金銅丈六仏は東西金堂いずれかに安置されたという可能性である[毛利、一九六八]。この説によれば飛鳥寺には二体の金銅丈六仏があったことになり、そのうち一体が止利仏師によるということになるが、だとすれば、現飛鳥大仏の頭部は中金堂像のものでありながら、右手だけは六〇九年に止利仏師が造立した別の丈六像のものという仮説が理論上は成り立つ。実は、青銅の組成についても、右手のそれはいわゆる止利派の金銅仏に近いと言える(13)。ただし、建久七年の火災時の記録からは飛鳥寺に金銅の丈六仏が二体あったと読み取ることはできない。創建事情についてはなお諸分野からの総合的な検討が必要である。

飛鳥大仏のオリジナルの姿

ところで、現在、飛鳥大仏は竜山石《たつやまいし》(14)の基壇上に安置されている。この基壇は当初からのものとみられ、大仏はその中央の高さ二〇センチメートルほどの盛り土上に坐している。大仏頭部のオリジナル部分は、小ぶりな肉髻、細面の顔立ち、杏仁形《きょうにんけい》(アーモンド形)の目など、中国の五世紀末~六世紀前半あるいは朝鮮半島の六世紀頃の仏像様式にならっており、法興寺創建期にさかのぼるとみて間違いない(**図4**)。つまり、この頭部をそなえた仏像は、坐像であれば裳懸《もか》け(15)を表していたはずで、現

金具「鎺《はばき》/鈨《はばき》」が語源と思われるが、鋳造用語としては、容器の口などの開口部に設ける中型《なかご》と外《そと》型《がた》の連結部を意味する。金銅仏では像や台座の底部、あるいは像の背面に設けるが、これらを広くハバキという。

(11) 蜜蠟《みつろう》(蜜蜂の巣からとれる蠟)で原型を作る鋳造法。蜜蠟の原型を土で覆い、熱して蜜蠟を溶かしだして鋳型《いがた》とし、生じた空隙に溶銅を注いで鋳造することから、失蠟《しつろう》法《ほう》ともいう。複雑な形であっても鋳型を分割せずに一度で鋳造できる。

(12) 木や土で作った原型に土を盛って鋳型を作るが、いったん鋳型を分割して取り外し、原型の表面を薄く削り取ってか

図 4　成都西安路出土仏三尊像（斉・490 年〈永明 8〉.『四川出土南朝仏教造像』中華書局, 2013 年）

図 5　成都商業街出土仏五尊像（梁・511 年〈天監 10〉.『四川出土南朝仏教造像』中華書局, 2013 年）

状の基壇上にさらに宣字座《せんのじざ》（須弥座《しゅみざ》）⒃を設け、そのうえに坐していたと考えられる。ところが、基壇には中尊が坐す盛り土の左右に接して直径、深さ各三〇センチメートルほどの孔があり、⒄もしこれが脇《きょう》侍《じ》像に関わるものだとすれば、坐像の飛鳥大仏がもとより中金堂の本尊であったとの前提には疑問が生じる。というのも、大仏頭部はその大きさから丈六級の仏像のものであることが明らかで、宣字座があったとすればその下框《したがまち》の幅は現在の盛り土よりも広く、この孔が塞がれてしまう可能性があるからである。⒅ この孔が脇侍に関わるものだとすれば、本来は韓国の慶《キョン》州《ジュ》・皇龍寺《ファンリョンサ》金堂のように立像の仏三尊像であったと考えた方が自然ではないだろ

ら再び鋳型を組み上げ、生じた空隙に溶銅を注ぐ鋳造法。鋳型を分割して取り外すことから分割型による鋳造とも言う。

(13) ただし、飛鳥大仏の右手は、止利仏師作の法隆寺金堂釈迦三尊の手とはかなり表現が異なり、形のうえからこれを止利仏師作とみるのは難しい。

(14) 兵庫県高砂市で産出する凝灰岩。

(15) 坐像の仏像の台座の前面、あるいは前面から側面にかけて垂れる衣。なお、裳懸けのある台座を裳懸座という。

(16) 方形の上框《うわがまち》・腰・下框から構成される台座。その形態が「宣」の字に近いことから「宣字座」

うか。実は、梁《りょう》や百済《くだら》には立像の仏三尊像の作例は少なくない（図5）。

飛鳥大仏の面部は、右こめかみ辺や鼻下の嵌金《はめがね》を除いてかなりの部分が当初のものとみられるが、そこに中国の南朝・梁の様式の影響が認められることも重要である。なお、飛鳥時代の仏像の耳は耳朶《じだ》が板状に表されるのが一般的ながら、飛鳥大仏の耳朶は孔をうがって環状としている点が注目される[19]（一九二―一九四頁、コラム参照。一九三頁の①が飛鳥大仏の左耳。この写真では確認しにくいが、耳朶の孔は貫通している）。環状貫通の耳は中国では隋《ずい》唐以前にはほとんどみられないが、四川・成都出土の梁の如来像には例外的にみられるからである[20]。飛鳥大仏の耳については成分分析の結果が当初部と補修部との中間的な値であったため保存状態が明確ではないが、もし耳朶が当初の形を伝えているとすれば、それは梁の様式を反映している可能性がある。いずれにしろ、日本最古の仏像がその原位置をほぼ変えることなく現在に伝わっていることはまさに奇蹟と言うほかない。

2　法隆寺金堂諸像と夢殿救世観音菩薩像

法隆寺の創建

法隆寺《ほうりゅうじ》（斑鳩寺《いかるがでら》）は、金堂東の間の薬師如来像の光背銘によれば、用明天皇の遺志

と称する。ただし、史料にはしばしば「須弥座」と記されるように、本来は須弥山をかたどったものである。

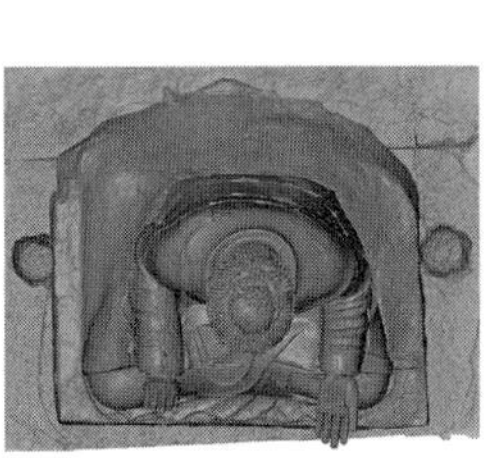

（17）三次元計測上面図（(株)アコード作成）

（18）関西大学文学部考古学研究室による復元図があるが、法隆寺金堂釈迦三尊を参照しつつも、脇侍の宣字座を小さくし、蓮華座の茎を外側に大きく屈曲させるなど、やや無理がある。

をつぎ、推古天皇と聖徳太子（厩戸《うまやど》王）が六〇七年（推古一五）に薬師を造立し、創建したとされる。しかし、この光背銘については、内容や書体、さらには薬師像自体が六二三年完成の金堂中の間の釈迦三尊よりも後の制作とされることなどから、[21]後世の成立とされてきた［福山、一九三五］。

一方、『日本書紀』によれば、六〇六年に聖徳太子が講経により推古天皇から施された播磨《はりま》国の田地を法隆寺に納めたとあり、この時には法隆寺は創建されていたことになる。ただし、『法隆寺伽藍縁起幷流記資財帳』（七四七年成立、以下『法隆寺縁起』）や『上宮聖徳法王帝説《じょうぐうしょうとくほうおうていせつ》』（以下『帝説』）では、それをさらにさかのぼって田地施入は五九八年のこととするなど、記事内容には何らかの史実が反映されている可能性はあるものの、法隆寺の創建年次については文献からは不詳と言わざるを得ない。

法隆寺再建・非再建論争

法隆寺創建期に関して、常に問題となってきたのが『日本書紀』六七〇年（天智九）の法隆寺焼亡の記事で、これをめぐって長らく現伽藍（西院《さいいん》伽藍）の再建・非再建論争[22]がくりひろげられてきた。しかしながら、一九三九年（昭和一四）に伽藍の東南に位置する若草《わかくさ》伽藍の発掘が行われ、四天王寺《してんのうじ》式の伽藍配置をとり、[23]出土瓦の年代

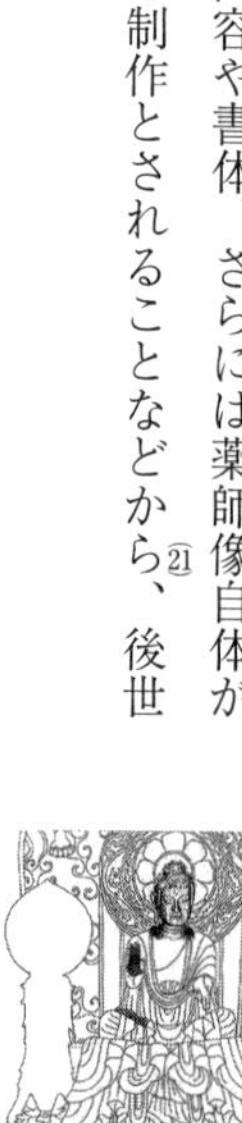

飛鳥大仏復元図（関西大学文学部考古学研究室作成）

(19) 法隆寺夢殿《ゆめどの》の救世《ぐぜ》観音《かんのん》も耳朶に深く孔をうがつ。ただし、貫通はしていない。

(20) なお、朝鮮・三国時代の作例では、江原道《カンウォンド》横城《フェンソン》出土の仏立像の耳朶が、貫通はしていないが環状である。

(21) 銘文問題に刺激されつつ、様式、技法の両面から釈迦三尊よりも後の作とする説が提起され

から造営が七世紀初めにさかのぼることが明らかとなり、これが法隆寺の旧伽藍であると認められるようになった[石田、一九四二]。

その成果によってようやく再建・非再建論争はいったん終息したかにみえたが、その後も戦前から戦後にかけて行われた西院伽藍の建築の解体修理、防災工事にともない一九七八年(昭和五三)から六カ年かけて行われた境内の発掘調査、瓦の編年研究の進展等によって新たな知見が得られ、金堂については六七〇年の火災以前から建設に着手されていたとの説(24)も提示された[鈴木、一九九五]。

そうしたなか、二〇〇二年から二カ年にわたり実施された西院伽藍の建築部材の年輪年代調査によって、金堂外陣《げじん》の杉材の天井板一枚が六六七—六六八年の伐採、同じく檜《ひのき》材の天井板一枚が六六八—六六九年の伐採と判明し、かねて五重塔心柱材の伐採年が五九四年にさかのぼると指摘されていたこととあわせ、法隆寺の創建について議論を再燃させることになった[光谷・大河内、二〇一〇]。伐採年がその部材の使用年をしめすわけではなく、単に上限をしめすものであることは当然ながら、金堂については六七〇年の火災以前に造営が行われた可能性を開き、五重塔についても『法隆寺縁起』が七一一年(和銅四)と記す塑像の造立年との一〇〇年以上の隔たりをどのように解釈すべきか、新たな課題が生じている。

なお、一九六八年(昭和四三)から翌年にかけて再び行われた若草伽藍発掘の報告

てきた。古くは一九二〇年のカール・ヴィット(ドイツ出身の美術史家)の説に遡り、以降、多くの論者が指摘してきた。

(22) 法隆寺の現伽藍を『日本書紀』に記される六七〇年の火災後の再建とみる説と、火災の記事を認めず、古様を保つ現伽藍を聖徳太子による創建時のままとみる非再建説との論争。一八八七年(明治二〇)に国史学の菅《すが》政友《まさとも》、一八九〇年(明治二三)に国学者の黒川真《ま》頼《より》が再建説を唱え、建築史の関野貞《せきのただし》や美術史の平《ひら》子鐸嶺《こたくれい》が一九〇五年(明治三八)に非再建論を唱えて以来、文献史、建築史、美術史、考古学等の領域横断的な論争が展開した(本書、海野「寺院建築と古代社会」のコラ

書として刊行された『奈良文化財研究所学報第七六　法隆寺若草伽藍跡発掘調査報告』(25)は、若草伽藍の発掘の成果のみならず、西院伽藍も含めて瓦、地割、年輪年代、建築などの検討を行い、再建・非再建論争の歴史も振り返っており、この時点での諸分野の研究状況をよくしめしている。

さて、各分野においてなお盛んに法隆寺創建期の研究が進捗しているなか、法隆寺の古代仏像についての研究は立ち後れていると言わざるを得ない。仏像は移動可能であり、金堂内に安置されてきた釈迦三尊、薬師如来、四天王はいずれも六七〇年よりもさかのぼるもので、はたして制作当初はどこに安置されていたか、正確にはわからないため、他分野の研究とリンクさせることが容易ではないことがその一因であろう。そこで、以下では仏像研究の立場から法隆寺金堂諸像、夢殿本尊救世《ゆめどのほんぞんぐぜ》観音《かんのん》について私見を述べてみたい。

金堂釈迦三尊像

法隆寺金堂釈迦三尊（図6）は光背裏の銘文によって、聖徳太子の后の一人、膳部《かしわでの》菩岐々《ほきき》美郎女《みのいらつめ》と王子らが太子の病気平癒、追善を願い、六二二年から翌年にかけて造立したことが知られる。銘記に「尺寸王身」とあるのは、本像の像高（坐高）が八七・五センチとほぼ成人の大きさに等しいことから、太子と等身の意味と解され、

ムも参照）。

(23) 法隆寺の現伽藍は金堂と塔が東西にならぶが、四天王寺式伽藍は門、塔、金堂、講堂が南北に一直線にならぶ（本書、海野「寺院建築と古代社会」二〇〇頁、図1参照）。

(24) 西院伽藍の立地や、金堂中尊が法隆寺の創立縁起を光背に銘記する薬師ではなく釈迦三尊であることに疑問を呈し、西院伽藍は六四三年に蘇我入鹿によって焼かれた斑鳩宮の仏堂の後身だったのではないかとの説。

(25) 奈良文化財研究所のホームページ「全国遺跡報告総覧」からダウンロードできる。

(26) 本像の下座には、

まさに太子を思慕しての造像であったことを伝えている。また、銘記末尾には「司馬鞍首止利仏師」に作らせたことが記される。美術史の分野ではこの銘記は造立当初のものと認められている。

釈迦三尊は、二重の宣字座に坐し、(26) 舟形(27)の大光背をそなえている。釈迦如来は、飛鳥大仏とは大きさが異なるためか、螺髪は銅板を打ち出して作り、頭部に接着している。面長で、杏仁形の目や口角をあげて古拙の笑み(アルカイック・スマイル)を浮かべるのが特徴的で、耳朶は扁平に表される(一九三頁の③)。大衣《だいえ》は通肩《つうけん》(28)につけるが、胸前をひろく開け、なかに片下りの下着と撥《ばち》状の結び輪をのぞかせ、衣の裾を長く台座の正面から側面に垂らす裳懸けを表し、総じて左右相称性が強く意識されている。本像のこうした姿については、しばしば中国・北魏《ほくぎ》様式の影響と論じられてきたが、むしろ中国・梁代の仏像の姿が百済経由でもたらされたものとみるべきである。たとえば裳懸けの衣褶《いしゅう》(29)形式に注目すると、衣縁の階段状の襞《ひだ》や衣縁の要所に入《い》り隅《すみ》を作る表

図6　法隆寺金堂釈迦三尊像正面[奈良六大寺大観刊行会編, 1968a]

正面に須弥山、側面に四天王が描かれる。全体で須弥山上の霊鷲山《りょうじゅせん》に坐す釈迦の姿を表している。

(27) 頭光《ずこう》と身光《しんこう》の周囲に光焔が広がるが、全体として舟形を呈するため、一般に舟形光背と称している。しかし、本来的には火焔形ないし光焔形と称すべきであろう。

(28) 大衣は僧侶の外出用の衣。袈裟の一種。大衣の着け方には両肩を覆う通肩(ガンダーラ起源)、右肩を露わにする偏袒右《へんたんう》肩《けん》(インド起源)の二種がある。

(29) 絵画や彫刻に表された衣や布帛《ふはく》の襞や皺《しわ》のこと。衣文《えもん》(衣紋)が主として皴を意味するのに対して総称的。

図7　成都万仏寺址出土仏七尊像
（梁・525年〈普通6〉．著者撮影）

図8　大日坊仏立像（著者撮影）

現は四川・成都万仏寺址出土の梁代の仏像（**図7**）に近く［村田、一九九五］、腹前の結び輪の表現は百済からの渡来仏とみられる山形・大日坊（鶴岡市）伝来の仏立像(30)（**図8**）などに近い。

釈迦三尊には、しかしながら、中国・南北朝時代や朝鮮・三国時代の仏像とは明らかに一線を画している点もある。顎、首、腹前をわたる大衣の縁、脚部、裳裾と次第に曲率を緩やかにしながら重ねられた曲線が作り出すリズム感や、頭頂から下方に向かう直線によって厳格に整えられた構図は独自のものと言え、それによって神秘性が高められている。また、着衣は一見すると大衣の末端を左腕にかけているように見えるが、背面にまわると大衣の末端は左肩にはねかけているように見え(31)、

(30) 大日坊の仏立像は飛鳥時代もしくは三国時代の作として二〇〇八年に重要文化財の指定を受けている。ただし、蛍光X線分析の結果、青銅は銅九〇・二%、錫八・五%の銅錫合金で、鉛、鉄、亜鉛はごく微量であった。錫の含有量が高いことから飛鳥時代の作である可能性はほとんどなく、また鉛をわずかしか含まないことから中国ではなく朝鮮半島の作である可能性が高い。

(31) 法隆寺金堂釈迦像・背面［法隆寺昭和資財帳編集委員会編、一九九六］

中国、朝鮮半島における新旧の形式を折衷していることが指摘されている(32)［水野、一九九六］。

両脇侍菩薩はともに両肘を屈し、右手は立てて第三指を屈して掌との間に小珠をはさみ持ち、左手は腹前に伏せて第一・三指で小珠をはさみ持つ。きわめて珍しい手印《しゅいん》で類例はないが、小珠を指ではさみ持つ例としては忠南《チュンナム》・扶余《プヨ》窺巌面《キュアムミョン》出土の観音菩薩像が知られ、小珠は持たないものの手指の形が近い作例としては四川・成都商業街出土の五一一年（梁・天監一〇）銘仏五尊像の左脇侍菩薩が挙げられる（**図5**）。しかし、むしろこの両脇侍菩薩で注目したいのは腹部を覆う櫛《くし》形の衣である。同様の衣は扶余旧衙里《グアリ》出土の蠟石製菩薩像(33)や百済からの渡来仏とみられる新潟・関山《せきやま》神社（妙高市）の銅造菩薩像（**図15**）がつけており、さらには成都万仏寺址出土の五三三年（梁・中大通五）銘仏九尊像の脇侍菩薩像にも見いだされる。釈迦の裳懸けの衣褶表現に加え、脇侍菩薩の特殊な衣や手指の形にも南朝・梁および百済造像からの影響が認められることは、釈迦三尊像が南朝系の造像を受容していることの証左と言えよう。

光背裏面の銘記は、中央の方形区画に整然と刻まれるのが特徴的である。その形式は、百済製とみられる法隆寺献納宝物一九六号甲寅年《こういん》（五九四）銘光背に共通し、さらに山東・泰安市出土の四九四年（北魏・太和一八）銘の光背（泰安市博物館蔵）（**図9**）

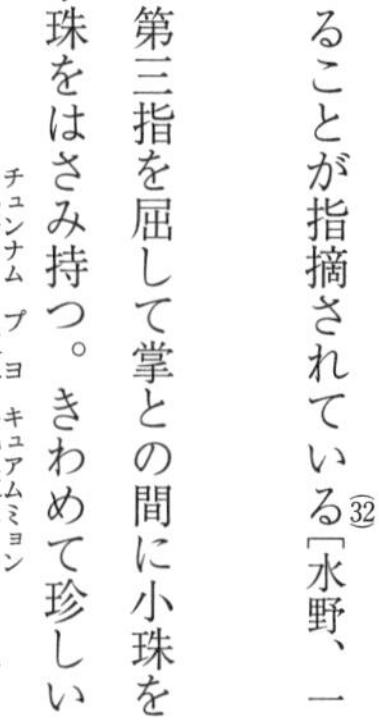

(32) 金堂釈迦三尊だけでなく、法隆寺に伝来した七世紀前半にさかのぼる金銅仏、さらには七世紀後半の法輪寺薬師如来や法隆寺 橘夫人《たちばなぶにん》念持仏（阿弥陀三尊）など斑鳩地域の仏像に広くその影響がおよんでいる。水野敬三郎はこの折衷形式について、背面観は新形式に学びながら、正面観はより古い厳格な様式を選択した結果と解釈するが、単に止利仏師の誤解の産物かも知れない。

(33) 扶余旧衙里出土菩薩像断片［韓国国立中央

図 9　泰安市出土光背（北魏・494 年〈太和 18〉．著者撮影）

も類例としてあげられる。五世紀末にさかのぼるこの光背は北朝・北魏の作ながら、化仏《けぶつ》[34]がすでに中国式服制をとり、南朝・梁造像の影響が認められる。つまり、銘記の形式についても梁から百済の系譜に連なるものと考えることができる。

そもそも止利仏師は百済ないし中国からの渡来人の家系に属していたとされる。止利の家系は代々仏教の興隆にも尽くしたとみられ、あるいは自ら手本とすべき渡来仏を所持していた可能性もあろう。釈迦三尊像にみる南朝様式の反映はそれが手本とされたからかも知れない。

薬師如来像と四天王像

金堂東の間に安置される薬師如来像（**図10**）は、先述のとおり光背裏に六〇七年の造立と銘記されるが、その制作は六二三年完成の釈迦三尊像よりも降るとみなされてきた。像容が釈迦三尊の中尊とよく似ていながら、全体に丸みが増し、柔和な表現であること、鋳造欠陥による鋳掛《いか》けや嵌金[35]が少なく[36]、鋳造技術にも進歩が認められることがその理由である。ただし、釈迦三尊像とくらべてどれほど後の作なのか

博物館、一九九〇〕

（34）化身もしくは分身としての仏のこと。

（35）鋳掛けとは欠陥部に溶銅を注いで補う技法。一方、嵌金は銅片を埋めて欠陥部を補う技法。

（36）『昭和資財帳』（小学館）のための調査所見として、釈迦像には鋳掛けが三カ所認められるのに対し、薬師像には鋳掛けはなく、型持痕の処理についても釈迦像では鋳掛けと嵌金を併用するが、薬師像は嵌金のみであることが報告されている。

は明徴を欠いている。

　実際の制作年代については、銘記の撰文の時期に関する諸説に連動し、かつ六七〇年の法隆寺火災を基準として、それ以降の現伽藍造営期の作との見方が多い。しかしながら、法隆寺伝来の戊子年(六二八)銘釈迦三尊像、法隆寺献納宝物一四九号仏立像など、釈迦三尊に作風が近く止利派の作と称される作例にくらべると、必ずしもそれらより柔和な表現とは言えず、むしろ薬師は面貌、衣褶表現とも釈迦三尊に最も近似している[大西、一九九〇]。加えて、薬師は耳の形も釈迦三尊に近いことが注目され(一九四頁、コラム参照)、薬師の制作年代は七世紀前半、釈迦三尊に近接した時期とみるのが妥当ではないだろうか。薬師像の二重宣字座について、上座と下座では制作年代が異なり、上座は六七〇年以降の作とみられるのに対して、下座は釈迦三尊像の台座に近いとされる。下座こそ本来の台座だった可能性があろう。

図 10　法隆寺金堂薬師正面[奈良六大寺大観刊行会編，1968a]

　なお、薬師の銘記については、鋳造鍍金の後に刻まれたと判断されているが、それが像の制作と同時か否かは不明である。銘文の成

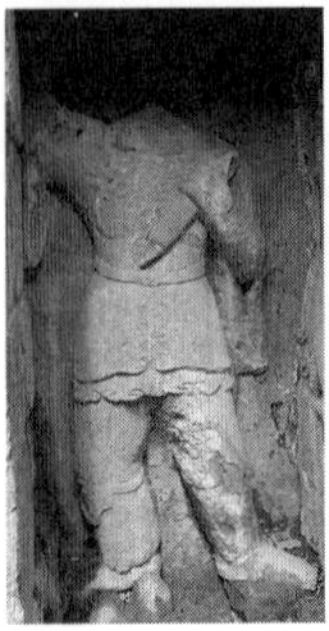

（右）**図11**　法隆寺金堂広目天像正面［奈良六大寺大観刊行会編，1968a］
（中）**図12**　成都万仏寺址出土天王像（中国国家博物館蔵，『世界美術大全集　東洋編3　三国・南北朝』小学館，2000年）
（左）**図13**　棲霞山石窟金剛力士像（著者撮影）

立が、像の制作された七世紀前半にさかのぼり得るかどうか、文献史学の立場からのご意見を乞う次第である。

金堂四天王像(37)は、広目天《こうもくてん》（**図11**）と多聞《たもん》天《てん》の光背裏に、それぞれ作者二人の名前を記した刻銘があり、その四人の作者のうち「山口大口費《あたい》」が六五〇年（白雉元）に勅命によって千仏像を刻んだと『日本書紀』に記される漢山口直大口《あやのやまぐちのあたいおおぐち》と同一人物と認められている。それゆえ、七世紀半ば頃の作とされてきたが、一人の仏師の活躍年代には数十年の幅がある可能性があり、六五〇年をどれほど前後するかはあらためて検討する必要がある。

金堂四天王像は、鎧《よろい》や着衣の形式が中国の四川・成都万仏寺址出土の天王像（**図12**）や南京郊外の棲霞山石窟千仏岩区

(37)『法隆寺縁起』にはこの四天王像の記載がなく、その存在が史料上確認できるのは一二世紀初めの成立とされる『七大寺日記』においてである。ただし、金堂に四天王が安置されていないのは不自然であり、当初から安置されていた可能性は十分にある。

(38) 法隆寺金堂多聞天頭部（右）［奈良六大寺大

の南面東端の金剛力士像（図13）に近く、また眉根を寄せている顔つきは、河北・北響堂山石窟中洞の中心柱基壇にあらわされた神王像に類似する。(38) 棲霞山石窟の金剛力士像は、その上方に五三〇年（梁・中大通二）の紀年銘窟があり、これに近い時期の造像とみてよい。また、北響堂山石窟中洞は北斉《ほくせい》・天保—天統年間（五五〇—五六九年）の開鑿で、その造像には南朝様式の影響が指摘されている［岡田、一九八五］。要するに、金堂四天王は中国・南朝の六世紀半ば頃の様式をベースにしていると考えられる。

制作年代については、従来、宝冠等の装身具を夢殿救世観音、百済観音と比較することによって、また腰以下の体側に垂れ、先端が強く前方に向かってカーブする天衣の形状が百済観音に類似し、鎧や着衣の形式が玉虫厨子《たまむしのずし》の宮殿《きゅうでん》正面扉に描かれた神王像に類似すること、さらには四天王寺金堂の四天王との関連などから検討されてきた。

このうち百済観音(39)については、かつては七世紀前半にさかのぼるとの説もあったが、臂釧《ひせん》・腕釧《わんせん》（上腕と手首につける腕輪）の飾り金具が法隆寺献納宝物の金銅灌頂《かんじょう》幡《ばん》の大幡の坪堺金具（幡身を構成する六連の長方形の金具の上下辺を補強する金具）とデザインと大きさが共通することが明らかにされ(40)［加島、一九九九］、法隆寺火災からしばらく後の時期、七世紀後半の作と考えられるようになってきた。長身痩軀の表現

観刊行会編、一九六八a］と北響堂山石窟中洞河神像頭部［大阪市立美術館編、一九八六］

(39) 百済観音像［奈良六大寺大観刊行会編、一九七二］

(40) 金銅灌頂幡、坪堺金具（上）と百済観音の臂釧・腕釧（下）の模式図

についても隋代の作例㊶との類似が注目されるところである。金堂四天王の制作時期は、百済観音よりは早いと思われるが、天衣の表現に明らかなように、正面観照性㊷が薄れている点が共通することも留意すべきであろう。

『別尊雑記』巻四七（四天王）に収められた四天王寺金堂の四天王図像㊸との類似についてもかねてから指摘されてきた。四天王寺の平安時代初期の資財帳の逸文《いつぶん》とみられる『大同縁起』（顕真《けんしん》撰『聖徳太子伝私記』所収）によれば、四天王寺金堂には聖徳太子本願の大四天王、太子后本願の小四天王が安置されていたという。図像はこのうち太子本願像の姿を伝えたものであろう。ただし、太子本願との伝承からただちに太子在世時にさかのぼる像であったとするには検討を要する。というのも、『大同縁起』によれば本尊弥勒菩薩《みろくぼさつ》像は天智天皇の近江《おうみ》大津宮《おおつのみや》の時（六六七―六七二年）に安置したとあるからである。弥勒は後に聖徳太子を観音の化身とみる信仰によって名称が変更され、『別尊雑記』巻一八（如意輪観音）に収められた四天王寺救世観音像がこれにあたる。平安時代以降、救世観音は多くの模刻像が作られた。ただし、平安時代の模刻像は大袖付きの貫頭衣をつけるという原像のイメージとともに当世風を反映していたが㊹、鎌倉時代以降には、寛元四年（一二四六）の三千院像や室町時代の京都・廬山寺《ろざんじ》像㊺のように、杏仁形の目や榻座《とうざ》㊻にかかる裳懸けに階段状の折りたたみをあらわすなど原像のイメージが比較的忠実に再現された。なかでも三千院像に

（『日本美術全集2』小学館、二〇一二年）

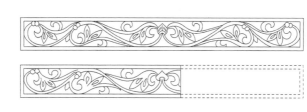

（41）金銅菩薩立像（諸城市博物館、著者撮影）

ついては、側面観にみるずんぐりとした体型、平板な耳朶や髻《もとどり》を表さない点など、単なる図像写しではなく天智朝の原像を直接手本にしていることがうかがえる。[47] そして、さらに注目したいのは、そのずんぐりした体型や髻を表さない点が法隆寺金堂四天王にも共通することである。以上を勘案すると、法隆寺金堂四天王の制作年代については天智朝まで降る可能性も視野に入れるべきだと思われる。

夢殿救世観音菩薩像

法隆寺東院は、『法隆寺東院縁起』（以下『東院縁起』）によれば、七三九年（天平一一）に聖徳太子が住まいした斑鳩宮の旧跡に行信《ぎょうしん》の奏上により創建されたという。江戸時代の発見になる『東院縁起』の内容には信がおけないものの、七六一年（天平宝字五）勘録の『法隆寺縁起幷資財帳』（以下『東院資財帳』）には、七三七年に光明《こうみょう》皇后と行信が経《きょう》や鉄鉢《てっぱつ》を施入したとある。すなわち、『東院縁起』にみえる八角円堂の正堂（夢殿）もその頃の建立になり、創建とともに中央厨子内に観音菩薩像（救世観音）（**図14**）が安置されたに違いない。八角円堂には廟堂《びょうどう》としての性格があり、夢殿は聖徳太子の霊廟として建立されたとみられるが、観音菩薩像は『東院資財帳』に「上宮王等身」と記されるように、観音を聖徳太子と同体とみる信仰が萌芽していたと考えられる。

(42) 人物ないし偶像の表現において、正面観の中心軸が垂直で、左右相称性が強く、各部を正面向きに表すこと。

(43) 『別尊雑記』四天王寺金堂四天王（『大正新脩大蔵経 図像3』）

(右)**図 14**　夢殿救世観音菩薩像正面[奈良六大寺大観刊行会編, 1971]
(中)**図 15**　関山神社菩薩像(著者撮影)
(左)**図 16**　船形山神社菩薩像(著者撮影)

夢殿本尊救世観音は、樟《くす》材製で表面は金箔をはって金色《こんじき》相を表し、宝冠や装身具は銅板透かし彫りで鍍金《ときん》をほどこしている。「上宮王等身」と言いながら、像高は宝冠を含めると一九〇センチ以上と大きい。一方、『東院縁起』には太子が在世中に造立した像と伝えるが、確かにその大ぶりな目鼻立ちは釈迦三尊よりも飛鳥大仏に近く、釈迦三尊より先行する作例とみてよいと思われる。

救世観音像はその像容が新潟・関山神社に伝来する菩薩像(**図15**)に酷似することが指摘されている[久野、一九七三]。救世観音の像高は関山神社像の一〇倍ほどになるが、長身で腰高なプロポーションのみならず、緩くS字を描く側面観、頭髪や衣の構成にいたるまでよく似てい

(44) 広隆寺桂宮院像(一一世紀後半)、法隆寺聖霊院像(一二世紀)はともに平安後期特有の垂髻《すいけい》を結い、衣褶表現も穏やかである。また、前者は石山寺本尊如意輪《にょいりん》観音にならって岩座に坐す。

(45) もと幕末に廃寺となった金山天王寺の本尊。重要文化財の指定では鎌倉時代とされるが、廬山寺に伝わる『金山天王寺縁起』が作成された一六世紀の作とみられる。

(46) 半跏思惟《はんかしい》像が腰かける円筒形のクッション付きの台座。

(47) 三千院救世観音像(著者撮影)

る。関山神社像は精緻な出来映えに加え、錫と鉛を一割近く含む青銅の組成や鉛の同位体比から百済からの渡来仏とみて間違いなく[藤岡、二〇一四a]、救世観音がそうした渡来仏を手本としていることを物語っている。また、渡来仏との類似という点では、宮城・船形山神社(黒川郡大和町)の御神体として知られる菩薩像(**図16**)の天衣の形が救世観音にきわめて近いことも注目される。

ところで、近年、棲霞山石窟千仏岩区の南朝の諸像は、表面を覆っていたモルタルが除去されて本来の面目を取り戻した。なかでも第二二窟の脇侍菩薩は、腰高なプロポーション、複弁の反花《かえりばな》(注68参照)を二段重ねる台座の形式など、救世観音像と共通の特徴をもち、あらためて救世観音が梁様式を源流とすることが明らかとなった。

救世観音は両手で腹前に宝珠をとる。関山神社像は、腹前に帯の結び目が立ち上がるため、その前で宝珠をとることはできないが、梁と百済の菩薩像には両手で腹前に球状の持物《じもつ》をとる作例が散見される(48)[金、一九九〇]。様式とともにこうした図像も梁代の仏像に由来し、それが百済を通じてもたらされたことがうかがえる。救世観音は天衣を背面で膝裏あたりまで長くU字形に垂らすが、こうした形式も百済の作例にみられることが指摘されている(49)。

なお、救世観音の宝冠は中国由来の夔龍文《きりゅうもん》系の唐草文《からくさもん》が透かし彫りされるが、歩《ほ》

(48) 梁の作例が持つ球状の持物は中ほどに水平に筋が刻まれ、香合か舎利容器と思われる。百済の作例のそれは救世観音と同じく宝珠であろうか。

(49) この形式は中国南朝ではまだ類例が知られない。ただし、北朝・北魏の作ながら、洛陽・永寧寺塔出土の塑像(六世紀前半)の漢服を着た供養者像に羽衣を同様にはおる作例があり、これがさらには南朝由来である可能性は十分にある。

揺《よう》(50)をつける点には古墳の副葬品との関連も認められる。法隆寺金堂釈迦三尊を作った止利仏師が「鞍(作)首《くらつくりのおびと》」、すなわち馬具製作に携わる家系の出身であったことがあらためて想起されよう。

3　野中寺弥勒菩薩像と半跏思惟像

野中寺弥勒菩薩像

六四五年(皇極四)、中臣鎌足《なかとみのかまたり》と中大兄皇子《なかのおおえのおうじ》は専横はなはだしい蘇我入鹿を誅殺し、蘇我氏本宗家を滅亡させた。乙巳《いっし》の変である。その後、皇極天皇の譲位により即位した孝徳天皇は年号を大化と定め、飛鳥を離れて難波《なにわ》(難波長柄豊碕宮《ながらとよさきのみや》)に遷都した。六五五年(斉明元)には飛鳥に都が戻されるが、六八三年(天武一二)には複都制の詔によって再び難波が都とされ、六八六年(朱鳥元)に焼失するまで存続した。このように七世紀半ばから後半にかけては、飛鳥とともに難波が政治の重要拠点とされ、四天王寺もこの時期に整備が進んだことが知られる。

大阪・野中寺《やちゅうじ》(羽曳野市)は叡福寺《えいふくじ》、大聖勝軍寺《だいしょうしょうぐんじ》とともに河内《かわち》三太子の一つとして知られ、聖徳太子ゆかりの寺院とされるが、一帯は王辰爾《おうしんに》を祖とする百済系渡来氏族の船《ふね》氏の拠点であることから船氏の氏寺ともされる。乙巳の変で、火中の蘇我邸

(50) 宝冠などに針金で取り付けた木葉形ないし円形の銅板飾り。歩くと揺れるのでこの名がある。伽耶《かや》や新羅《しらぎ》の王冠、日本でも藤ノ木古墳など古墳時代後期の墳墓から出土した宝冠や沓《くつ》などにみられる。

より『国記』を取り出し、中大兄皇子に献上したとされる船恵尺《ふねのえさか》は船氏の出身であり、六五三年に鎌足の息定恵《じょうえ》らとともに入唐《にっとう》して玄奘《げんじょう》に師事し、六六一年に最新の仏教を伝えたことで知られる道昭《どうしょう》はその子にあたる。また、野中寺境内には七世紀後半の旧伽藍遺跡があり(51)、この地にかつては塔と金堂が向かい合う形式の本格的な伽藍があった。

野中寺には、台座の丸框《まるがまち》に「丙寅《へいいん》」の紀年と「弥勒」の尊名が銘記された金銅の弥勒菩薩半跏《はんか》像(**図17**)が伝わる。「丙寅」は六六六年と解され(52)、かつ半跏思惟《しい》像が弥勒菩薩であることを物語る貴重な作例とされる。ただし、その一方で、一九一八年(大正七)に土蔵から見つかったという伝来に加え、銘記にある「天皇」号の使用は七世紀末以降と考えられる、光背を取りつける仕様がない、初唐様式の影響が認められるといった所見から、銘記、さらに像本体について、七世紀末以降のものとの見解がしめされ、ともすると近代の作との疑義が呈されることもあった。

図17　野中寺弥勒菩薩像
(著者撮影)

しかしながら、江戸時代前期の野中寺の文書に本像のことが

(51) 塔址からは六五〇年(白雉元)にあたるとみられる「庚戌年」銘の平瓦が発見されている。

(52) 丙寅年を六六六年とみれば、「丙寅年四月大朔八日癸卯開」とある銘の月の大小、日の干支、十二直が元嘉暦に完全に一致することが指摘されている。

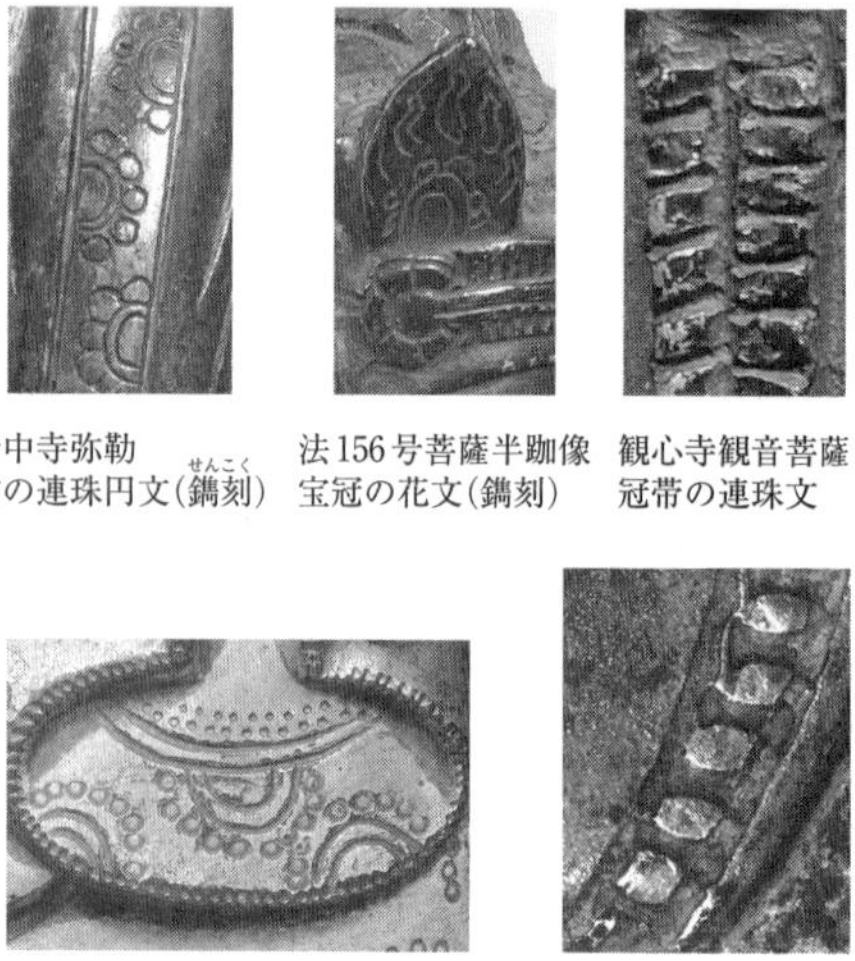

野中寺弥勒
裙の連珠円文（鐫刻《せんこく》）

法156号菩薩半跏像
宝冠の花文（鐫刻）

観心寺観音菩薩
冠帯の連珠文

法159号菩薩半跏像
裙の連珠円文（魚子）

野中寺弥勒
裙縁の連珠文

図18　鏨による連珠円文と連珠文

記載されていること、(53)成分分析の結果による限り日本古代の作例とみて矛盾がないこと、(54)さらには後頭部にもとは光背をとめる枘《ほぞ》のあった可能性のあることが確認された。そして、初唐様式よりも斉・周～隋時代の様式を反映しており、鏨《たがね》で刻む連珠円文(55)が同じく丙寅年銘の法隆寺献納宝物一五六号半跏思惟像の宝冠に刻まれた花文と類似し、鼓胴《こどう》形の鏨(56)による連珠文が戊午年（六五八）銘の宝珠形頭光《ずこう》（根津美術館蔵）と本来一具であったとされる大阪・観心寺《かんしんじ》（河内長野市）伝来の観音菩薩立像と共通する点などに鑑みれば（**図18**）、あえて年代を下げる必要はなく、六六六年頃の制作とみなすのが妥当である。銘文もその時に刻まれたとみるのが自然であろう［藤岡、二〇一四b］。とは言え、銘記中にみえる「天皇」を誰と解釈するのか、「栢寺《かやでら》」とはいかなる寺院なの

(53)　一六九九年（元禄一二）、慈観玄道（野中寺中興第四世）筆「青龍山野中律寺諸霊像目録」に、「弥勒大士金像坐身長八寸／聖徳太子為慈母而鋳之有銘」とある。

(54)　錫を三％程度含む銅錫合金でアマルガム鍍金をほどこす。鉛はほとんど含まれない。

(55)　大きな丸文の周囲に衛星のように小さな丸文を連ねたペルシャ由来の文様。法隆寺再建期の金銅仏では同様の文様を魚子《ななこ》鏨で表すようになる。

(56)　先端が鼓胴形をした特殊鏨で、これを連続して打つと連珠文になる。従来、砧《きぬた》形と呼ばれてきた。

かなど[57]、なお銘記には明らかになっていない点があり、引き続き検討が必要である。

弥勒としての半跏思惟像

ところで、野中寺像の存在によって、半跏思惟像が弥勒菩薩であることが判明する点は重要である。京都太秦《うずまさ》の広隆寺《こうりゅうじ》には二体の半跏思惟像が伝わる。一体は宝冠をいただく赤松材製の像で、像容が韓国国宝八三号像（韓国国立中央博物館蔵）に酷似することから、新羅《しらぎ》からの渡来仏とみる説が有力で、『日本書紀』六二三年（推古三一）条に新羅と任那からの遣使が貢納した仏像を葛野秦寺《かどののはたでら》に安置したとある像に相当する可能性が高い〔毛利、一九八三〕。もう一体は宝髻《ほうけい》を結う樟材製の像で、飛鳥後期の作とみられる。現在、ともに弥勒菩薩と称されるが、両像は八九〇年（寛平二）の撰述になる『広隆寺資財交替実録帳』にみえる太子本願の金色弥勒菩薩像と、本尊薬師の仏殿内にあるという金色弥勒菩薩像にあたるとみられ、当時から弥勒菩薩と称していたことがわかる。この他、平安時代後期には救世観音、あるいは如意《にょい》輪《りん》観音とされた四天王寺金堂本尊も、先述のとおり平安時代初期の資財帳『大同縁起』では弥勒菩薩とされていた。半跏思惟像には奈良・中宮寺《ちゅうぐうじ》本尊をはじめとして如意輪観音と伝承される作例が多いが、それらは聖徳太子信仰の高まりのなかで太子が化身とされる尊名に変更されたものとみられ、半跏思惟像は日本においては本

(57) 銘記中の「天皇」を六六一年に没した斉明天皇とする説があるが、だとすればその病気平癒のために発願し、崩御後五年を経て完成したことになる。また、栢寺については賀陽《かや》郡（今の岡山県総社市）の栢寺廃寺とする見解もあるが、野中寺のことを指すという見解もある。

（右）**図 19**　菩薩半跏像（法隆寺献納宝物 159 号. Image: TNM Image Archives）
（中）**図 20**　蓮花寺石造仏碑像（右：正面，左：背面.『国宝 4 石仏』韓国・芸耕産業社，1985 年）
（左）**図 21**　慶雲寺如意輪観音菩薩像（著者撮影）

来弥勒として信仰を集めていた。それを同時代史料として明確にしめしているのが野中寺像である。なお、法隆寺献納宝物中の九体の半跏思惟像のうち一五九号（**図19**）、一六〇号は、榻座に山岳文が鐫刻《せんこく》されている。この山岳文を須弥山と見立て、これを須弥山の上方にある兜《と》率天《そつてん》に住む弥勒菩薩の姿とする見解があるが［八木、一九九四］、だとすればこの二体の半跏思惟像は、図像から弥勒菩薩であることを物語る作例ということになる。

弥勒菩薩は釈迦入滅の五六億七〇〇〇万年後に悟りを開き、この世に下生して三度の説法を行うとされる菩薩で、それまでは兜率天に住み修行中である。半跏思惟像は、中国では南北朝時代、五―六世紀の作例が多い。ただし、それらはシッダールタ太子（出家前の釈迦）か兜率天の弥勒の脇侍かいずれかであって、弥勒そのものという作例は確認されていない。韓国では三国時代の作例が多いが、尊格については必ずしも明瞭ではない。ただ、世宗《セジョン》市の蓮花寺《ヨンファサ》に伝わる蠟石製石仏（図20）は、戊寅年（六七八）の紀年のほか、かつて「敬造阿弥陀弥□《勒カ》」の文字が判読されており、大無量寿経に同経を弥勒に付嘱することが説かれることに注目して、正面の蓮池上の仏七尊像が阿弥陀浄土《あみだじょうど》を表すのであれば、背面の半跏思惟像は弥勒とみなせるとの説が提起されている〔岩佐、二〇〇〇〕。また、兵庫・慶雲寺（姫路市）の如意輪観音像(58)（図21）は、錫を多く含む金属組成や鋳造技法から三国時代の像とみられるものであるが、台座に山岳文が浮き彫りで表されており、やはり兜率天の弥勒と解釈することができる〔藤岡、二〇一五〕。このように朝鮮半島においても半跏思惟像が弥勒として信仰されていたと考えられる節があり、日本の弥勒信仰はそれを受容した可能性が高い。

中宮寺(59)に伝来した天寿国繡帳《てんじゅこくしゅうちょう》は、『帝説』に引用された銘文によれば、聖徳太子の追善のため、太子が天寿国に往生したさまを表したものとされる。天寿国を阿弥陀浄土とする見解もあるが、老夫婦が山林の樹下に向かう様子を表した断片が弥勒大成仏経の一節に依拠しているとして、これを兜率天とする見解が近年出されている〔三田、二〇〇八〕。天寿国繡帳はもとは二枚の帷《とばり》で、仏像等を囲んでいたものと

(58) 慶雲寺観音堂本尊。寺伝では如意輪観音菩薩。一九〇二年『慶雲寺宝物類御届』（控）によれば、徳川家康の息女で、池田輝政の継室となった督姫の念持仏であったという。総高四四・五cm。

(59) 聖徳太子ゆかりとされる尼寺。現寺地は法隆寺東院に隣接するが、もとは約五〇〇メートル東に位置し、発掘によって七世紀前半の創建、四天王寺式の伽藍であったことが知られる。本尊は半跏思惟の如意輪観音。

想定されるが、そこに描かれていたのが兜率天であったとすれば、その中に安置された仏像は弥勒菩薩であったと考えるのが自然であろう。広隆寺の宝冠弥勒が「太子本願」と称されるようになったのも、四天王寺金堂の本尊として弥勒菩薩が安置されたのも、そうした聖徳太子と弥勒との由縁があったからではないだろうか。

4　興福寺旧東金堂本尊と薬師寺金堂本尊

興福寺仏頭(旧東金堂本尊)と東金堂脇侍菩薩像

現在、興福寺に伝わる銅造の仏頭(図22)は、一一八七年(文治三)に興福寺東金堂衆が飛鳥の山田寺《やまだでら》から移し、東金堂の本尊とした金銅丈六薬師三尊像の中尊の頭部が、一四一一年(応永一八)の火災に際して焼け残ったものである[(60)]。山田寺は蘇我倉《そがのくら》山田石川麻呂《やまだのいしかわのまろ》の発願になり、『帝説』裏書によって創建の経緯が知られる。六四三年(皇極二)に金堂の建立が始まり、六四八年(大化四)に僧が始住したが、その翌年に石川麻呂が讒言《ざんげん》のために自害し、造営が中断する。その後、六六三年(天智称制二)に塔の建立を始め、六七八年(天武七)から六八五年(同一四)にかけて金銅丈六仏が作られ、石川麻呂の命日にあたる三月二五日に開眼供養《かいげんくよう》された。山田寺は氏寺であったが、石川麻呂没後の造営は孫の鸕野讃良皇女《うののさららひめみこ》(後の持統天皇)が担ったとみら

(60) 仏頭は、一四一五年(応永二二)に再興された現東金堂本尊の台座に納められ、一九三七年(昭和一二)に発見された。

(右)図 22　興福寺仏頭(旧東金堂本尊)［奈良六大寺大観刊行会編，1970b］
(中)図 23　菩薩交脚像(頭部．西安碑林博物館，著者撮影)
(左)図 24　興福寺東金堂日光・月光菩薩像［奈良六大寺大観刊行会編，1970b］
(下)図 25　法隆寺五重塔塑像．東面文殊菩薩［奈良六大寺大観刊行会編，1969］

れており、丈六仏が完成した折には天武天皇が行幸しているなど官寺に準じる寺院であった。丈六仏は天武朝の飛鳥地方を代表する仏像に相違なく、仏頭の清々しく若やいだ印象の相貌、それを構成する曲線の伸びやかさや力強さは白鳳《はくほう》彫刻の白眉と言ってよい。そして、その顔立ちは隋代の作とみられる西安長安区上塔坡村清凉寺出土の菩薩交脚像[61]のそれ(**図23**)に近似している。

(61)　菩薩交脚像(西安碑林博物館、著者撮影)

興福寺東金堂脇侍像（図24）は、山田寺から移してきた薬師三尊の脇侍像にあたる。ただし、『帝説』裏書に脇侍像に関する記載はなく、造立の経緯は不明であり、仏頭とはかなり作風が異なっている。仏頭に比べて面長であり、仏頭の上瞼が弧を描くのに対して、脇侍像の上瞼は波状曲線を描き、顎の出も控えめである。仏頭が隋様式を受けているのに対して、脇侍像は頭髪にくくりを設ける髪型や螺髻《らけい》ともいうべき宝髻、簡素な胸飾、条帛《じょうはく》(62)を着ける点、整ったプロポーションや首と腰を曲げる三曲法の体勢など、およそ七世紀半ばから後半にかけての初唐様式を反映しているとみられる。日本の作例では、七世紀末頃の作とみられている広隆寺の宝髻弥勒や七一一年（和銅四）の法隆寺五重塔塑像の菩薩像（図25）などに近く、相前後しての造像とみてよいのではないだろうか。

『続日本紀《しょくにほんぎ》』によれば、山田寺は六九九年（文武三）に封三〇〇戸が施されており、丈六仏完成後も造営が続いていたとみられる。また、七〇三年（大宝三）の持統太上天皇の七七日にあたっては大安寺、薬師寺、元興寺、弘福寺《ぐふくじ》（川原寺《かわはらでら》）の四大寺や四天王寺とともに斎《とき》を設けた三十三寺の代表格として名を挙げられている。こうした事情から、脇侍像の造立をこの時期ととらえる見解があるが［毛利、一九七〇］、様式のうえからも矛盾はない。

（62）左肩から右腰脇にかけて斜めにかける帯状の衣で、主に菩薩が着用する。インドやガンダーラにはなく、中国では初唐から次第に一般化する。

薬師寺金堂薬師三尊像

薬師寺の建立は、六八〇年（天武九）一一月、天武天皇が皇后の病気平癒のために発願したことに始まる。その寺地は飛鳥浄御原宮《あすかきよみはらのみや》の西北、後の藤原京の京域にある（奈良県橿原市城殿《きどの》）。甲斐あって皇后は間もなく快復したが、逆に六八六年（天武一五）五月に天武天皇が病に罹ったため、川原寺で薬師経を説き、燃灯供養を行い、あるいは観音像を作り、諸神にも祈るなど様々な手を尽くしたことが『日本書紀』に記されるが、九月にあえなく崩じた。この時、薬師寺東塔檫銘[63]によれば、薬師寺は「鋪金いまだ遂げざる」状態であったという。「鋪金」は鋳造なった本尊像の鍍金との解釈[64]のほか、占地との解釈[65]もあるが、いずれにしろ本尊像は未完であったとみられる。一二月に天武天皇の百日忌の無遮大会《かぎりなきおがみ》が大官・飛鳥・川原・小墾田《おはりだ》・豊浦《とゆら》・坂田の六寺で行われながら、薬師寺では行われなかったのもそれゆえと考えられる。ところが、それから一年余りを経た六八八年（持統二）正月には薬師寺で無遮大会が行われていることから、これ以前に本尊が完成したとする見解が有力である［松山、一九九〇］。

薬師寺では、その後、六九七年（持統一一）六月に公卿《くぎょう》百官により天皇の病気平癒のために仏像が作り始められ、翌月に開眼供養が行われた[66]。また、翌年一〇月には薬師寺の造営がほぼ終わり、衆僧を住まわせたという。そして、一一月には講堂で

（63）東塔の屋根上の相輪のうち九輪の銅管の根元部分に刻まれた銘文。

（64）「鋪金」を「補金」すなわち「鍍金」と解する説で、古くは一〇一五年（長和四）の『薬師寺縁起』以来の説。

（65）須達《しゅだつ》長者が寺院を建てるために祇陀《ぎだ》太子の園林（祇園）を買う時、敷地に金貨を敷き詰めたという「布金買地」の故事に基づき「鋪金」を「布金」と解し、寺地が得られていない、定まっていないという意味ととる説。

（66）六八八年正月以前に金堂本尊が完成していたとする論者は、六九七年の仏像造立はこの時の持統天皇の病気平癒を願った別の仏像のことと解

阿弥陀仏繍帳が開眼されており、この時点で僧房と講堂が完成したものとみられる。

薬師寺は平城遷都とともに現在の西ノ京に伽藍を移した。平城遷都にともない、大安寺は天智天皇御願の乾漆丈六釈迦像を本尊として迎え、他にも百済大寺以来の仏像や荘厳具《しょうごんぐ》、経典等が継承されており、建物についても基本的には移築であったとみられている［奈良文化財研究所編、二〇〇三］。しかし、薬師寺については藤原京の本薬師寺《もとやくしじ》との関係が複雑である。東塔については、近年の修理に際しての年輪年代の調査によって新造であることが確かめられたが、その他の建物についてはなお移築か新築かで意見が分かれており、仏像についても移坐《いざ》か新造か決着はついていない。大安寺は旧仏を移坐しているが、興福寺や元興寺では仏像は平城伽藍においてすべて新造したとみられ、他寺の例をみても両方の場合がある。

薬師寺金堂薬師三尊（**図26・27**）の移坐説は、一〇一五年（長和四）に別当輔静《ほせい》が撰述した『薬師寺縁起』に、本尊は持統天皇が造立安置したもので、本薬師寺から七日かけて迎えた、と記すことにまずは依拠している。これに従えば、先にみた薬師寺

図26　薬師寺金堂薬師如来像
［松山，1990］

釈するが、これを六八〇年の持統天皇の病気平癒のために発願した仏像、すなわち金堂本尊と解釈する見解があり［福山・久野、一九五八］、以前はむしろそれが一般的であった。なお、これを六八六年（朱鳥元）の天武天皇の病気平癒のために発願した仏像と解したうえで、金堂本尊とみる見解もある［東野、一九七七］。

(右)図27　薬師寺金堂日光・月光菩薩像［奈良六大寺大観刊行会編，1970a］
(中)図28　仏坐像(永青文庫，著者撮影)
(左)図29　仏三尊像龕(宝慶寺将来，703-704年〈長安3-4〉)［奈良国立博物館編，2018］

創建の経緯から、本尊像は六八八年頃に完成していたか、もしくは六九七年の完成とみられる。

　美術史においてここで問題となるのが、山田寺から移されてきた六八五年開眼供養の興福寺仏頭および七世紀末ないし八世紀初期の作とみられる興福寺東金堂脇侍像との様式、技法の比較である。まず、興福寺仏頭と薬師寺中尊を比べると、薬師寺像は肉づきがより豊満であるだけでなく、各部の肉づきに微妙な抑揚があり、簡潔で力強い曲線を旨とする仏頭よりも遥かに成熟した表現をみせている。次に脇侍菩薩は、薬師寺像は三曲法の姿勢がリズミカルで、軽やかに裙《くん》の裾がなびく表現が印象的であるのに対して、興福寺東金堂像の動きは控えめで、肉づきの点でも薬師寺像は遥かに抑

(67) 内部が空洞の金銅仏(鋳物)を作る場合、内外の鋳型(中型《なかご》と外型《そとがた》)の固定方法が重要になる。型持は中型と外型の間にはさんで両者の間隔を一定に保つもので、土製と銅製の場合がある。笄は銅製ないし鉄製の釘のことで、中型と外型の空隙を貫通して両者のずれを防ぐ働きをする。

揚が強く弾力にあふれている。そして、薬師寺像の様式を中国の作例と比べるならば、初唐でも八世紀初め頃の作例にもっとも近いと思われる(図28・29)。

技法についても、興福寺仏頭が型持《かたもち》と笄《こうがい》[67]を別々に用いているのに対して、薬師寺像では型持と笄が一体となった画鋲状の型持を用いており、薬師寺像の方が均一な銅厚に仕上がっていることが指摘されている[松山、一九九〇]。なお、近時に行った調査では、薬師寺脇侍菩薩の台座は土型による鋳造であり、中尊の台座についてもその可能性があると思われた。脇侍菩薩の台座は請花《うけばな》と反花《かえりばな》[68]、丸框からなるが、各部に規則的に方形の型持を設置し、型持痕は嵌金で埋めている。明確な鋳張り[69]の痕跡は認められないものの、蜜蠟《みつろう》を篦《へら》等でなでたような部分が一切なく、土型ならではの滑らかで鋭利な造形が看取され、三方ないし四方の分割型による鋳造とみるのがもっとも合理的と思われた。一方、東金堂脇侍菩薩の台座も八弁の請花、反花、丸框からなるが、請花の蓮弁、反花の蓮弁子葉の各中央、蓮肉上面の中央と八方に規則的に型持を設置している。型持は円形で、型持痕は内側から鋳掛けによって埋めている点が薬師寺像とは異なるが、土型による鋳造とみられる点で共通している。薬師寺と東金堂の脇侍菩薩は、本体は蠟型鋳造ながら、台座はともに土型による鋳造とみられ、技法のうえでは相近しい関係にあると言ってよいだろう。

調査においては、蛍光X線分析も行った。その結果を記せば、興福寺仏頭と東金

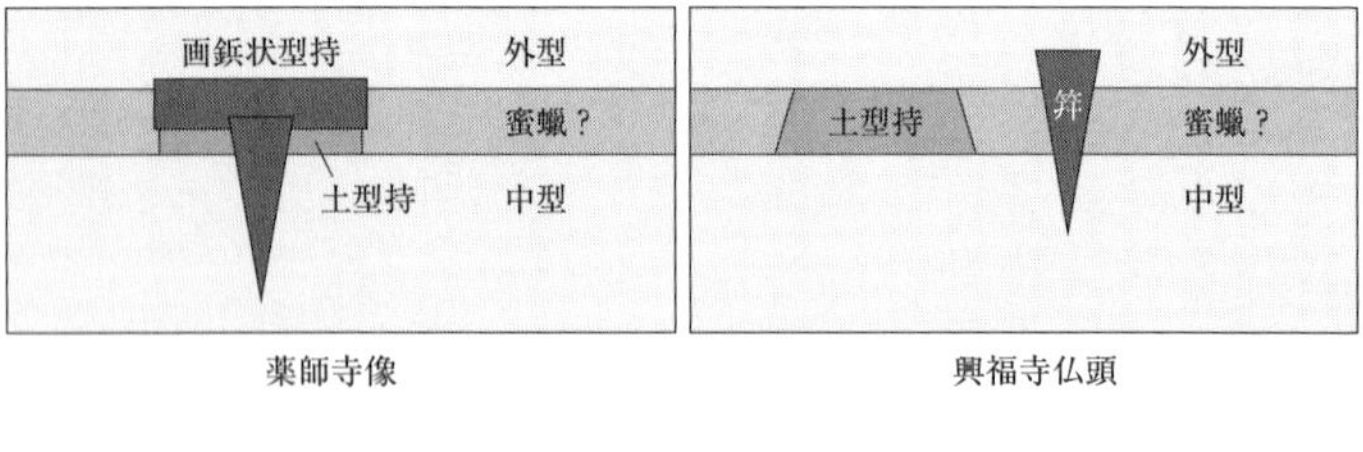

薬師寺像　　興福寺仏頭

堂脇侍には二パーセント前後の鉄が含まれ、ともに全体に磁石反応が認められた。おそらく日本産の銅を用い、精錬が不十分なために鉄が残存したものとみられる。一方、銅の含有率に注目すると、薬師寺金堂三尊、東院堂聖観音、興福寺東金堂脇侍、仏頭の順に高く、銅以外の金属については、興福寺仏頭や東金堂脇侍では錫の含有率が高めであるのに対して、薬師寺像では錫よりも砒素の含有率が高いことが確かめられた(70)。

日本古代、いわゆる白鳳時代の金銅仏にも薬師寺像と同程度の値をしめす作例が少なからずあり、興福寺仏頭・東金堂脇侍像との組成の違いをそのまま年代差とみなすことはできないが、薬師寺像が精錬の進んだ、より良質な銅を用いていることは確かである。前述のとおり、薬師寺中尊は螺髪と頭頂部をハバキとする仕様が飛鳥大仏と共通する。一方、興福寺仏頭は頭髪部に枘孔がないことから、おそらく法隆寺金堂の釈迦三尊や薬師如来と同様、別製の螺髪を漆等で接着していた可能性が高い。成分の相違については、こうした技法の問題、さらには工房の問題を含め、検討していく必要がある。

薬師寺像は丈六の規模を誇る金銅仏であり、かつきわめて優れた出来映えをしめし、言わば唐文化圏を代表する作例である。そして、これを唐代造像のなかに位置づけると、その様式年代は八世紀初め頃、早く見積もっても七世紀最末期に相当す

(68) 蓮弁が上向きの蓮花座を請花といい、蓮弁が下向きに反転した蓮花座を反花という。請花は仰蓮《ぎょうれん》ともいう。

(69) 分割型の鋳型の継ぎ目から溶銅がはみだしてできる出っ張り。鋳造欠陥の一つ。

(70) 結果の詳細は以下のとおり。興福寺仏頭：銅九〇・四%、錫三・六%、鉛一・九%、砒素〇・七%、鉄二・五%。興福寺東金堂脇侍：銅九四・六%、錫一・六%、鉛〇・九%、砒素一%、鉄一・六%。薬師寺東院堂聖観音：銅九六%、錫〇・九%、鉛〇・八%、砒素一・六%、鉄〇・六%。薬師寺金堂中尊：銅九七%、錫〇・二%、鉛〇・二%、砒素一・八%、鉄〇・四%。薬

る［藤岡、二〇一九a］。仮に本薬師寺の本尊像が六九七年の完成だとしても、像の原型はそれより以前に制作されていたはずで、そうなると年代上、唐代造像との間で逆転現象が生じてしまう可能性があり、七世紀末における唐の様式の伝播経路についても検討しなければならない。いずれにしろ、薬師寺像の移坐・非移坐問題については、美術史からの問題提起だけでなく、考古学、建築史学、文献史学の各領域の研究成果もあわせ、より総合的な検討が求められる。

5 東大寺伝来の天平雕塑像と葛井寺千手観音像

平城遷都にともない、東の外京には藤原氏の氏寺として興福寺が建立されたが、さらにその北東の山中に東大寺の前身となる寺院が建立された。その堂宇の一つが法華堂《ほっけどう》である。法華堂周辺の上院地区と称されるエリアには他にも八世紀前半にさかのぼる堂宇の存在が知られていたが、近年その北側、丸山の西斜面において新たに伽藍遺址（丸山西遺跡）が発見されたことにより［吉川、二〇〇〇］、東大寺前史の研究が活発化している。

東大寺には法華堂伝来の諸像(71)に加え、戒壇院《かいだんいん》四天王像、誕生仏、戒壇堂金銅六重宝塔安置とされる釈迦・多宝仏など、多くの奈良時代造立の雕塑像《ちょうそ》(72)が伝わっている。

師寺金堂左脇侍：銅九七・七％、錫〇・六％、鉛〇・二％、砒素一・一％、鉄〇・四％。

(71) 法華堂には、二〇一一年に東大寺ミュージアムが開館するまでは脱活乾漆造《だっかつかんしつ》の本尊不空羂索観音、梵天・帝釈天、金剛力士と四天王、塑造の日光・月光菩薩、執金剛神、吉祥天、弁財天、あわせて一四体の天平仏が立ち並んでいたが、現在は執金剛神以外の塑像は耐震設備のあるミュージアムに移されている。

(72) 立体作品には、木や石を彫って作る彫刻像と、土や漆を盛り上げて作る捻塑像があり、両者をあわせて雕塑像という。

これらは日本雕塑史上の精華と言うにふさわしく、これまで多くの研究が積み重ねられてきたが、東大寺前史の研究の進展を踏まえ、文献、考古学的知見、建築史の研究成果とこれらをどのように照合するかがあらためて問われている。

文献によれば、東大寺が成立する以前に金鍾寺《こんしゅじ》と福寿寺《ふくじゅじ》があり、七四一年（天平一三）に国分寺建立の詔が発せられると、この両寺は大和（大養徳）国分寺たる金光明《こんこうみょう》寺《じ》となり、さらに大仏造立が進められると、東大寺へと発展した。近年発見された丸山西遺跡はそのうち金鍾寺にあたる可能性が高く、上院地区の諸堂が福寿寺を構成していたようである。丸山西遺跡にも上院地区にも複数の堂舎が建ち並んでいたことが知られ、多くの仏像が安置されていたに違いない。

法華堂は、七五六年（天平勝宝八）の「東大寺山堺四至《さんかいしいし》図《ず》」(73)に「羂索堂《けんさくどう》」と注記されるとおり、もとは羂索堂と称していた。しかし、不空羂索《ふくうけんさく》観音（図30）は別にして、これまで同堂に伝来してきた天平諸像が本来どこに安置されていたのかは、予断なく検討し直すことが求められている。法華堂は、不空羂索観音を本尊としながら、早くから法華会《ほっけえ》が催されていたために法華堂と称されるようになり、平安時代には大仏殿、講堂、食堂《じきどう》とならぶ重要な法会の場とされ、平安末期には堂衆と呼ばれた下級僧の拠点とされたことが知られている「永村、一九八九」。そうした経緯のなかで、他の堂宇から仏像が運び込まれた可能性は小さくない。

（73）聖武天皇逝去の後、七五六年六月九日、東大寺の寺域をしめすために作成された絵図。大仏殿のほか、その東には羂索堂、千手堂、南には新薬師寺堂といった建物が描かれる。

(右上)**図 30**　東大寺法華堂不空羂索観音像[奈良六大寺大観刊行会編，1968b]
(左上)**図 31**　東大寺日光・月光菩薩像[奈良国立博物館，2002]
(下)**図 32**　東大寺戒壇院四天王像[奈良国立博物館，2002]

(74)　漆を用いた造像技法で、張り子のように内部を空洞とするもの。古くは「即」「塞」と称した。塑土であらかたの形を作り、麻布を貼り重ね、漆を塗って固める。そのうえで背面などを切り裂いて窓を開け、内部の塑土や心木を取り除き、再び蓋をし、さらに表面に

従来、法華堂諸像については技法の違いに着目し、不空羂索観音をはじめとする脱活乾漆造《だっかつかんしつ》(74)の諸像を一具とみなし、九世紀初めの『日本霊異記《にほんりょういき》』(75)に法華堂安置の像として登場する執金剛神《しゅこんごうしん》をのぞき、他の塑像は客仏とされてきた。ところが近年、不空羂索観音が立つ八角二重基壇に、元来は梵天《ぼんてん》・帝釈天《たいしゃくてん》とみられる日光・月光菩薩（**図31**）と戒壇院四天王（**図32**）のものとみられる台座の痕跡を認め、これら護法神はもとより不空羂索観音に付属し、全体で不空羂索曼荼羅《まんだら》(76)を構成していたことが指摘された［奥、二〇〇九］。森厳な表情を浮かべ、八臂《はっぴ》の異形《いぎょう》をとる金色の不空羂索観音の周囲を極彩色の梵天・帝釈天、四天王が取り囲み、八角二重基壇には柱穴が残ることから、本来はさらに厨子も具えていたことが知られる。

一方、像高三六〇センチほどの不空羂索観音に対して、像高三―四メートルにおよぶ乾漆護法神（**図33・34・35**）は、大き過ぎて不釣り合いであることから、本来これらは東大寺講堂に安置されていた可能性が高いと考えられる［奥、二〇一六／藤岡、二〇一九b］。講堂は、金堂たる大仏殿に続いて造営され、本尊千手観音《せんじゅかんのん》は七五五年（天平勝宝七）から七六二年（天平宝字六）頃にかけて制作されたことが史料から知られる。脱活乾漆造の立像で、像高は二丈五尺（約七・五メートル）、まさに材質、法量（仏像の大きさ）ともに乾漆護法神の本尊にふさわしい。『東大寺要録』(77)（以下『要録』）には、講堂安置像として、本尊のほかに虚空蔵《こくうぞう》・地蔵《じぞう》の脇侍菩薩、維摩《ゆいま》・文殊《もんじゅ》があげられ

木屎漆《こくそうるし》（糊漆に木粉などを混ぜたペースト）を盛って細部を塑形する。

(75) 平安時代初期に薬師寺僧、景戒《けいかい》が編纂した日本最古の仏教説話集。正式書名は『日本国現報善悪霊異記』。

(76) 不空羂索神変《じんぺん》真言経の巻第八に説かれる図様で、補陀洛山《ふだらくせん》の山頂に七宝宮殿があり、その中心に不空羂索観音をあらわし、宮殿外に梵天・帝釈天、四天王などを表すとされる。

(77) 一二世紀に編纂された東大寺の寺誌。諸史料に基づき、本願・縁起・供養・諸院・諸会・諸宗・別当・封戸水田・末寺・雑事の各章を構成している。

(右側2点)**図33**　東大寺法華堂金剛力士像(『日本美術全集3』小学館，2013年)
(左側2点)**図34**　東大寺法華堂梵天・帝釈天像(『日本美術全集3』小学館，2013年)
(下)**図35** 東大寺法華堂四天王像(『日本美術全集3』小学館，2013年)

るのみで、護法神については記載がない。しかし、当時の主要堂宇に護法神が安置されなかったとは考えがたく、千手観音の造立と並行して、あるいはそれに引き続いて、すなわち七六〇年前後に護法神も造立されたと考えるのが自然であろう。講堂は九一七年(延喜一七)の火災で本尊と脇侍菩薩を失い、九三五年(承平五)に再興されたことが知られるが、その間に護法神を法華堂に避難させてそのまま戻さなかったため、『要録』が編纂された一二世紀初めには安置されていなかったと考えれば記載がないことについても説明がつく。

法華堂伝来の諸像の年代観については諸説がある。そうしたなか、有力な基準をしめしてくれるのが大阪・葛井《ふじい》寺《でら》(藤井寺市)の本尊千手観音(**図36**)である。葛井寺は葛井氏の氏寺とみられているが、千手観音は脱活乾漆造の技法、真数千手の巧みな表現、(78) そして何より東大寺法華堂諸像との類似に鑑みて、その造像は官営工房たる東大寺造仏所の関与抜きには考

図36　葛井寺千手観音像(三原昇撮影)

(78) 葛井寺千手観音の脇手は、大手三八本、小手一〇〇一本(現状)からなる。脇手は蓮花座の後部左右に立てた二本の支柱に取り付けられており、本体とは完全に分離し、全体が四つのブロックから構成されている[藤岡、二〇一九b]。

えられない。葛井寺においてそうした千手観音を造像できる時期を想定するならば、葛井氏が藤原仲麻呂《ふじわらのなかまろ》や光明皇太后を後ろ盾とし、官僚や高僧を次々と輩出した七五〇年代後半にしぼられてくる。(79)

葛井寺像には、実は大量に桐材が用いられている。合掌手は脱活乾漆造ながら、千本の脇手はすべて桐材製とすることで重量を軽くする工夫をしている。また、蓮《れん》華《げ》座《ざ》の蓮肉(80)も直径一メートルの桐材を用い、轆轤《ろくろ》引きで成形しているが、それは軽量性に加え、歪みや伸縮が少ないという材のメリットを活かしてのことであろう。ただ、仏像に桐材を用いることは稀で、その契機を考えた時に想起されるのが、七五二年(天平勝宝四)の大仏開眼会のために作られた、正倉院、東大寺に伝わる桐材製の伎楽面《ぎがくめん》である(81)。当時、造東大寺司には桐材のストックがあったはずで、葛井寺像における桐材の利用はそこからヒントを得た、あるいはそれを流用したと考えれば合点がいく。だとすれば七五二年よりも後の造像という可能性が高くなるが、それは葛井氏の動向から想定される制作年代とも符合する。

葛井寺像については、かねてからその顔立ちが東大寺法華堂の乾漆護法神のうち梵天・帝釈天、さらには日光・月光菩薩に類似することが指摘されてきた(82)。すなわち、それらの制作時期は葛井寺像が造立された七五〇年代後半が一つの目安となるはずである。梵天・帝釈天に関して言えば、その時期が東大寺講堂の造営時期と重

(79) 仏教界では、七五六年(天平勝宝八)に葛井氏と同族の船氏出身の慈訓が少僧都に、葛井氏出身の慶俊が律師に任じられている。また、葛井連根道、犬養、荒海がこの時期に造東大寺司の要職に就いていたことが知られる。

(80) 葛井寺千手観音の蓮肉(三原昇撮影)

(81) 伎楽面については、本書、吉川真司「古代寺院の生態」五七頁、図12参照。

なる点が、大きな意味をもつ。材質、法量から導きだされる梵天・帝釈天を含む乾漆護法神を旧講堂像とみなす可能性が様式のうえでも認められることになるからである。一方、日光・月光菩薩については、不空羂索観音の制作年代を考えるうえで示唆的である。すなわち、正倉院文書や『続日本紀』にもとづき七四七年（天平一九）—七四九年（天平勝宝元）頃とする福山敏男説の妥当性を裏付け［福山、一九八二］、逆に『要録』にみられる諸縁起によってそれより造立時期をさかのぼらせることを躊躇させるからである。今後は、こうした新しい位置付けをもとに天平仏の研究が進められることになるだろう。

6 唐招提寺金堂諸像と木彫群

七五三年（天平勝宝五）の鑑真《がんじん》来日は、日本の仏教史においても仏像史においても画期的な出来事となった。鑑真は七三三年（天平五）に戒師招請の任を担って入唐した栄叡《ようえい》と普照《ふしょう》の求めに応じて渡日を決意し、以降五度の失敗や妨害、自らの失明を乗り越えてようやく来日を果たした。入京後、伝燈大法師位についた鑑真は、大仏殿前に築かれた戒壇において、七四九年（天平勝宝元）に譲位していた聖武太上天皇、光明皇太后、孝謙天皇以下の四四〇余名に戒を授けた。その後、常設の戒壇院が東

（82）葛井寺千手観音頭部（三原昇撮影）

月光菩薩頭部［奈良国立博物館、二〇〇二］

法華堂帝釈天頭部［奈良六大寺大観刊行会編、一九六八b］

大寺に建立され、鑑真は東大寺唐禅院に住したが、七五八年(天平宝字二)に僧綱《そうごう》の任を解かれて「大和上《だいわじょう》」の称号をあたえられ、翌年には戒律を学ぶ道場として唐招《とうしょう》提寺《だいじ》の建立を許された。

唐招提寺の寺地には新田部《にいたべ》親王の邸宅跡が提供され、経営基盤としての水田もあたえられた。いち早く建立された講堂は七六一年(天平宝字五)頃に平城宮の東朝集堂を移築改造したもので、食堂は藤原仲麻呂、羂索堂と鑑真の住房ならびに僧房は藤原清河《きよかわ》家の施入によって講堂と相前後して建立された。これらの堂舎に対して、現在も創建時の建物が伝わる金堂は、近年の解体修理に際して七八一年(宝亀一二)伐採の材が地垂木《じだるき》に使用されていることが年輪年代の調査によって確認され、それ以降の完成であることが判明した[光谷、二〇〇九]。七六三年(天平宝字七)の鑑真の遷化《せんげ》よりも随分遅れての建立になる。

金堂には本尊盧舎那仏《るしゃなぶつ》坐像(図37)のほか、薬師如来立像と千手観音立像、そして護法神として梵天・帝釈天、四天王が安置されている。盧舎那仏はこのなかで唯一脱活乾漆造であることが注目される。幅広の体軀、雄大な膝張り、うねりのある衣褶表現が特徴的であるが、そうした作風は、脱活乾漆造の技法とともに、御影堂《みえいどう》に安置される鑑真像(図38)にも共通する。鑑真像の眼を閉じて端座する姿は、結跏趺《けっかふ》坐《ざ》し、西を向いて遷化し、初地《しょじ》に入ったと、『唐大和上東征伝』(83)(以下『東征伝』)が伝

(83) 七七九年(宝亀一〇)に淡海三船《おうみのみふね》が著した鑑真の伝記。

える鑑真の姿を表したものに他ならず、彼の死の直後に造立されたと考えられる。盧舎那仏の制作時期もこれに相前後すると捉えることができるだろう。七六〇年前後の造立になる東大寺旧講堂像とみられる法華堂梵天・帝釈天との顔立ちの類似や、

(右)**図 37**　唐招提寺金堂盧舎那仏像[奈良六大寺大観刊行会編, 1972]
(左)**図 38**　唐招提寺鑑真和上像[奈良六大寺大観刊行会編, 1972]

『招提寺建立縁起』[84](以下『建立縁起』)によれば盧舎那仏を造立したとされる義静《ぎじょう》が、同じく関与した西北僧房の建立が七六一年頃とみられることからは、むしろ鑑真像に先行する可能性も考えられる。

盧舎那仏は、大光背が二重円相光の集合体として表され、その二重円相光に鈴なりに表された釈迦は現状で八六四体を数えるという。加えて、蓮華座に一二方六段に葺かれる蓮弁の一枚一枚にも釈迦が墨描されている。これらは梵網経《ぼんもうきょう》に蓮華台のまわりに千百億の釈迦

(84)　鑑真の孫弟子豊安が八三五年(承和二)に撰述したもの。ただし原本は失われ、醍醐寺本と護国寺本『諸寺縁起集』に抄録される。

が存在し、それらが光を放つと無量の化仏《けぶつ》を生じると説かれるのを表現しており、鑑真が梵網経を重視したことが反映している。そうした点からも、盧舎那仏は鑑真在世中の像にふさわしいと思われる。

金堂の建立が七八一年よりも後であるのに対して、盧舎那仏の造立が七六〇年頃だとすれば、金堂建立以前の盧舎那仏の安置場所が問題となる。これについては、次のような興味深い説が提起されている。唐招提寺は東大寺戒壇院に続いて、鑑真によって授戒の場として創建されたが、東大寺戒壇院の伽藍に照らすと、唐招提寺における戒壇の場所は現金堂の場所がふさわしく、それは戒壇を金堂と同一視する鑑真の戒律思想にも合致する。また、戒壇は土を盛って築き、そこで鑑真は梵網経にもとづく菩薩戒《ぼさつかい》を授けていたとみられるが、その授戒の作法として仏像、とりわけ盧舎那仏の前で行うことが説かれている。こうした事情を踏まえるならば、盧舎那仏は当初は講堂に安置され、戒壇における授戒の本尊としての役割を担ったと考えられるというのである［真田、二〇〇六］。

こうした盧舎那仏に対して、左脇侍の薬師如来（図39）は木心乾漆造(85)で、左掌内に七九六年（延暦一五）初鋳の「隆平永宝」が埋め込まれていたことから、それ以降の完成であり、金堂の完成からさらに一〇年ほど遅れての造立ということになる。右脇侍の千手観音（図40）も木心乾漆造で、制作年代については明徴を欠くが、『建立

(85) 木材であらかたの形を作り、そのうえに麻布を貼り重ねて漆で固め、さらに細部を木屎漆で塑形する技法。

縁起』には薬師如来と同様に如宝小僧都の造立とあり、相前後しての造立とみられる。つまり、鑑真の没後、弟子たちに唐招提寺が受け継がれると、戒壇に代わり金堂が建立され、そこに根本像として盧舎那仏を移安し、さらに薬師如来と千手観音を加えたという経緯が想定される。なお、木造の梵天・帝釈天、四天王の護法神も造立年代は不詳ながら、金堂完成時か、それから間もなくとみるのが自然であろう。

図 39　唐招提寺金堂薬師如来像[奈良六大寺大観刊行会編, 1972]

図 40　唐招提寺金堂千手観音像[奈良六大寺大観刊行会編, 1972]

　唐招提寺にはこの他、日本の仏像史の画期をなした木彫群が伝わる。なかでも注目されるのは衆宝王菩薩、獅子《しし》吼《く》菩薩、薬師如来と伝えられる三像（**図 41・42・43**）で、張りの強い肉取りや着衣表現などが山口・神福寺の白檀《びゃくだん》による唐製の十

（右から）図 41　伝衆宝王菩薩像（『日本美術全集 3』小学館，2013 年）
図 42　伝獅子吼菩薩像（『日本美術全集 3』小学館，2013 年）
図 43　伝薬師如来像［奈良国立博物館ほか，2009］
図 44　神福寺十一面観音像［奈良国立博物館編，1996］

一面観音（図44）に近く、唐工人の関与が指摘されてきた。『東征伝』によれば、鑑真は来日時に中央アジアや東南アジアの人を含む国際色豊かな弟子二四人をともなったが、技術者の同伴については記載がない。ただし、失敗した第二回目の渡航に際しては同行者に画師《えし》、仏師、鋳物師《いもじ》などの技術者がいたと記され、盧舎那仏台座の墨書銘に官営工房の工人とともに中国江南出身とみられる工人の名が含まれることが指摘されており［浅井、一九九〇］、来日に際して唐工人をともなっていた可能性は否定できない。とりわけ衆宝王菩薩にみる唐製檀像《だんぞう》（後述）との近さはやはり唐工人の直接の関与なくしてはあり得ないように思われる。

衆宝王と獅子吼菩薩は各々三目六臂と三目四臂で、ともに鹿皮衣《ろくひえ》をまとうことから不空羂索観音として造立されたとみられる。これら二像と薬師については光明皇后の病気平癒のため［松田、一九八五］、あるいは授戒・布薩《ふさつ》の儀式のため［井上、二〇〇二］に造立されたとの説があったが、特に不空羂索観音について近年新たな制作動機が提示されている［真田、二〇一五］。『建立縁起』によれば、羂索堂には不空羂索とともに八部衆が安置されていたが、その構成は不空羂索神変真言経に説かれる羂索法の一つにみる造像内容と一致する。当時、鑑真は授戒の師として熱烈な歓迎を受ける一方、新たな授戒制度の導入を好まない勢力からは誹謗中傷を受けることもあったが、同法は人々に利益をもたらすとともに邪見の人々を調伏《ちょうぶく》し、正道に導くものとされ、その造像にはそうした状況を克服することが期待されたのではないかというものである。

これら三像は、造像目的はいずれであったとしても、鑑真在世時の造立と考えられる。あるいは講堂伝来の二天像（**図45**）も、講堂創建時の造立であろうか。ここで注目されるのは、これらが前例のない榧《かや》材による造像であったことである。(86) 鑑真は来日にあたり、檀像の千手観音を将来したと『東征伝』にみえる。檀像とはインド

（86）飛鳥時代の木彫像が原則として樟材製であるのに対して、唐招提寺や大安寺などに伝わる八世紀半ば以降の木彫像の初期作例は、樹種鑑定の結果、多くが榧材製であることが確認されている［金子ほか、一九九八／二〇〇三］。

原産の香木白檀を用いて作る仏像のことで、釈迦在世中に優《う》塡《でん》王が白檀で初めて釈迦像を作らせたことが諸経典に説かれ、また十一面観音経にも白檀による造像法が説かれて

図 45　唐招提寺講堂二天像のうち増長天[奈良国立博物館ほか，2009]

おり、それらに依拠して制作されたと考えられる。ただし、白檀は入手が困難であるため、十一面神呪心経義疏(87)では栢木《はくぼく》その他の香木で代用してもよいとされた。鑑真は檀像のみならず、代用材による檀像のことも熟知していたに違いない。

唐招提寺の木彫像は、その作風が唐製檀像にならっていることから推しても、代用檀像として制作されたと考えられる。そして、榧材こそ代用材にふさわしいとの認識があったことをしめしているのであろう。鑑真自身がそうした認識を抱き、また広めたことは想像に難くない。代用檀像には、榧材の他に桐材や桜材なども用いられることがある。また、表面を蘇芳《すおう》で染めて赤栴檀《しゃくせんだん》(88)に擬したり、黄土や白色顔料で白檀に擬したりする檀色像のみならず、漆箔像や彩色像も含む概念へと拡張された可能性があるが、鑑真の周辺において代用檀像の造立が始まり、それを契機として日本において木彫像が根付いていったことは間違いない。金銅仏や乾漆像が制作

(87) 八世紀初めに唐・慧沼《えしょう》が著した十一面観音経の注釈書。

(88) 赤味を帯びた白檀の心材。特に上等とされた。

に時間を要し、材料も高価であったのに対して、良質な木材が得やすいことも相まって、以降、日本の仏像は木彫像が主流をなすことになった。

おわりに

飛鳥寺、法隆寺、薬師寺、東大寺、唐招提寺の主として金堂安置の仏像をとりあげて私見を述べた次第である。しかし、その一方、飛鳥時代であれば法隆寺西院伽藍造営期の童顔童形の諸像、当麻寺《たいまでら》金堂諸像、奈良時代であれば興福寺十大弟子・八部衆像といった作例については、古代寺院の重要な仏像であることは言うまでもないが、紙数の関係もあって触れることができなかった。ここでとりあげた仏像についても、議論を単純化したり、重要な問題点に触れていなかったり、十分に意を尽くしていないところがある。筆者の力不足としてご寛恕願いたい。

仏像は動産であるために、単独では確固たる議論ができない点に大きな弱みがある。ただ、当時のものがそのまま存在するという意味では、文献や建築よりも遥かに豊かな世界が広がっており、数量のうえでは考古資料に劣るが、一つ一つの仏像が放つ輝きは大きい。すでに失われてしまった仏像も多いに違いないが、今に伝わる仏像は信仰に支えられ、大切に守られてきた宝であり、私たちは可能な限りその語るところに耳を傾けるべきであろう。ただ、仏像は、伝世し信仰を集めるなかで、新たな霊験や伝承が付加されることがある。後世に語られた霊験や伝承であっても信仰の歴史としては真実に違いなく、内容もロマンにあふれて興味深いが、仏像の造顕当時の実態を知るためには、それをいったん忘れ、客観的にみることも必要になる。

美術史において仏像を見るということは、その姿(図像)の意味や表情を読み解くことに加え、様式をとらえ比較し、あるいは技法に着目し、さらには科学的調査により外見だけではわからないデータを得て考察すること、すなわち仏像から最大限の情報を引き出し、そのうえで歴史的位置づけを明らかにすることである。信仰、礼拝の対象として作られた仏像は、無論何も考えずに見ていても美しく、心洗われる存在ではあるが、一歩近づいて見ることで、さらにそこから歴史や科学を学ぶ醍醐味も味わえる。お寺に赴き、仏像に対面することがあれば、合掌の後、しばしの間、そうした見方で仏像に接していただければ幸いである。

引用・参考文献

浅井和春、一九九〇年『新編 名宝日本の美術6 唐招提寺』小学館
石田茂作、一九四一年「法隆寺若草伽藍址の発掘に就て」『聖徳太子千三百廿年御忌奉讃記念論文集 日本上代文化の研究』法相宗勧学院同窓会

井上一稔、二〇〇二年「唐招提寺木彫群の宗教的機能について」『仏教芸術』261
岩佐光晴、二〇〇〇年「伝橘夫人念持仏の造像背景」『MUSEUM』565
大西修也、一九九〇年『新編 名宝日本の美術1 法隆寺』小学館
岡田 健、一九八五年「北斉様式の成立とその特質」『仏教芸術』159
奥 健夫、二〇〇九年「東大寺法華堂八角二重壇小考」『仏教芸術』306
奥 健夫、二〇一六年「東大寺法華堂諸像の再検討」栄原永遠男・佐藤信・吉川真司編『東大寺の新研究1 東大寺の美術と考古』法蔵館
加島 勝、一九九九年「百済観音の装飾金具について――臂釧・腕釧に関する新知見を中心に」『仏教芸術』243
金子啓明・岩佐光晴・能城修一・藤井智之、一九九八年「日本古代における木彫像の樹種と用材観Ⅰ 七・八世紀を中心に」『MUSEUM』555
金子啓明・岩佐光晴・能城修一・藤井智之、二〇〇三年「日本古代における木彫像の樹種と用材観Ⅱ 八・九世紀を中心に」『MUSEUM』583
金理那、一九九〇年「宝珠捧持菩薩の系譜」『日本美術全集2 法隆寺から薬師寺へ』講談社
久野 健、一九七三年『奈良の寺5 夢殿観音と百済観音』岩波書店
真田尊光、二〇〇六年「唐招提寺創建当初の戒壇と現金堂盧舎那仏像について」『南都仏教』87
真田尊光、二〇一五年「唐招提寺伝衆宝王菩薩立像・伝獅子吼菩薩立像の造立意図」『仏教芸術』343
鈴木嘉吉、一九九五年「法隆寺新再建論」『奈良国立文化財研究所創立40周年記念論文集』同朋舎出版
東野治之、一九七七年「天皇号の成立年代について」『正倉院文書と木簡の研究』塙書房
永村 眞、一九八九年『中世東大寺の組織と経営』塙書房
永村 眞、二〇一四年「平安時代の東大寺――寺家組織と教学活動の特質」ＧＢＳ実行委員会編『論集 平安時代の東大寺――密教興隆と末法到来のなかで』東大寺・法蔵館
奈良国立文化財研究所編、一九五八年『飛鳥寺発掘調査報告』真陽社

奈良文化財研究所編、二〇〇三年『吉備池廃寺発掘調査報告――百済大寺跡の調査』
福山敏男、一九三五年「法隆寺の金石文に関する二三の問題」『夢殿』13
福山敏男、一九八二年『福山敏男著作集2　寺院建築の研究（中）』中央公論美術出版
福山敏男・久野　健、一九五八年『薬師寺』東京大学出版会
藤岡　穣、二〇一四年a「関山神社蔵　銅造菩薩立像」『国華』一四二〇
藤岡　穣、二〇一四年b「野中寺弥勒菩薩像について――蛍光X線分析調査を踏まえて」『MUSEUM』649
藤岡　穣、二〇一五年「京都・某寺と兵庫・慶雲寺の半跏思惟像」『美術フォーラム21』32
藤岡　穣、二〇一九年a「初唐期における長安造像の復元的考察」『アジア仏教美術論集　東アジアⅡ　隋・唐』中央公論美術出版
藤岡　穣、二〇一九年b「東大寺法華堂伝来の天平期諸像に関する一考察」菱田哲郎・吉川真司編『古代寺院史の研究』思文閣出版
藤岡　穣・閔丙贊監修、二〇一七年『日韓金銅半跏思惟像――科学的調査に基づく研究報告』韓国国立中央博物館
松田誠一郎、一九八五年「光明皇太后不悆と唐招提寺木彫群」『仏教芸術』158
松山鉄夫、一九九〇年『日本古代金銅仏の研究〈薬師寺篇〉』中央公論美術出版
水野敬三郎、一九九六年『日本彫刻史研究』中央公論美術出版
三田覚之、二〇〇八年「天寿国繡帳の原形と主題について」『美術史』164
光谷拓実、二〇〇九年「年輪年代測定調査」『月刊文化財』554
光谷拓実・大河内隆之、二〇一〇年「年輪年代法による法隆寺西院伽藍の総合的年代調査」『仏教芸術』308
村田靖子、一九九五年『仏像の系譜――ガンダーラから日本まで』大日本絵画
毛利　久、一九六八年「飛鳥大仏の周辺」『仏教芸術』67
毛利　久、一九七〇年『日本仏教彫刻史の研究』法蔵館
毛利　久、一九八三年『仏像東漸――朝鮮と日本の古代彫刻』法蔵館

八木春生、一九九四年「雲岡石窟における山岳文様について 下」『MUSEUM』525
吉川真司、二〇〇〇年「東大寺の古層——東大寺丸山西遺跡考」『南都仏教』78

挿図引用文献

大阪市立美術館編、一九八六年『大阪市立美術館蔵品選集』
韓国国立中央博物館、一九九〇年『三国時代仏教彫刻』
奈良国立博物館、二〇〇二年『東大寺のすべて』朝日新聞社
奈良国立博物館監修・小野雅弘編、二〇〇九年『国宝鑑真和上展』ＴＢＳ
奈良国立博物館編、一九九六年『東アジアの仏たち』
奈良六大寺大観刊行会編、一九六八年ａ『奈良六大寺大観２　法隆寺２』岩波書店
奈良六大寺大観刊行会編、一九六八年ｂ『奈良六大寺大観10　東大寺２』岩波書店
奈良六大寺大観刊行会編、一九六九年『奈良六大寺大観３　法隆寺３』岩波書店
奈良六大寺大観刊行会編、一九七〇年ａ『奈良六大寺大観６　薬師寺』岩波書店
奈良六大寺大観刊行会編、一九七〇年ｂ『奈良六大寺大観８　興福寺２』岩波書店
奈良六大寺大観刊行会編、一九七一年『奈良六大寺大観４　法隆寺４』岩波書店
奈良六大寺大観刊行会編、一九七二年『奈良六大寺大観13　唐招提寺２』岩波書店
法隆寺昭和資財帳編集委員会編、一九九六年『法隆寺の至寶　昭和資財帳３』小学館

コラム　飛鳥仏の耳の形

仏像研究の泰斗、水野敬三郎が、快慶《かいけい》作品の耳には一定の特徴があり、それによって快慶作品を峻別できると論じて以来〔水野、一九六三〕、仏像研究ではしばしば耳の形が注目されてきた。飛鳥時代の仏像についても、水野自身が、中国の仏像の影響を受けながら年代によって変化がみられることを指摘している。

仏像の耳は、基本的には人間の耳にならっている。

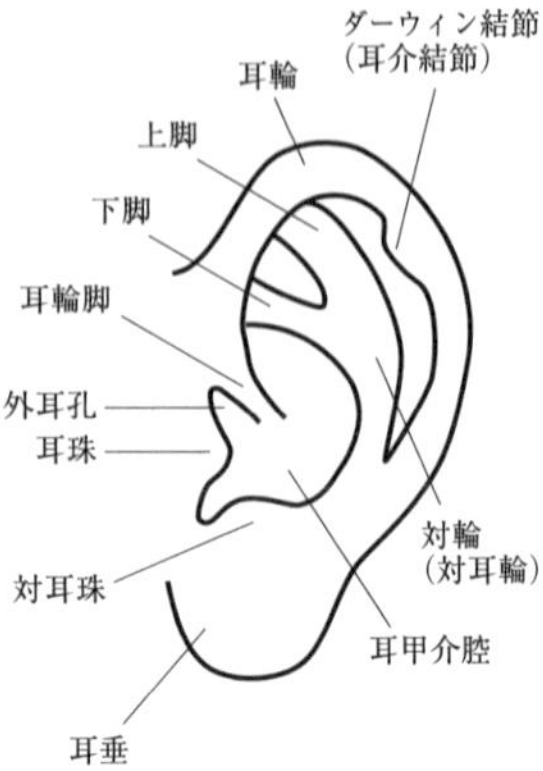

図1　耳の各部の名称

その各部の形と名称を図1で確認すると、耳の上半の輪郭をなすのが耳輪《じりん》、その内部の突起を対《たい》(耳《じ》)輪《りん》といい、その先端の分岐した部分を上脚・下脚という。また、耳孔《じこう》にかぶさる突起を耳珠《じじゅ》、対輪末端の上向きの突起を対耳珠、耳たぶを耳垂《じすい》という。

さて、飛鳥時代前期の仏像の耳(図2)は、本文(一四三頁)で述べた①飛鳥大仏の耳は別にして、一つには対輪の形に特徴がある。法隆寺の②夢殿救世観《ゆめどのぐぜかん》音《のん》と③金堂釈迦三尊《こんどうしゃかさんぞん》(中尊)は、対輪の先端が三つに分かれ、いずれも耳輪に沿って前方に巻き込む。止《と》利《り》派の金銅仏(⑤法隆寺献納宝物一四九号仏立像、⑥同一四五号仏坐像)や⑦法隆寺金堂四天王(多聞《たもん》天《てん》)では、対輪の先端、上・下脚が耳輪に沿って前方に巻き込む点は金堂釈迦と共通するが、耳の中ほどから対輪の分岐が始まる点に特徴がある。一方、丙寅年(六六六)銘の⑧野中寺弥勒《やちゅうじみろく》では、耳全体が細

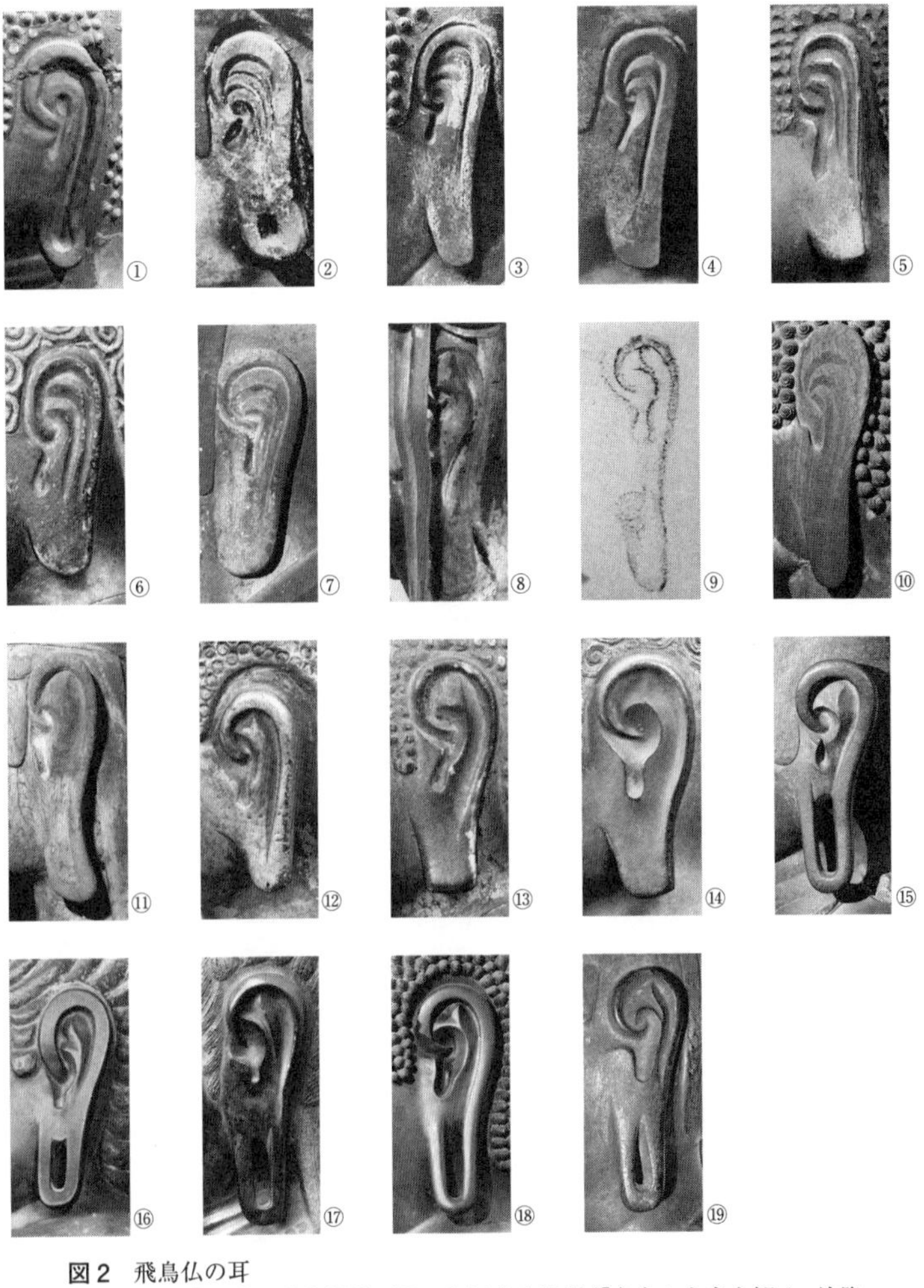

図 2 飛鳥仏の耳
①⑤～⑧，⑩～⑲：著者撮影／②：入江泰吉撮影(『奈良六大寺大観 4 法隆寺 4』)／③：田沢坦等編『法隆寺金堂釈迦三尊像』岩波書店，1949 年／④：辻本米三郎撮影(『奈良六大寺大観 2 法隆寺 2』)／⑨：[水野，1979]
＊ ②④⑧⑩⑮は画像を反転している．

長いのに加え、耳輪の後方が大きく弧を描き、対輪も後方にふくらみ、かつ上脚が後方に反《そ》り返るのが特徴的で、以降はこの形が主流となる。

こうした変遷をみせるなか、④法隆寺金堂薬師は対輪先端の分岐が二つで、金堂釈迦三尊と止利派金銅仏との中間的な形と言える。近年、七世紀末ごろ造立の⑩法輪寺薬師の耳について、対輪の上方が三つに分岐する耳の形に法隆寺金堂釈迦の影響があることが指摘されたが［鏡山、二〇一五］、耳輪が細く、全体の彫りが浅い点には異なる感覚がある。それに比べると、法隆寺金堂薬師の耳は、全体がややずんぐりしているものの、耳輪の太さや立体感も含め金堂釈迦によく似ており、時間をおいた模古作とは言い難いように思われる。

野中寺弥勒の耳をよく継承しているのが⑨法隆寺百済《くだら》観音で、⑪法輪寺虚空蔵菩薩《こくうぞうぼさつ》の耳もよく似ている［水野、一九七九］。ただし、法輪寺像の場合、耳垂をくぼませていたとみられる点は新しい要素である。また、いわゆる童顔童形像（⑫法隆寺献納宝物一五三号仏立像、⑬同一四七号仏坐像）では、基本的な形を踏襲しながらも、耳全体が寸詰まり気味になり、全体の造形感覚が耳にも反映しているのが興味深い。

これらと大きく異なるのは⑮興福寺仏頭や⑯東金堂脇侍（日光菩薩）の耳である。再び立体的になり、耳垂が完全に貫通している。⑲法隆寺夢違観音《ゆめちがいかんのん》や⑰薬師寺東院堂聖観音《しょうかんのん》、⑱薬師寺金堂薬師もこれに近いが、とくに薬師は耳輪に丸みがあり、耳孔の周囲のくぼみ（耳甲介腔《じこうかいくう》）が広く、実際の人間の耳により近い。なお、⑭法隆寺橘夫人念持仏《たちばなぶにんねんじぶつ》の場合、全体の形は童顔童形像に近いが、対輪の明瞭な作りは興福寺仏頭以下の作例に通じると言えよう。

◉水野敬三郎「快慶作品の検討」『美術史』47、一九六三年／同「夢殿観音と百済観音――飛鳥・白鳳時代の木彫」『日本古寺美術全集』2、集英社、一九七九年（ともに水野『日本彫刻史研究』中央公論美術出版、一九九六年に再録）
◉鏡山智子「法輪寺薬師如来像・伝虚空蔵菩薩像をめぐって」『美術史』178、二〇一五年

寺院建築と古代社会

海野　聡

はじめに

『日本書紀』によると欽明《きんめい》天皇は、百済《くだら》から仏教がもたらされた際に、「仏の相貌《かお》端厳《きらぎら》し」と、仏像の美しさに魅了されたという（欽明天皇一三年〈五五二〉一〇月条）。また、仏像を納めるために建立された古代寺院も赤・青・白・緑など、極彩色で華やかに彩られていた。倭国の人々にとって、礎石建《そせきだち》・瓦葺《かわらぶき》で、彩色を施した寺院の建築群は見たこともない建物で、強烈な印象を彼らに与えたであろう。

この仏教は、その受容を巡って、蘇我《そが》氏を中心とする崇仏《すうぶつ》派と物部《もののべ》氏を中心とする排仏《はいぶつ》派の争いを引き起こした。その争いを制した蘇我馬子《そがのうまこ》は用明天皇二年（五八七）に本格的な伽藍《がらん》を備えた飛鳥寺《あすかでら》（法興寺《ほうこうじ》）の建立を発願《ほつがん》した。ただし建築は容易に運ぶことはできないから、建築技術の移転には建築技術者が必要であった。ましてや見たこともない新宗教の寺院の建立は困難を極めた。

『日本書紀』には、崇峻《すしゅん》天皇元年（五八八）に百済から倭国へ、釈迦《しゃか》の骨である仏舎利《ぶっしゃり》や僧とともに仏堂の建立に必要な技術者が送られたことが記されている。その内訳は、寺工二名、鑪盤《ろばん》博士（仏塔の相輪《そうりん》(1)の露盤《ろばん》を造るための金属製品の製作技術者）一名、瓦《かわら》博士（屋根を葺く瓦の技術者）四名、画工一名で、新たな建築に必要な技術者が

(1) 塔の頂部に置かれた飾りで、頂部の宝珠《ほうじゅ》から順に、竜舎《りゅうしゃ》・水煙《すいえん》・九《く》輪《りん》・請花《うけばな》・覆鉢《ふくばち》・露盤が連なる。図14参照。

大陸から日本列島にやってきたのである。

技術者以外にも、建立の参考となる資料は海を越えて伝わっており、『元興寺《がんごうじ》伽藍縁起并流記《えんぎならびにるき》資財帳』の飛鳥寺の建立に関する記述によると、金堂《こんどう》の「本様《ほんよう》」が日本列島にもたらされたという。「様」は訓読みで「ためし」と読み、模型や設計図などとみられている。

さて豪族が古墳を競って築造したように、仏教が浸透していくと、氏族による寺院の建立が増加するのであるが、寺院の建立には礎石建物という新しい技術に加え、多くの労働力の徴発や材料が必要であった。さらに寺院建立の意思表示をしてからも、場所の選定、建物の設計、労働力の確保など、準備には長い時間がかかる。

建物の設計をとっても、ごく一部の特殊な例を除いて同じ形状の建物はなく、[2] 個別に設計が必要で、その設計に基づいて使用する木材量や作業に従事する者の労働量(人工《にんく》)の算出、運搬経路の確保など、現場の実務以外の計画作業も膨大に生じてくる。

採材にしても、木を切り出すために山に入るのであるが(杣《そま》入り)、建設用材に適した木の生えている場所を把握しておかねばならないし、切り出しのための道や河川などのインフラも必要である。さらに切った木をすぐに建材にできるわけではなく、河川などを利用して運搬する過程で樹液を抜き、これを乾燥させてはじめて製

(2) 双塔式の伽藍の東西塔は同じ形で建てられた可能性はあるが、当麻《たいま》寺《でら》東西塔のように両者の形状が異なることもある。奈良時代中期に全国に建てられた国分寺金堂も同規模のものはなく(図21)、国ごとに別個に設計されたと考えられる。ほぼ同じ規模の金堂・塔とする藤原京の本薬師寺と平城京の薬師寺はまれな例であろう。

材が可能になる。運搬を含め、材料を揃えるまでにも多くの手間と時間がかかるのである。(3)

このように寺院建築の建立には長い時間を必要とし、新しい形式の建築を造るための技術者、発願者の経済力、労働力の徴発力、材料運搬のためのインフラ、安定した社会などの条件が求められた。それゆえに寺院建築の建立は仏教への帰依という側面だけではなく、発願者の威信をかけた一大プロジェクトであった。日本において寺院建築は前近代を通じて建築文化の中心を占めてきたといっても過言ではなく、大陸からもたらされた建築技術は寺院にとどまらず、宮殿などの他の建築にも波及し、日本建築の文化を醸成する基礎となった。寺院建築の伝来が日本の木造建築の文化を大きく花開かせるきっかけを作ったのである。

(3)『万葉集』によると、藤原宮の造営では木材が近江国の田上山の杣から運ばれたことが知られ、奈良時代にも東大寺・石山寺・法華寺などの造営関連の文書から、田上山のほか伊賀山・甲賀山・信楽山などに杣があったことが知られる。

1　伽藍の構成

七堂伽藍と伽藍配置

古代の大寺院は主要な七つの建物によって構成されており、本尊を祀る金堂と仏舎利を納める塔(塔婆《とうば》)が伽藍の中心施設である。そして経典の講義や説教のための講堂、僧侶が一堂に会して食事をする食堂《じきどう》、僧侶の生活の場である僧房、時を告げる鐘楼《しょうろう》、経典を納めるための経蔵《きょうぞう》が設けられる(4)。この金堂・塔・講堂・食堂・僧房・鐘楼・経蔵の七堂で伽藍の主要部を構成しており、これを七堂伽藍という。もちろんこれらの施設だけでは寺院の経営はできないから、寺物を納めるための倉、食事を作るための厨《くりや》、寺務を取り扱った政所《まんどころ》などの諸施設が加わって大伽藍を構成した。いっぽうで小規模な寺院では七堂伽藍のうち、いくつかの建物が省略されたり、機能が統合されたりした。

　これらの寺院内の建物配置を伽藍配置というが、その伽藍配置は寺院ごとに多様であり、いくつかの形式があった(**図1**)。特に金堂や塔の位置が伽藍配置を特徴づけており、一定の時代的な傾向がある。仏舎利を祀る塔は信仰上、重要であり、さらに人目を引くモニュメント性の高い建物であったから、伽藍内で金堂とともに、中心部に置かれた。

　最古の寺院である飛鳥寺(六世紀末)では塔を中心に据え、それを取り囲むように三金堂が建ち並ぶ。いっぽうで四天王寺(六世紀末)では中軸線上に塔と金堂が並び、これを回廊で囲んで中枢部を構成している。現在の法隆寺西院伽藍(七世紀後半)では金堂と塔が並立し、それを回廊で囲んで一画を構成している。七世紀後半の本薬師寺や八世紀前半の薬師寺の薬師寺式伽藍配置は、金堂の前に二つの塔が並び、回廊で取り囲む双塔式配置である。

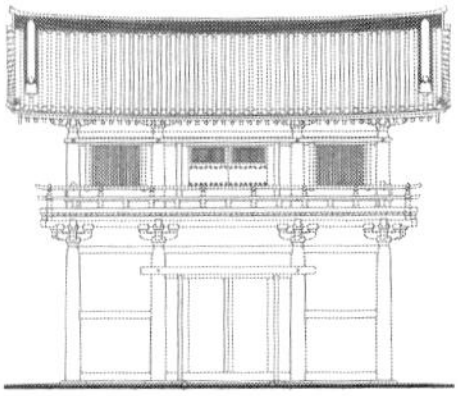

(4) 法隆寺経蔵立面図[奈良県教育委員会、一九八三]

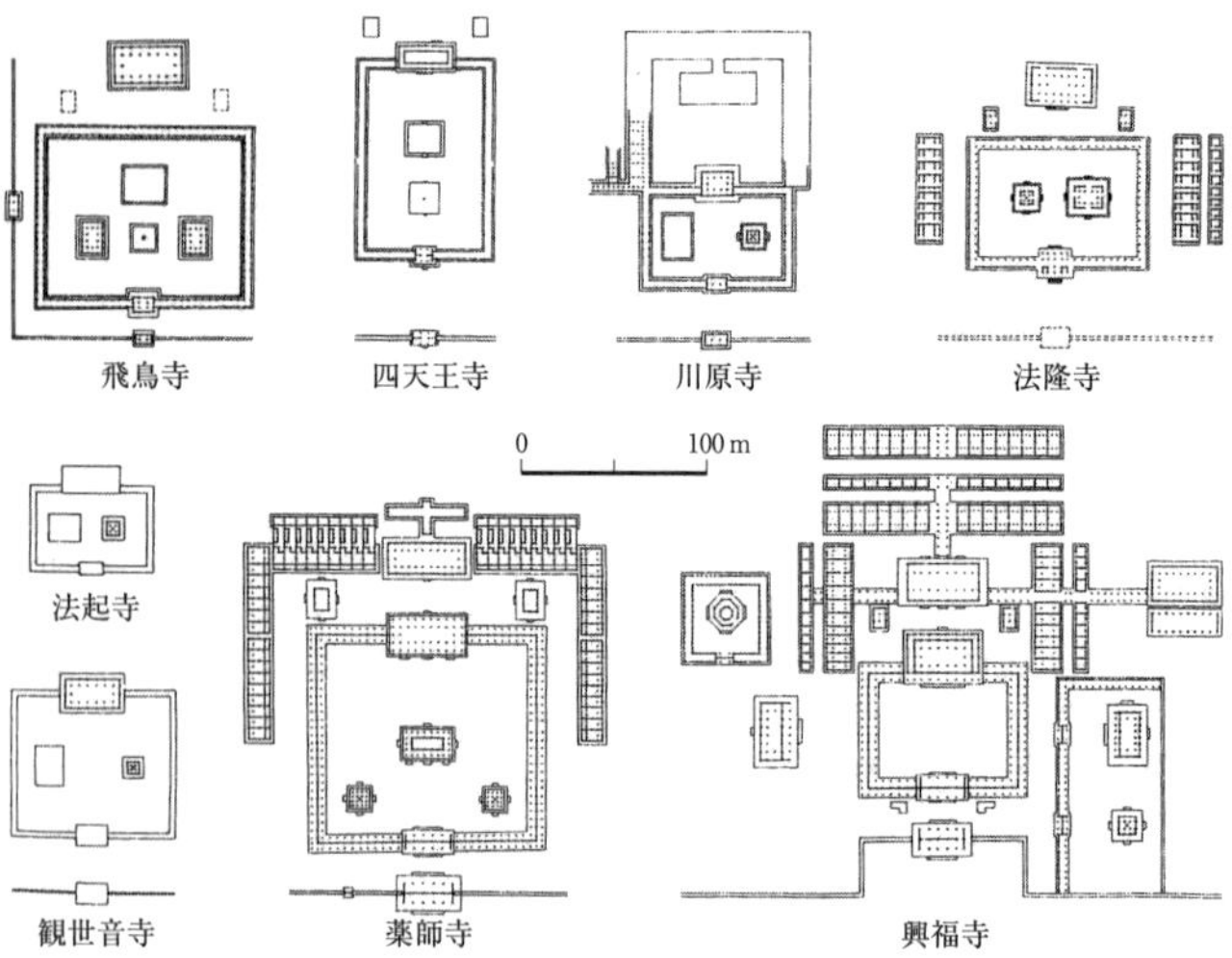

図 1　古代寺院のさまざまな伽藍配置[文化庁文化財部記念物課編，2013]

このように七世紀以前の伽藍配置では金堂と塔が回廊で囲まれる同一区画に建てられたいっぽうで、平城京に遷都して以降、伽藍配置に変化がみられる。平城京の代表寺院の一つである興福寺(5)では、金堂院の外側に塔が建てられ、奈良時代中期の東大寺では東塔院・西塔院と、それぞれの塔を囲む一画が別個に建てられた。塔が伽藍の中心部から離れていったのであるが、この伽藍配置の変遷の背景には金堂の前での仏教法会《ほうえ》が重視されるようになり、その場所の確保の必要に伴って、金堂

(5) 和銅三年(七一〇)の平城京遷都時に興福寺は建立され、同七年には中金堂を供養している。一連の伽藍は当初から全体計画されたものではなく、聖武天皇の発願により、神亀三年(七二六)に東金堂、光明《こうみょう》皇后の発願により、天平二年(七三〇)に五重塔、同六年に西金堂が建てられた。

の近隣には塔が建てにくくなった事情がある。

伽藍配置と海を越えた交流

大陸から技術者が送り込まれた飛鳥寺はもちろん、四天王寺・薬師寺もその伽藍配置から朝鮮半島との密接な関係がうかがえる。四天王寺の開創は『日本書紀』から知られ、用明天皇二年(五八七)の崇仏派の蘇我氏と排仏派の物部氏の闘争で蘇我氏が勝利した後、蘇我氏方に付いていた聖徳太子(厩戸《うまやど》皇子)が推古天皇元年(五九三)に四天王を安置する寺院を建立したのが始まりである。四天王寺の塔と金堂を中軸線上に並べた伽藍配置は古い形式で、この伽藍配置は百済の王興寺[6]や軍守里廃寺のものと類似しており、百済の影響がうかがわれる。

そして時代が下って六六〇年に百済が新羅《しらぎ》に滅ぼされると、百済と親交の深かった倭国は百済の遺民とともに六六三年に白村江の戦いに赴いたが、唐・新羅の連合軍に敗戦してしまう。新羅は力を拡大し、六六八年には高句麗《こうくり》を滅亡に追い込み、朝鮮半島の統一を成し遂げた。以降、大陸との関係で大和政権は苦労するが、大陸との関係性の変化は寺院にも影響を及ぼしたのである。

天武天皇九年(六八〇)に天武天皇の発願で藤原京に造立を開始した本薬師寺は双塔式の伽藍配置だが、この伽藍配置は百済や高句麗にはみられず、新羅にルーツが

(6) 王興寺は『三国史記』に六〇〇年の造営と記されるが、発掘された青銅製の舎利容器の刻銘から、五七七年の創建と考えられている。

みられる。本薬師寺と同時期の六七九年に創建された新羅の慶州四天王寺や六八四年創建の望徳寺でも同形式の双塔式の伽藍配置としているのである。これらの大陸と同形式の伽藍配置は新羅からの影響を示すだけではなく、白村江の戦い以降の激動の東アジア情勢のなかで、日本が新羅から迅速に情報を入手して最新の寺院建築の技術を導入していたことを示しているのである。

このように、寺院は日本と大陸の交流の結晶であり、その伽藍配置の類似性は大陸との交流の活発さや情報伝達の迅速さの表れであり、対百済の交流から対新羅の交流へと変化したことが寺院建築の伽藍配置の変化に見て取れるのである。

2 古代建築の基本構造

古代建築の各部

古代建築は大きく分けて基礎・軸部・組物《くみもの》・小屋組《こやぐみ》及び屋根で構成されている（**図2**）[海野、二〇一七ほか]。基礎から順に見ていくと、現存する古代建築は礎石の上に柱を立てる礎石建物であるが、発掘調査によると、地面に穴を掘って、そこに柱を立てる掘立柱《ほったてばしら》という構造の建物も多く存在していた(7)。礎石建物の技術は寺院建築とともに大陸から伝えられた技術とされ、多くの礎石建物では、基壇《きだん》(8)を築いて盛

(7) 平城宮や平城京の寺院の発掘調査によると、中枢部の限られた建物のみが礎石建物で、多くの建物は掘立柱建物であったことが知られている。

(8) 基壇の断面図[海野、二〇一七、図23]

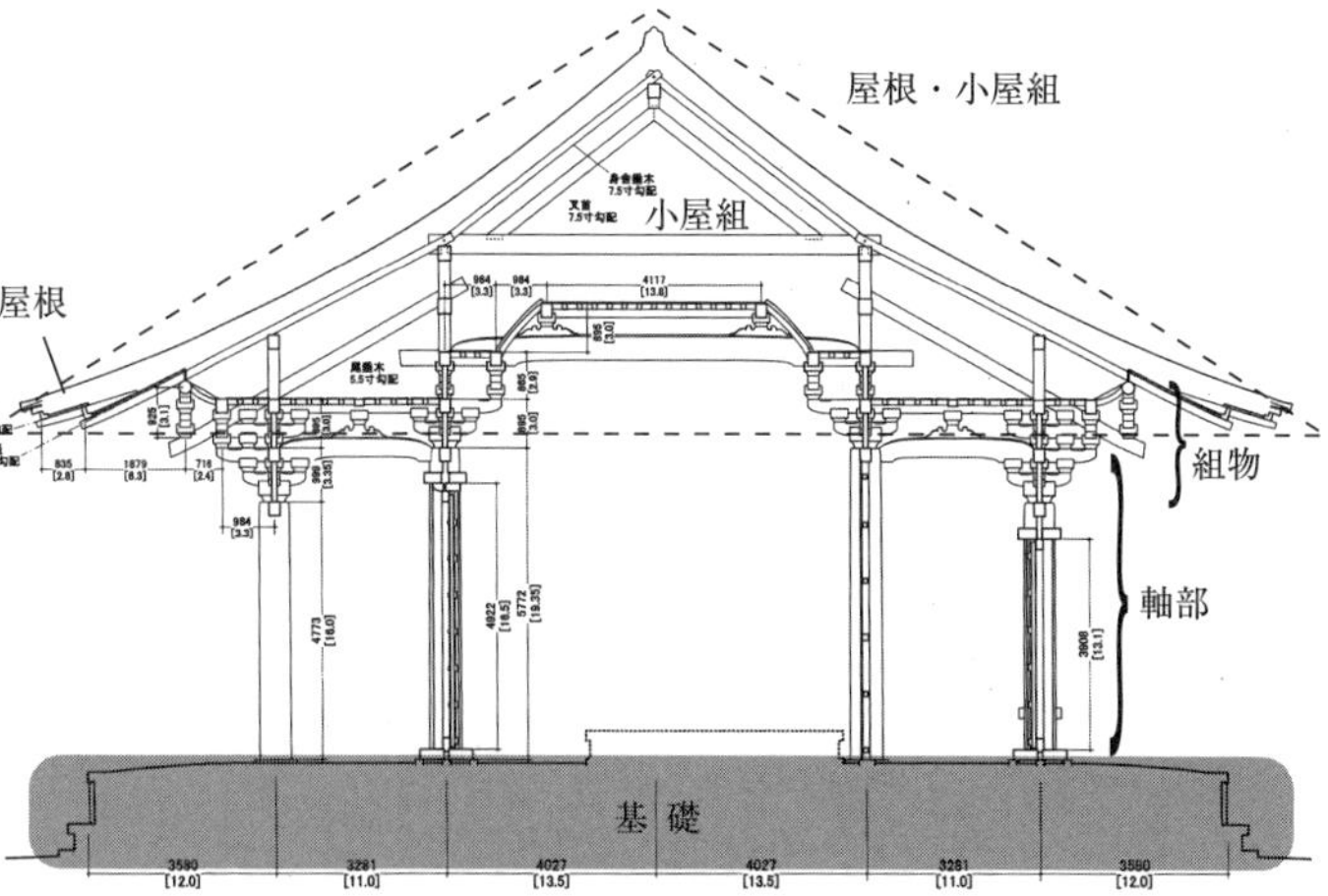

図２　建物各部の構成[海野，2017，図５]

りあげ、少し高い壇の上に礎石を据える。基壇は薄い土の層を積み重ねて突き固めた版築《はんちく》という方法で造られることが多く、石材や瓦などを基壇の外装に用いることで、荘厳《しょうごん》する(仏堂を美しく、おごそかに飾ること)とともに雨などで基壇土が流れ出ないようにしている。

軸部は柱・梁《はり》・桁《けた》などの木構造により建物の主要な骨格を形成する部分で、建築の大きさや基本的な空間は軸部によって決まってくる。横架材としては柱の外側から打ち付ける長押《なげし》や柱の頂部から落とし込んで固定する頭貫《かしらぬき》などがある。長押は高さ

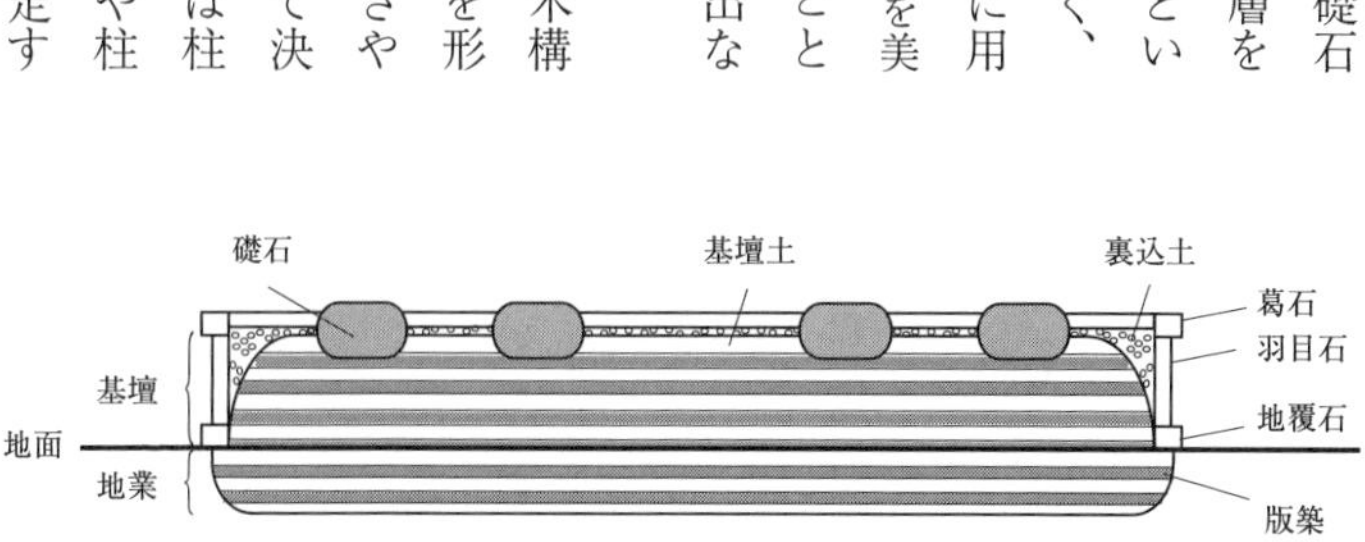

によって切目《きりめ》長押・腰長押・内法《うちのり》長押と名称が異なる。これらの横架材で柱を固め、柱の上、あるいは組物を介したその上に梁・桁を架けて軸部を構成するのである。(9)

組物は必ずしも建物の構成に必須の部位ではないが、寺院建築の主要堂塔では用いられることが多く、寺院建築を特徴づけるものといっても過言ではない。組物は基本的には左右に腕のように広がる肘木《ひじき》と斗《ます》の組み合わせで成り立っており、現存する古代建築にも舟肘木《ふなひじき》、大斗《だいと》肘木、平三斗《ひらみつど》、出組《でぐみ》(10)、三手先《みてさき》などさまざまな種類の組物が用いられている(**図3**)。

組物は柱と桁の間に位置する部位で、小屋組や屋根の荷重を受けて柱に流す役割を担い、また軒下を荘厳している。組物のもう一つの大きな役割は軒先を大きくするために桁を外に持ち出すことである。通常、桁は柱の上の位置にあるが、組物の手先を出すことで、桁を外側に持ち出し、軒を深めるのである。舟肘木・大斗肘木・平三斗は手先の出ない組物であるが、出組や三手先は手先の出る組物で、日本建築の特徴である深い軒を作り出している。

さらに組物は建物の違いを示す建築表現として用いられることも多く、中心施設である金堂や塔には手先の多い三手先が用いられるのに対し、鐘楼や経蔵などでは平三斗、僧房では舟肘木、あるいは組物を用いないなど、建物ごとに組物の形式に違いがある。

(9) 柱と梁・桁による基本の骨組み[海野、二〇一七、図7]

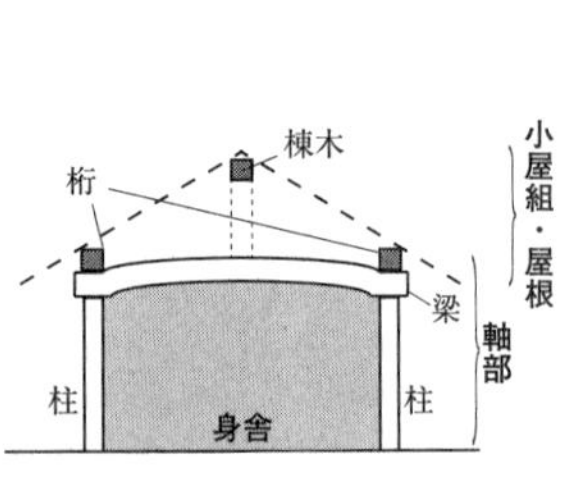

(10) 壁から桁を一手出す組物の形式。奈良時代建築で当初から出組のものは東大寺法華堂のみで、一般的に用いられていた組物であるかについては不明である。東大寺転害《てがい》門《もん》・法隆寺夢殿《ゆめどの》・唐招提《とうしょうだい》寺《じ》講堂は中世の改造によって、現在の組物形式となっている。

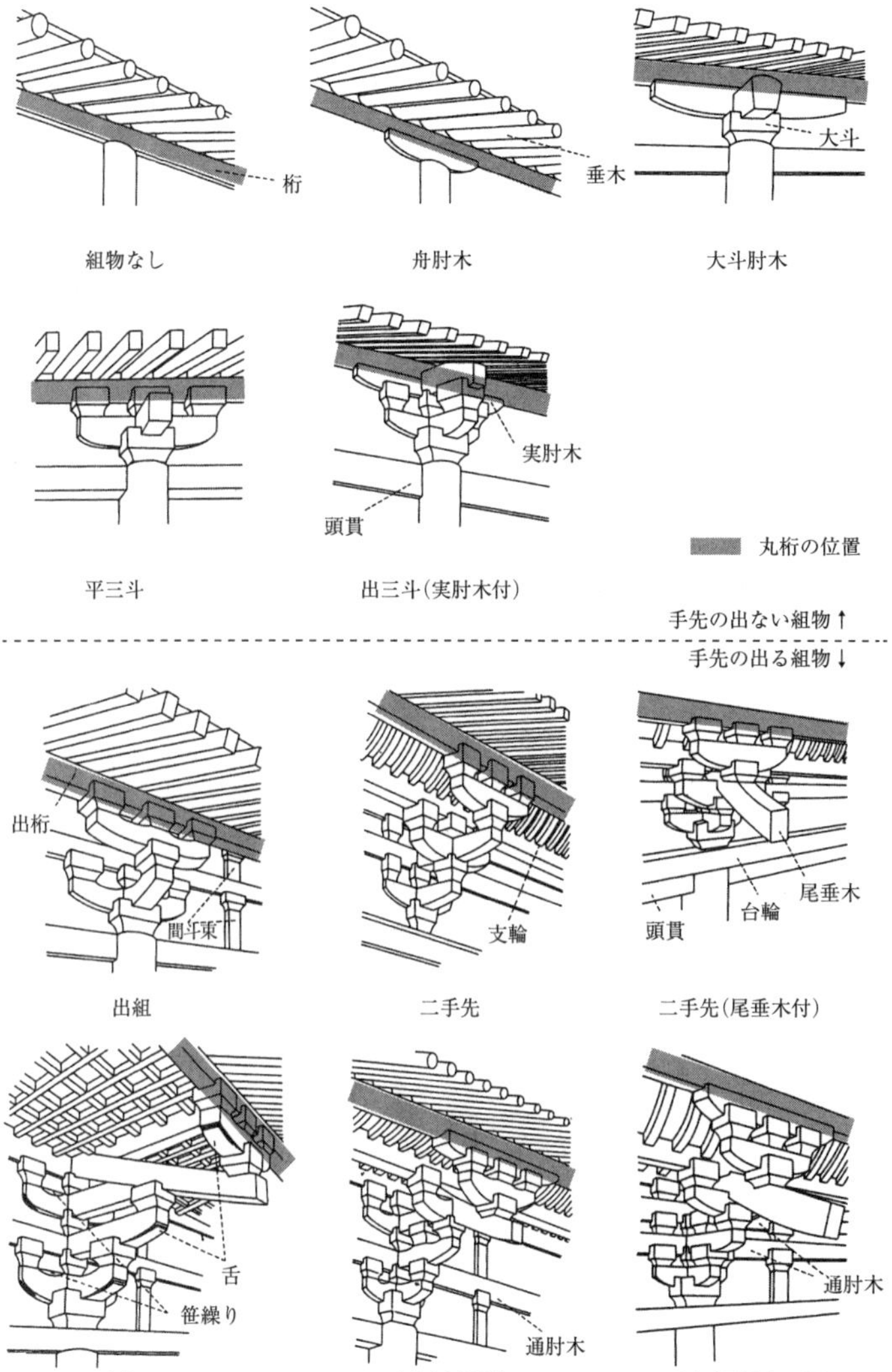

図3　組物の諸形式[海野，2017，図35]

建物の最上部にあるのが小屋組・屋根である。雨や光を遮る屋根が建物の内部空間を作っており、屋根を支えるために建築の構造があるといってもいいであろう。小屋組は屋根を支える構造体で、屋根を葺くために棟木《むなぎ》と桁の間に垂木《たるき》を掛けて屋根面を作り上げている。垂木は通常、地垂木《じだるき》のみの一軒《ひとのき》であるが、格式の高い建物では地垂木の先に飛檐《ひえん》垂木をさらに加えて二軒《ふたのき》とし、軒を深くする。奈良時代の建築では地垂木の断面を円形、飛檐垂木の断面を角とし、「地円飛角」とすることが多い。組物と垂木によって日本建築の特徴である深い軒が構築されており、この軸部と深い軒の屋根の絶妙なバランスは日本建築の美しさの一つである。

古代建築の平面と規模の表し方

古代建築は柱・梁・小屋組などの構造体によって、三次元の空間を構成しており、なかでも最も基本となるのは柱の位置である。この柱位置のほか、扉、窓、壁などの間取りの平面の情報は建築を理解するための基本的な情報である［海野、二〇一七ほか］。

古代建築は基本的に長方形の柱配置となるのであるが、これには上部構造が密接に関わっている。最も単純な建物の上部構造は二本の柱を立てて、それらの上を水平方向に梁でつないだもので、鳥居のような形である。この鳥居型の架構をいくつ

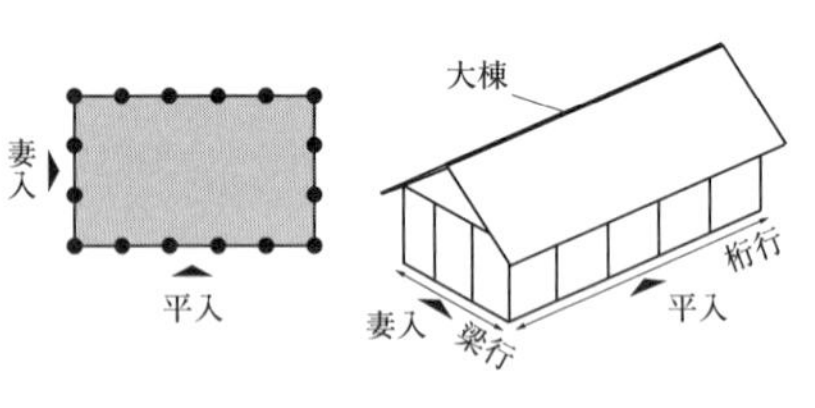

(11) 妻入と平入［海野、二〇一七、図9を一部改変］

も並べて、梁と直交して、水平方向に桁を架けることで、建物の骨組みを構成している（**図4**）。柱と柱の間を柱間《はしらま》といい、建物の規模はこれを基本に表現する。これが古代建築の基本構造で、それゆえ古代建築の平面は基本的に長方形となるのである。

さて屋根を見ると、屋根の頂部には水平部分があり、これを大棟《おおむね》といい、大棟を構成する材を棟木という。建物の大棟と平行する方向を桁行《けたゆき》といい、これと直交し、梁の架かる方向を梁行《はりゆき》あるいは梁間《はりま》といい、桁行三間、梁間二間などのように、桁行、梁間の柱間で建物の規模を表す。大棟と並行する面を平側《ひらがわ》、直交する面を妻側《つまがわ》、それぞれの方向から建物に入る方法を平入《ひらいり》、妻入《つまいり》といい(11)、奈良時代の寺院の主要建物は基本的に平入である。

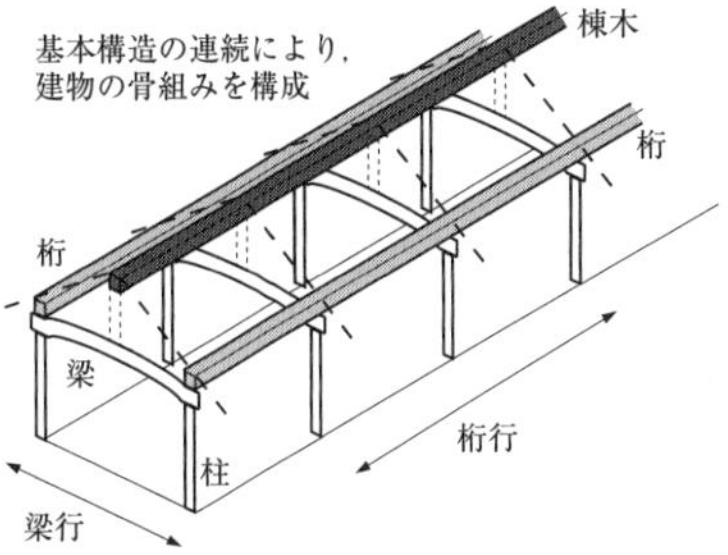

図4　基本架構の連続［海野，2017，図8］

屋根形状と葺き材

古代建築の基本的な屋根は切妻造《きりづまづくり》・寄棟造《よせむねづくり》・入《いり》母《も》屋造《やづくり》・宝形造《ほうぎょうづくり》（方形造）の四つである(12)。このうち、最も単純な屋根形式は切妻造で、本を伏せて山形としたような形状である。寄棟造は四方向に

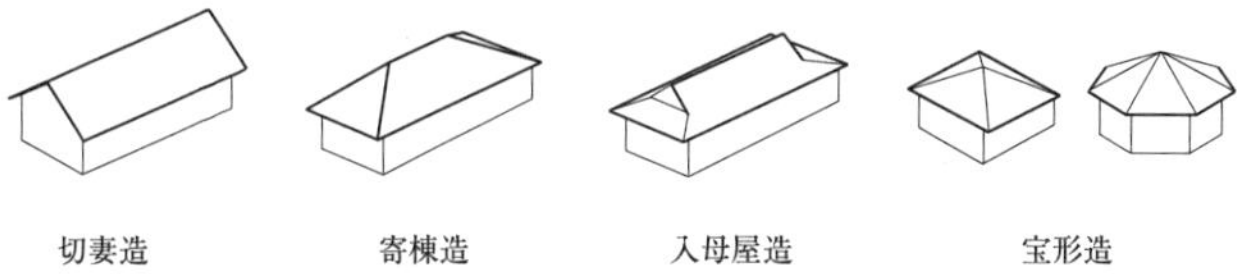

（12）さまざまな屋根の形［海野、二〇一七、図11］

傾斜する屋根で、平側の台形と妻側の三角形の屋根面で構成される。入母屋造は屋根の上部を切妻造、下部を寄棟造とするものである。宝形造は寄棟造の大棟がなく、屋根がすべて三角形になる形式で、平面は正方形であることが多いが、六角形や八角形となることもある。

現存する奈良時代以前の建築は丸瓦と平瓦を組み合わせ、軒先を文様を施した軒先瓦で荘厳した瓦葺であるが、このほかにも様々な葺き材が用いられていたことが、諸寺の財産目録である資財帳などの文献史料から知られる。例えば『西大寺資財流記帳』には十一面堂院という区画に檜皮葺《ひわだぶき》の楼・僧房などの建物があり、また他の区画には草葺の厩や、瓦葺や板葺の倉などがあったとされる。ちなみに『続日本紀』神亀元年(七二四)一一月甲子(八日)条によると、平城京の貴族や庶民の家の建物を瓦葺・朱塗りとするように推奨しており、奈良時代には瓦葺は一般的ではない。寺院においても瓦葺は金堂や講堂などの主要堂塔を中心に用いられる程度で、付属屋や倉庫など多くの建物は草葺や板葺であった[大岡、一九六六/海野、二〇一八ほか]。

この葺き材の差異は基礎にも影響を及ぼしている。檜皮葺・板葺・草葺のような植物性材料の葺き材とは異なって、瓦は非常に重いため、基礎も掘立柱ではなく、荷重に耐えるために礎石とすることが多く、礎石と瓦葺はセットとして寺院建築を構成する大きな要素であったのである。[13]

(13) 外来の宗教である仏教を表象する礎石・瓦葺・朱塗りの寺院建築に対して、伝統宗教である神道の神社建築は掘立柱・植物性の葺き材・素木とすることで対比的に建築表現した。伊勢神宮では「瓦葺」を「寺」の忌み言葉(使用をはばかって、代わりに用いる言葉)として用いた。

平面の拡大と屋根形状

古代建築の平面拡大には桁行方向と梁間方向に長くする二つの方法があり、廻廊などの細長い形状の建物を見れば、桁行方向に拡大する構造の方が困難ではないことは容易に想像できよう。しかしこの方法では細長い平面の建物しか造ることができない。対して梁間方向に拡大するには、無柱の空間を構成するために長大な梁を架ける必要があるが、架け渡す梁の長さから構造的な制限がある。それゆえに奈良時代の建築は基本的に梁間二間のものが多い。

そのため梁間方向にさらに拡大するには、廂《ひさし》を付けて柱の外側に空間を作るしかない(14)。この廂の部分に対して、建物本体部分を身舎《もや》と呼び、身舎柱を入側柱《いりがわばしら》、廂柱を側柱《がわばしら》という。

廂の付加によって建物内部の面積は大きく変わり、廂の取り付く位置によって建物の平面形式は変化する。最も基本となるのは廂の付かない無廂《むびさし》の建物で、これに一面ずつ廂が取り付いていき、片廂、二面廂、三面廂、四面廂と建物の平面は拡大していく(15)。

いっぽうでこれらの廂の付く建物とは全く異なる柱配置のものもある。一つは塔(塔婆)である。塔はインドの仏舎利を納めるストゥーパが変化したものとされる。

(14) 身舎に廂を加える構造[海野、二〇一七、図12]

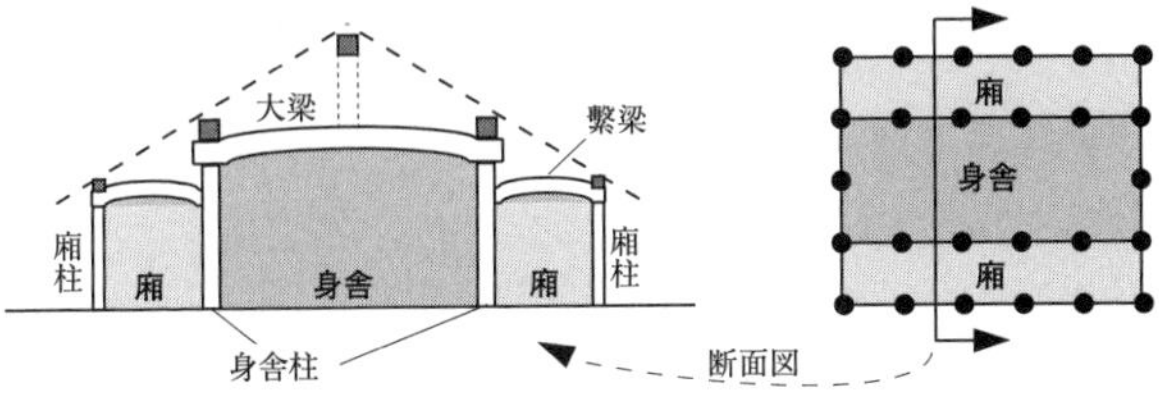

頂部の相輪を支えるために中心に心柱《しんばしら》を立て、心柱の周囲には四天柱が立てられる。二つ目は校倉《あぜくら》をはじめとする倉庫である。比較的荷重の重いものを収納することもあり、外周の柱だけではなく、内部にも柱を置き、高床を支えるのである。もう一つは門である。門の場合、両脇に塀などの遮蔽施設が取り付き、棟通りの筋（梁間方向の中央の筋）に扉などの柱間装置が付くため、やはり外周だけではなく、棟通り筋にも柱が必要である。

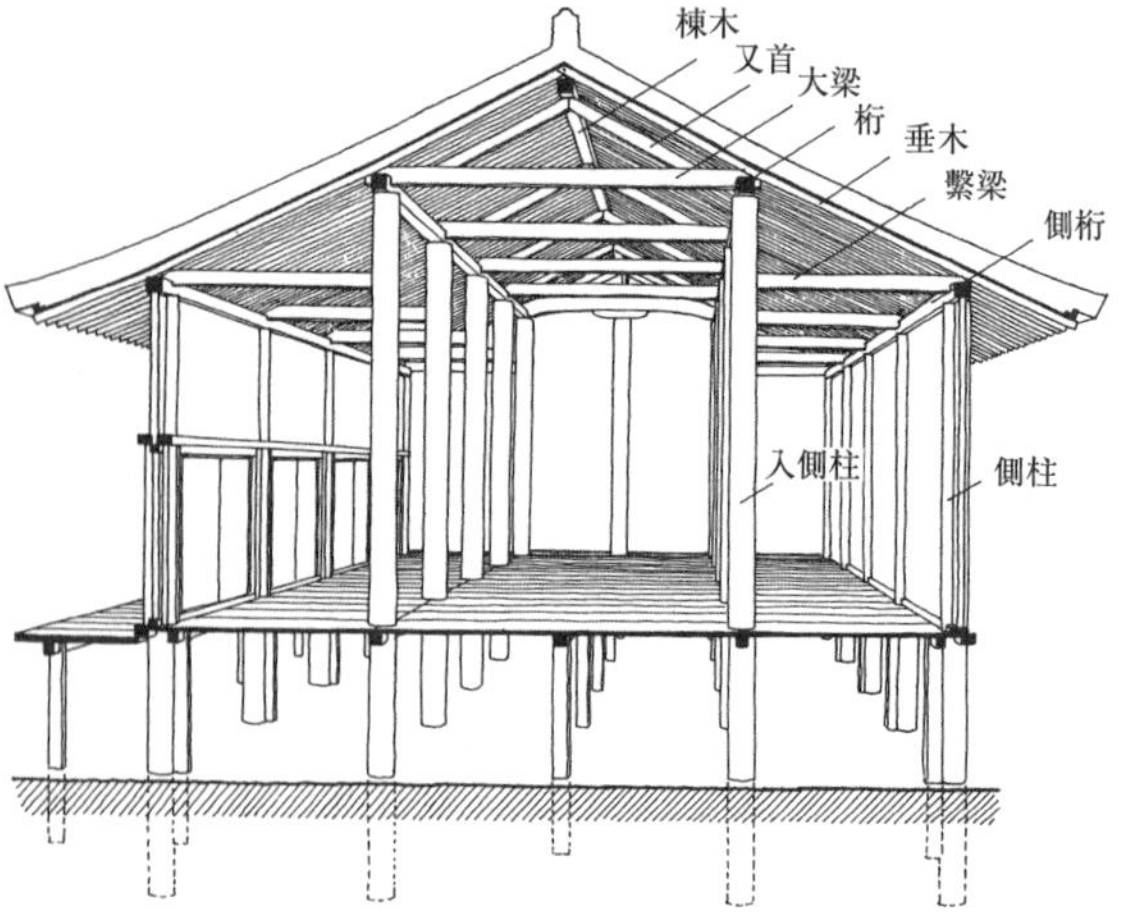

図5　二面庇のモデル透視図［宮本，1986］

さて現存する奈良時代の建築には無庇、二面庇、四面庇の建物が確認できるが、庇の取り付き方と屋根形状には深い関係がある。基本となる無庇の建物は基本的に切妻造であり、片庇、二面庇も同様である。二面庇をモデル的に透視図化したもの

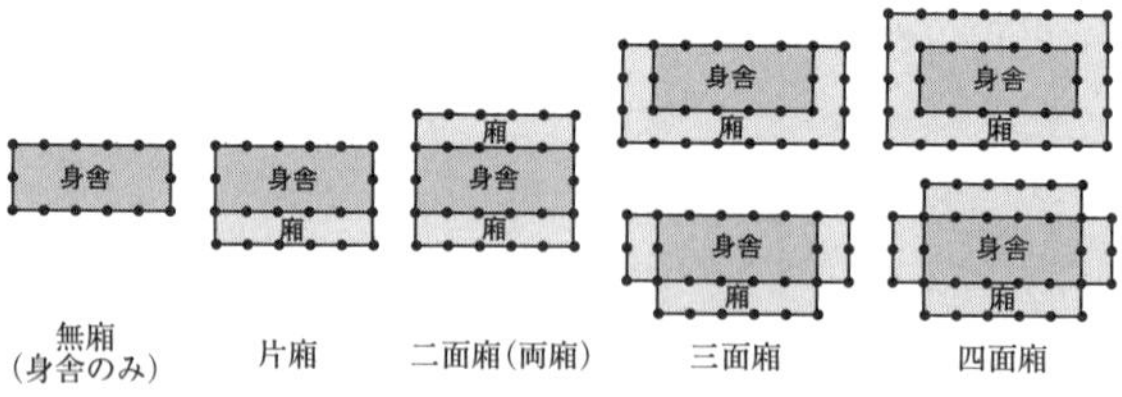

（15）平面の拡大と庇の付加［海野、二〇一七、図13］

が図5であるが、中央部が身舎の空間で、その両脇が廂の空間である。そして身舎柱（入側柱）同士に梁を架け、身舎柱と廂柱（側柱）を繋梁《つなぎばり》でつなぐ。結果として身舎柱が廂柱よりも長く、天井の高さも身舎の方が高くなる。

切妻造以外の寄棟造・入母屋造の屋根を架けるには、四面廂の柱配置とする必要があり[16]、一般的には面積が大きくなる四面廂が最も高い格式である。寄棟造・入母屋造の場合には四隅に斜めの部分があり、ここに隅木《すみぎ》という部材が入る。その隅木を支える柱が下部に必要で、隅の廂柱から一間分、内側に入った位置に身舎柱が必要となる。結果的に構造的な理由から入母屋造や寄棟造の屋根には四面廂の柱配置が必要になるのである。

宝形造の場合、大棟がなく、正方形、あるいは六角形、八角形の柱配置とする。三重塔や五重塔などの塔婆は正方形の平面で、宝形造の屋根となり、中心部には相輪がのり、高くそびえたつ。いっぽう、法隆寺夢殿のように多角形平面では、宝珠が頂部を飾っている。

このように古代建築の構造は柱の位置とその上に架かる梁と桁に規定されるため、平面と屋根の形は密接に関係している。特に隅木を用いる入母屋造・寄棟造は基本的に四面廂の柱配置とする必要がある。廂の付加による平面の拡大とともに、屋根形状は建物の外観に強く表れ、古代建築を特徴づけるデザインとなる。

(16) 四面廂と隅木のある屋根［海野、二〇一七、図19］

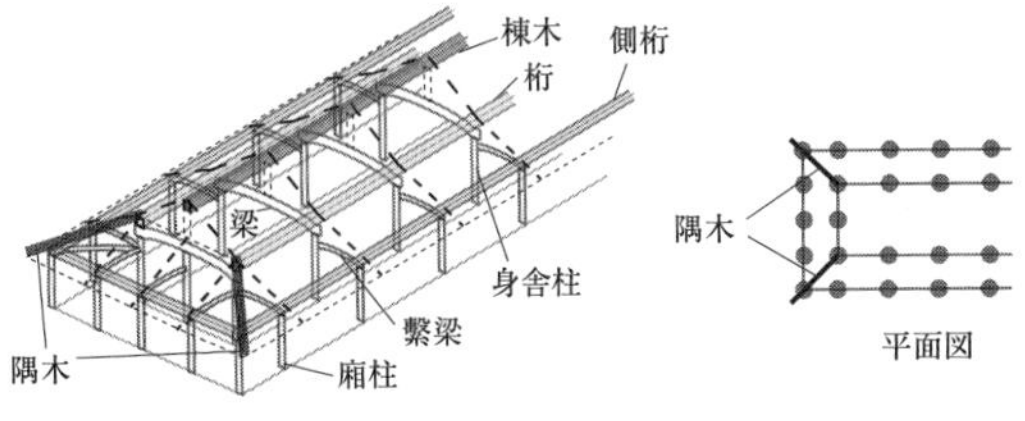

3　現存する寺院建築

飛鳥時代の現存建築

飛鳥時代の現存建築(17)は法隆寺に残る金堂・五重塔・中門《ちゅうもん》・廻廊と法起寺《ほっきじ》三重塔に限られ(18)、いずれも斑鳩《いかるが》の一帯に集中している。その最大の特徴は組物にあり、法隆寺廻廊を除き、雲斗《くもと》・雲肘木《くもひじき》(19)という特徴的な組物を用いている。

法隆寺は推古天皇の摂政であった聖徳太子が創建した寺院で、金堂は現存最古の木造建築として知られる。現在の法隆寺には西院伽藍と東院伽藍があり、西院伽藍には金堂・五重塔・中門・廻廊など(**図6**)、東院伽藍には夢殿・伝法堂《でんぽうどう》など(**図7**)が残っている。

法隆寺の草創に関する文献史料は少なく、金堂の薬師如来像の光背《こうはい》銘文には推古天皇一五年(六〇七)にこの像と寺を造ったとあるが、この光背銘の年紀は長きにわたる建立年代に関する論争が繰り広げられるきっかけとなった[足立、一九四一/藤井、一九八七ほか](本書二五八―二五九頁、コラム参照)。

推古天皇九年(六〇一)に聖徳太子は現在の法隆寺東院伽藍付近に斑鳩宮の造営を開始し、同一三年にはここに居を構えたが、その持仏堂(20)のようなものが西院伽藍の

(17) 後述のように、法隆寺五重塔・中門・廻廊は、金堂よりも造営が遅れ、平城京に遷都した和銅三年(七一〇)以降に完成した可能性があるが、組物の様式などを見ても金堂と一連の造営と考え、飛鳥時代の建築としている。

(18) このほか法輪寺三重塔が雲斗・雲肘木の組物を用いた塔であったことが知られるが、昭和一九年(一九四四)の雷火によって焼失し、現在の塔は昭和五〇年に再建されたものである。

前身の若草伽藍に発展していったとみられる。この若草伽藍は昭和初期の発掘調査で四天王寺式の伽藍配置であることが知られており、出土瓦の文様も太子ゆかりの四天王寺と同じものであった。しかし斑鳩宮は皇極天皇二年（六四三）には蘇我入鹿《いるか》によって焼かれ、山背大兄王《やましろのおおえのおう》ら太子一族は滅ぼされてしまい、その後、『日本書紀』によると、若草伽藍も天智天皇九年（六七〇）に全焼してしまったとされる。この焼

図6　法隆寺西院伽藍（写真提供＝奈良文化財研究所）

図7　法隆寺東院伽藍（写真提供＝奈良文化財研究所）

（19）法隆寺金堂の組物［『日本建築史基礎資料集成4』、一九八六に加筆］

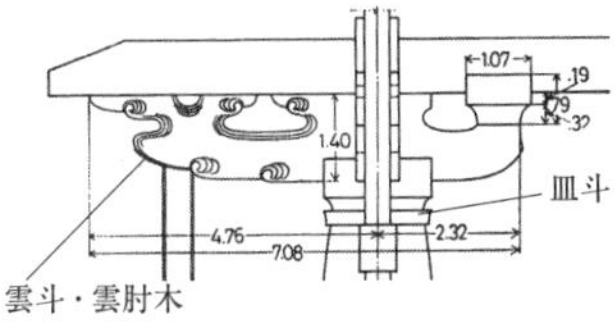

（20）日常的に礼拝する念持仏を安置する堂のことで、橘夫人《たちばなぶにん》の念持仏とされる阿弥陀三尊像が法隆寺に伝わる。奈良時代には厨子《ずし》に納めることが多かったようで、この阿弥陀三尊像も厨子に納められている。

失記事は金堂の薬師如来像の光背銘文の年紀と矛盾が生じるが、現在は若草伽藍の発掘調査によってその焼失の事実が確認され、現在の法隆寺金堂の建立年代は七世紀後半と考えられている。

持統天皇七年(六九三)には仁王会《にんのうえ》(21)のための諸仏具の奉納、その翌年には金光明《こんこうみょう》経《きょう》の奉納もあり、このころには金堂などの伽藍主要部も整備されていたようで、和銅四年(七一一)には塔内の塑像《そぞう》や中門の金剛力士《こんごうりきし》像を造立しており、この時期にようやく五重塔や中門が完成したとみられる。これら法隆寺金堂・五重塔・中門は、胴張りの大きい柱、雲斗・雲肘木の組物など、日本建築のなかでも特異な構造やデザインである。

法隆寺金堂は、入母屋造の本瓦葺の、二重の屋根とし、元禄年間(一六八八―一七〇四年)の修理時に加えられた軒先の支柱には龍の彫刻が施されている。(22) 梁間(奥行)の大きな初層と、軒の深い屋根に比してスリムな上層である。下層の平面は桁行三間、梁間二間の身舎の四周に庇が廻り、さらに板葺の裳階《もこし》(23)の付く構造である。身舎・庇の柱は太い中央部に膨らみのある丸柱で、裳階は建立後に付加されたとされ、角柱《かくばしら》で構成されている。建立後に付加されたことは、わずかではあるが、身舎・庇の柱筋と裳階の柱筋がずれていることからもうかがえる(**図8**)。

内部は柱が立つのみで仕切りはなく、内陣《ないじん》である身舎に釈迦三尊像を祀り、外陣《げじん》

(21) 仁王般若経を讃えて、その内容を講じ、功徳を期する法要で、日本では斉明天皇六年(六六〇)五月以降、行われるようになった(『日本書紀』)。

(22) 元禄の修理に先立ち、慶長五―一一年(一六〇〇―〇六)にかけて、豊臣秀頼が片桐且元《かたぎりかつもと》に命じた法隆寺諸堂宇の修理があり、金堂は慶長八年に構造補強・改造が行われた。元禄の修理は慶長の修理に比べ、小規模であった。

(23) 本来の屋根の下にもう一重の屋根を架ける形式で、本体の建物に比べて、簡素な屋根とすることが多い。

の壁画、内外陣の小壁の飛天《ひてん》や山中羅漢図《さんちゅうらかんず》などで仏堂内を荘厳している。(24)内陣を折上組入天井《おりあげくみいれてんじょう》、外陣を組入天井として、両者の天井を変え、さらに内陣には天蓋《てんがい》を吊るすことで仏を祀る内陣の上位性を表現している。仏像を中心に据えて仏堂内部の荘厳を凝らすことで仏の世界を造り上げ、さらに外周から釈迦三尊像に向けて徐々に荘厳性を高める空間としたのである。いっぽうで上層には高欄《こうらん》が廻るが、縁板《えんいた》や内部の床板は張られておらず、上層は通常、人が登ることはない見せかけのデザインである。

そして雲斗・雲肘木という特有の組物で深い軒を支えている。隅の組物が斜め四五度方向にのみ手先を出す形式で、これは法隆寺五重塔・中門に加え、玉虫厨子《たまむしのずし》も同じ形式である。さらに柱の上に置かれる大斗には奈良時代の諸建築には見られない皿斗《さらと》(25)が付いている。組物が曲線に富むのに対して、軒は角垂木の一軒の硬い造りで、柔剛が融合したデザインを造り上げている。

金堂と並んで建つ五重塔は金堂の約二倍もの高さがあるが、逓減《ていげん》(26)が大きいため安定感のある外観である。方三間(三間四方)の正方形の平面で、初層には板葺の裳階が廻っている。金堂と同じく二層以上の上層には登ることはできず、見せかけの装置である。内部は中心に相輪を支えるための心柱がそびえたち、それを囲むように四天柱が立つ。この四天柱の内側には塑像群を配した須弥山《しゅみせん》を築き、仏の世界を表

(24) 法隆寺金堂の壁画に関しては、昭和一五年(一九四〇)から模写作業が行われていたが、昭和二四年一月二六日の未明、火災によって焼損してしまった。この事件は文化財保護法の制定のきっかけとなった。

(25) 注19の図参照。

(26) 重層の建築の場合、下層に比べて上層の平面を少し小さくする。その小さくなる割合を逓減という。逓減が大きいほど、上層の平面が小さくなるため、安定した構造となる。塔婆ではおおまかな傾向として古いほど逓減が大きい。

現している(**図9**)。

逓減は柱間にも表れており、初層から四層目までは方三間であるが、最上層は方二間としている。この五層目の柱間の減少は組物の肘木の広がりに起因しており、四層では隅の柱上の肘木が隣の肘木とくっついており、五層では柱間を三間とする

(27) 平城京の薬師寺西塔の心柱を支える礎石である心礎の中心部には、舎利穴がある。

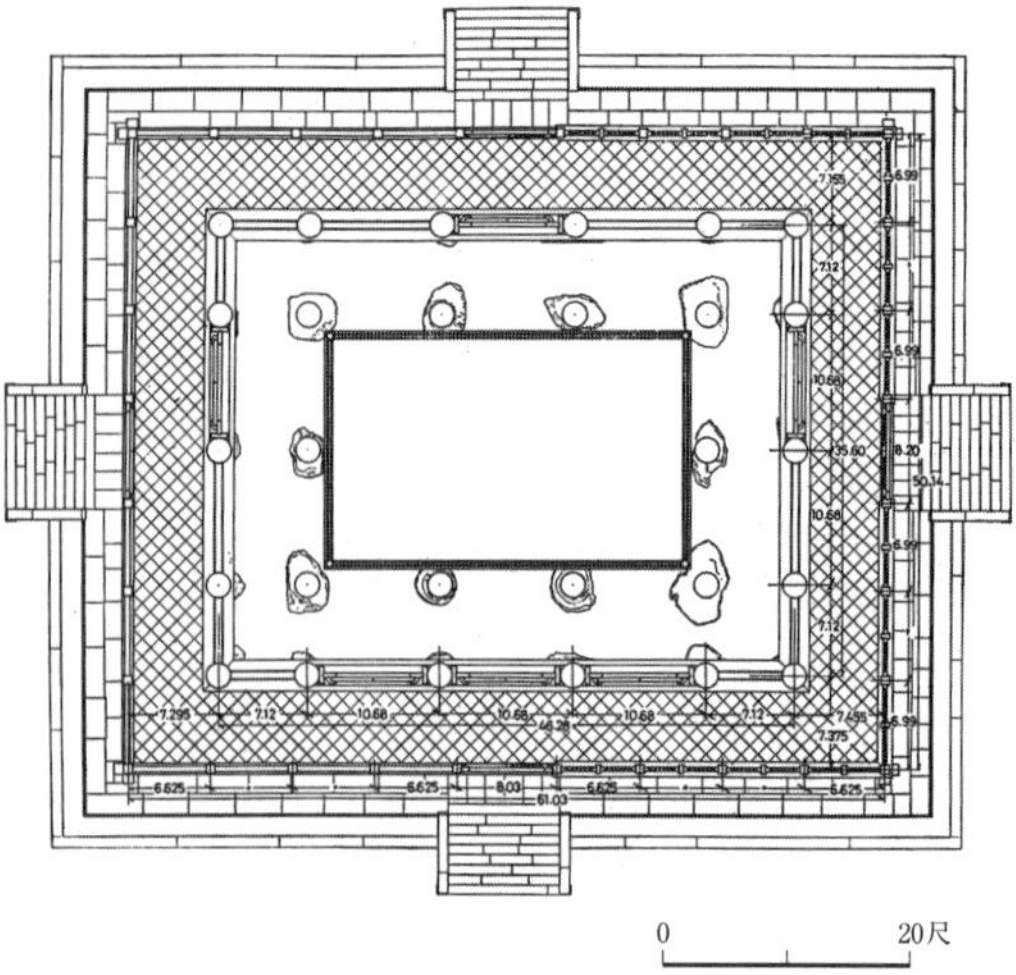

図8 法隆寺金堂初層平面図[『日本建築史基礎資料集成 4』, 1986]

図9 法隆寺五重塔須弥山南面[法隆寺国宝保存委員会, 1955]

と柱上の組物同士が干渉するため、二間としている(図10)。

五重塔の古式さは組物や逓減の大きさにも表れているが、心礎《しんそ》にもその一端を見て取れる。発掘調査によって心礎が基壇上面よりも低い位置に据えられていたことが知られ、心礎のほぼ中央の孔に舎利容器が安置されていた[27]。この心礎の据付位置は中宮寺《ちゅうぐうじ》の塔跡でも同様の形式となっており、古い形式とされる。いっぽうで法起寺三重塔[28]をはじめ、薬師寺東塔や東大寺東塔など、時代の下った塔では版築の基壇

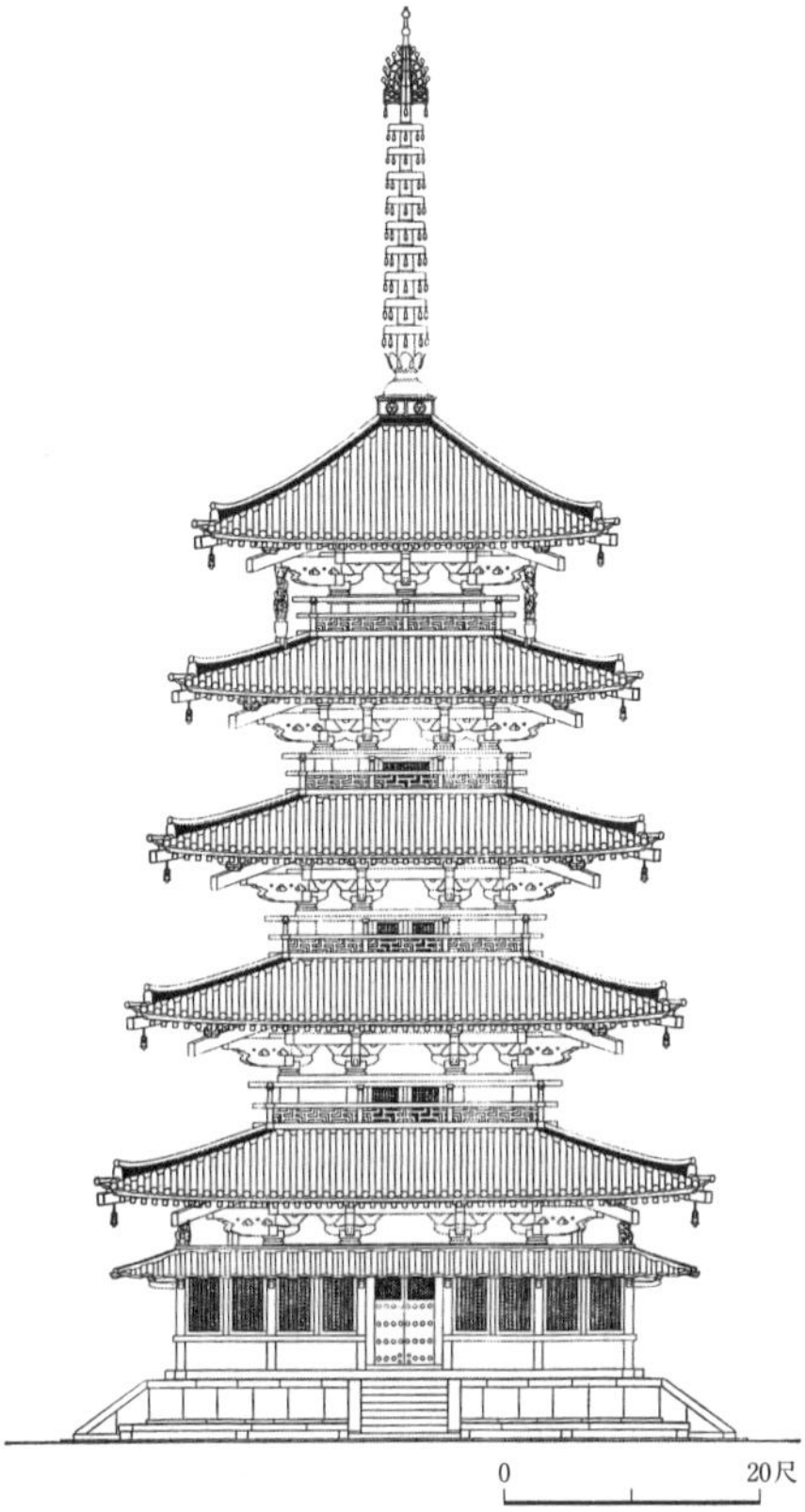

図10　法隆寺五重塔立面図[『日本建築史基礎資料集成 11』, 1984]

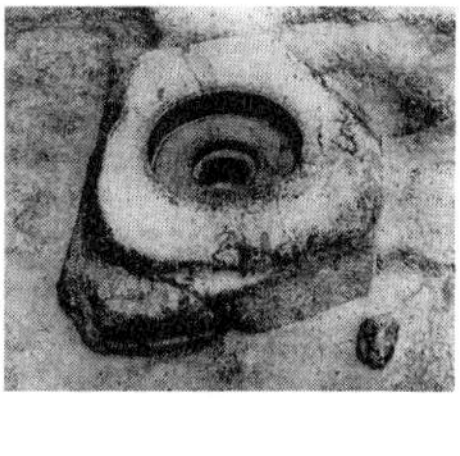
薬師寺西塔の心礎[奈良文化財研究所、一九八七]

(28) 法起寺三重塔の初層・二層・三層の平面は法隆寺五重塔の初層・三層・五層と同じ大きさで逓減が大きい。露盤銘があったといい(『聖徳太子伝私記』)、乙酉年(六八五)に建てられ、丙午年(七〇六)に露盤を作ったとあるが、心礎の据付方法から建立年代は六八五年まで遡らないとされる。

図11　李寿墓壁画(奈良文化財研究所作成トレース図.「唐李寿墓発掘簡報」〈『文物』1974年第9期〉)

上に心礎を据えており、心礎の形式にも時代性が表れている。

これらの法隆寺西院伽藍の諸建築は大陸の影響を受けており、高欄の卍崩しや人字割束《わりづか》の(29)デザインは初唐の李寿墓壁画に確認できる(**図11**)。ただしこのデザインは初唐に起こったものではなく、さらに古い北魏(三八六—五三四年)の雲崗《うんこう》石窟にも確認でき、法隆寺の大斗の下に皿斗が付くデザインも北魏の壁画などによく見られる。つまり現在の法隆寺西院の再建は七世紀後半以降であるが、当時の最先端である初唐の様式ではなく、さらに古式なデザインで造られたのである。

この法隆寺西院の諸建築のひときわ太い材と、独特の細部意匠は、奈良時代の唐様式の洗練された、あるいはやや均質化した建築とは大きく異なるもので、当時の法隆寺の置かれていた状況の一端を映し出している。後で述べるように、同時代的に

(29) 法隆寺金堂高欄の卍崩しと人字割束〔『日本建築史基礎資料集成4』、一九八六〕

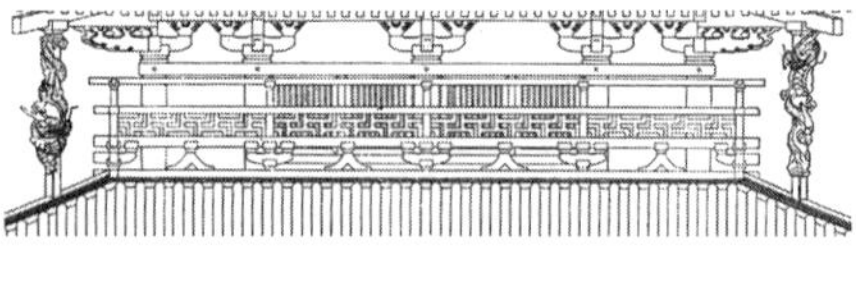

(30) 氏族が一族・子孫の祈願所として建立を発願し、維持管理した氏寺に対して、律令制のもとで、堂塔の造営や修理、

見ると川原寺《かわはらでら》では唐の最先端の様式を取り入れているから、律令制の確立とともに官寺[30]の建立に力を入れていた状況とは異なる動きであろう。

奈良時代から平安時代前期の現存建築

奈良時代の建築は二三棟が残っており、唐招提寺金堂、法隆寺東院夢殿、薬師寺東塔、正倉院正倉[31]などが代表的なものである。いっぽうで東大寺・興福寺など大寺の金堂は一棟も残っておらず、平城宮の主要建物も東朝集堂が移築された唐招提寺講堂を除き、現存していない。すなわち奈良時代の第一級の建築はほとんど残っていないのである。主要寺院の金堂を見渡しても唐招提寺金堂がある程度で、金堂以外の建物に広げても東大寺法華堂、法隆寺食堂、法隆寺東室などわずかである。平安時代前期まで広げても、山林寺院として知られる室生寺《むろうじ》金堂・五重塔や法隆寺綱封蔵《こうふうぞう》などがあるにすぎず、現存建築の数は限られている。とはいえ、中国でさえ唐代以前の木造建築は建中三年(七八二)建立の南禅寺大殿をはじめ、仏光寺東大殿、天台庵、広仁王廟(いずれも山西省)、開元寺鐘楼(河北省)など数棟に限られるとされるから、奈良が世界的にも古い木造建築の残るまれな地域であることに疑いはない。

(30) 僧尼の費用が国から支給されるものを官寺といい、天皇の発願により、国家安寧を願うものが多い。

(31) 正倉院正倉(写真提供＝宮内庁正倉院事務所)

仏堂

奈良時代の現存仏堂は数少ないが、官大寺の中心建物である金堂・講堂は唐招提寺に現存する。唐招提寺は周知のとおり、渡来僧である鑑真《がんじん》のために開創された寺で、天平宝字三年（七五九）に創立された。

金堂は高い壇上積《だんじょうづみ》の基壇の上に建つ桁行七間、梁間四間の四面廂の建物で、寄棟造の本瓦葺屋根の大棟両脇に鴟尾《しび》(32)が置かれる。身舎の部分は折上組入天井として本尊盧《る》舎那《しゃな》仏《ぶつ》座像、薬師如来立像、千手観音《せんじゅかんのん》立像を祀り、正面一間の廂は吹放《ふきはな》し(33)としている。組物は三手先で、地垂木と飛檐垂木による二軒の構成で深い軒を支えている（**図12**）。

講堂は平城宮東朝集堂を移築(34)したもので、鎌倉時代に大きな改造を経て現在の姿になっており、解体修理によって平城宮東朝集堂、唐招提寺創建講堂の形が明らかになっている（**図13**）。東朝集堂は桁行九間、梁間四間の二面廂の建物に復原でき、平面は平城宮東朝集堂の発掘調査の成果とも一致する。側面と背面両端間のみを壁として、そのほかを開放とした非常に開放的な平面であった。屋根は切妻造で、組物は大斗肘木としており、創建講堂よりも簡素な造りであった。いっぽう唐招提寺創建講堂は桁行九間、梁間四間の四面廂の建物で、入母屋造の屋根で、大斗肘木の組物であった。仏堂に相応しく扉・壁・連子《れんじ》窓《まど》を備えて建物を囲い、閉鎖的な空間

(32) 大棟の両端につけられる飾り。唐招提寺金堂の鴟尾のうち、一つは創建当時のものが残っており、平成の解体修理にともなって現在は地上に下ろされて、保存されている。平成二四年（二〇一二）には唐招提寺金堂の附《つけたり》指定として、国宝に追加された。

(33) 扉・窓・壁などの柱間装置を入れず、開放的な作りとする方法。唐招提寺の場合は、正面一間の通りの両脇に回廊が取り付いたため、吹放しとしている。

(34) 木造建築は柱・梁・桁・組物などの部材による軸組の構造であるため、建物を解体して別の場所で組み立てる移築が可能である。藤原宮か

を造り上げ、内部には仏像を祀る須弥壇《しゅみだん》を設け、その背後には来迎壁《らいごうへき》が設けられた。

　この唐招提寺金堂と講堂では伽藍内における建物の重要性の違いがその形状で表されている。もちろん、伽藍の中心建物である金堂の方が講堂よりも重要であるのだが、これを建築の形式で表現しているのである。ともに瓦葺の四面廂の平面であるが、金堂では寄棟造、三手先とするのに対し、創建講堂は入母屋造、大斗肘木としており、この屋根形状、組物の手先・形式の違いが両建物の重要性の差を示して

ら平城宮、恭仁宮へ大極殿が移築された例や、紫《し》香楽《がらき》宮の藤原豊成邸が石山寺に移築された例などがある。

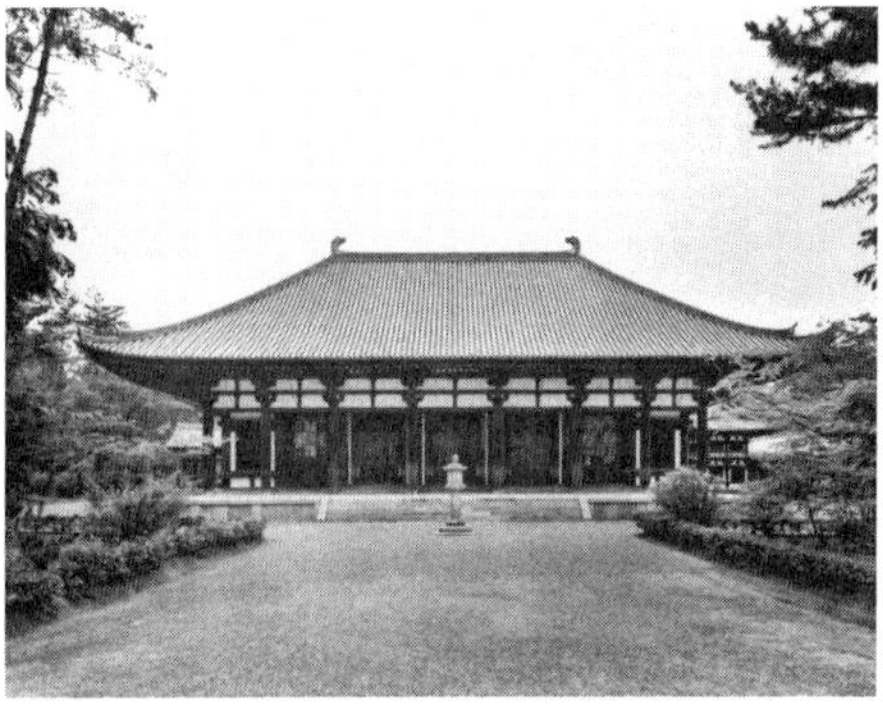

図 12　唐招提寺金堂［奈良県教育委員会，2009］（写真提供＝奈良県文化財保存事務所）

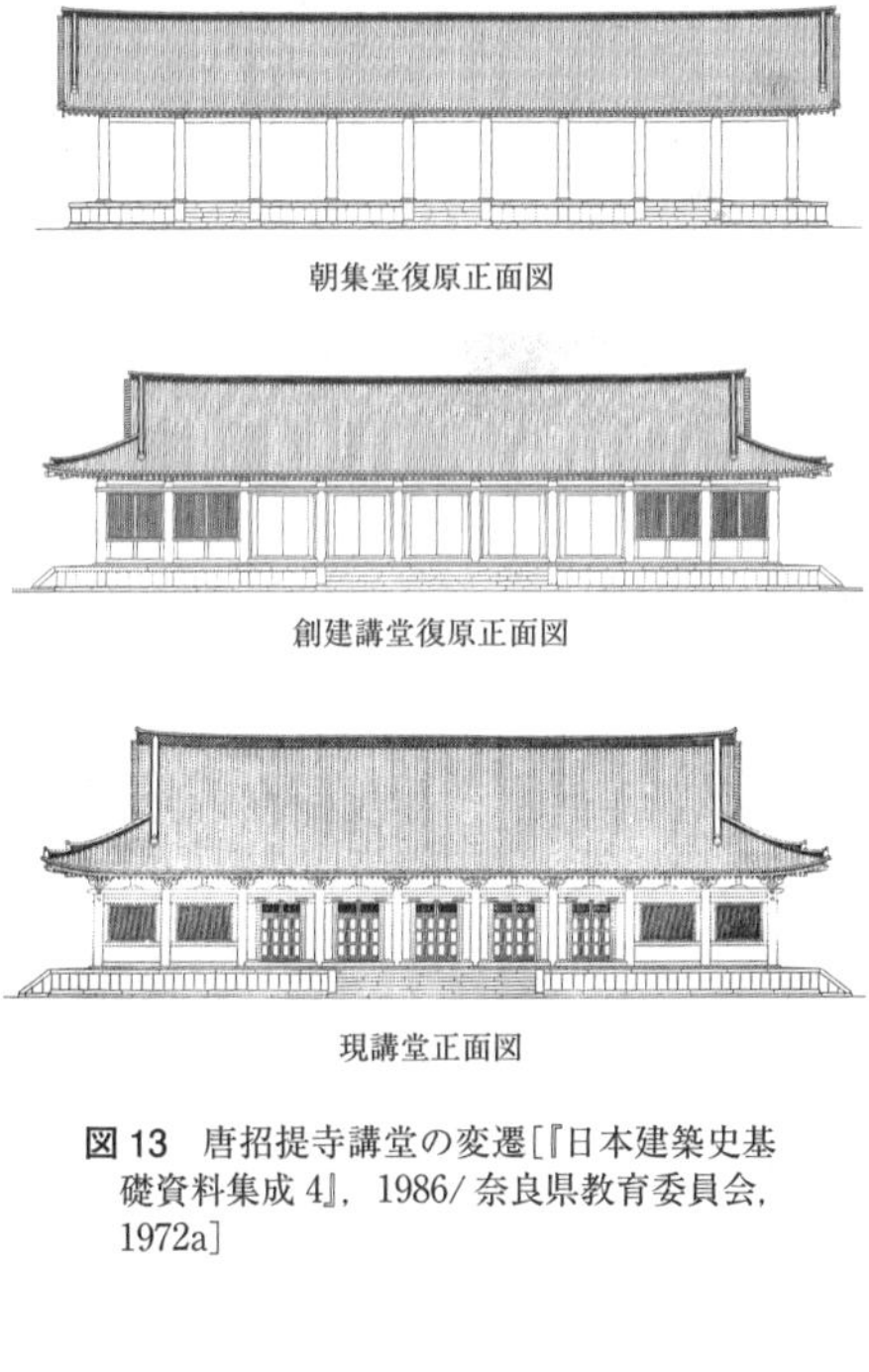

図 13　唐招提寺講堂の変遷［『日本建築史基礎資料集成 4』，1986/ 奈良県教育委員会，1972a］

いる。ちなみに建物の規模に関しては、後述のように寺院ごとに金堂の規模に格式差があることや、同一寺院内では講堂・食堂は僧侶が集まるための施設であるという機能的な要因から、金堂よりも平面規模が大きくなることが知られている。

さて奈良時代の伽藍では、回廊で囲むことで金堂前に空間を作り、そこで法会が行われていた。金堂の前に列席するための空間が必要であったのである。仏堂の前に別棟の建物を付した建築としては東大寺法華堂が現存する。

東大寺法華堂は天平一二年(七四〇)から天平勝宝元年(七四九)の間に建てられたとされ、古くは羂索堂《けんさくどう》と呼ばれていた[福山、一九四八ほか]。桁行五間、梁間四間、四面廂の寄棟造の正堂《しょうどう》の前に鎌倉時代に建てられた桁行五間、梁間二間の礼堂《らいどう》の付く建物(35)で、もともとは正堂と礼堂が独立して軒を接しており、その間に雨樋を設けていたが、現在はその間にも屋根を架けている。側面・背面の切目長押が正堂の前面にはなく、平安時代の記録に正堂の前に間口五間の檜皮葺の礼堂をともなっていたと記されることから、礼堂は当初から付いていたと考えられている。

また奈良時代の仏堂は土間とするのがほとんどであるが、東大寺法華堂の正堂は創建当時から床が張られており、この点は出組の組物とともに特異である。内部は身舎を折上組入天井とし、八角の須弥壇上に不空羂索観音像、その左右に日光菩《にっこうぼ》薩《さつ》・月光《がっこう》菩薩像などが安置されていた。なお日光菩薩・月光菩薩像は現在、東大寺

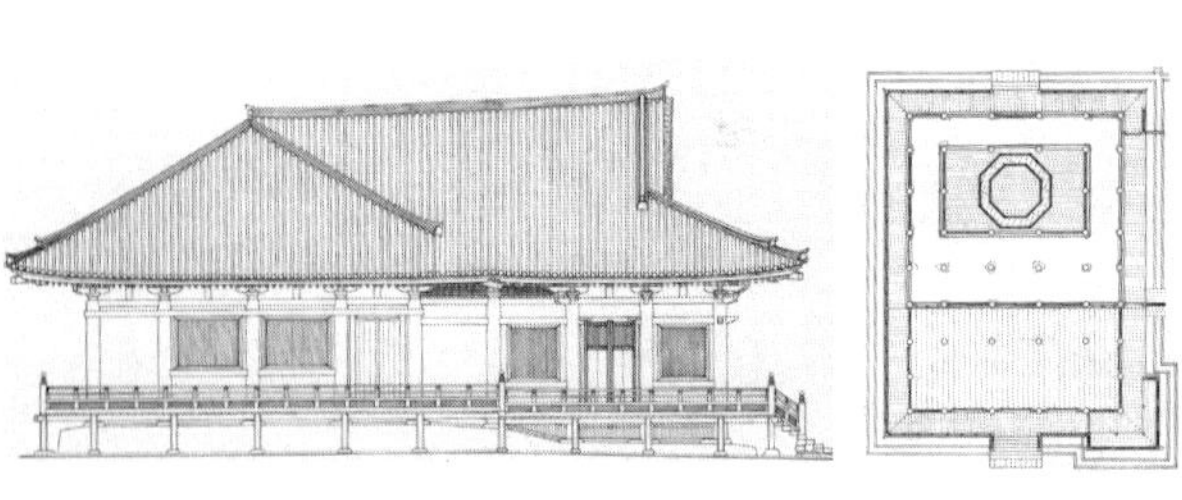

(35) 東大寺法華堂平面図(右)・立面図(左)[奈良県教育委員会、一九七二b]

ミュージアムに移されている。

塔婆

奈良時代から平安時代初期の塔では薬師寺東塔、当麻寺《たいまでら》の東西両塔、室生寺五重塔が現存する。特に薬師寺東塔は奈良時代を代表する建築の一つで、白鳳時代の形状を引き継いだ塔と考えられている。

薬師寺東塔は各重に裳階(36)の付いた本瓦葺の三重塔で、屋根が六つ重なった独特の構造の塔である(**図14**)。主屋《しゅや》(塔身)を三手先、裳階を平三斗の組物とし、ともに二軒で深い軒としている。薬師寺の開創は天武天皇が皇后の平癒を願って藤原京に建立した本薬師寺にさかのぼり、遷都にともなって平城京にも薬師寺が造られた。本薬師寺と平城京の薬師寺はともに双塔式の伽藍配置でほぼ同じ構成とされ、塔についても本薬師寺の東塔・西塔ともに裳階の有無は判然としないが、両塔とも平城の薬師寺東塔とほぼ同規模である。そのため薬師寺東塔が本薬師寺から移築された可能性が指摘され、長きにわたる論争が繰り広げられていた(二五九—二六一頁、コラム参照)。近年の解体修理における年輪年代学の調査によって心柱の伐採が平城移転後と判明し、『七大寺年表』などに記された天平二年(七三〇)以降の建立である蓋然性が極めて高くなった。

(36) 薬師寺東塔では裳階も塔本体の構造に組み込まれており、優美な外観を作り出す一助を担っている。

当麻寺[37]東西塔はともに本瓦葺の三重塔で、東塔が八世紀後半、西塔が九世紀の建立とされ、東西の両塔で形状が異なる。[38]東塔は二層・最上層の柱間を二間とするのに対し、西塔ではすべての層で柱間を三間としている。また組物はともに三手先であるが、西塔の初層と二層・三層で三手先組物の形状を部分的に変えている(**図15**)。

(37) 当麻寺は白鳳時代の当麻氏の創立とされ、伽藍には東西塔のほか、当麻曼荼羅《まんだら》を安置した曼荼羅堂、金堂、講堂などの古建築が残る。

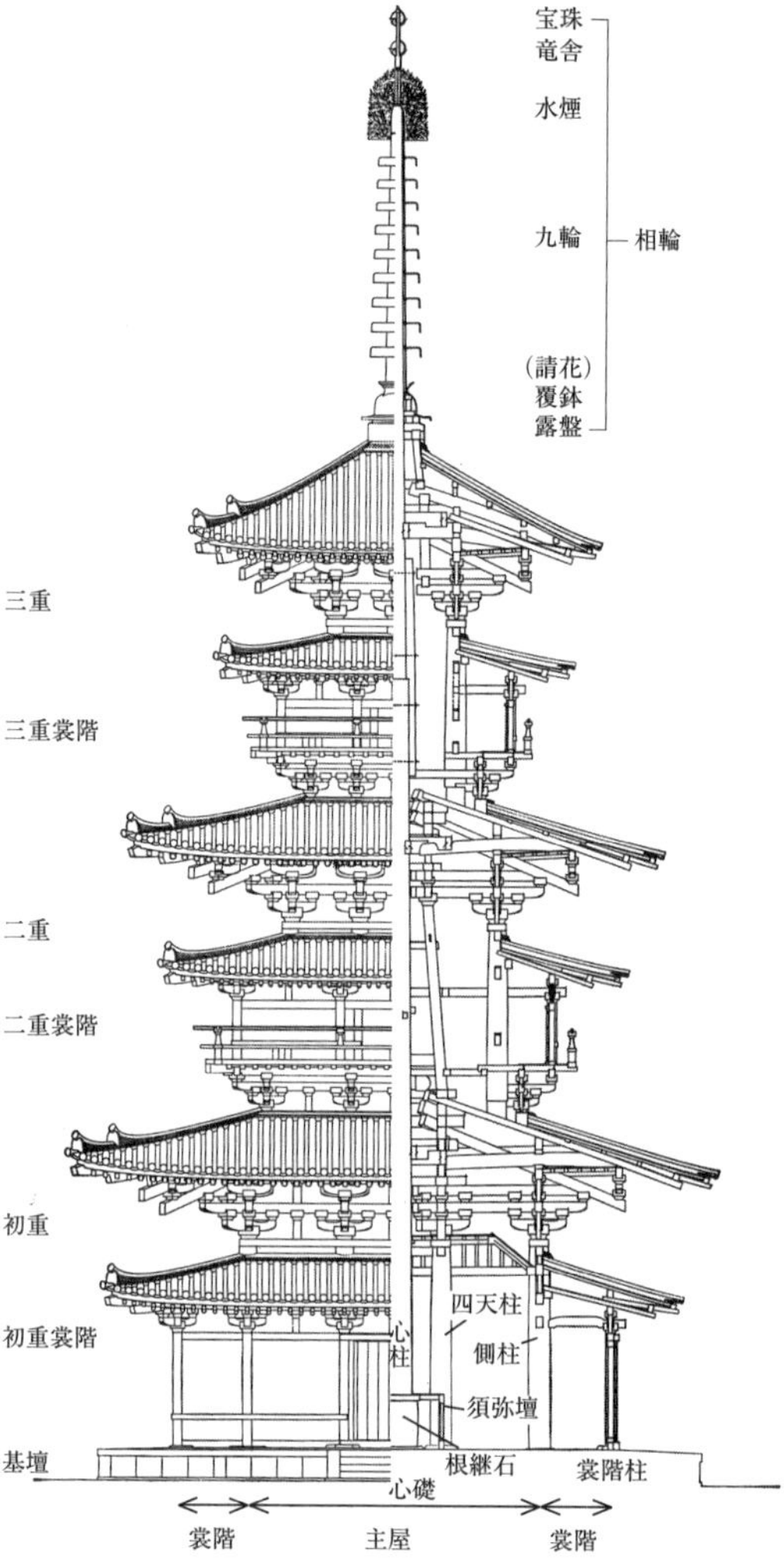

図14　薬師寺東塔の立面・断面と各部名称[『日本建築史基礎資料集成 11』, 1984 に加筆]

室生寺[39]五重塔は檜皮葺の五重塔で、八世紀末頃の建立とされ、屋外にある木造の五重塔では最も小さく、約一六メートル程度である(**図16**)。三手先の組物で塔身に対して軒の出が大きい。相輪は特徴的で水煙がなく、宝瓶《ほうびょう》と天蓋を付けている[40]。

図15　当麻寺東塔(右)・西塔(左)の立面比較[『日本建築史基礎資料集成 11』, 1984]

このほか、屋内に収まるサイズの奈良時代の五重塔が二基、現存している。元興寺五重小塔と海龍王寺五重小塔である(**図17**)。両者ともに屋外の五重塔の約一〇分の一程度の大きさであるが、これらの小建築は単なる模型ではない。いずれも精巧に造られており、立派な塔婆建築である。

ただし両者には大きな違いがある。一つは舎利の有無である。塔婆は仏舎利を安置することが大きな目的の一つであるから、その有

(38) 西塔は初層のみ建築したのちに造営が中断し、二層・三層をあとで構築したため、こうしたデザインの差が生じたと考えられている。

(39) 室生寺は八世紀末に創建された山林寺院初期の寺院で、伽藍には金堂・五重塔などが残る。

(40) 室生寺五重塔の相輪(著者撮影)

図16 室生寺五重塔（著者撮影）

無は重要である。海龍王寺五重小塔の初層には折上組入天井が張られて四天柱・心柱がなく、弘安七年（一二八四）には法華経八巻が納められており、当初の納入品は明らかではないが、経典や仏舎利が納入された可能性があろう。いっぽうの元興寺五重小塔には心柱・四天柱があり、天井も張られていない。

もう一つは塔の建築的な作り込み方の違いで、建築構造として成立するように建物の内部まで作られているかどうかという点である。海龍王寺五重小塔では組物は外部のみで内部は作り込まれていないが、元興寺五重小塔は内部まで作り込んでおり、デザインだけではなく、建築構造上も高い精度の建築である。とはいえ、両者ともに外観が三手先の組物の細部まで作り込まれており、ともに現存建築と同等の奈良時代の建築情報をもっている。これらの小建築(41)は持ち運びも想定されるから、技術を伝える材料としても有効な手段であったと考えられる。

(41) 特に現存建築の少ない時代において、小建築のもつ建築情報は大きい。玉虫厨子もその一例で、法隆寺金堂より古い建築形式を示すとされる。木造建築に限らず、古墳時代にも家形埴輪が多く作られ、破風《はふ》や鰹木《かつおぎ》などの意匠が確認できる。また奈良時代にも瓦塔《がとう》や瓦堂などが作られている。これらも建設のための模型ではなく、それ自体が信仰の対象とみられるが、組物・垂木・瓦など、細部意匠も表現されている。

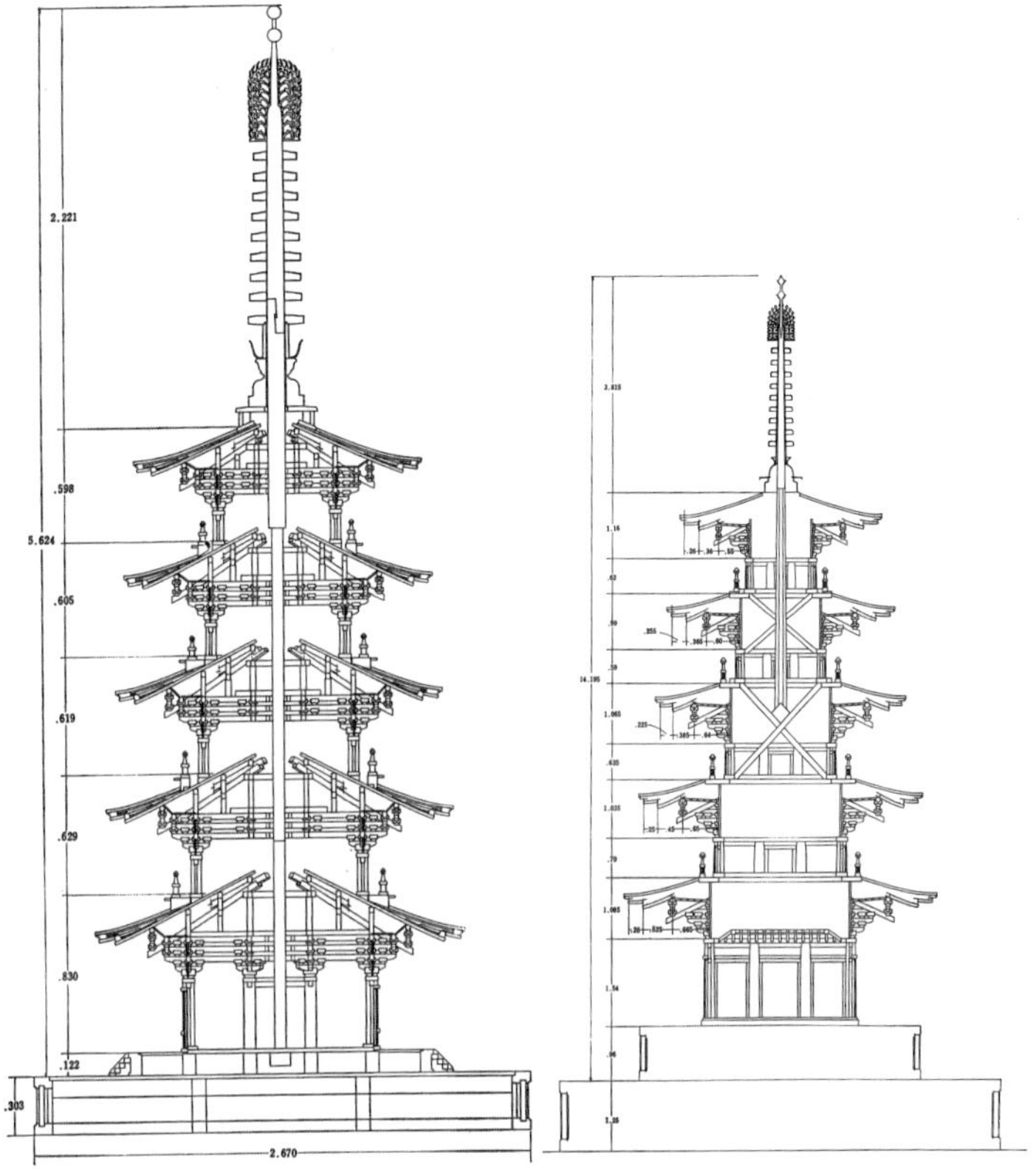

元興寺五重小塔　　　海龍王寺五重小塔

図17　2つの五重小塔［『日本建築史基礎資料集成11』，1984］

東山遺跡（埼玉県）の瓦堂と瓦塔［飛鳥資料館、一九八四］

（42）　三手先に建築技術の構造的発展が表れており、薬師寺東塔、唐招提寺金堂、当麻寺東塔・西塔、醍醐寺五重塔を経て、平等院鳳凰堂中堂に至り、構造的に強化された三手先の組物として完成した。

以上のように、奈良時代から平安時代初期という短い期間のなかで、塔の建築においても組物や最上層の柱間数の変化など技術的な展開があった。そして薬師寺東塔のように他に類をみないような名建築も生み出された。寺院建築のなかでもシンボリックな塔婆建築は多くの寺院で建立されたが、技術の過渡期の状況を現存建築から垣間見ることができるのである。[42]

その他の建物

堂塔以外にも法隆寺鐘楼・経蔵、伝法堂、夢殿などの諸建物が遺存している。僧房としては法隆寺東室《ひがしむろ》（奈良時代）・妻室《つまむろ》（平安時代）が現存しており、南北に細長く、僧ごとに使用する小部屋に分かれている。[43] また元興寺極楽坊禅室は鎌倉前期の建築であるが、東西に長い僧房であったものを大改築したもので、行基葺《ぎょうきぶき》という古い瓦の葺き方を今に伝えている。

法隆寺東院夢殿（**図7**参照）や栄山寺八角堂はそれぞれ聖徳太子、藤原武智麻呂《むちまろ》のための廟所としての性格を持った建物で、ともに八角形平面の求心的な構成である。また藤原不比等《ふひと》の追善のために建てられた現在の興福寺北円堂は鎌倉再建であるが、同じく八角形平面である。[44] このように奈良時代には廟のような機能を有した八角形平面の建物が建てられた。

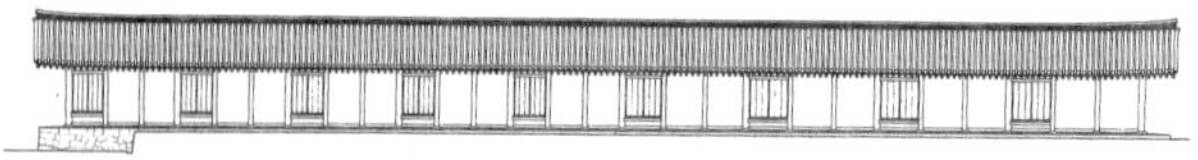

（43）法隆寺妻室側面図［奈良県教育委員会、一九六三］（図版提供＝奈良県文化財保存事務所）

仏堂や人々の住居などを離れてみると、奈良時代の寺院には寺物や食料を納めるための倉庫も建てられた。(45) 現存する奈良時代の寺院の倉庫は六角形断面の材木（校《あぜ》木《き》）を積層させた校倉造《あぜくらづくり》で、その代表である正倉院正倉ではかつて、この校倉の校木には吸湿効果があり、保存に優れているともいわれたが、その機能はないことが科学調査によって明らかになっている。

いっぽうで校倉には独自の設計方法が用いられていることが近年の研究成果により明らかとなった。通常の建物では柱間寸法を尺でキリのよい数値になるように設計しているが、校倉の場合は、桁行方向・梁間方向ともに一本の材の校木を組み上げて壁面を構成するため、柱間ごとの寸法ではなく、柱間の総長で設計している。校倉をはじめとする倉庫は律令制下で多く必要であったため、校倉の規模を規格化することは大量生産に有効であったのであろう。実際に手向山《たむけやま》八幡宮宝庫と東大寺本坊経庫は桁行三〇尺、梁間二〇尺と同じ規模であり、総長によって校倉を規格化している[海野、二〇一三b]。

このように奈良時代から平安時代初期の寺院建築は多様性を見せている。また奈良時代後半の唐招提寺金堂に見るように新しい建築技術を導入しており、奈良時代という百年に満たない短い時間のなかには多くの建築技術が詰まっている。これらの建築技術は日本建築の基礎として、以降、通底していくのである。

(44) 現在の興福寺北円堂は南都焼き討ち後の復興で承元四年（一二一〇）頃に建てられたものである。北円堂の位置からは平城京を見下ろすことができ、立地に遷都に尽力した藤原不比等の平城京に対する想いや権力の大きさが表れている。

(45) 律令国家にとっても徴税権は国家の強大な強制権力であり、税を納める倉庫は財力を示す威厳装置でもあったから、国家としても倉庫は非常に重要な建物で、多く建てられた。

4　寺院建築の荘厳と格式

飛鳥京・藤原京と寺院の景観

飛鳥京・藤原京において、寺院建築は単なる宗教施設ではなく、宮殿や都城を荘厳する施設でもあり、景観の一部として機能していた。(46) 飛鳥周辺の寺院の数は『日本書紀』によると、天武天皇九年(六八〇)には京内だけでも二四カ寺もあり、飛鳥の狭い平坦地の中に寺院が林立したという。例えば檜隈寺《ひのくまでら》・奥山久米寺・坂田寺などの氏寺(47)も飛鳥京を囲むように建てられて景観を構成していたが、天皇発願の百済《くだら》大寺・川原寺・大官大寺は氏寺を超越した規模で、最新の大陸からの技術の詰まったものであった。

百済大寺は国家の威信をかけた初の国立寺院で、九重塔を備えていた。舒明天皇一一年(六三九)に百済川沿いに大宮と大寺を造営したことが知られ、朝鮮系渡来人の漢《あや》氏系を大匠《だいしょう》とし、西は安芸《あき》までの民を徴発して大宮を、東は遠江《とおとうみ》までの民を徴発して大寺を造らせた。宮殿と寺院をセットで建立することで、豪華絢爛な景観を生み出したのである。この百済大寺の地は長らく不明であったが、一九九七・九八年の発掘調査により、飛鳥の北方三キロメートルの吉備池《きびいけ》の南岸で巨大な金堂と塔

(46) 斑鳩宮と斑鳩寺など、宮殿と寺院がセットで建てられることが多かった。

(47) 渡来系氏族によって建立された氏寺も多く、檜隈寺は東漢《やまとのあや》氏、坂田寺は鞍作《くらつくり》氏の氏寺で、飛鳥の南方の小高い地に建てられた。いっぽうの奥山久米寺は蘇我氏系氏族の建立である。

の基壇が発見され(48)、ここが百済大寺と推定されるに至った。

この百済大寺も天武天皇二年(六七三)には移築され、高市《たけち》大寺と称するようになった。高市大寺の位置は不明であるが、建立時期は飛鳥浄御原宮《あすかきよみはらのみや》の整備の時期と重なる。飛鳥の地に大寺と宮殿を建てることで、壮麗な景観を作り出そうとしたとみられる。藤原京のころには藤原宮と飛鳥の間の地に移され、大官大寺と称された。

その大官大寺は法興寺、弘福寺《ぐふくじ》(川原寺)、薬師寺とともに藤原京で重んじられ、特に天皇の発願の大官大寺は氏寺を凌駕する巨大建築群で、方五間、約一六・五メートルの九重塔が建立され、その高さは約九〇メートルもあったという(49)。金堂の基壇の大きさも東西約五三メートル、南北二八・五メートルの巨大なもので、柱位置は不明であるものの、桁行九間、梁間四間と推定される巨大仏堂である[奈良文化財研究所編、二〇〇三]。

川原寺は『日本書紀』にも創建の記述がなく、謎の官寺ともいわれるが、天智天皇が母、斉明天皇の追善供養のために建てたとされ、斉明天皇元年(六五五)に飛鳥板蓋宮《いたぶきのみや》が焼失して、斉明天皇二年(六五六)に岡本宮に移るまでの間に使用された川原宮の跡地に建てられたようである[網干、一九八二/奈良文化財研究所編、二〇一六ほか]。創建は天武天皇二年(六七三)以前とみられ、一塔二金堂の特殊な伽藍配置である(**図1**)。同じく天智天皇が母のために建立したとされる観世音寺《かんぜおんじ》も中金堂はない

(48) 吉備池廃寺の伽藍配置[奈良文化財研究所、二〇〇三]

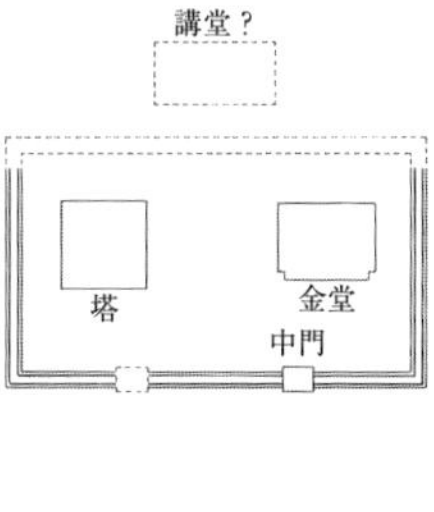

(49) 同時期に建てられた韓国慶州の皇龍寺九重塔は約八〇メートルあったとされる。なお日本に現存する近世以前に建てられた五重塔で最も高い教王護国寺五重塔は約五五メートルである。

ものの、同様の伽藍配置としている。川原寺の裏山から薄い板状の磚《せん》に浮彫りで仏像を表現した磚仏《せんぶつ》(50)が約一万四〇〇〇点も出土しており、仏堂内の壁はこの磚仏で荘厳され、仏の世界を堂内に表現していたとみられる。

また川原寺は唐との関係をうかがう上でも重要な寺院である。川原寺の諸堂宇の屋根瓦には、大型の複弁八葉蓮華文《ふくべんはちようれんげもん》の軒丸瓦《のきまるがわら》(51)が用いられている。この川原寺の軒瓦の文様は初唐様式のものであるが、唐と新羅の連合軍と倭国が戦った白村江の戦いが六六三年で、その後、緊張する東アジアのなかで、川原寺の瓦の文様は、大陸からの積極的な情報と技術の導入を示している。

このように飛鳥・藤原京やその周辺では、数多くの寺院が氏族や天皇によって建立された。瓦葺や朱塗りの巨大建築によって新文明の到来と発願者の権威を示したのである。そしてこれらの寺院建築は飛鳥京や藤原京の周辺を荘厳し、景観の一部として大きな役割を果たしていた。

対外的にも寺院建築の建立は大きな意味を持っており、川原寺・大官大寺・薬師寺など諸大寺が巨大な規模や最新の形式で建立された背景には、激動の七世紀の東アジア情勢があった。実際に七世紀には百済の弥勒寺《みろくじ》九重塔(石塔)や新羅の皇龍寺九重塔・慶州四天王寺の双塔伽藍など、各国が競って寺院建築の建立に努めており、大官大寺や川原寺などの諸大寺も日本の国力を象徴する建築群であったのである。

(50) 川原寺裏山出土の磚仏[飛鳥資料館、二〇一五]

(51) 川原寺の軒丸瓦・軒平瓦[鈴木編、一九八二]

山田寺の荘厳と衝撃

七世紀以前の現存する建物は法隆寺に限られることは先に述べたが、山田寺はこうした建築史の常識に一石を投じるものであった[箱崎、二〇一二ほか]。山田寺は蘇我倉山田石川麻呂の発願によって建立された氏寺で、舒明天皇一三年(六四一)の寺地の造成に始まり、皇極天皇二年(六四三)には金堂が建立された。

山田寺の伽藍配置は、回廊で囲む一画に塔と金堂を南北中軸線上に並べ、回廊の外側に講堂を置いていた。金堂は護国寺本『諸寺縁起集』に「一間四面二階」と記述されており、屋根は二重で、関白藤原道長が山田寺を訪れた際に、堂内は「奇偉荘厳」と称賛するほど、特段、素晴らしかったようである(52)。

残念ながら、金堂は一二世紀後半には塔・講堂とともに焼亡し、その様相は明らかではない。しかし一一世紀後半に倒壊した東面回廊が一九八二年、突如として地下から出現し、現代の人々に衝撃を与えたのである(**図18**)。

山田寺回廊は横倒しになったままの状態で出土したため、柱・梁などの軸部はもちろん、組物や扉周り、連子窓など、多くの部材が形を留めていた。出土した建築部材は組み上げられるほど、良好な状態であったから(**図19**)、現存建築と同等の情報を我々にもたらした。これを見ると、柱が大きな胴張りを持つ点は法隆寺西院伽

(52) 山田寺金堂の発掘遺構(写真提供＝奈良文化財研究所)

図 19　組み上げられた山田寺回廊(写真提供＝奈良文化財研究所)

図 18　倒壊した山田寺東面回廊の出土状況(写真提供＝奈良文化財研究所)

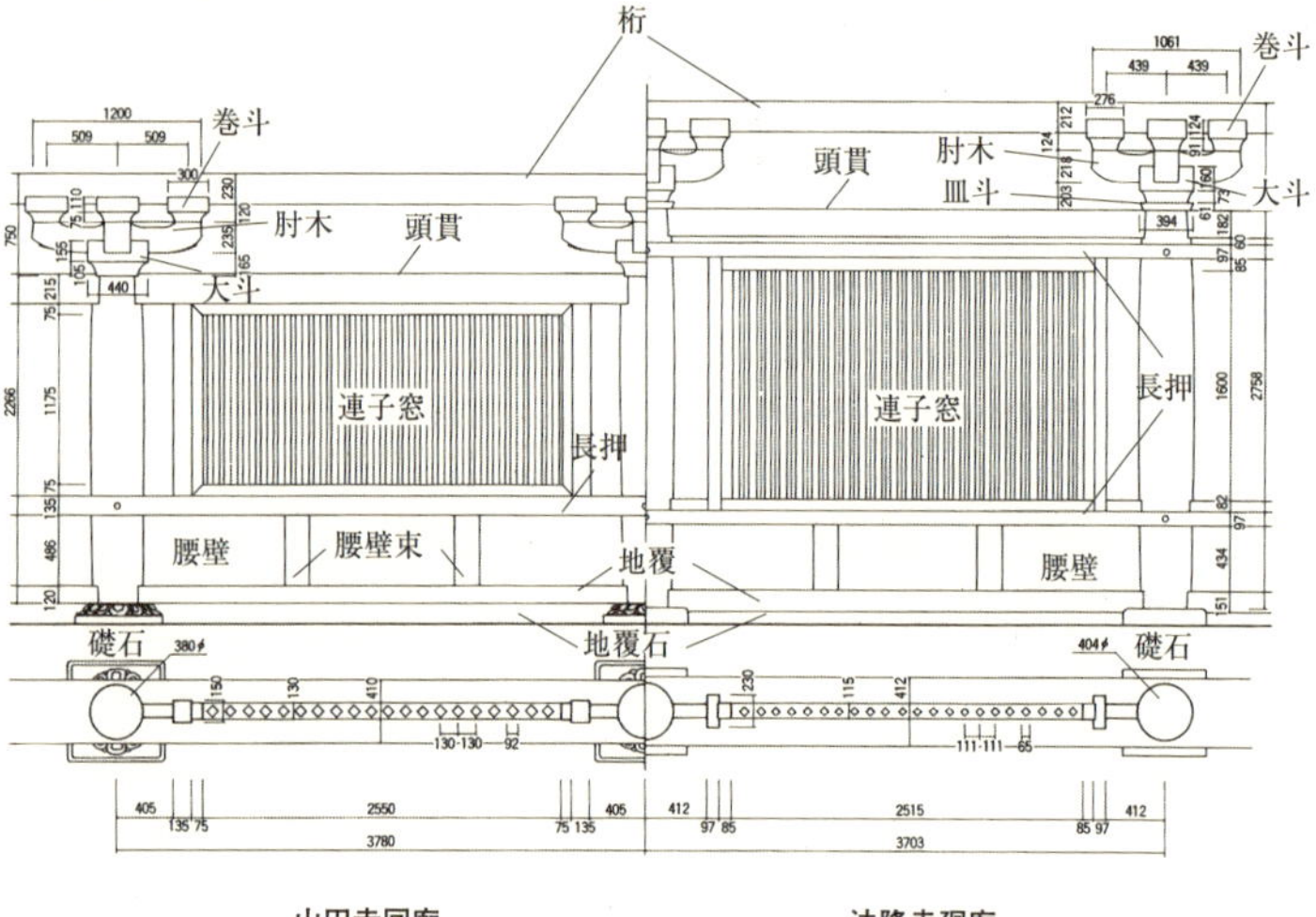

図 20　山田寺回廊と法隆寺廻廊の比較［奈良文化財研究所，1995 に加筆］

藍廻廊と共通するのであるが、相違点も多い。

組物をみると法隆寺金堂などの雲斗・雲肘木とは異なり、山田寺回廊は平三斗で[53]、奈良時代以降に一般的にみられる組物である。また扉を支持する方法や肘木の形状などの細部にも違いがある（**図20**）。山田寺回廊の発見までは、唯一の七世紀の現存建築である法隆寺を当時の建築の「常識」とせざるを得なかったが、山田寺回廊の部材の出土によって、それが覆されたのであり、出土建築部材が古代建築研究の新たな道を切り開いたのである。

(53) 法隆寺西院伽藍廻廊も平三斗としているが、大斗には皿斗が付いており、やはり奈良時代の一般的な組物とは異なる形状である。

聖武天皇と東大寺

奈良時代の寺院建築は、東大寺と西大寺を抜きには語れないであろう。東大寺はいわずと知れた聖武天皇発願の大寺院で、平城京の条坊よりも東の山麓に設けられた。対して西大寺は聖武天皇の娘、称徳天皇の発願によるもので、平城京の西北方に造られた。ともに中枢部の建物は現存しないが、奈良時代の寺院建築のなかでも特筆すべき建物である。

さて東大寺といえば大仏であるが、大仏造立の背景には聖武天皇による度重なる遷都がある[54]。この時期の天平一三年（七四一）に全国に国分寺・国分尼寺建立の詔を発し、そして同一五年には紫香楽宮の地で大仏造立の詔を出した。しかし同一七年

(54) 天平一二年（七四〇）に平城京を離れて恭仁京に遷都し、平城宮第一次大極殿院の諸施設を移築した。その後、天平一四年（七四二）には紫香楽宮に移り、同一六年には難波宮へ遷都と、短期間に都の移動を繰り返した。

には平城京へ還都することになり、大仏造立も平城京の地に移されることになった。平城京外東方にあった金鐘寺《こんしゅじ》の地が寺地に定められ、大仏のための大寺院として、東大寺が建てられた［太田、一九七九ほか］。

天平一七年八月に大仏造立は平城の地で再開され、天平勝宝元年（七四九）には大仏の鋳造が完了した。東大寺の建立にあたり、聖武天皇は人々の自発的な意思による大仏造立への寄与を求めたため、事業は困難を極め、民衆の高い支持のあった行基を大僧正に据えて事業にあたった。寄進者はのべ四二万人、労働者は二一八万人にも上ったといい、大仏鋳造のための銅は長門《ながと》国の長登《ながのぼり》銅山(55)（山口県美祢市）のもの、鍍金用の黄金は天平二一年（七四九）に陸奥国から献上されたものが用いられた。まさに国の総力をあげての国家プロジェクトであったのである。

ようやく迎えた天平勝宝四年（七五二）の大仏の開眼供養は、聖武太上天皇、光明《こうみょう》皇太后をはじめ、娘の孝謙天皇や文武百官、一万人の僧侶が列席する盛大なものであったというが、大仏殿は未完成で、その完成は天平宝字二年（七五八）まで待たねばならなかった。

高さ・幅ともに当代随一の大仏を納める大仏殿は、桁行九間、梁間五間の四周に裳階の付いた建物で、桁行総長二九〇尺（約八六メートル）、梁間総長一七〇尺（約五〇メートル）という破格の規模であった［福山、一九五二／海野、二〇一三aほか］。それ

(55) 奈良時代の主要な銅の産出地で、出土した木簡から、銅生産・管理・経営に関する詳細が知られる。和同開珎の鋳造にも用いられた。

(56) 鎌倉再建の大仏殿は奈良時代と同規模で建てられたが、柱を追加している。江戸時代に再建された現在の大仏殿は奈良時代よりも桁行を両脇各二間分縮小しているが、それでも長さ約二三mの身舎の大虹梁の材料探し

までの最大規模とみられる大官大寺金堂と比べても、その大きさは突出している（図21）。『七大寺巡礼私記』（一二世紀中頃）によると、柱の大きさは柱の頭部で径三尺、柱の下端で径三尺八寸、長さ七丈の柱が二八本、長さ六丈六尺の柱が二八本、長さ三丈の柱が二八本であったという。巨大建築を支えるために多くの材料が集められたが、この大仏殿用の木材は藤原宮の時と同じく、田上山《たなかみやま》から切り出されたものを使用した。この巨大な東大寺大仏殿の建立をめぐって鎌倉時代、江戸時代の再建においても材料集めや構造の問題で苦労している(56)。

また東西の両塔は七重塔で、大仏殿に引き続き造営され、『東大寺要録』によると東塔の露盤を天平宝字八年（七六四）にはあげており、この頃に完成したとみられる。その高さは諸説あるが、二三丈（約七〇メートル）とも三三丈（約一〇〇メートル）(57)ともいう巨大なもので、大仏殿や伽藍の規模に相応しい壮麗な構えを見せていた。

このように東大寺は興福寺・元興寺・大安寺などの諸大寺のあった平城京にあっても、ひときわ巨大な伽藍と建築群を擁しており、聖武天皇の仏教に対する帰依の思いの大きさを示すものであった。そしてこの大事業を成しえた背景には造東大寺《ぞうとうだいじ》司《し》を中心とする律令的な造営組織の存在があり、奈良時代の社会体制によるところが大きかったが、聖武天皇の思いとは裏腹に東大寺建立は民衆の疲弊を招く結果となってしまったのである。

に苦労した。

(57) 東大寺の七重塔については、いくつかの復元案が出されているが、箱崎和久の案は建築的考察から導かれたものである［箱崎、二〇〇四］。箱崎案の経緯を含め、建築史学的な史料批判からは二三丈程度の高さが妥当と考える。『東大寺要録』の「大仏殿碑文」や諸院章、『七大寺巡礼私記』に二三丈とあり、『朝野群載』や『扶桑略記』の「碑文」に三三丈という記述がある。特に大仏殿碑文については東大寺の史料である『東大寺要録』の記述のほうが信頼できる。ゆえに『朝野群載』や『扶桑略記』の「碑文」の三三丈は二三丈の誤記の可能性を指摘しておきたい。

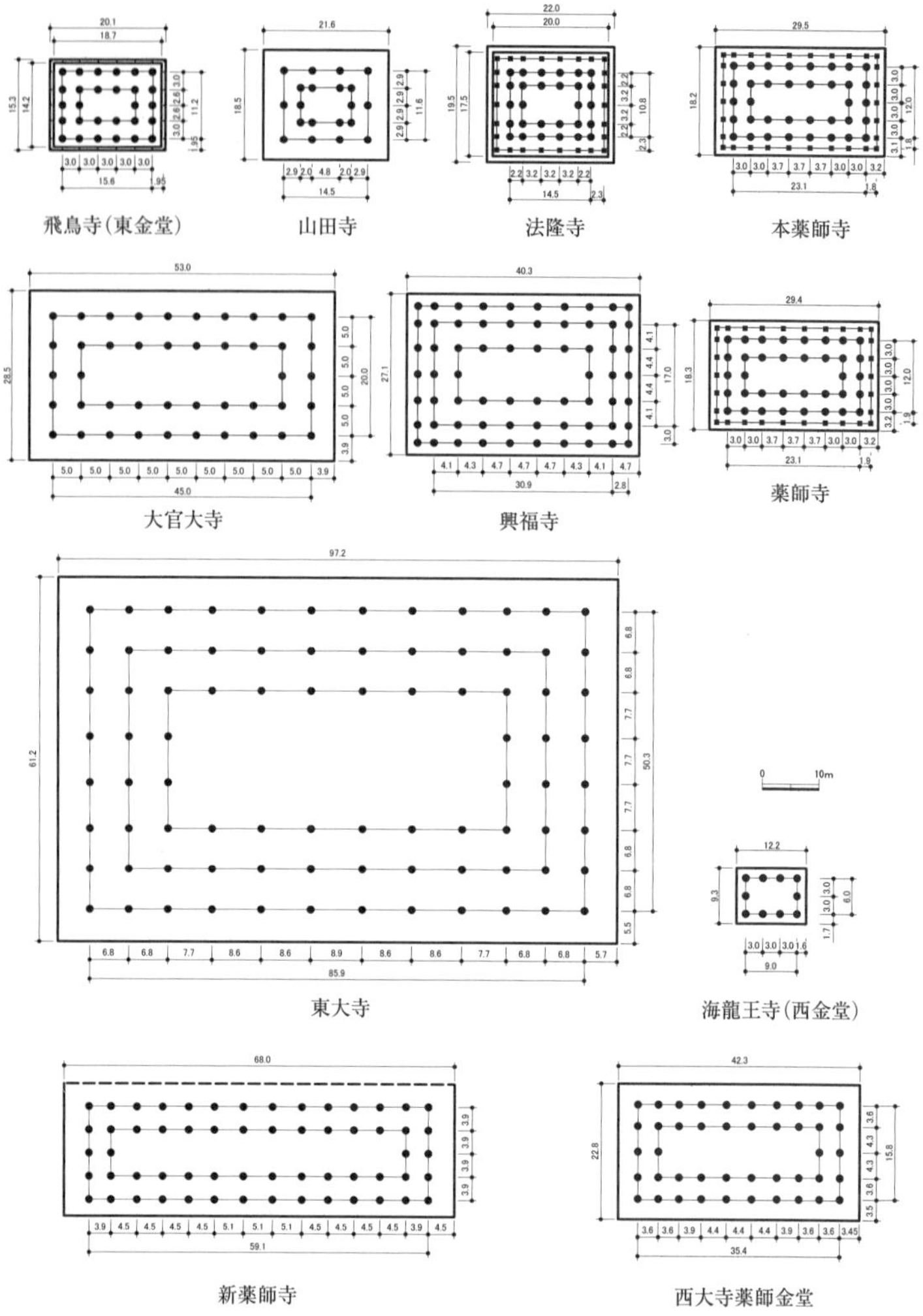
20.1
18.7
15.3
14.2
3.0 2.6 2.6 3.0
11.2
1.95
3.0 3.0 3.0 3.0 3.0
15.6
1.95
飛鳥寺(東金堂)
21.6
18.5
2.9 2.9 2.9
11.6
2.9 2.0 4.8 2.0 2.9
14.5
山田寺
22.0
20.0
19.5
17.5
2.2 3.2 3.2 2.2
10.8
2.3
2.2 3.2 3.2 3.2 2.2
14.5
2.3
法隆寺
29.5
18.2
3.0 3.0 3.0 3.1
12.0
1.8
3.0 3.0 3.7 3.7 3.7 3.0 3.0 3.2
23.1
1.8
本薬師寺
53.0
28.5
5.0 5.0 5.0 5.0
20.0
3.9
5.0 5.0 5.0 5.0 5.0 5.0 5.0 5.0 5.0 3.9
45.0
大官大寺
40.3
27.1
4.1 4.4 4.4 4.1
17.0
3.0
4.1 4.3 4.7 4.7 4.7 4.3 4.1 4.7
30.9
2.8
興福寺
29.4
18.3
3.0 3.0 3.0 3.2
12.0
1.9
3.0 3.0 3.7 3.7 3.7 3.0 3.0 3.2
23.1
1.9
薬師寺
97.2
61.2
6.8 6.8 7.7 7.7 7.7 6.8 6.8
50.3
5.5
6.8 6.8 7.7 8.6 8.6 8.9 8.6 8.6 7.7 6.8 6.8 5.7
85.9
東大寺
0 10m
12.2
9.3
3.0 3.0
6.0
1.7
3.0 3.0 3.0 1.6
9.0
海龍王寺(西金堂)
68.0
3.9 3.9 3.9 3.9
3.9 4.5 4.5 4.5 4.5 5.1 5.1 5.1 4.5 4.5 4.5 4.5 3.9 4.5
59.1
新薬師寺
42.3
22.8
3.6 4.3 4.3 3.5
15.8
3.6 3.6 3.9 4.4 4.4 4.4 3.9 3.6 3.6 3.45
35.4
西大寺薬師金堂

(海野作成)

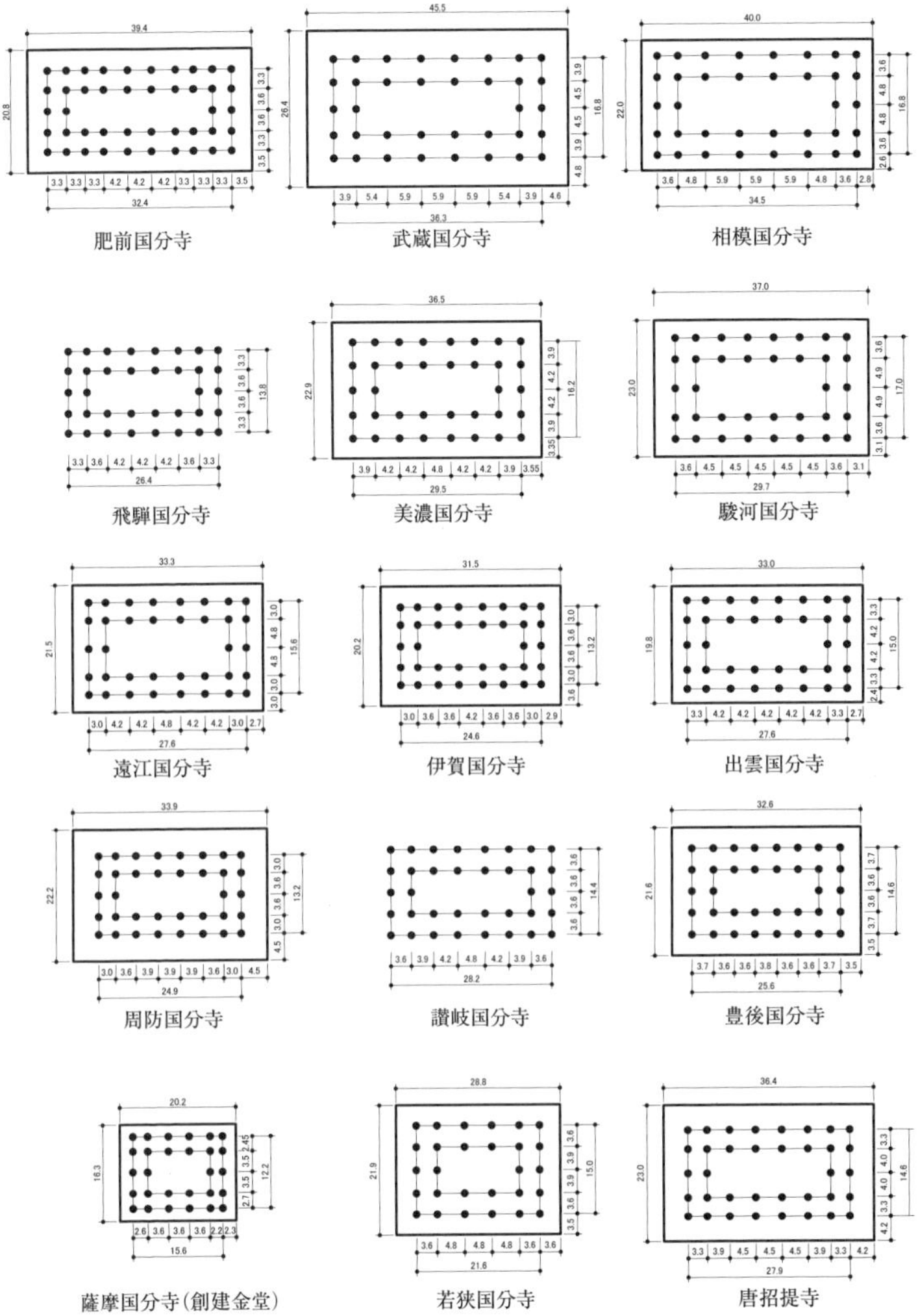

図 21　奈良時代の主要寺院金堂模式図

称徳天皇と西大寺

さて聖武天皇の崩御後、世相は混迷を極めていく。聖武天皇の妻光明皇后と娘の孝謙天皇の信認を得て、光明皇后の甥にあたる藤原仲麻呂《なかまろ》が権勢をふるっていき[58]、天平宝字二年（七五八）に孝謙天皇が淳仁天皇に譲位すると、ますますその様相を強めていった。天平宝字四年（七六〇）に光明皇太后が亡くなると、権勢も陰りを見せ始め、天平宝字八年（七六四）には藤原仲麻呂の乱が起こり、仲麻呂の時代も幕を閉じた。それとともに孝謙太上天皇は仲麻呂に与した淳仁天皇を廃位に追い込み、同年一〇月に称徳天皇として重祚《ちょうそ》した。このように奈良時代中期は、大仏造立以降、不安定な社会情勢であったのである。

さて藤原仲麻呂に代わって中央政権で大きな力を握ったのが道鏡《どうきょう》であった。称徳天皇が重祚すると、翌年には西大寺が創建されたのであるが、これには道鏡の影響が大きかったという。

西大寺はその名の通り、東大寺に匹敵する大寺院で、宝亀一一年（七八〇）に寺の財産を書き上げた『西大寺資財流記帳』によって伽藍の概要がわかる。これによると、金堂院・四王院・東西塔・食堂院・十一面堂院・正倉院などが建ち並ぶ壮麗な伽藍で、それ以前の寺院とは異なる煌びやかなものであった（**図22**）。

（58）「営繕令」によって、私邸における楼閣の建設は禁止されていたが、藤原仲麻呂の邸宅は楊梅宮の南にあり、東西に楼閣を建てて内裏を望んだといい、臣下にあるまじき行為であるとそしりを受けた（『続日本紀』宝亀八年〈七七七〉九月一八日条）。

特に金堂院には弥勒《みろく》金堂と薬師金堂という二つの金堂があり、その屋根上には龍《りゅう》舌《ぜつ》、大棟中央に火炎を象った宝珠(59)などの装飾が施され、既存の寺院建築の意匠とは異なる荘厳に満ちたものであった。

その特異さは塔の形状にも及んでおり、『日本霊異記《にほんりょういき》』によると、当初は八角七重塔が計画されていた。日本の塔婆、特に奈良時代の塔婆は三重、五重、七重、九重、いずれであれ、通常、平面は正方形であるが(60)、八角形の平面の塔を建立しようとしたのである。実際には左大臣藤原永手《ながて》によって四角五重塔に縮小されてしまったが、永手はこの罪により地獄に落ちたという。まさに古今未曽有の伽藍が造り上げられようとしていたのであった。

(59) 法隆寺夢殿の宝珠[『日本建築史基礎資料集成4』、一九八六]

(60) 時代が下ったものでは、平安時代に法勝寺で八角九重塔が建てられており、現存する塔では安楽寺八角三重塔(鎌倉時代後期)がある。

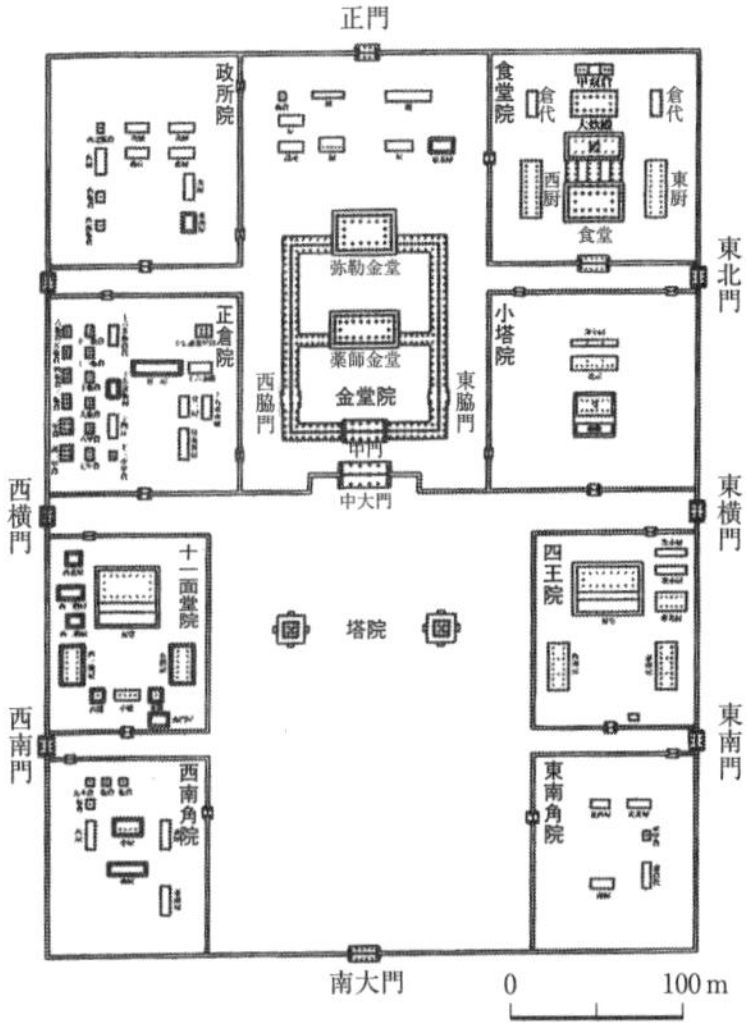

図22　西大寺の復原伽藍配置[奈良文化財研究所，2007]

さて八角七重塔の逸話であるが、単なる伝説ではない。昭和三〇年(一九五五)の発掘調査により現在の本堂の前方の位置で八角形の基壇の痕跡が見つかり、計画変更があったことが確認された[61]。

このように西大寺の伽藍は、規模こそ東大寺に比肩しないが、金堂院や塔などが斬新な建築形式やデザインで建てられており、東大寺と双頭の大寺院として燦然と平城京の西方の地に輝いていたのである。

奈良時代の金堂の規模と格式

律令社会のなかで、奈良時代の宮殿の施設は建築表現により建物の格式化がなされており、平城宮第一次大極殿や朱雀門は宮殿の顔に相応しい規模と格式を備えたものであった。これと同様に、寺院建築、特に金堂については寺院の格によって規模や建築表現に差を設け、差別化を図っていた。もちろん、前述の唐招提寺の例を見てわかるように、金堂を寄棟造で三手先の組物、講堂(創建時)を入母屋造、大斗肘木として、同一寺院内でも建物ごとに屋根形状や組物形式で格差を表現しているのであるが、寺ごとに金堂の規模や屋根形式に差別化がなされていたのである[海野、二〇一八ほか]。

奈良時代の現存する金堂は唐招提寺金堂と海龍王寺西金堂に限られ、多くの建築の様相は文献史料と発掘調査の成果から考えられているものである。そうしたなかで、奈良時代の第一級の寺院であった南都六大寺(東大寺・興福寺・元興寺・大安寺・

(61) 西大寺の東塔跡(著者撮影)

薬師寺・西大寺）や各国国分寺の金堂を見比べると、建築の規模や形式による差別化が表れている。

このなかで最大の規模の金堂を見ていくと、奈良時代の最高級の建築であった平城宮第一次大極殿の規模が一つの規範で、これは桁行九間（約四四メートル）、四面廂で二重の建物であったとみられる。[62] もちろん最大規模の金堂は東大寺大仏殿であるが、それ以前の巨大金堂となると、大官大寺金堂が桁行九間で、平城宮第一次大極殿とほぼ同じ規模であった。

大極殿の規模や形式を基準に奈良時代の金堂を見ていくと、多くの寺院金堂は大極殿よりも小さい桁行七間以下で、興福寺中金堂のように桁行九間としていても、裳階を除いた主屋は桁行七間である（図21）。むしろ大極殿と同等以上（桁行九間以上）の規模の金堂は大官大寺（桁行九間、約四五メートル）・東大寺（桁行一一間、約八六メートル）・西大寺薬師金堂（桁行九間、約三五メートル）・新薬師寺（桁行一三間、約五九メートル）であるが、大官大寺は文武天皇、東大寺は聖武天皇、西大寺は称徳天皇と天皇発願の寺院であったから可能であったのであろう。また新薬師寺は光明皇后が聖武天皇の平癒を願っての発願であり、金堂内には七仏薬師が祀られていたことから、身舎を桁行一一間とする必要があった。いっぽうでそれ以外の大寺は裳階を除いた桁行は七間以下であり、大極殿よりも一段階、規模を小さくしている。

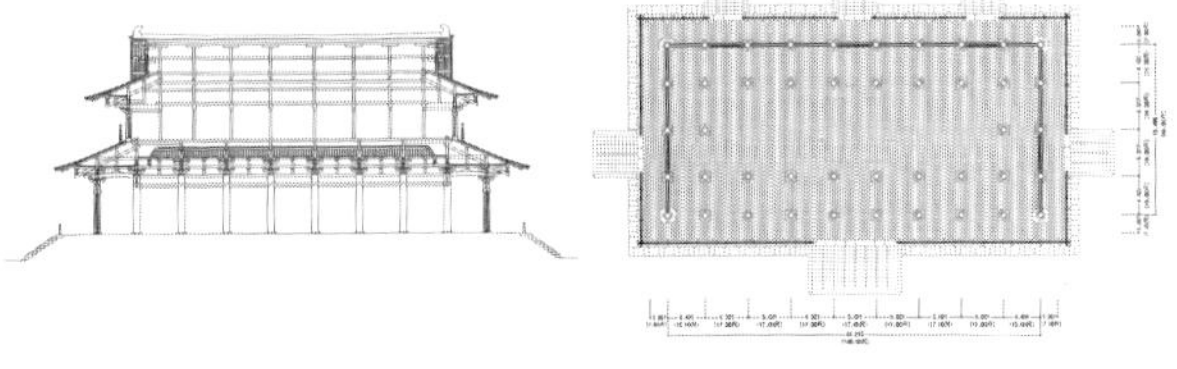

(62) 平城宮第一次大極殿復原平面図・桁行断面図［奈良文化財研究所、二〇一〇］

次に大寺の金堂の屋根について見ると、二重の屋根であるものが多い。大寺の金堂は一つも残っていないが、文献史料や発掘遺構からその一端を知ることができる。東大寺は発掘遺構からわかる柱配置と『七大寺巡礼私記』の記述から裳階付の二重金堂であったとみられ、「東大寺山堺四至図《さんかいしいしず》」[63]の東大寺大仏殿も二重で描かれている。また興福寺も発掘遺構からすると裳階付の柱配置である。二〇一八年の建設が九回目の建立であるが、これまで奈良時代の柱配置を変えずに継承して建て替えられているとされ、鎌倉時代に描かれた『春日社寺曼荼羅《まんだら》』には二重金堂で描かれている。西大寺は『西大寺資財流記帳』によると薬師金堂は単層で、弥勒金堂は二重であった[64]。元興寺は発掘調査による柱配置などの詳細は不明であるが、長元八年(一〇三五)の修理の際の記録である『元興寺堂舎損色検録帳』によると、二重金堂であったことが知られる。薬師寺は発掘調査からも裳階付の平面と判明し、『薬師寺縁起』に「二重二閣」とあり、二重の屋根の各重に裳階が付いて四重のような屋根であったようである。大安寺は『大安寺伽藍縁起幷流記資財帳』などの史料にも屋根に関する記述がなく、一重か二重かは判然としない。

大安寺は不明であるものの、それ以外の大寺の金堂は二重金堂としており、壮麗な寺院金堂を構えていた。そして破格の規模の東大寺などを除き、京内の大寺院の金堂は第一級金堂として、桁行七間に裳階の付いた巨大な仏殿としたと考えられる。

(63) 東大寺領界をおおよそ一町の方格の線で表した絵図で、天平勝宝八歳(七五六)の墨書がある。大垣・東西塔・大仏殿・羂索堂・千手堂などが描かれる。

(64) 『西大寺資財流記帳』では、重層建築に対して「基」、単層建築に対して「宇」と助数詞を使い分けている。

大極殿の桁行九間に対して、大寺金堂は裳階を除いて桁行七間とすることで、大極殿の規模を超過しない配慮をしたのであろう。

大寺金堂の別格の規模や形式は、桁行七間で裳階が付かない単層の唐招提寺金堂と比べると明らかである。実際に寺の財政を示す封戸《ふこ》をみても、唐招提寺のそれは、第一級寺院に比べて少なく、その差を示すように金堂の建築形式にも差が表されたのである。

これを踏まえて各国の国分寺金堂をみると、基本的に桁行七間、梁間四間、四面廂の金堂で、武蔵国分寺や相模国分寺などの一部を除き、唐招提寺金堂と規模が近似している。すなわち京内の大寺金堂が桁行七間の主屋に裳階の付いた二重金堂であったのに対し、国分寺では一回り小さい裳階のない単層の金堂としたと考えられるのである(65)。

このように奈良時代の寺院金堂は、それ自体が寺院の階層を視覚化したものであった。破格の規模の東大寺大仏殿を筆頭に、京内の大寺院は裳階付の二重金堂の巨大仏殿として、律令国家の体面を示していた。その規模や形状も大極殿を意識し、これを超越しないような配慮がなされていた。いっぽうで寺格の劣る京内の第二級寺院や国分寺では裳階のない単層の金堂とすることで、中央の大寺金堂との差を示していた。寺院金堂の建築表現を変えることで、律令国家の階層社会を視覚化してい

(65) 国分寺金堂の平面形式には一定の共通点がうかがえるのに対し、柱間寸法や基壇規模に関しては同一のものがなく、正確な標準設計の存在はうかがえない。なお、天平宝字三年(七五九)に中央から「国分二寺図」の頒布があったが、天平一三年(七四一)の国分寺建立の詔からかなりの期間が経っており、設計図のようなものとは考えにくい。

いたのである。

5　建設ラッシュと組織的造営

大量造営と造営組織

藤原京という日本で初めての本格的な都城の建設により、天皇や貴族をはじめ、僧や民など多くの人々が集住し[66]、都市の形成を始めると、それに伴って大量の造営が必要になった。そして和銅三年(七一〇)に藤原京から平城京に遷都すると、平城宮のほか、興福寺・元興寺・薬師寺など、多くの寺院が造営された。文字通り大造営時代であったのである。

これらの巨大な都城や大寺院の造営を短期間で行うには、大量の技術者や労働力の徴発が必要であり、造営期間の短縮のために建物の規格化などによる作業の効率化が求められた。

前者については、単に技術者や労働者を集めるだけでは大量造営には対応できないから、律令制のもとに組み込まれた造営組織(造営官司)が設置され、新築に対応する官の営繕部門として、木工寮《もくりょう》、臨時の役所として、宮殿の造営を行う造宮省や各寺院の造営を担う造東大寺司・造法華寺司などの造寺司《ぞうじし》が置かれた。

(66) 都城における集住のために宅地班給《はんきゅう》が行われた。藤原京では四町から四分の一町、平城京ではおおむね一町から三二分の一町まで、身分に応じて宅地が割り当てられた。

木工寮は造営技術者を集めて養成し、造東大寺司や造西大寺司などの現場に派遣しており、実務の現場運営は造寺司などが主に担っていた。そのため木工寮の主な役割は造営計画を作り、必要な費用を計上し、予算を立て、各現場に技術者を差配することであった(67)。

もう一つの効率化は建物の規模の規格化による省力化である。具体的には柱間寸法や建物の総長を規格化することで、各部材の大きさもある程度、規格化でき、採材・製材の面でも大きな省力化が可能となる。校倉では先に述べたように総長による規格化が行われており、宮殿では平城宮内裏が一〇尺(約三メートル)等間の方眼グリッドで柱配置が決まっており、規格化されていたことが知られている。この規格化は材の安定供給のための流通が背景にあって成り立つもので、律令社会の一端が表れている。

造営官司の構成

大量の技術者・労働力を大造営組織のなかで有効に機能させるためには造営官司の組織力が重要であった。奈良時代の造営には、司工《しこう》、雇工《ここう》、様工《ようこう》などの技術者が従事し、単純労働力として雇夫《こふ》、仕丁《しちょう》が従事していた。技術者のうち、司工は官に専属の技術者、雇工は官に直接雇用された技術者であったのに対し、様工は官に属

(67) 積算には基準が必要であるが、平安時代の『延喜式《えんぎしき》』の木工寮の項にはその基準が記されている。

(68) 様工は一定水準以上の能力を有しており、材の伐採・作材・運搬、板で壁を構成した板倉の施工という造営に関わる一連の作業を請け負っていたことが知られる。官の側にもメリットがあり、予算や期限内におさめるために、様工の請負を用いることで調整したとみられる。

さない技術者で、仕事の一まとまりの単位で請け負う請負技術者であった[68]［海野、二〇一五］。

司工には大工《だいく》・少工《しょうく》・長上工《ちょうじょうこう》・番上工《ばんじょうこう》・未選工《みせんこう》の順で、技術的な段階があった。大工と少工は造営全体をマネージメントする本部組織に参画して、設計や技術上の指導といった頭脳労働を主とし、重要な現場では、直接赴いて指導した。現場における技術上の責任者は長上工で、番上工を指揮する立場にあり、現場を巡回して指導することもあった。番上工は実務労働者であったが、能力・技量は均一ではなく、上手な工人と下手な工人がおり、約二五パーセントも給料の違いがあった。さらに木・金属・瓦など、扱う材料によっても給料が違っていた。

このように奈良時代の技術者の構成は、大工・少工・長上工などの一部の技術者を頂点としたピラミッド型の構造をしていた。「大仏殿碑文」(『東大寺要録』)によると東大寺造営では木工寮の長上工猪名部百世《いなべのももよ》や造東大寺司の大工益田縄手《ますだのなわて》らが尽力したことが知られる。

技術者としての僧侶

技術者が建築に関する技術を専有していたのではなく、僧侶が高い技術や造営マネージメント能力を備えていることもあった。仏教法会とそれを行う場である寺院

(69) 一一二一―一二〇六年。入宋三度と称し、陳和卿《ちんなけい》らとともに、いわゆる大仏様《だいぶつよう》の技術を用いて東大寺の再建に尽力した。重源の手掛けた建築としては東大寺南大門・浄土寺浄土堂が現存する。

(70) 一一四一―一二一五年。臨済宗の開祖。重源の後を受けて二代目勧進職に就いた。現存する東大寺鐘楼(承元年間＝一二〇七―一〇年)を手がけたほか、東大寺東塔や法勝寺九重塔の復興にも関与した。

(71) 一二七五―一三五一年。建仁寺で禅宗を学び、永保寺・天龍寺・西芳寺などを開いたことで知られる。足利尊氏に全国に安国寺を建立することを勧めた。自然の眺望

建築は密接に絡んでいたから、僧侶には建築に対する理解が求められた。

これは古代に限った話ではなく、東大寺の鎌倉再興で活躍した重源《ちょうげん》(69)・栄西《えいさい》(70)、天龍寺などの禅宗寺院を開いた夢窓疎石《むそうそせき》(71)、近世の延暦寺復興に尽力した天海(72)など、多くの僧侶が造営の表舞台に登場している。古代では道慈《どうじ》(73)は大安寺造営、良弁《ろうべん》(74)は東大寺・石山寺造営、実忠《じっちゅう》(75)は東大寺大仏殿修理などで活躍したことが知られる。律令の規定をみると、僧侶の造営に関する能力をうかがえる史料があり、「僧尼令」第一五条には僧尼が罪を犯したときには、経典や仏具などを修営させ、仏殿を料理（修理）させ、また清掃などに使役することが定められていた。「僧尼令」のもととなった唐の「道僧格《どうそうかく》」では写経を行うことを罰則の基本とし、それができないものについては土木作業を取り仕切ることと規定した。これらの規定は僧侶が一定の造営に関する能力を有していたからこそ、成立しうるものである。

特に東大寺の初代別当で東大寺の創建に尽力した良弁は、建築に深い見識を有しており、石山寺の造営時に細部の指示をした様子からその見識の高さがうかがえる。良弁は石山寺の現場に赴いた際に、屋根の軒先の部材である茅負《かやおい》について修正の指示を出した。大まかなデザインだけではなく、茅負という軒先の細部にまで指示したのである。

実忠は修二会《しゅにえ》(76)で知られるが、西大寺・西隆寺の造営に参加し、東大寺小塔殿、頭《ず》

を活かしつつ、石組を加えた庭園の設計にも長けていた。

(72) ?—一六四三年。延暦寺で学び、甲斐国などを経て、現在の喜多院に移った。徳川家康・秀忠・家光の側近として、朝廷・宗教政策に深く関与し、延暦寺の再興や寛永寺の創建を担った。

(73) ?—七四四年。大宝二年(七〇二)に唐に渡り、養老二年(七一八)に帰朝した留学僧。大安寺を平城京に移すことに尽力した。

(74) 六八九—七七三年。東大寺大仏建立の功績により、東大寺の初代別当を務めた。石山寺の造営にも尽力した。

塔《とう》の造営に尽力し、後述のように東大寺大仏殿の補修や食堂周辺の造成整備においてもおおいに活躍した。

地方においても僧侶の活躍が大きく、国分寺の造営では国師《こくし》が大きな役割を果たしていた。国司が国分寺造営を主導するべき立場にあったが、国師も地勢の優れた土地を選ぶのに協力している。地方に国分寺を建立するにあたり、寺院の実態を知り、法会を行う国師の協力が必要であったのである。このほかにも国師は堂舎の葺替などの維持管理で大きな役割を果たしていたことが知られる。

個別の突出した僧侶だけではなく、新しい建築タイプである寺院建築が導入された古代には、僧侶は造営において一定の役割を果たし、大伽藍の造営や維持管理で活躍したのである。

6　メンテナンス

メンテナンスは後回し

さて戦後の日本の建設業界ではスクラップ・アンド・ビルド、すなわち破壊と新築が繰り返されてきたいっぽうで、建物のメンテナンスは後回しにされてきた。古代においても同じ状況で、平城京や地方官衙・国分寺などの建設の際には、新築に

(75) 七一六年—没年不詳。良弁に師事し華厳宗を学び、東大寺・西大寺・西隆寺の造営に参加したことが知られる。造東大寺司の後身の造寺務所に関与して、修理・造営面で活躍し、修理別当の任を与えられた。

(76) 東大寺二月堂のお水取りとして知られる。正式には十一面悔過《けか》といい、かつては旧暦二月一日から一四日まで行われていた。二月堂の十一面観音に精進潔斎した練行衆が懺悔し、鎮護国家・天下安泰・五穀豊穣などを願う法会である(本書、吉川真司「古代寺院の生態」五八—六一頁の記述を参照)。

(77) 天平勝宝八歳(七五六)六月一〇日には聖武

関する法令が整備されたものの、維持管理に関する法令整備などはなされていなかった。その背景には建物の寿命の問題がある。掘立柱は根腐れしてしまうため寿命が短いのであるが、掘立柱建物から恒久性のある礎石建物に代わったことで、建物が長寿命化し、維持管理という概念や問題があとから浮上したのである［海野、二〇一五］。

奈良時代には各国の国分寺の中心建物は礎石・瓦葺で建てられたが、国分寺の造営も遅滞していたから、多くの国分寺は修理どころではなかった(77)。しかし国分寺の整備がようやく一段落すると、時間を経るにつれて破損が目立ってきて修理が必要になってきた。

もちろん国分寺や大寺の修理に中央政権も心を砕いたのであるが、当初、財源を特に確保せずに進めようとしたため、実態として機能せず、破損は進行した。

ようやく東大寺では天平宝字四年（七六〇）に修理費用を確保することで維持管理の予算措置が取られた(78)。大仏殿の完成から二年後のことである。また国分寺についても天平神護二年（七六六）八月に造寺料を修理費用に充てることを指示した(79)。そして同年九月には官舎・国分寺の修理について毎年、報告するように求めた(80)。いずれにしても新造が落ち着いて以降のことである。

こうした問題は寺院建築だけではなく、宮殿や官衙などでも起こっており、その

太上天皇の一周忌までに国分寺を完成するように催促をしていることから、多くの国分寺は未完成であったとみられる（『続日本紀』）。

(78)『続日本紀』天平宝字四年七月庚戌（二三日）条。東大寺は五〇〇〇戸の封戸が与えられていたが、造寺の完了に伴って、そのうちの一〇〇〇戸分が造営・修理の費用として確保された。

(79) 天平神護二年八月一八日「太政官符」（『類聚三代格』所収）。「（前略）国分寺先経造畢塔金堂等。或已朽損将レ致二傾落一。如レ是等類宜下以二造寺料稲一且加中修理上之。（後略）」

(80)『続日本紀』天平神

ための組織改編と職務の移動が頻繁に行われていた。奈良時代にも計画的な維持管理に対応するため、修理組織として「修理司」[81]がはじめて組織されていたが、その成立以前には、主に地方の個別の災害などに対応するために、一時的な修理の任を有した「使」や修理専門の「専知官」を任じて、維持管理に当たっていた。

　平安時代に入っても修理に関する問題は続き、修理職《すりしき》（「しゅりしき」とも）・木工寮・京職・修理坊城使の関係性を踏まえ、修理に関わる組織を再整理[82]し、九世紀後半に修理職にメンテナンスの職務を集約し、新築の木工寮、修理の修理職という体制に落ち着いたのである。

　このように奈良時代は大量造営の時代であったがゆえに、メンテナンスが必要となる建物の数も膨大となり、時間の経過とともに問題は顕在化した。いっぽうでメンテナンスに対しては当初、十分に配慮されておらず、新築の事業が一段落するまで待たねばならなかったのである。

東大寺大仏殿と修理

　さて、聖武天皇の肝いりで建てられ、天平勝宝四年（七五二）に開眼供養を迎えた東大寺大仏殿であるが、大仏の光背が大きすぎて、大仏殿内に造ることができないという問題があった。それだけではなく、大仏殿はその巨大さゆえに建築の構造的

護二年九月戊午（五日）条。「（前略）宜レ令下諸国具録二歳中修理官舎之数一、付二朝集使一、毎年奏聞上。国分二寺亦宜レ准レ此。（後略）」

（81）『続日本紀』にみえる長官・次官の名や西隆寺出土木簡から組織名称は「修理司」と推察されている。組織の格は造東大寺司と同じく「司」でありながら、任官者の位階相当から、最低でも「職」以上の高いものと考えられる。

（82）八世紀後半以降、桓武天皇が組織の再編成を行っており、造宮省は延暦元年（七八二）に廃止され、造東大寺司をはじめとするほとんどの造寺司も平安時代初期には廃止された。

にも無理のあるものであった[伊藤、一九八〇/海野、二〇一五]。

これらの難問を解決したのが実忠で、「東大寺権別当実忠二十九箇条」(『東大寺要録』)には造営、修理などに関する実忠の事績が細やかに記されている。東大寺大仏殿は破格の巨大建築であったから構造的な問題も抱えており、実忠は創建の大仏殿につっかえ棒(副柱)を入れることで補強した。また大仏の光背については、天井を切り上げて高くすることで、ようやく納めることができた。

もちろん「東大寺権別当実忠二十九箇条」に関しては彼の事績を記した史料であるため、誇張もあろうが、大仏殿は、大仏開眼供養によって、完全な建物として完成したのではなく、その後も補修が必要な建築であったのである。

さて実忠以後も大仏殿の不具合は続き、不幸なことに、完成後数十年で大仏の傾斜が生じ、これを防ぐために大仏の背後に山を築き、傾斜を押しとどめる必要が生じた。さらに斉衡二年(八五五)には地震により、大仏の首がもげてしまった。この時にはすぐに頭部をもとの位置に接合し直したというが、大仏もその大きさゆえ、構造的に安定したものではなかった。このように東大寺の大仏・大仏殿の造立は、ともに未曽有の挑戦的な試みで、それゆえにメンテナンスを必要としたのである。(83)

(83) 明治四年(一八七一)の太政官布告「古器旧物保存方」の翌年の「壬申検査」(全国の文化財調査)における横山松三郎撮影の写真によると、薬師寺東塔でもつっかえ棒を入れて軒先を支えており、構造補強が必要であったことが知られる。

おわりに

古代寺院建築は礎石・木部・瓦・金具・塗装など、多くの部位から成り立っており、さまざまな技術者の叡智の結集によって造り上げられた。もちろん、堂内に安置される仏像は仏の世界の中心として精巧かつ優美であり、天蓋や壁画はその世界観を構成する重要な装置であった。いうなれば、建築は芸術の集合体であったのである。

それゆえに発願者の強い意志による寺院建築は、その力を内外に示すものであったが、律令社会のなかで寺院建築の金堂の規模には寺格や発願者の身分などによる違いが表れており、金堂は建築を通して社会階層を映し出す鏡でもあった。

このように寺院建築は古代の社会・文化を我々に語り掛けてくれるいっぽうで、建築は通常、博物館に納めることはできず、現地に赴かなくては体感できないという欠点がある。否、古建築が現地へ足を延ばす機会を我々に与えてくれているのかもしれない。周囲の自然環境や古道などのインフラは古代寺院建築を造り上げるための基盤であり、現存する伽藍はもちろん、廃寺であってもその痕跡や周囲の山・川などの地形は大きく変わっていないことが多いであろうから、現地での体感により得られるものは計り知れない。そして忘れてはならないことであるが、現存する古建築は、過去の人々の不断の努力によって守り伝えられてきたものである。そして今日も未来へと継承するために修理技術者が日夜、奮闘しているおかげで、我々はその恩恵を享受できているのである。

引用・参考文献

足立　康、一九四一年『法隆寺再建非再建論争史』龍吟社
網干善教、一九八二年『謎の大寺　飛鳥川原寺』日本放送出版協会
伊藤延男、一九八〇年「東大寺大仏背後の山の築造をめぐって」『佛教藝術』131
海野　聡、二〇一三年a「東大寺創建大仏殿に関する復原私案——組物・裳階と構造補強」奈良文化財研究所編『文化財学の新地平』吉川弘文館
海野　聡、二〇一三年b「古代日本における倉庫建築の規格と屋根架構」『日本建築学会計画系論文集』692
海野　聡、二〇一五年『奈良時代建築の造営体制と維持管理』吉川弘文館
海野　聡、二〇一七年『古建築を復元する——過去と現在の架け橋』吉川弘文館
海野　聡、二〇一八年『建築が語る日本の歴史』吉川弘文館
大岡　実、一九六六年『南都七大寺の研究』中央公論美術出版
太田博太郎、一九七九年『南都七大寺の歴史と年表』岩波書店
太田博太郎、一九八二年『奈良の寺々　古建築の見かた』岩波ジュニア新書
大脇　潔、一九八九年『飛鳥の寺』(「日本の古寺美術」14)保育社
鈴木嘉吉編、一九七一年『上代の寺院建築』(「日本の美術」65)至文堂
鈴木嘉吉編、一九八二年『飛鳥・奈良建築』(「日本の美術」196)至文堂

坪井清足、一九八五年『飛鳥の寺と国分寺』(「古代日本を発掘する」2)岩波書店
奈良文化財研究所編、二〇〇三年『大和 吉備池廃寺——百済大寺跡』吉川弘文館
奈良文化財研究所編、二〇一六年『飛鳥むかしむかし 飛鳥誕生編』、『同 国づくり編』ともに朝日選書
箱崎和久、二〇〇四年「東大寺七重塔考」GBS実行委員会編『論集 東大寺創建前後』東大寺・法蔵館
箱崎和久、二〇一二年『奇偉荘厳の白鳳寺院・山田寺』(シリーズ「遺跡を学ぶ」)新泉社
福山敏男、一九四八年「東大寺法華堂の建立に関する問題」「東大寺創立に関する問題」近畿日本鉄道編纂室編『東大寺法華堂の研究』大八洲出版
福山敏男、一九五二年「東大寺大仏殿の第一期形態」『佛教藝術』15(『寺院建築の研究』中、中央公論美術出版、一九八二年所収)
藤井恵介、一九八七年『法隆寺Ⅱ(建築)』(「日本の古寺美術」2)保育社
町田章編、一九八九年『古代の宮殿と寺院』(「古代史復元」8)講談社

挿図引用文献

飛鳥資料館、一九八四年『小建築の世界——埴輪から瓦塔まで』
飛鳥資料館、二〇一五年『はじまりの御仏たち』
奈良県教育委員会、一九六三年『重要文化財法隆寺妻室修理工事報告書』
奈良県教育委員会、一九七二年a『国宝唐招提寺講堂他二棟修理工事報告書』
奈良県教育委員会、一九七二年b『国宝東大寺法華堂修理工事報告書』
奈良県教育委員会、一九八三年『国宝法隆寺廻廊他五棟修理工事報告書』
奈良県教育委員会、二〇〇九年『国宝唐招提寺金堂修理工事報告書』
奈良文化財研究所、一九八七年『薬師寺発掘調査報告』
奈良文化財研究所、一九九五年『山田寺出土建築部材集成』
奈良文化財研究所、二〇〇三年『吉備池廃寺発掘調査報告——百済大寺跡の調査』

奈良文化財研究所、二〇〇七年『西大寺食堂院・右京北辺発掘調査報告』
奈良文化財研究所、二〇一〇年『平城宮第一次大極殿の復原に関する研究2　木部』
『日本建築史基礎資料集成11』塔婆I、一九八四年、中央公論美術出版
『日本建築史基礎資料集成4』仏堂I、一九八六年、中央公論美術出版
文化庁文化財部記念物課編、二〇一三年『発掘調査のてびき　各種遺跡調査編』
法隆寺国宝保存委員会、一九五五年『国宝法隆寺五重塔修理工事報告附図』(「法隆寺国宝保存工事報告書」13)(藤井恵介監修『国宝・重要文化財建造物修理工事報告書集成』補完3、文生書院として二〇一三年再刊)
宮本長二郎、一九八六年『平城京』草思社

コラム 建立年代論争——法隆寺金堂と薬師寺東塔

古建築の建立年代はどのようにしてわかるのであろうか。一つの大きな根拠となるのは棟札である。棟札は建立した際にその年月や施主・大工の名などを記した木札で、建物の梁や棟木などに打ち付けられていることが多い。また金具や仏像の銘、造営記録・日記などの文字史料や建物の形から、おおよその年代を判断することができる。

法隆寺金堂をめぐる論争

文字史料があっても、建立年代がすんなり決まるとも限らない。現存する世界最古の木造建築である法隆寺金堂がその代表である。その薬師如来像の光背銘文には推古天皇一五年(六〇七)にこの像と寺を造ったとあり、これが建立年代と考えられた。いっぽうで『日本書紀』には天智天皇九年(六七〇)に全焼したと記される。それゆえ、黒川真頼《まより》・小杉榲邨《すぎむら》ら国学者はこれ以降の再建であるとした。明治二六年(一八九三)の伊東忠太による「法隆寺建築論」に端を発して建築史学研究が進み、明治三八年には関《せき》野貞《のただし》が非再建論を発表した。法隆寺金堂の建築様式は古式で、法隆寺の諸建築や法輪寺三重塔は「大宝律令」に定められた唐尺《とうじゃく》ではキリのよい数値とならず、大化以前の高麗尺《こまじゃく》という大きさの尺が用いられているとしたのである。また金堂における飛鳥時代の古瓦の使用も非再建の証拠とした。ちなみに高麗尺は唐尺の一尺二寸で、当時の唐尺が曲尺《かねじゃく》の〇・九八倍とすると、高麗尺は約三五・六センチメートルになる。

同時期に、美術史学者であった平子《ひらこ》鐸嶺《たくれい》からは、『上宮聖徳太子伝補《じょうぐうしょうとくたいしでんほ》闕記《けつき》』の記事を参考に、干支は六〇年周期であるから、『日本書紀』の編纂者が焼失の庚午の年を六一〇年ではなく六七〇年と錯誤したと考え、やはり非再建説が出された。

この二論は小杉の面目をつぶすもので、小杉と同郷で、学恩のあった喜田貞吉《きたさだきち》は文献史の立場から猛反論した。喜田は『日本書紀』は『補闕記』よりも古い信の置ける史料であるから、法隆寺の再建は揺るがないと論じた。非再建論者が飛鳥時代の遺物が多いことを証拠としたが、『法隆寺伽藍縁起幷流記資財帳』の記載のなかで、飛鳥時代のものが相対的に少ないことを示すことで、罹災の証拠とした。また実際の建物を扱った関野の論考についても、推古朝の建築という先入観にもとづく循環的推論と位置付けた。尺度も、旧礎石を利用した再建であれば高麗尺であろうし、建築様式についても古式を継承した再建もありうるとした。さらに古瓦も、より古い形式の瓦が出土したことで、その根拠を失った。

昭和に入ると、関野、足立康《あだちこう》ら建築史学者は新説を打ち立てる。用明天皇のための現西院伽藍のほかに、聖徳太子のための若草伽藍という別の寺があり、後者が焼けたと考えたのである。東院伽藍の南に礎石があり、若草伽藍跡と呼ばれる場所があったから、これを別寺とすれば、『日本書紀』の記述と矛盾しないと唱えた。「新非再建説」である。

この論争の決着は建築史・美術史・文献史のいずれの論客によってでもなく、考古学者によってもたらされた。石田茂作《もさく》の昭和一四年(一九三九)の発掘調査によって若草伽藍とその焼失が確認されたのである。この若草伽藍は現西院伽藍と方位が異なることから西院伽藍との併存は考えにくく、出土瓦の様式も古いことから、若草伽藍が創建法隆寺の伽藍であると考えられるようになった。これにより、金堂を含む現在の西院伽藍は六七〇年の焼失後の建築と考えられている。

薬師寺東塔をめぐる論争

さて関野・喜田の論争は薬師寺東塔にも飛び火した。平城京の薬師寺東塔が藤原京の薬師寺(本薬師寺《もとやくしじ》)から移築されたのではないかという論考を明治三六年(一九〇三)に関野が発表し、世紀を超えた論争の幕が開いた。『薬師寺縁起』の「伽藍を平城京に移す」という記述は、寺籍のみではなく、建物も移したことを示していると主張したのである。裳階《もこし》の有無はともかくとして、藤原京に残る礎石と平城京の薬師寺東塔・西塔の柱配置や心礎の形状はほぼ同じで、移築説に証拠がそろっていた。

さて文献史料をみても『扶桑略記《ふそうりゃっき》』『七大寺年表』には天平二年(七三〇)に「始めて薬師寺東塔建つ」と記されるが、これも移築でも成立しうる記述である。さらに東塔の相輪の檫管銘《さっかんめい》にも「大上天皇」「先皇」「後帝」とあるが、これが誰に当たるのか不明である。そこで関野は建築様式から、本薬師寺の塔は五重塔で、平城京では三重塔に改めて裳階を付け加えて建立した、もしくは檫管銘のある相輪を本薬師寺から移設したと考えたのである。いっぽう、喜田貞吉は醍醐《だいご》寺本『諸寺縁起集』所収の『薬師寺縁起』に「宝塔四基、二口本寺に在り」とあるから、両薬師寺に塔が二基ずつあったとして、藤原京から平城京に移築しておいて、わざわざ藤原京で再建するとは考えにくいから、平城京で新たに建立したのだと唱えた。

そこで昭和五年(一九三〇)に足立康が新説を提示した。『中右記《ちゅうゆうき》』の長承元年(一一三二)の、各重に裳階がある薬師寺の塔を法成寺《ほうじょうじ》に「移」して二基とした、という記述をもとに考えたのである。平城薬師寺には東塔があるので、本薬師寺からしか移築できないとし、さらに本薬師寺の塔も東塔と同じく裳階付であったことを示した。そして現存する東塔は平城薬師寺で新造されたと論じた。ただし、昭和一五年に家永三郎が、『平知信記《たいらのとものぶき》』(近衛家蔵)に法成寺の塔は薬師寺の塔を模したとある、と指摘したことから、この説もすぐに否定されてしまった。

同じころ、大岡実は本薬師寺の礎石を実測し、中央間と脇間の柱間寸法からみて本薬師寺の塔も薬師寺東塔と同規模で裳階があったと判断した。そして同一平面であることから、藤原京から平城京へ塔が移建されたと考え、移築ではないとしても様式は継承されたと提示した。

文献史料に関する議論は出尽くし、その後は修理や発掘による新知見をもとに論が展開する。昭和二七年の屋根葺き替え等の修理により、両薬師寺の同《どう》笵《はん》の出土瓦、二種類の組物寸法や意匠のばらつきから、日名子元雄・福山敏男・久野健らから移建説が出された。しかし、昭和四三年に伊藤延男・宮本長二郎らが同時代に建てられた東大寺法華堂と比較し、薬師寺東塔の部材寸法のばらつきは奈良時代における同一建築の寸法のばらつきの範囲に収まることを明らかにしたことにより、移建説は下火となった。ただし同調査に参加した宮上茂隆は、裳階と塔身で部材の印象が異なり、心柱をはじめとする塔身を平城薬師寺西塔へ、裳階は東塔へ移築したと考えた。

考古学的な知見としては、小型瓦の存在をもとに、山崎信二が瓦の同笵関係や打ち欠きの存在などから、本薬師寺の瓦が平城薬師寺へ運搬されたとしたが、田辺征夫は裳階用の小型瓦という考えを全面的に否定し、本薬師寺には裳階が無かったとした。ただし、いずれも移建・非移建の決定打にはならなかった。

さて平成二一年(二〇〇九)からの解体修理で、年輪年代学による薬師寺東塔の心柱の分析が行われた。年輪年代学の調査成果によると、心柱は平城京遷都以後の七一九年以降の伐採であることが示された。この成果を鑑みると、本薬師寺からの移築ではなく、平城京での新築であったと考えるのが妥当であろう。

ちなみに建立年代がわかっても謎は多く残っている。例えば法隆寺五重塔の心柱の最外層の年輪は五九四年で、建立年代と大きな差があるが、巨材の長期間保存、移築、再建時の材木の再利用など、多くの可能性が考えられている。多くの先行研究のある古代建築にも、今なお未知の世界が広がっているのである。

古代寺院のネットワークと人々

ブライアン・ロウ
（翻訳＝山口えり）

はじめに

古代日本において、僧侶の多くは移動した。奈良の寺院から地域へと移動した僧侶もいれば、逆に地方から都へと移動した僧侶もいた。また、村から村へと移動した僧侶の中には、しばらく在地寺院に止住してから再び移動した者もいた。こうした移動によって僧侶たちは、都と地方をつなぐネットワーク、そして地域社会間における様々な仏教ネットワークも形成していった。

本章では、僧侶の移動に着目し、僧侶によって作られたネットワークの実態、およびそうした関係をいかに僧侶が作り上げていったのか検討する。寺院内で教義について書き記す僧侶ではなく、道や村落で活動する僧侶に注目して、古代日本の仏教の生きた姿を描き出してみたい。僧侶が、道端で乞食や死体に遭遇したり、地域社会の貧窮者をも対象とした教義を作り上げたりした様子を検討する。

本章の狙いは、日本の初期仏教のネットワークの一部を再現することにある。そのためには、移動した僧侶、そして、彼らが移動した交通路、訪れた寺院、出会った人々、加えて、信者を結びつけた教えについて注意を払う必要があろう。

1　交通と仏教

道を歩き、馬に乗る僧侶たち

古代日本の僧侶は一カ所にとどまることはなく、ネットワークを作り上げながら積極的に移動した。それを明らかにする、『東大寺《とうだいじ》諷《ふ》誦《じゅ》文《もん》稿《こう》』という重要な史料がある。原本は第二次世界大戦の空襲時に焼失したが、複製によって研究され、遅く

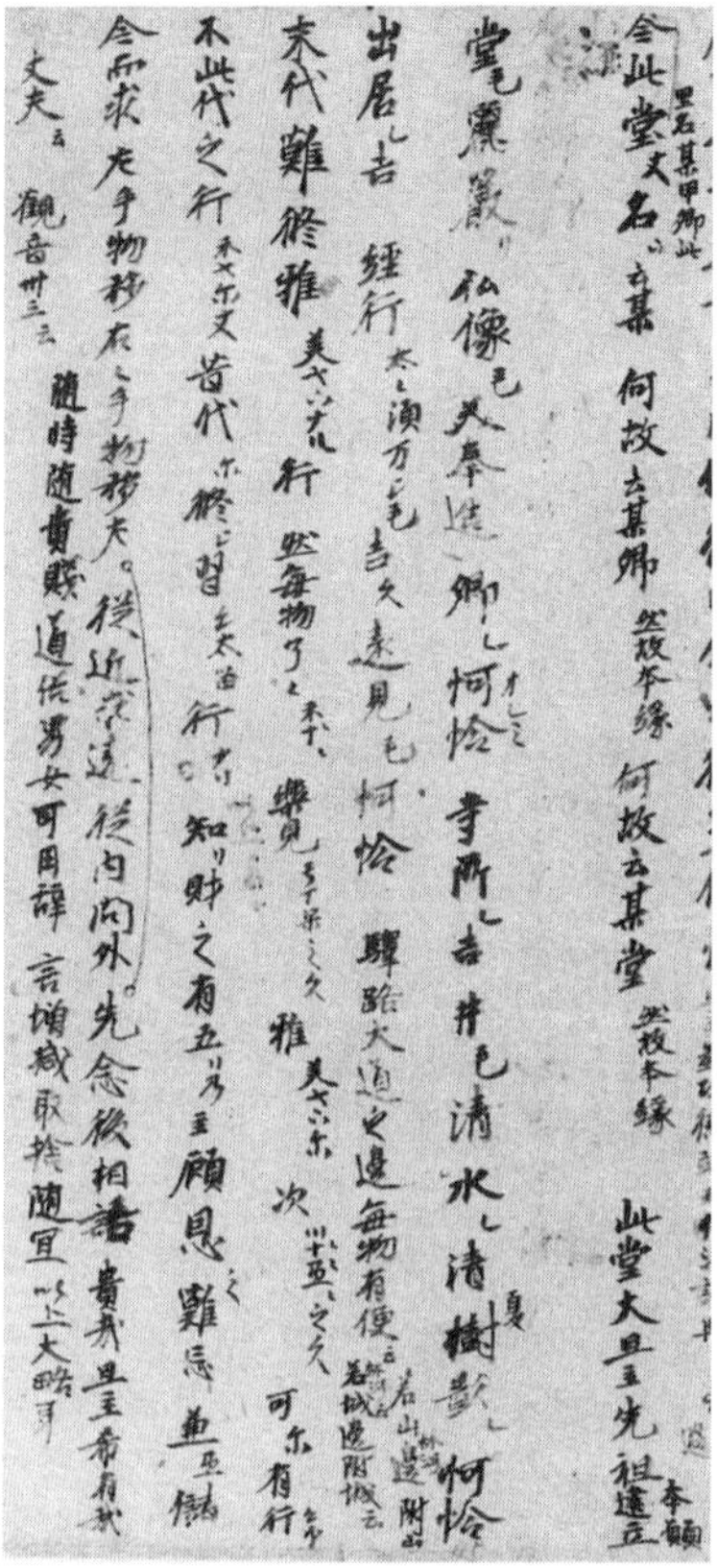

図1　『東大寺諷誦文稿』(278-284行)
［築島編，2001］

とも天長年間(八二四―八三四年)までに成立したと推定される[小林、一九九二]。藤本誠は、『東大寺諷誦文稿』を「在地の法会《ほうえ》次第《しだい》の手控えの作成過程の史料」であると簡明に説明する[藤本、二〇一六]。次に示す一節からは、この史料の性格と、僧侶の移動に伴ってもたらされる多くの様相がみてとれる(**図1**)。

今此《こ》の堂は里の名、某甲の郷、此の名を某と云う。何の故にぞ某の郷と云う。然《しか》る故の本縁。何の故にぞ某の堂と云う。然る故の本縁。此の堂は大旦主《だいだんしゅ》(多く布施をする檀家)、先祖の本願によりて建立したまう。堂も麗しく厳《かざ》り、仏像も美しく造り奉る。郷も何怜《おもしろ》く、寺の所も吉《よ》し。井も清く、水も清し。夏の樹の影も何怜く、出居も吉し。経行《たたずまい》も吉く、遠見も何怜し。駅路・大道の辺にして、物毎《ものごと》に便有り、云。若《も》し、山、林、河の辺ならば、山、林、河に附きて、云。若し、城の辺ならば、城に附きて、云。(二七八―二八〇行)

簡単にまとめると、これは地方の堂で開かれた法会で使われたものである。まず、堂と郷の名の由来が語られ、次いで、その堂と土地が称賛される。それぞれの状況に応じて使用できるような体裁で書かれている。例えば、冒頭では、「某」という語句を繰り返し使用しているが、実際の法会では、ここには該当する郷や堂などの名称を当てはめて使用したと考えられる。一つの村で使用することのみを意図していたのであれば、法会を行う村の名前のみを記載しておけばすむのだが、他の場所

(1) 薬師寺僧の景戒《けいかい》によっておよそ七八七年から八二二年の間にまとめられた仏教説話集。正式名称は『日本国現報善悪霊異記』。日本最古の説話集であるとされ、中国伝来の説話集からの影響も大きかった。

(2) サンスクリット語の upāsaka の音写で、在家の男性の仏教信者を指す。様々な仏道修行に励み、そのうちの多くは五戒(注40参照)を守った。

(3) 六二九―七〇〇年。七世紀に活躍した僧侶。入唐し、法相《ほっそう》教学を玄奘《げんじょう》と窺基《きき》に学ぶ。日本に帰国した後、諸国を遊行して各地で土木事業を行ったとされる。また、日本で初めて火葬された人物であるといわれる。

での利用も意図されていたため、あとで書き入れられるような形になっていた。文末に小字の二行割書きで書かれている「若し、山、林、河の辺ならば、山、林、河に附きて、云。若し、城の辺ならば、城に附きて、云」という箇所からは、僧侶が移動することと、法会を行う場所に応じて内容が変更されていたことが明快に伝わってくる。また「駅路・大道」という用語は僧侶が目的地まで道に沿って移動しており、都と地方を結ぶ道に精通していたことを示唆している。『東大寺諷誦文稿』の他の部分からも、僧侶が複数の村落の間を移動していたことが知られる。

　移動する僧侶の様子は『東大寺諷誦文稿』のこの文言からのみではなく、他の様々な文献や考古資料からもうかがえる。例えば、藤本誠は、七世紀から八世紀にかけての三八人の官大寺僧の地域社会における活動について紹介している［藤本、二〇一六］。同様に、三原康之も、『日本霊異記《にほんりょういき》』(1)の中に、僧侶や優婆塞《うばそく》(2)が移動する話を三一例確認している［三原、二〇〇五］。七世紀と八世紀には主に京周辺の諸国で活躍した道昭《どうしょう》(3)や行基《ぎょうき》(4)といった移動する僧侶の著名な例もある。平安時代の初期までに、徳一《とくいつ》(5)、最澄《さいちょう》(6)、道忠《どうちゅう》(7)や満願《まんがん》(8)といった僧侶が東国で活動したことがよく知られている。しかしながら、このような比較的著名な人物以外にも、地方を移動した、『日本霊異記』のような史料にわずかに名前が出てくる人々が存在したことも認識しておかねばならず、また、歴史に名前が残らなかった人々もいたであろう。『東

(4) 六六八―七四九年。奈良時代の僧侶。諸国を遊歴し、民衆に説教し、貧しい人々の救済をしたことで有名。当初は、禁を破った布教活動だとして朝廷から弾圧が加えられたが、後には、東大寺大仏建立のための資材や労働力確保に尽力し、僧としての最高位である大僧正となった。

(5) 東国で活動した平安初期の法相宗の僧侶。筑波山の中禅寺と会津の恵日寺《えにちじ》に住した。最澄との仏教教学に関する三一《さんいち》権実《ごんじつ》論争で知られる。

(6) 七六七―八二二年。平安時代の僧侶で、日本天台宗の開祖。入唐し天台の教義を学び、後の比叡山延暦寺を起こした。

大寺諷誦文稿』の著者は、そうした名前の残らなかった僧侶のうちの一人であり、移動する僧侶の代表的な存在である。幸運なことに、様々なテキストや出土資料を組み合わせることによって、日本全国にわたるネットワークを形成した僧侶の生活と活動を描き出すことができる。

古代日本では、多くの僧侶は招かれて移動した。『東大寺諷誦文稿』の著者もこれに該当することが、「某甲、来牒《らいちょう》の旨に依りて、法莚《ほうえん》に参り預りて」の文言（二八五行）から明らかである。この中の「来牒の旨」とは、招待を意味すると思われる。こうした例は比較的よくみえ、例えば、『日本霊異記』では、元興寺《がんごうじ》や薬師寺《やくしじ》のような中央官大寺の僧侶が播磨《はりま》国や紀伊国の地方寺院の招待によってそこに移動して、法会を行う話が記録されている（上巻一一縁、中巻一一縁）。これらの僧は名声によって招かれたのであろうが、同時に、賢璟《けんけい》(9)のように出身地と繋がりを持ち続けた事例も知られる［川尻、二〇〇五］。

都鄙間交通のみならず、地域社会間での僧侶の移動も相当あった。代表的な例として、『日本霊異記』下巻一六縁は、寂林《じゃくりん》法師が故郷である紀伊国名草《なぐさ》郡能応里《のおのさと》を離れ、しばらく旅をして、越前国加賀郡畝田《うねだ》の村に行き着いて、数年ほどそこに居住した話である。これは、時には広い地域に及んで、国をまたいで移動した僧侶の典型的な例である。僧侶の国を越えた移動を示す考古学研究の例として、川尻秋生

また、関東での布教も積極的に行った。

(7) 奈良・平安時代に活動した僧侶。鑑真《がんじん》の弟子。戒についての関心が強かった。最澄が広く経典の書写を呼びかけたときには支援した。特に東国で活動した。

(8) 奈良・平安時代初期に活動した僧侶で、鹿《か》島神宮寺《しまじんぐうじ》・多度《たど》神宮寺を創建したことで知られる。広く旅をし、神仏習合の広まりに影響を与えたとされる。

(9) 奈良時代に活動した尾張国出身の僧。元興寺の僧侶である一方で、多度神宮寺や室生《むろう》寺《じ》の創建にも関わった。大僧都《だいそうず》に任じられた。

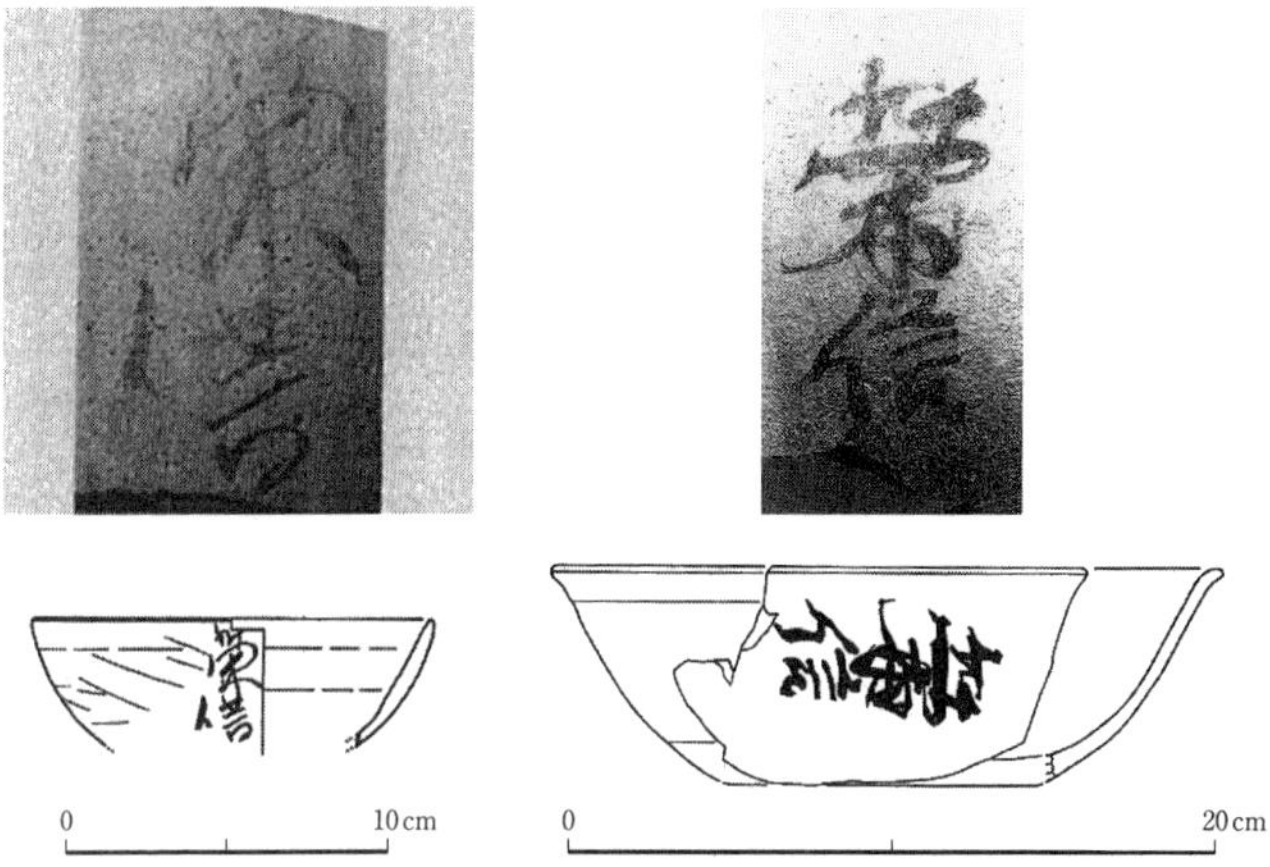

千葉県酒々井町飯積原山遺跡　　千葉県山武市八幡神社南(1)遺跡

図2　「栄信」の名が見える２つの墨書土器[千葉県教育振興財団編，2006／千葉県教育振興財団文化財センター編，2014]

は、長野県佐久市聖原《ひじりはら》遺跡から出土した「甲斐国山梨郡大野郷」と地名が書かれた仏鉢型土器をあげ、僧侶が甲斐国と信濃国を越えて移動したことを示すものであると説明した。また、「栄信」の名が見える二つの墨書土器(**図2**)が、二〇キロメートルほど離れた千葉県酒々井町飯積原山《いいづみはらやま》遺跡と山武市(旧成東町)八幡神社南遺跡で、それぞれ見つかっている例もある[川尻、二〇一七]。これらの事例を総合的にとらえれば、中央と地方の交流以外にも、長い距離を移動する僧侶による国郡を越えた交流があったことが知られよう。

ところで、彼らはどのような方法で移動したのであろうか。僧が舟で移動した話はいくつかあり、特に西日本ではもちろんそうであっただろう。しかしながら『東大寺諷誦文稿』の著者は、上述のくだりではっきりと道や駅家《うまや》に言及し、都から地方へ移動する際には駅伝制(10)が利用されたことを示唆する。律令にも道を移動する僧侶についての規定がある。僧尼令《そうにりょう》(11)には、「凡《およ》そ僧尼、道路にして三位以上に遇《あ》えらば、隠れよ。五位以上には馬を歛《おさ》えて相い揖《ゆう》して過《す》ぐせ。若し歩《かち》ならば隠れよ」と、僧侶が中級あるいは高級貴族に道で遭遇した場合の条文がある。本条文は、貴族に対する僧侶の作法や地位を示すものであるが、道を行く僧侶が一般的であったがために、彼らの行為を規制する必要があったことも意味する。こうした法令は、『日本霊異記』の中にも表れており、周知のものであったと推測される。中巻三五縁では、宇遅《うじ》王と出会ったときに令の通りに王を避けることができなかった諦鏡《たいきょう》という僧侶が、その不作法を咎められて、王が馬を留め、打擲《ちょうちゃく》させた。この話の主題は僧侶を虐待する者を批判することにあるが、ここで注目したいのは、これが律令以外にも伝えられる日本で僧侶が道路を歩いていたことを示す話だからである。

先に示した律令では、僧侶の馬での移動についても規定しているが、この点については他の史料からも確認できる。『続日本紀《しょくにほんぎ》』(12)宝亀元年(七七〇)五月四日条によ

(10) 中央と地方または地方間の交通・通信制度。官道には原則として三〇里ごとに駅家がある。そこに公用の使者が乗れる駅馬や、休息や宿泊の施設も備えられていた。

(11) 全二七条からなる僧と尼について規定する養老令《ようろうりょう》の篇目の一つ。中国の道僧格《どうそうかく》に基づく。

(12) 六国史の二番目の史書。四〇巻からなり、六九七—七九一年の歴史を扱う。奈良時代の政治研究の基本的な文献である。

れば、朝集《ちょうしゅう》(13)に際して国師《こくし》(14)は駅馬に乗ることが許されており、このことはやはり、僧侶が都と地方を馬で往来していたこと、馬の乗り方を知っていたことを示している。『日本霊異記』の著者である景戒《けいかい》も、自身の馬二頭の死についてふれている(下巻三八縁)。これらの記述は、少なくとも一部の僧侶は馬に乗ることに慣れており、馬で移動していたことを示唆している。

ここまで、僧侶が都と地方の間、および地方間のネットワークを築くために、徒歩あるいは馬でどのように移動してきたのかをみてきた。移動のうちには公的なものもあれば、私的なものもあり、地方の個人や共同体の宗教的な要請に応じて行われていた。

道路・駅家と寺院の関係

古代日本の多くの寺院は官道や駅家にそって建てられていたため、道沿いに移動した僧侶はしばしば寺院のそばを通過したであろう。例えば『日本霊異記』の和泉《いずみ》国日根《ひね》郡の話では、「路往く人」が「寺の北の路より馬に乗り往く」とあり、このことにより、寺が道の南方にあったことがわかる(中巻二二縁)。発掘調査によれば、駅家と寺院との間にはかなり強い結び付きがあった。例えば、播磨国の山陽道(15)の多くの駅家の近くで寺院が見つかっており、ほとんどの寺院は駅家のだいたい一キロ

(13) 地方官が朝廷に参集する儀礼。

(14) 寺の監督、僧侶の指導、経典の講説などを担当していた地方諸国に置かれた僧侶。人数がたびたび変更されたが、宝亀元年には、一つの国に三、四人が置かれていた。

(15) 幹線道としては大路にあたり、古代では最も交通量の多い道であった。播磨国明石駅から長門国小川駅まで五六の駅家があった。

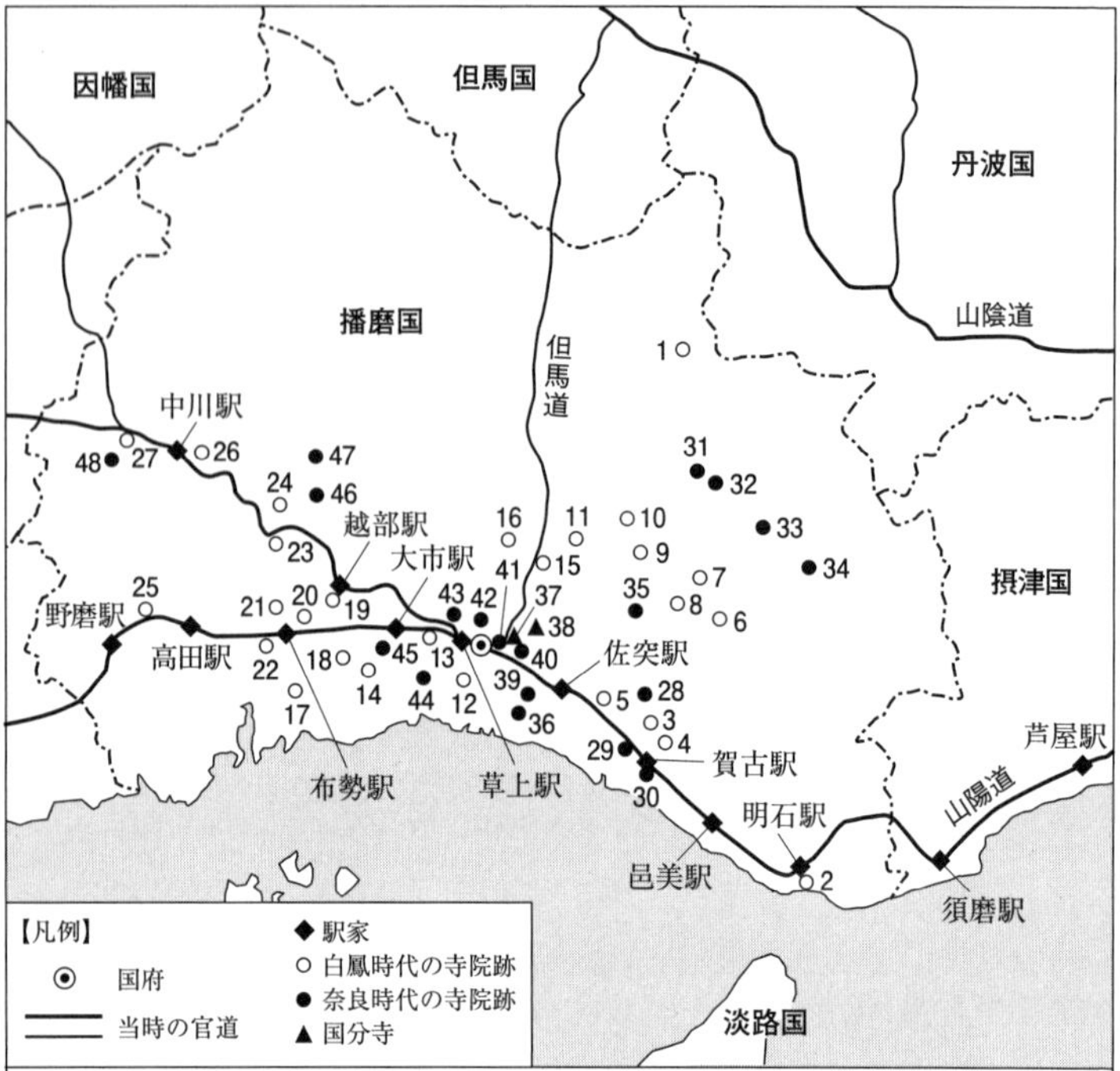

○白鳳時代の寺院

1 多可寺
2 太寺廃寺
3 西条廃寺
4 石守廃寺
5 中西廃寺
6 広渡廃寺
7 河合廃寺
8 新部大寺廃寺
9 繁昌廃寺
10 殿原廃寺
11 吸谷廃寺
12 市之郷廃寺
13 辻井廃寺
14 下太田廃寺
15 多田廃寺
16 溝口廃寺
17 金剛山廃寺
18 中井廃寺
19 奥村廃寺
20 小神廃寺
21 中垣内廃寺
22 小犬丸中谷廃寺
23 越部廃寺
24 栗栖廃寺
25 与井廃寺
26 新宿廃寺
27 長尾廃寺

●奈良時代の寺院

28 山角廃寺
29 溝之口廃寺
30 野口廃寺
31 八坂廃寺
32 野村廃寺
33 喜田・清水遺跡
34 掎鹿廃寺
35 野条廃寺
36 見野廃寺
37 播磨国分寺
38 播磨国分尼寺
39 本郷廃寺
40 上原田廃寺
41 小川廃寺
42 白国廃寺
43 平野廃寺
44 山所遺跡
45 西脇廃寺
46 香山廃寺
47 千本屋廃寺
48 早瀬廃寺

図3　山陽道と播磨の古代寺院(兵庫県歴史博物館展示パネルを参考に作成)

メートル以内にある〔岸本、二〇一七〕(**図3**)。

特に興味深いのは野口《のぐち》廃寺で、山陽道の賀古駅家《かこのうまや》(兵庫県加古川市)から五〇〇メートルしか離れていないところに立地し、七―九世紀にかけて存続した。ここでは、講堂とともに経蔵《きょうぞう》と推測される建物が発掘された。今ではこの地には野口神社が鎮座するため、本堂は発掘されていない。考古資料から判断すると、野口廃寺はある程度、公的な性格を有していたと思われる。発掘された寺は現在の教信寺《きょうしんじ》の隣に位置する。教信寺は、九世紀に浄土教を布教した人物として知られる教信に由来する。教信は一〇世紀に成立した『日本往生極楽記《にほんおうじょうごくらくき》』(16)に初出し、賀古駅家の近くに住んでいたとされる。九世紀の史料には教信は見えないが、少なくとも教信が、道沿いに位置し、まさに賀古駅家に隣接した野口廃寺で仏門に励み、後に彼についての伝説を伝えた門弟たちを率いていた人物であるのは間違いないであろう。教信は駅家のそばで活動した法師の実例といえよう〔中村弘、二〇一七〕。

山陽道にそって賀古駅家から四駅戻ったところにある芦屋駅家近くの深江北町《ふかえきたまち》遺跡(神戸市)では、興味深い木簡が出土している(**図4**)。芦屋駅家に近接すると推定されている場所から、元は一つであったと思われる木簡の断片が二つ発掘されている。解読の難しい箇所もいくつかあるが、法会の儀礼的責任を有する法師である「呪願師」といった人物が智識《ちしき》(17)を率い、その智識たちが一文、二文、六文ほどの比

(16) 日本最古の往生伝。一〇世紀終わりに慶滋保胤《よししげのやすたね》によって編纂された。極楽往生したと考えられた人々の伝記を載せたものである。

(17) 善智識《ぜんちしき》の略称。サンスクリット語の kalyāṇa-mitra の漢訳。仏道修行を行う善い友人を意味する仏教用語で、特に寺院の建立や写経といった善行のための共同体を指す。このような集団は古代日本の多くの階層で活動した。

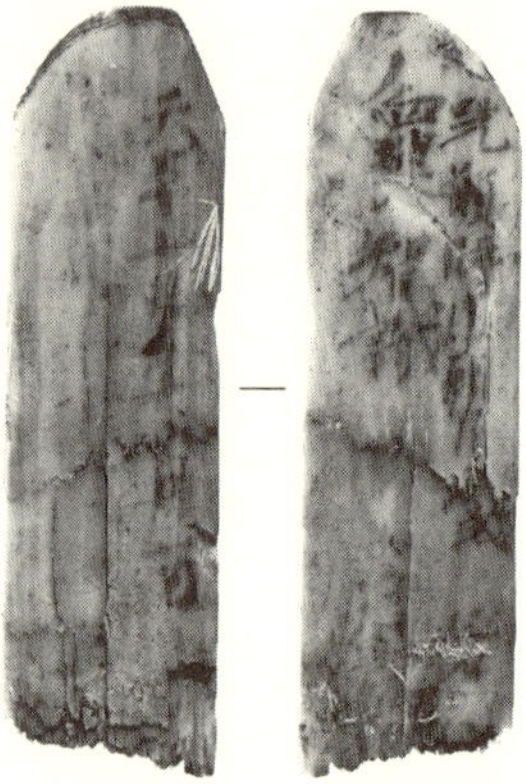

図4　深江北町遺跡出土木簡（写真提供＝神戸市教育委員会）

較的少額の寄進をしたことが記録されている資料である。木簡の日付から類推して、これらは東大寺の布施《ふせ》に関連しているのではないかとする研究者もいる。(18)他の資料からも、東大寺建立には多くの個人が少額の布施をしていることが知られる［ロウ、二〇一七］。この木簡が本当に東大寺の布施と関係しているとすれば、道や駅家が都と地方をどのようにして結んでいたのかを示しているといえる。

以上、移動する僧侶による仏教の布教と布施の主要な場所として、道路に点在する寺院と駅家がどのような関係にあったのかについて検討してきた。『東大寺諷誦文稿』にみられる布施については後でふれる。

(18) 図4木簡の釈文は左の通り。

・「咒願師□朝臣□成
　亀智識

・「天平十□〔九カ〕年八月一日□

（『木簡研究』第三六号、二〇一四年一一月）

「咒」は「呪」の異体字。同一簡の別の断片には、「十文」「銭一文」「二文」「六文」「〔廣カ〕足二文」などの文字がみえる。

道辺の乞食と僧侶たち

道を移動する間に、僧侶はしばしば乞食や死体に出くわした。道端の乞食は、たいていは病気であるか衰弱しており、日本古代の道を占拠していた。例えば、『続日本紀』天平宝字元年（七五七）一〇月六日条の勅には、庸《よう》や調《ちょう》を都へ運ぶ者がしばしば道辺で病に倒れ、時には乞食となり、結果的に死ぬことがあったと記録されている。奈良時代を通じて頻繁に出される、道路における乞食や死体増加の問題をとりあげる類似の勅は、このような乞食がよくいたことを示している。

『東大寺諷誦文稿』の著者も、そのような乞食のことを詳細に記録する。

道のべに伏《こや》りたる乞丐《かたい》は疥掻《はたけかき》て目所も無《な》く腫れ合いて、大小便利坐所《いところ》にして臭く穢わし。往還の人は面を掩《ふた》ぎ鼻を奄《おお》いて逃る。仏、彼の所に至り、自《おおみてずか》ら洗い着せたまいたり。是の如く慈悲至りて深くおおまします。貧しく賤しき人をば、父母を除きて余の人は見ること犬烏の如し。仏は然《しか》おおましまさず、貧しきを見ては、我が子と宣《のたま》いて救済したまう。賤しきを見ては、我ぞ父と宣いて哀愍したまう。云。（一六九―一七二行）

道辺に非常に不潔な乞食がいて、往来する人は鼻を塞ぎ通るが、仏なら乞食を洗って服を着せるだろうなどと、仏の慈悲を称えるたとえであるが、注目すべきは、この乞丐は道辺にいるということである。『東大寺諷誦文稿』の著者が、道を往来し、そしてその道辺には乞食がかなりいたとすると、これは著者自身の移動における実際の経験に基づくことだと考えるのは妥当であろう。ここでの着目点は、仏と普通の人との違いは、まさにこの乞食をどのように扱うかの違いにあるということである。乞食や卑しい人に会ったときに、その者の親であるかのように接するのは仏の行いである。つまり重要なのは、乞食を描写することではなく、むしろ慈悲深く乞食を救済することについて考えることなのである。道辺の乞食を救済することは古代日本ではレトリックにとどまらない。中国から鑑真《がんじん》を伴い帰国した普照《ふしょう》法師が、「道路に百姓の来去絶えず」という理由で、日陰をつくって栄養にもなる果樹を道路の両側に植えるよう請願した例が『類聚三代格《るいじゅうさんだいきゃく》』(19)に記録されている〔天平宝字三年〈七五九〉六月二二日〕〔中村太一、二〇一七／藤本、二〇一九〕。この記録を『続日本紀』の内容と照らし合わせると、その前の月の天平宝字三年五月九日条では、僧侶や官人に政策への提案を求める勅が発せられており、これに続く、別の勅では、市《いち》にいる多くの飢人について言及している。つまり、これらの勅が発せられて一カ月以内に提出された普照の奏状は、勅に対する応答とみなすことができる。

このように、都鄙間交通について考える場合、政治的かつ宗教的な側面があったことが知られる。これらの仏教ネットワークは、国家の要求に応え、官寺と結びついた僧侶によって形成された。一方で、僧侶が道辺で飢えている乞食に遭遇した時に、仏のように救済することにもネットワークが関わっていた。国家的な支配の面と信仰的な面を簡単には区別できない。

(19) 弘仁・貞観・延喜の三代の格を内容別に集成した書。一一世紀に編纂され、その大部分が伝わる。

道辺の死体と僧侶たち

遭遇し救済すべき存在は乞食だけではなかった。普照らの尽力にもかかわらず、多くの人が都からの家路の途中で命を落とした。道辺での死については早い段階から多くの詔に見える。『日本書紀』大化二年(六四六)三月二二日条では、「路頭《みちのほとり》に臥死《し》ぬ」人が増えているという問題が取り上げられ、『続日本紀』和銅五年(七一二)正月一六日条には、「諸国の役民、郷に還らむ日、食粮絶え乏しくして、多く道路に饉《う》えて、溝壑《こうがく》に転び塡《うずも》ること、其《そ》の類《たぐい》少なからず」と記されているように大きな問題になっている。このような道辺の死者に言及する詔は平安時代まで発せられた。

道辺の死者の問題は、適切に埋葬や火葬することができなかったことや、名前がわからないため故郷にその人の死を通達できないことであった。賦役《ぶやく》令(20)や軍防令(21)には、移動中に死んだ者をどう扱うべきか、すなわち埋葬もしくは火葬し、可能であれば家族に知らせるといった明確な規定があった。前掲の和銅五年正月一六日条の詔にも同様の政策が見られる。さらに、『万葉集』(22)の、今では「行路死人歌《こうろしにんのうた》」といわれる歌群の中では、歌人が旅人の死を悼んでいる。それらの中には、家族にその死を伝えることができないことを嘆く歌がいくつかある。例えば、第一三巻三三三九では、調使首《つきのおみのおびと》(23)が、「家問へど　家道も言はず　名を問へど　名だにも告《の》らず」

(20) 物納租税と力役に関する養老令の篇目。三九条からなる。

(21) 軍団兵制や防人に関する養老令の篇目。七六条からなる。

(22) 日本最古の和歌集とされる。主に七―八世紀における四五〇〇首以上の歌を集めたもの。数十年にわたり編纂され、七五九年以後に成立。

(23) 奈良時代の歌人で官吏。『万葉集』に長歌一首と反歌四首が収録される。

と歌っている。柿本人麻呂《かきのもとのひとまろ》(24)の歌では、「家知らば、行きても告げむ」と嘆いている
(第二巻二二〇)。

『東大寺諷誦文稿』の著者も道辺の死者に遭遇し、葬送儀礼を行えないことを恐れた。その記述中で、旅人の死体を次のように表現した。

依無《よりな》く、怙《たのみ》無きの徒は多く道路の中に亡《う》せたり。東の国の人は、道の辺に骸をば曝《さら》し、西の国の人は、水の中に魂を没《しず》めたり。(二三九―二四〇行)

続けて、功徳《くどく》によって死者を救済しようとすることを述べる。

今日、一渧《いってい》の功徳を以て、是《かく》の如き浮游する霊等を救済し、速《すみやか》に十八泥梨《ないり》より解脱《げだつ》し、人天の勝利を招かしめむ。(二四一行)

ここからは『東大寺諷誦文稿』の著者が、功徳によって死者を地獄から解放し転生させることによって、道辺の死者を救済しようとする様子がうかがえる。

『東大寺諷誦文稿』の一節では、このような主張が繰り返され、展開していく。

乞《こ》い誓《の》まくは東西の国の亡霊等、形を蔵《かく》す布の端は、是れ東国の物産なり。寒き時に曳《ひ》き蒙《かず》く綿の端は、西国の出す所なり。然れども官の言、朝庭の言に由《よ》りて、己《おの》が本郷の妻子、眷属《けんぞく》の中を離れて、旅路に辛苦し、寒き風、霜、雪に慣れず、遠き道に飢え寒《こ》う。仮令《たと》えば、福無《な》き人は、中途《みちなか》に病を得、一杓《ひさご》の湯、片手の米をも得ず。親しく愛しき妻子、老いたる父母にも相い見ず、旅路に没《う》

(24)『万葉集』第一の歌人といわれ「歌聖」と仰がれた。持統天皇の在位した七世紀後半に最も活躍した。

せ逝《ゆ》きぬ。東国の人は道路の荊の本の魂魄と作《な》り、西国の人は風波の下の霊、海浜の白き尸《しにかばね》と作る。国に留りて相い待つ親属は、都《かつ》て忌日をも計《かぞ》え知らず、家に留りて相い恋うる妻子は、其の葬《はぶり》の墓をも知らず。是の如き類、国家に甚《はなは》だ多し。三途《さんず》に誰か助け済《すく》わむ。故に平等の諷誦を垂れむ。一切諷誦、云。法華名、云。心経、云。阿弥、云。地蔵、云。（三二五―三三一行）

おそらく調庸運脚夫《うんきゃくふ》であろう者たちが、妻子や両親に会うこともできないまま死んでいくことを強調している。そして、道辺で人が死ぬということは、残された人々が必要な儀式を適切な時に行えないことであり、つまり、ここで『東大寺諷誦文稿』の著者は、忌日や墓がわからないということは、死者が三途[25]に生まれ変わることを意味しているのだと、聴衆に想起させるのである。

死者を追悼できないのは彼らの名前がわからないからである。つまり、残された者は、死者の生死そのものやいつ死んだのかもわからないのである。しかし、『東大寺諷誦文稿』の著者はこの問題の解決法を示す。この一節の中で、僧侶は「平等の諷誦」として知られる行いや、他には、般若心経《はんにゃしんぎょう》や法《ほ》華経《けきょう》の題名を唱えたり、阿《あ》弥陀《みだ》[26]や地蔵《じぞう》[27]に帰依したりすることを呼びかけている。これらは多くの路頭で亡くなった調庸運脚夫のために一斉に行われていた供養である。藤本誠が指摘するように、「平等」という言葉は「社会弱者を擁護する論理」と同調していることも興味深い

(25) 六道のうちの地獄道、畜生道、餓鬼道。三悪道とも。

(26) 西方にある極楽浄土を主宰する仏。衆生《しゅじょう》救済のための「四十八願」を発願した。奈良時代には、人々は親や先祖が西方の阿弥陀のいる浄土に生まれ変わることを祈願したが、特に平安時代中期から阿弥陀信仰は盛んになった。

(27) 地獄で苦しむ衆生を救う菩薩として知られる。『日本霊異記』下巻九縁では、冥界の閻魔王《えんまおう》の化身とされる。

〔藤本、二〇一五〕。

布教のため地方に移動した僧侶は、葬送儀礼を通じ、道辺の死体に対する国家の懸念に対応しながら律令制度を維持する一方で、人を救済しうる存在としても活動した。僧侶は道辺の乞食や死体の窮状を無視するのではなく、飢人を救うために果樹の植樹を考えついたり、地方の村落の名もない死者のために葬送儀礼を行ったりした。次節では村落仏教について検討したい。

2　村落仏教の風景

村落の「堂」で活動する僧侶たち

『東大寺諷誦文稿』の著者は、道や駅家を利用しているが、その本来の目的地は村落であった。前に掲げた一節は「今此の堂は里の名、某甲の郷、此の名を某と云う」で始まったが、この文により、法会は村落の堂で行われたことがわかる。

堂とはいかなる場所なのであろうか。堂という用語は『日本霊異記』のような史料にはよく見られ、研究の対象となってきた〔直木、一九六八／三舟、二〇〇二／藤本二〇一六・二〇一七など〕。研究者の間で議論が盛んであるが、史料から判断するに、堂とは概して小規模で伽藍《がらん》を有さないものを指すことが多い。堂の多くは、そこを

(28) 正式な官許を得ずに僧となった人。私度僧は古代日本では法的には認められていなかったが、広く存在が知られ、『日本霊異記』ではよく見ら

先祖の仏教的供養の法会の場として使用した村落の有力者によって建てられた。同時に史料によれば、後述するように、村落の有力者以外の多くの人々もその法会に参加していた。こうしてみると、堂は村落における信仰の中心であったようである。発掘されているいわゆる「村落寺院」には様々な形があると指摘されているが、その中には「堂」の実例も確認できる。いくつかの堂には私度僧《しどそう》(28)、沙弥《しゃみ》(29)や優婆塞が存在していたことが知られるが、『東大寺諷誦文稿』の著者のような遊行僧《ゆぎょうそう》が法会を行っていた堂もあった。

『東大寺諷誦文稿』の著者は、地方の堂に招かれたようであるが、『東大寺諷誦文稿』の一節(一一〇行)では、「村里道俗」という言葉に見られるように、地域に住んでいたと考えられる僧尼・在家の前で法会を行ったことが知られる[藤本、二〇一六]。また、他の一節では、「今、衆僧を見るに阿難《あなん》(30)の如く、舎利弗《しゃりほつ》(31)の如し」と、聴衆の中にいる僧侶を褒め称えており、その後には「文龍」や「義虎」という僧侶の名前と考えられる字が出てくる(二九〇—二九一行)。『東大寺諷誦文稿』の著者が招かれた場所に、僧尼がいたことは異例なことではなかった。

遊行僧について検討してきたが、村に「年を逕《へ》て止住《とどま》る」僧や、堂に「常住」する僧のように、長く地方の寺院に滞在した僧もいた(『日本霊異記』下巻一六縁、下巻一七縁)。また受戒した女性や沙弥も堂に住んでいた例がある(下巻三四縁)。実際、

れる。

(29) サンスクリット語の śrāmaṇera の音写。一般的に沙弥とは、出家をし、剃髪して十戒を受けたが、まだ具足戒《ぐそくかい》(完全円満な戒)を受けていない者。妻帯し世俗の生活を送る者もいた。日本の史料に出てくる場合は、僧と在家信者の間のような存在を指す。

(30) 阿難陀とも。釈迦の十大弟子の一人。多聞《たもん》第一と称され、非常に記憶力がよく、釈迦の死後も釈迦の教えを伝えたとされる。釈迦に女人の出家を認めるよう説得したことで知られる。

(31) 釈迦の十大弟子の一人、智慧《ちえ》第一と称される。

発掘によって、いわゆる村落寺院では、本堂のそばに、僧房跡とみられる竪穴住居と、時には掘立柱《ほったてばしら》建物が検出されている。村落によっては僧侶が都もしくは他の国から訪れ、あるいは多くはその村落出身の僧であろうが、一人か二人の僧尼が一定の期間は村落の寺院に居住した場合があることを示唆する。

しかしながら、常住する僧が存在せず、近隣の村に頼る村落もあった。『日本霊異記』の別の話では、伊賀国山田郡噉代里《はみしろのさと》の富裕な男が、母のために法華経を写して法会を開こうとする。彼の使いは近くの御谷里《みたにのさと》まで僧侶を探しに行っている。ところが使いは僧侶ではなく、泥酔状態であったためふざけて頭をそられた乞食を連れて帰ってきてしまう(中巻一五縁)。本章の関心から注目したいのは、使いが近隣の村に僧侶を探しに行っていることである。このことは、僧侶が複数の村落を行き来していたこと、そして、人々が近隣の村落に僧侶を探しに行っていたことを示す。

出土資料も、やはり僧侶が複数の村落を往来していた可能性を示している。例えば、千葉県にある近接した久我台《くがだい》遺跡と作畑《さくはた》遺跡(いずれも東金市)からは、「弘貫」(32)という名前が書かれた墨書土器が発掘された。作畑遺跡では、寺院であった可能性のある小さな掘立柱建物の跡が発見されている。少なくとも、「寺」と書かれた土器の出土によって、この村落に寺院が存在したことが示唆される。僧侶「弘貫」は作畑遺跡を中心に、久我台遺跡の範囲まで活動したことがわかる[平川、二〇〇〇]。

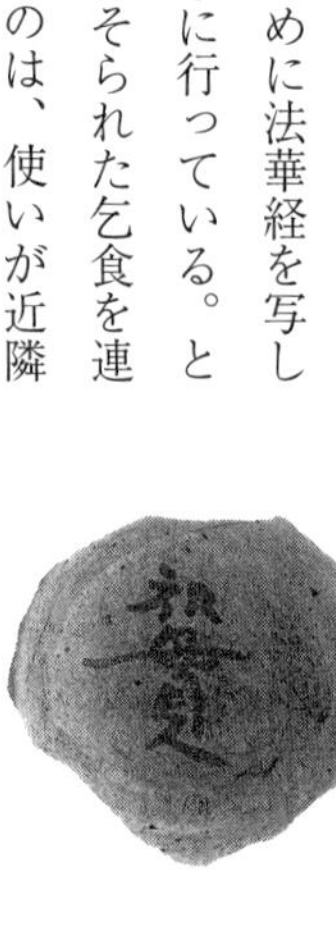
(32) 作畑遺跡出土「弘貫」墨書土器(出典は図5に同じ)

(33) 寺畑遺跡出土「案豊」墨書土器(出典は図5に同じ)

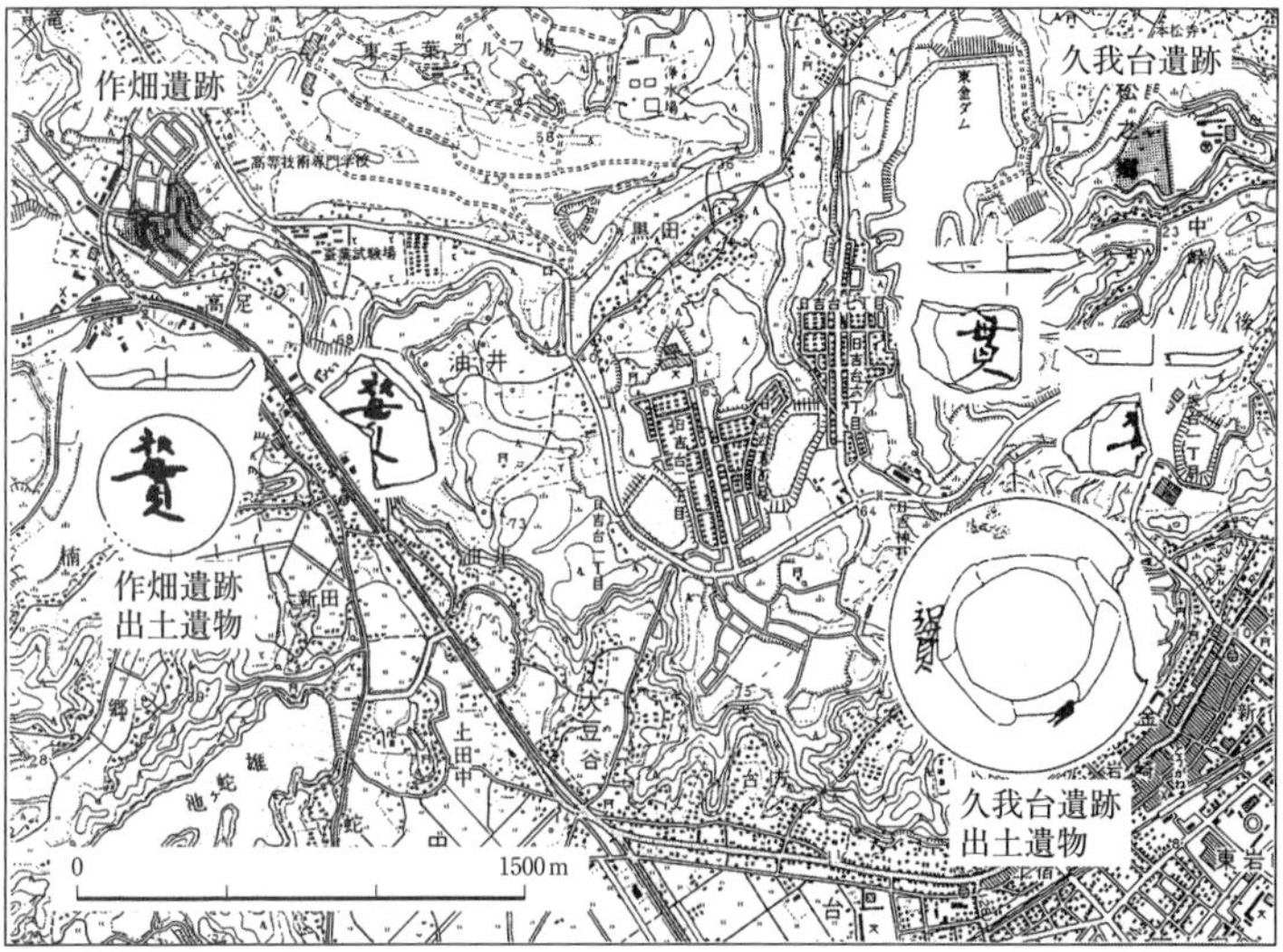

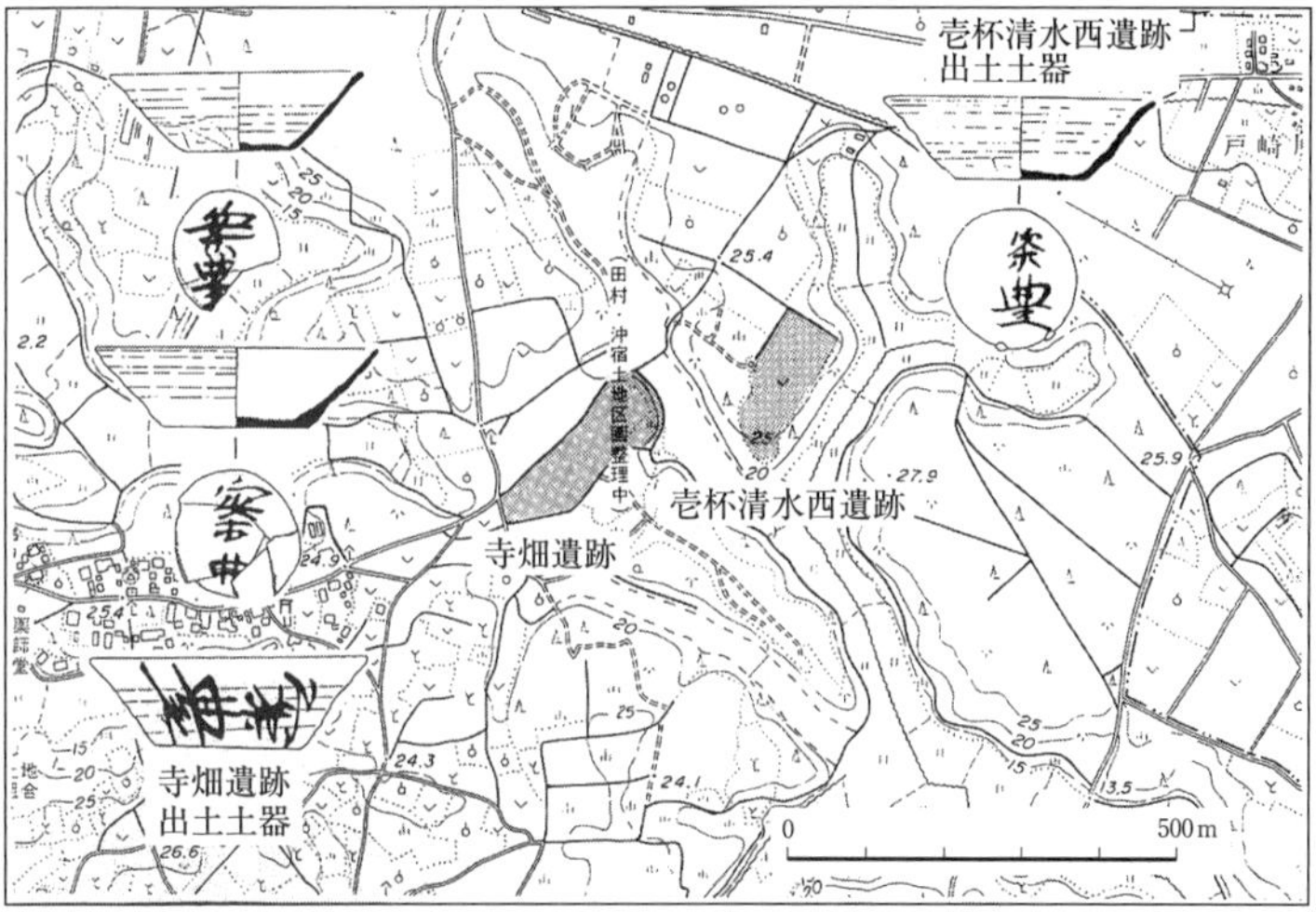

図5　「弘貫」「案豊」の名が見える墨書土器[上高津貝塚ふるさと歴史の広場編，1998]

（上）「弘貫」墨書土器が出土した作畑遺跡・久我台遺跡

（下）「案豊」墨書土器が出土した寺畑遺跡・壱杯清水西遺跡

茨城県土浦市の寺畑《てらはた》遺跡と壱杯清水西《いっぱいしみずにし》遺跡でも、「案豊」(33)という僧侶が複数のコミュニティで活躍していたことを示す類似の例がある(**図5**)〔上高津貝塚ふるさと歴史の広場編、一九九八〕。『日本霊異記』で見た噉代里の富裕な男のように、法会のために近隣の村落に頼る様子がうかがえる。

日本の村落は、それぞれに違いがあり、僧侶に法会を依頼する手段にもいくつもの方法があったであろう。地方の村落では、移動する僧侶、常住する僧侶、沙弥や近隣の僧侶を含む様々な僧侶が、寺院で活躍していたことが確認できる。

社会階層を超えた法会の場

言うまでもなく、在地の法会には在家も参加していた。『東大寺諷誦文稿』では、在家に対して大げさなほどの称賛が並ぶ。ある一節では、大旦主を「須達《しゅだつ》(34)、祇陀《ぎだ》(35)、末利夫人《まりぶにん》(36)、勝鬘《しょうまん》夫人(37)等の如し」と称賛し、このあとには小さい字で「具《つぶさ》には云わず、二人を称すべし」とある(二六四―二六五行)。このことは、実際の法会では四人の名前すべてではなく、そのうち適切な二人の名前をあげたことを意味する。須達と祇陀は男性で、末利夫人と勝鬘夫人は女性であるので、男性と女性双方に対応できるように準備していたことを示している〔藤本、二〇一六〕。

別の一節では、多様な階層の人々が存在したことを示唆している。大旦主を観音

(34) インドの舎衛城に住んでいた富豪。初期仏教の主要な寺院で、多くの説法が行われた祇園精舎《ぎおんしょうじゃ》の建立を援助した。須達は特に「孤独」(身寄りのない者)に施したことで知られ、給孤とも呼ばれた。釈迦の弟子の中でも特に気前が良かったといわれる。

(35) インドの王子で、祇園精舎が建てられた土地の所有者であった。須達と共に、祇園精舎の建立を援助した。

(36) 波斯匿王《はしのく》の妻で、熱心な在家仏教信者として知られる。釈迦牟尼《しゃかむに》に布施したことにより貧しい奴隷の身分から裕福な女王になったといわれる。

(37) 波斯匿王と末利夫

になぞらえたすぐあとに、小さい文字で「時に随《したが》い貴賤、道俗、男女に随いて辞を用いるべし」とある(二八四行)。この書き込みは、地位が高いか低いか、在家か出家か、男性か女性か、実際の法会では大旦主に合わせて称賛する言葉を選ぶようにと記されている[藤本、二〇一六]。法会に様々な階層の人々が参加していることは『日本霊異記』の行基の法会の話にも見え、「道俗貴賤、集会《あつま》りて法を聞く」とある(中巻三〇縁)。

本節では、村落を仏教のネットワークにおける接点として見てきた。村落に僧侶は居住し、あるいは往来した。村落によっては常住する僧侶がいたが、僧侶を招いたり、近隣の地域の僧侶に頼ったりした村落もあった。村落で行われた法会は、様々な階層の男性と女性を、この時期の日本に形成された仏教のネットワークに組み込んだのである。そのネットワークは、空間的なものだけではなく、階級を超えたものでもあったことも念頭におくべきである。

3 村人の心に響く教え

布施・戒によって貧困から逃れるという教え

ここまで、都と地方、あるいは地方間で築かれた僧侶と堂・寺院のネットワーク

人の娘。在家信者にとって特に重要な大乗仏教経典である勝鬘経《しょうまんぎょう》の主人公。

を具体的に検討してきた。しかし、これらのネットワークを効果的なものにするためには、僧侶は有用な教義を示す必要があった。ネットワークを確実に形成するには在家の信者がよく理解できる教義を提示せねばならなかった。

このネットワークの中心となるものの一つは布施であった。布施をすることは功徳を積むことに通じ、精神的・経済的結びつきを生んだ。前節で見た須達のような人物の名をあげることによって、僧侶は布施をする仏教徒の例を示した。実際、須達の名前は、楽施《らくせ》、善授、善与、善施、善給といった布施に結びつく文字を使って漢訳された。布施は六波羅蜜《ろくはらみつ》(38)の中の最初の修行徳目であり、『東大寺諷誦文稿』の部分的に擦消された箇所に、「当来の世の中に、檀波羅蜜《だんはらみつ》の行を修して、慳貪《けんどん》の行を習わず。餓鬼道《がきどう》(39)の中に堕するが故に」と記されていた(二三二行)。そして引き続き、残りの五つの徳目について、それぞれ概要が述べられる。しかし、ここで重視されているのは、貪欲な人は来世では餓鬼として生まれ変わってしまうので、布施あるいは布施のサンスクリット語 dāna の音写である檀波羅蜜を実践する必要があるということである。

布施の必要性は『東大寺諷誦文稿』を通じて繰り返し書かれている。地方の僧侶の重要な役割の一つが布施を集めることであったので、このことは意外なことではない。

(38) 波羅蜜は、サンスクリット語の pāramitā の音写で、「到彼岸」(彼《ひ》岸《がん》に到る)とも漢訳する。涅槃《ねはん》に到るためには六つの修行徳目があり、それらは、布施、持戒、忍辱《にんにく》、精進《しょうじん》、禅定《ぜんじょう》、智慧である。

(39) 六道のうちの一つ。餓鬼道に落ちた亡者である餓鬼は常に飢えと乾きに苦しんだが、のどが非常に細かったため、食物、また飲物でさえものどを通らず、手に取ったものは全て火に変わってしまった。貪欲な人は餓鬼に生まれ変わるとされていた。

「価《あたいな》无き珎《たから》の器」を布施で満たすことによって善い転生を遂げることができ、そうしなければ苦しみが生まれると描かれているように、多くの布施が求められている箇所がある(二七—三〇行)。しかし、もっと簡素な布施を推奨している他の箇所もある。『東大寺諷誦文稿』の中の今では抹消されている次の一節を見ていきたい。

富めるが中に貧しきは、自ら招く所なり。貴きが中に賤しきは、自ら餝《かざ》る所なり。朝々膝を抱《かか》えて念《おも》えども、貧□も有るべし。□□財無《な》からむ人は、福田に入りて財物を加うべし。夕々頬《つら》を柯《?》□えて嘆けども嗟《なげ》けども都《かつ》て益も无《な》し。□□淵に臨みて魚を羨《うらや》まむよりは、退きて網を造《す》かむには如《し》かずと云うがごとし。己が財无くば、隣の財を数えむ従《よ》りは、富の貪《むさぼ》りに替《か》えて、一の施を為るに如かず。堪えざらむ人は、十六无尽蔵、八万尓□物に一銭を入れよ。无くば、一銭无き人は、无き者は掌《たなごころ》を合せよ。香无くば、菩《ぼ》提《だい》心を発《おこ》せ。□□、供具无くば三業《さんごう》の礼を翹《あ》げよ。供具を為ること无くば、仏法僧を礼拝せよ。身を以て礼せよ。口を以て讃ぜよ。意を以て念ぜよ。是れを无価珎と名づく。(八—一二行)

判読できない文字を「□」で表しており、かなり難解な一節だが、大体の意味は取れる。ここでは貧しいのは過去の業《ごう》によるのだと説かれている。続けて、貪の心に替えて布施を行うよう求めている。この部分は貧しい信者を対象とし、かつ檀波羅蜜の精神と一致する。さらに一銭でもよいから布施を行うようにと続く。一銭すら布施できない者は「掌を合せよ」と語る。布施をすることができなくても、三宝《さんぼう》への信仰は「身」「口」「意」で示すことができると説き、このことを「无価珎」と呼び、信仰心こそが極めて貴重であると述べる。

右の箇所では、わずかな布施しかできない人を褒め称え、加えて、布施をすることすらできない人はどのように善業を行えばよいのかを示している。この教えは貧しい信者の関心を呼んだであろうし、多様な社会階級の人々を含んだ仏教のネットワークを生み出すことに繋がったであろう。

他の箇所では、簡素な布施でもその数倍の善報が顕れるという考えが一般的にあったことがうかがえる。

加以《しかのみならず》、牢《たま》さかに半升の米を得ては三宝に譲り、希《まれ》に破れたる衣を受けては僧尼に周《あまね》わす。其の身を愛《うつく》しむこと无《な》く、其の命を貴《とうと》ぶること勿《な》し。諸天は雲を飛ばして、精《しら》げたる粳《うるしね》の米を零《あめふ》りて飢えたる身を継ぎ、釈王は風を吹きて、錦繡《きんしゅう》の粧《よそい》を生じて寒《こ》いたる身に襲《き》せ（後略）。（一三四―一三七行）

先述の内容と同様、貧困層の信者が念頭におかれている。「牢さかに」「希に」といった文言の後に、「半升の米」「破れたる衣」といった表現が見られ、財力のある者以外が想定されている。ほんのわずかな布施であってもいずれ善報があり、「半升の米」は「精げたる粳の米」に、「破れたる衣」は「錦繡」に変わると、ここでは説いている。

ここで示されているように、少ない布施で多くの善報を得るという発想は古代日本では比較的広く流布していたようである。「半升の米」や「破れたる衣」と同様の話は『日本霊異記』にも、「およそ米一升を布施する報は三十日の粮《かりて》を得、衣服一具《ひとよそい》を布施する報は一年の分の衣服を得」とあり（上巻三〇縁）、この話と『東大寺諷誦文稿』の一節は、布施を行うと質量共にそれを上回る善報があるという教えを伝えている。また、景戒は、他にも花や香、油といった粗末なものでも、それを布施したことによって裕福になった貧しい女性の話を『日本霊異記』に載せる（中巻二八縁など）。先に検討した芦屋駅家近隣で出土した木簡や他の史料から考えると、レトリックとしてだけではなく実際に少量の布施が行われていたと思われる［ロウ、二〇一七］。これらには、当然イデオロギー的な意義もあった一方、救済や善報への信仰も無視できない。

ここまで見てきたように、僧侶は積極的に布施波羅蜜を奨励してきた。六波羅蜜の二つ目の徳目は戒波羅蜜であり、『東大寺諷誦文稿』では「持戒〈尸羅《しら》〉波羅蜜を修し、破戒の行を習わず。地獄道の中に堕するが故に」と述べられる（二三一―二三三行）。布施を行わないと餓鬼へ転生する恐れを生むのと同様に、戒を破ると地獄に落ちるかもしれないという仏教の教えを述べる。

僧侶と異なり、在家は斎会《さいえ》のような儀式の時にしか戒を守らないことが一般的であった。時には一日、あるいはそれより長いこともある定期的な斎会においては、僧侶を招いて説法や法会を催行したが、この間、在家は僧侶に布施をし、いくつかの戒を守るという習慣は古代日本にも存在していた〔大艸、二〇一四／箕輪、一九九九〕。

『東大寺諷誦文稿』では、先に引用した「半升の米」の一節の直前に「朝には香を焼き、斎を設けて、以て三帰五戒を行じて三蔵を諷誦す。夕には油を燃し、花を捧げて、十善八戒を発《おこ》して諸仏を稽首す」とあり（一三三―一三四行）、設斎に際して、在家は戒を守るという考えを明らかにしている。この一節は、香や油を燃やすこと、花を捧げること、諸仏を礼拝すること、斎を設けることなど、明確に斎会での行為を示している。特に三帰五戒(40)と十善八戒(41)についてふれていることが興味深い。

『日本霊異記』には在家が様々な戒を守る話がある。下巻九縁では、藤原朝臣広《ふじわらのあそみひろ》足《たり》が病を治すため山寺で八斎戒を受けることを決意する。また他の話では、置染臣《おきそめのおみ》鯛女《たいめ》が五戒を授けられるが、景戒は「奇異《あや》しき事」を起こした受戒の力を称賛している（中巻八縁）。戒を守ることが善報を生むという考えは、古代日本における戒律を理解する上では基本的なものである。先に、布施することにより貧困から逃れら

(40) 仏法僧の三宝に帰依し、五戒を受けること。五戒とは在家の信者が守るべきとされる戒であり、不殺生、不偸盗、不邪婬、不妄語、不飲酒である。これらを守ることが仏教信徒への入り口であるとされる。

(41) 十善は前掲した五戒のうちの前の四つに、不悪口、不両舌、不綺語、不貪欲、不瞋恚、不邪見を加えたもの。八戒は八斎戒とも呼ばれ、斎日に在家が守るべきものであった。様々な解釈があるが、五戒に、不得歌舞作楽塗身香油戒、不得坐高広大床戒、不得過日中食戒が加わる。

れるという思想について見てきたが、『東大寺諷誦文稿』では戒を守ることによって同様の効験が得られるとする。このことは、四不壊信《しふえしん》(42)について説く「彼の信には四の不壊信あり。仏法僧戒なり。三宝を信ずるに由りて、四悪道を免る。信の戒に由りて貧賤の因を離る、云。故に此の四の不壊信を持し習うべし」の一節で示される(三七七―三七八行)。戒を忠実に守ることは「貧賤の因を離る」ことをもたらすとあることに注意すべきである。この布施・戒によって貧困から逃れるという教えは貧窮者である聴衆の存在を想起させる。

我々の世界は仏身であるという教え

華厳経《けごんきょう》は長くて複雑な仏教経典だが、その中心的な教義の一つは中国の註釈書では「一即一切・一切一即」や「一即多・多即一」とまとめられ、簡単に説明するなら、これはすべての事相は一であるという考えである。後述するが、『東大寺諷誦文稿』については法相《ほっそう》(43)の影響が大きいと指摘する者もいるが、華厳の影響もよくみられる。『東大寺諷誦文稿』の著者が日本における華厳経と深く関連している東大寺の僧侶であると推定されること、そして、『東大寺諷誦文稿』が華厳経の註釈書である『華厳文義要決』の紙背文書《しはいもんじょ》(44)であることを考慮すれば、当然のことともいえよう。『東大寺諷誦文稿』には村人が理解しやすいようになじみのあるたとえを用

(42) 四不壊浄とも。仏教で重視される三宝と戒を堅く信じること。

(43) 瑜伽行派《ゆがぎょうは》に由来する大乗仏教の一学派で唯《ゆい》識《しき》ともいう。万有は心の働きによるものとする。古代日本において最も影響力のある宗派である。

(44) 反故《ほご》となった文書の裏を利用して新たに文書や記録が書かれた際の、もとの文書をさす。

いて華厳経の教理を説いた箇所がある。

同体の三宝、云、一体の三宝、云、一切の仏は皆同体なり。一の毘盧舎那《びるしゃな》如来《にょらい》の遍法界身において、名を改め、形を替う。釈、云。薬、云。阿、云。山河、大地と名づけ、草木と名づけ、国土と名づけ、郡里と名づけ、人と名づけ、畜生と名づくるも、皆同体なり。此の理を知る人は釈迦に対《むか》い奉りて、薬師、阿弥陀を念じて、礼拝すべし。花厳経に云《いわ》く「若人欲、云」。有る頌に云く「諸仏如来法界身入、云」。則義訓、云。（三五〇—三五二行）

中田祝夫《のりお》と小林真由美は、「同体三宝」が法相僧の窺基《きき》(45)による『大乗法苑義林章』にみえるため、この一節は法相の教えによるものであると論じた〔中田、一九六九／小林、二〇一二〕。もちろんその可能性は否定できず、『東大寺諷誦文稿』には法相の影響が明らかな箇所が他にもあるが、「同体三宝」は仏教の註釈書では決して珍しい用語ではなく、『華厳経行願品疏鈔』のような華厳テキストにもみられ、他にも「三宝」と「同体」の位置が入れ替わった「三宝同体」という言葉が『大方広仏華厳経疏』にみえる。また、この箇所では華厳経からそのまま引用された「遍法界身」という用語もみられる。さらに、「花厳経に云く」と明確に記されており、法相のみならず華厳の教えの影響も受けていたと考えるべきであろう。

どの宗派の思想に基づくのかということはさておき、この一節の基本的な考えは、

(45) 法相宗を起こしたとされる中国人の僧侶。玄奘に師事した。中国における法相宗の教義の形成を中心的に担った。

全ての真理を毘盧舎那如来[46]に結びつける宇宙論である。まず、全ての仏、例えば、釈迦牟尼[47]、薬師[48]、阿弥陀は、毘盧舎那の異名と化身であると述べる。続けて、山河、草木といった自然と、六道の畜生について述べる。類似している他の箇所もあり、そこには、

> 大地は盧舎那仏の身、天道、人道、地、云、餓、云、畜、阿、云、盧舎那仏身に在る物ぞ、𦬇《ぼさつ》或いは河と作《な》り、水、火と作り、或いは雨、風と作り、或いは菓、薬と作り、或いは稲、米、雑《くさ》の貨《たから》、田、畠と作り、食と作る。皆仏身なり、云。是の如き衆生《しゅじょう》を利益《りやく》したまうが故に、三宝を誹謗したてまつるべからず。天地を謗《そし》るべからず。日月、云。風雨、云。海山、云。此に由りて三宝の守、天地の守を蒙《こうむ》る、云。他は之に准ず。（三九二―三九五行）

とある。右の一節では仏の体は、河、雨、風、稲、米、田、畠と、どこにでもあると説く。複雑な教義を理解しやすく説明しており、村人には非常にわかりやすいものと感じられたであろう。

さらに、最初にあげた一節で二つ注目したいことがある。一つは「郡里」という用語である。『東大寺諷誦文稿』が法会で使われた当時の地方村落の状況を念頭に置くと、里について言及していることが重要だと思われる。他の「山河」や「大地」、「草木」、「国土」、「畜生」は仏教経典にもよくみられる二字熟語である。一方、

(46) 華厳経の本尊で、東大寺の大仏は盧舎那仏である。仏の真の姿であり、全宇宙を照らすとする。本書、藤岡穣「古代寺院の仏像」一八一頁、図37参照）。

(47) 実在した仏陀の名前。字義としては釈迦族の聖者を意味する。彼は王族に生まれたが、世を捨て、菩提樹《ぼだいじゅ》の下で悟りを開いた。仏教の開祖とされる。

(48) 東方浄瑠璃《じょうるり》世界にいる仏。仏となる前に衆生を救うため一二の誓願を立てた。特に病苦を救う仏とされる。

「郡里」は律令にはみえる用語であるが、仏教経典には一切みえない。このことは、法会の文句が単純に仏教経典からのみ引用されたのではなく、地方で行うため意図的に「郡里」という言葉が選択されていることを示唆しよう。すでにみてきたように、『東大寺諷誦文稿』は村落での法会に使われてきたのであり、聴衆が仏の存在を身近に感じる現実的な例として「郡里」が意識されたことを示している。

もう一つは「若人欲」の部分である。華厳経には「若し人は三世の一切仏を求知せんと欲せば、まさに是の如く観ずべし。心に諸如来を造ると」という有名な一節がある。三世(過去世・現在世・未来世)の仏を理解しようと望む者は、心の中にある仏を念ずることが必要であるということである。「有る頌」から引用された部分については、類似する「諸仏如来是法界身入」という句が浄土教経典に頻出し、観無《かんむ》量寿経《りょうじゅきょう》の中の「諸仏如来はこれ法界身なり。一切《いっさい》衆生の心想の中に入りたまう。是の故に汝ら心に仏を想う時、是の心即ちこれ三十二相、八十随形好なり。是の心、仏を作る。是の心、これ仏なり」に由来するのではないかと推測される。ここでは、仏を法界身[49]とする思想が表れており、法界身はいたる所に存在するので、仏は自身の心の内にもあると論じている。これら『東大寺諷誦文稿』の引用はともに、仏はあらゆるところに存在しており、そのため仏を自身の心で感じ取らねばならないと述べている。

(49) 全宇宙に遍満する仏の身体。真理としての仏身。

仏が自身の心、そしてあらゆる現実の中に存在しているという教えは、前に掲げた二つの引用箇所の核心部分である。先の引用(三五〇—三五二行)に続き、正しく観仏する方法が詳しく説明される。

此《ここ》に約《お》きて、自観、他観有り。自観というは、端坐して自身の仏と為るを観ず。烏瑟《うしつ》云、金色云、結跏趺《けっかふ》云、蓮華《れんげ》の坐に坐す云、十弟子云、梵云、帝云、四大云、八部囲繞《いにょう》云。他観というは、一切の人、皆仏なりと観ず。又、釈、阿、観音を観ず。此を他観と名づく。(三五二—三五四行)

ここでは、二つの観想方法、自観と他観の概要が述べられている。自観は、背筋を正して座り、自分自身を金色で烏瑟(50)があり、周りに守護神がいる仏としてみることと、他観は、自分以外の人を仏としてみることである。上の引用箇所では、釈迦牟尼や阿弥陀、観音を含め全ての仏と菩薩を等しくとらえる。全世界、つまり、田畑に囲まれた物質界でさえも毘盧舎那仏の顕現とする華厳経の世界観を、在家が理解するための簡単な瞑想法のようにも思われる。

ここまで法会を行う僧侶が、地方の多くの村落で仏教教義が受け入れられるように、いかに苦心してきたのかをみてきた。これらの教えを通して、非常に単純な方法であるにもかかわらず、僧侶は都の中央にある東大寺のような寺院と地方社会の世界観とを結びつけることができた。これまで検討してきたような仏教教義の構築

(50) 烏瑟膩沙《にしゃ》の略。仏の頂に隆起している肉のもとどりのような部分(本書、藤岡「古代寺院の仏像」一三九頁、注6参照)。

は、国家と地方双方にとって有益であった。

おわりに

本章では、いかに僧侶が活発に移動しながら、地域社会を結びつけてきたのか、その様子をみてきた。道に沿って旅をし、村々で法会と説法の活動をしながら、僧侶はネットワークを作り上げてきた。これらのネットワークは地理的な境界と階級社会を超えるものであり、物質経済を功徳に結びつけるものでもあり、公私にわたって機能した。律令国家の方針にそった活動も時にはあり、確かに詔勅によって行われた事例もあるが、多くの活動は単純に律令制度によるものに限られるとはいえない。また、いかにして檀家が僧侶を招き、僧侶が地方の実態に即して教えを伝えたのかもみてきた。僧侶は、果樹の植樹を提案し、道辺での死者の葬送儀礼を行い、戒を守ることと布施をすることが、貧困から抜け出し善報を生み出すことにつながると説き、また、村や畠も仏の全世界であるという華厳経の教えも説いた。

これらの僧侶の教えにはイデオロギー的な意義がなかったといっているわけではない。布施、植樹、郡里への言及、そして、当時の王権によって進められていた華厳経の宇宙観そのものが、仏教イデオロギーと深く結びついていた。しかし、これを単なる権力の問題としてとらえることもできない。村人からみれば、法会で言及されていた善報や救済を信仰していたに違いない。つまり、僧侶が築いていたネットワークは、国家と在地の人々に同時に利益を与えていたと考えても矛盾はない。寺院間のネットワークについて検討することは、国家と民衆のいずれを主体としてみるかというこれまでの二者択一の観点からではなく、仏教ネットワークそのものが、多くの立場からそれぞれにとってどのように有用であったのかを考える段階へと研究を進めることになろう。

引用・参考文献

大艸　啓、二〇一四年『奈良時代の官人社会と仏教』法藏館
門倉　浩、一九八九年「人麻呂の行路死人歌——その律令的側面について」『国文学研究』98
上高津貝塚ふるさと歴史の広場編、一九九八年『仏のすまう空間——古代霞ヶ浦の仏教信仰』上高津貝塚ふるさと歴史の広場
川尻秋生、二〇〇五年「日本古代における在地仏教の特質」大金宣亮氏追悼論文集刊行会編『古代東国の考古学 大金宣亮氏追悼論文集』慶友社
川尻秋生、二〇一七年「古代東国の在地社会と仏教——村落寺院・開発・双堂」『民衆史研究』93
岸本道昭、二〇一七年「山陽道の駅家と関連遺跡群」鈴木靖民・荒木敏夫・川尻秋生編『日本古代の道路と景観——駅家・官衙・寺』八木書店
小林真由美、一九九一年「東大寺諷誦文稿の成立年代について」『国語国文』60
小林真由美、二〇一二年「『東大寺諷誦文稿』の浄土」『成城文藝』219

小林真由美、二〇一四―一九年「東大寺諷誦文稿注釈」一―六、『成城国文学論集』36―41
笹生　衛、二〇〇五年『神仏と村景観の考古学』弘文堂
鈴木景二、一九九四年「都鄙間交通と在地秩序――奈良・平安初期の仏教を素材として」『日本史研究』379
須田　勉、一九八五年「平安初期における村落内寺院の存在形態」滝口宏編『古代探叢Ⅱ』早稲田大学出版部
須田　勉、二〇〇六年「古代村落寺院とその信仰」国士舘大学考古学会編『古代の信仰と社会』六一書房
築島裕編、二〇〇一年『東大寺諷誦文稿總索引』汲古書院
栃木県立しもつけ風土記の丘資料館編、一九九九年『仏堂のある風景』栃木県教育委員会
直木孝次郎、一九六八年『奈良時代史の諸問題』塙書房
中田祝夫、一九六九年『東大寺諷誦文稿の国語学的研究』風間書房
中村太一、二〇一七年「古代の道路と景観」前掲『日本古代の道路と景観』
中村　弘、二〇一七年「兵庫県古大内遺跡――山陽道賀古駅家」前掲『日本古代の道路と景観』
平川　南、二〇〇〇年『墨書土器の研究』吉川弘文館
藤本　誠、二〇一五年「日本古代の在地社会の法会――『東大寺諷誦文稿』「卑下言」を中心として」『仏教史学研究』58
藤本　誠、二〇一六年『古代国家仏教と在地社会』吉川弘文館
藤本　誠、二〇一七年「古代村落の「堂」研究の現状と課題」『民衆史研究』93
藤本　誠、二〇一九年「古代の交通を支えた仏教施設と福田思想――八世紀後半～九世紀前半の貢調運脚夫の交通と救済をめぐって」佐々木虔一・武廣亮平・森田喜久男編『日本古代の輸送と道路』八木書店
堀内和宏・濱村一成、二〇一七年「竹松遺跡と西日本の村落寺院」『民衆史研究』93
蓑輪顕量、一九九九年「日本における長斎の受容」「日本古代における八斎戒の受容」『印度學佛教學研究』47―48
三原康之、二〇〇五年「寺・堂を場として移動する僧・経師・仏師」『歴史評論』668
三舟隆之、二〇〇二年「『日本霊異記』に見える「堂」と「寺」」『続日本紀研究』341
ロウ、ブライアン、二〇一七年「ネットワークとしての東大寺」GBS実行委員会編『論集　古代東大寺の世界』

東大寺・法蔵館

挿図引用文献

千葉県教育振興財団編、二〇〇六年『山武郡成東町八幡神社南(1)遺跡、山武郡成東町八幡神社南(2)遺跡』関東農政局両総農業水利事業所
千葉県教育振興財団文化財センター編、二〇一四年『酒々井町飯積原山遺跡1』、都市再生機構首都圏ニュータウン本部
千葉県文化財センター編、一九八八年『東金市久我台遺跡』水資源開発公団房総導水路建設所

付記　『東大寺諷誦文稿』の釈文については、基本的には[築島編、二〇〇一]に従ったが、[中田、一九六九][小林、二〇一四―一九]、加えて写真版も参照した。異体字については私見により変更した箇所がある。また、書き入れや連絡線などはほとんど記さず、本文部分も読みやすさを重視し、若干表現を変えたところもある。

座談会

〈寺院史〉研究の可能性

吉川真司
菱田哲郎
藤岡穣
海野聡
吉村武彦

吉川　いま私たちがいるところは、東大寺の大仏殿集会所《だいぶつでんしゅうえしょ》です。大仏殿のすぐ西側にあって、法会《ほうえ》を行なう時に僧侶たちがここに集まって威儀を整える、そういう場所です。東大寺さんのご厚意で、大仏殿に最も近いこの場所で座談会ができることになり、たいへんうれしく思っています。

本書には、日本人としては、考古学の菱田さん、美術史学の藤岡さん、建築史学の海野さん、そして文献史学の吉川が執筆しています。今日はもう一人、シリーズ編集委員の吉村さんにも加わっていただきます。まず初めに、執筆者それぞれが、これまで古代の寺院についてどういう研究をしてきて、その中でどういうところが面白い、研究の醍醐味だと感じているかを、一言ずつお話しいただければと思います。

■飛鳥の瓦をザクザク掘る

菱田　私は大学に入ったばかりの時に、たまたま大阪の四天王寺《してんのうじ》の瓦《かわら》を焼いた窯跡《かまあと》に発掘調査に行きまして、そこで飛鳥《あすか》時代の瓦を自分の手でザクザク掘る、という体験をしたのが、そもそものきっかけです。自分の掘り出したもので何か新しいことが分かる、ということにたいへん関心を持ちました。その後、在学中に播磨《はりま》の寺院の調査にたびたび参加することができまして、そういう古代寺院のあり方に関心を持って、専門分野を決める時も、いろいろ迷いはしたのですが、やはり発掘調査の成果から何かものを言っていくという考古学を選ぶことにしました。

考古学の場合は、自分で掘ったデータをずっと常に噛み締めて、何度も何度も咀嚼して考えるということが多くなるのですが、恵まれた調査を体験できて、その経験でものを考えるというのが、長くその後の研究の基礎になっています。

それから、最初のうちは単にお寺の土壇《どだん》が出てきたとか、瓦が出てきた、といったことに関心があったのですが、だんだん「人」が見えるようになってきました。そういう「人」に対する関心の方に広がっていったのは、おそらく文献研究とか美術史といった他の分野の研究と触れ合うことによって、徐々にそうなったのだと思います。ですから、よく考古学は「もの」から「こと」へと言いますが、私は「もの」から出発して、そこから「人」へという道筋を、ずっと考えてきています。

吉川　お寺の遺跡を研究すると「人」が見えてくる、というのは考古学では一般的なんですか。

菱田　本当に「人」の問題にまでたどり着けているのかというと、まだまだ課題があると思います。考古学はやはり見つかった遺跡の遺構・遺物をきっちりと報告することに主眼があるので、そんなに簡単に「人」は見えてこない。しかしお寺については文献がたくさんありますので、文献の中に出てくるさまざまなことについて、考古学の物証によって裏が取れるという、協業による成果がかなりあるのですね。行基《ぎょう き》(奈良時代の僧。東大寺大仏造営のための勧進などで活躍)の研究なんかもそうですし。文献と物証とで突き合わせる、というと、何か警察の捜査みたいな感じになりますが、そうやって両方を重ねていける点でも、お寺の研究はすごく魅力的ではないかと思っています。

■東大寺お水取りに魅せられて

吉川真司

吉川　私は奈良県生まれで、中学生の頃からお寺の見学が好きだったんですが、研究するようになったのは東大寺さんとのご縁が大きかったと思います。高校が東大寺南大門の横にあり、学生証を見せると大仏殿にも三月堂（法華《ほっけ》堂《どう》）にも戒壇院《かいだんいん》にも入れてもらえたので、よく拝観に行きました。大学では菱田さんと同じ考古学のサークルで、白鳳《はくほう》寺院の発掘にも参加したのですが、私はカエルと遊んでばかりでした。その後、しばらく考古学から離れ、文献史学のトレーニングを積みますが、当時の京大日本史研究室では、黒田俊雄さんの中世寺院史が注目されていて、私もかなり影響を受けました。

しかし、お寺のことを本格的に考え始めたのは、大学の助手になってからです。京大の博物館で「東大寺の歴史と行事」という企画展に携わったのが転機でした。うちの博物館は中世の東大寺文書だけでなく、二月堂修二《しゅに》会《え》の道具類を持っています。これらに加え、東大寺さんからも文化財を借用し、お寺の歴史・行事を展示しようということになったんです。

準備のために勉強を始めたら、一挙に虜《とりこ》になってしまいました。小学館から出た『東大寺お水取り――二月堂修二会の記録と研究』（一九八五年）がめちゃくちゃ面白かった。そうそうたる執筆陣で、いま読み直しても、本当に素晴らしい本だと思います。それで勉強して、何度も東大寺へ調査に行きました。修二会の調査もさせてもらいましたが、なかでも食堂作《じきどうさ》法《ほう》を見学した時、背中に電気が走りました。修二会の練《れん》行衆《ぎょうしゅう》が集まって昼ごはんを食べる、あの行事なのですが、古代の寺院生活が今でも生きているんです。その時の感動が忘れられず、だんだんと寺院史へシフトしていくことになりました。

その後、古代荘園図の研究会に入れていただき、「東大寺山堺四至図《さんかいしいしず》」を担当しました。やっぱり現地調査が第一ですから、地の利を活かし、二、三〇回ほど歩きまわりました。ある時、菱田さんを案内しがてら踏査したら、「丸山西遺跡《まるやまにし》」を見つけてしまったんですね。東大寺の前身寺院の遺跡です。それでよけいズブズブ入り込み、東大寺さんからもご協力いただいて、菱田さんとともに測量や地下探査をしました。さらに『東大寺続要録』の校訂も、東大寺龍松院さんとのご縁で、横内裕人さんなどと研究会を組織して行ないました。こういう具合で、さまざまな機会に東大寺さんのお世話になり、中世寺院史研究や考古学の影響を受けながら、ぼちぼちやってきたというところです。

吉村　やはり東と西では、同じ考古学でも、だいぶ環境が違いますね。東の場合は、奈良・平安時代から残っている大きな古代寺院はないでしょ。だから例えば明治大学ですと、研究対象は旧石器とか縄文、それから古墳時代が中心で、寺院研究はあまり盛んではない。やっぱり古代寺院の研究は、西が中心じゃないですか。だから東では、東大も含めて歴史考古学(文字史料が多い時代の考古学。飛鳥時代以降を対象とするのが一般的)は意外と弱いですね。京都の場合、都があったという場所柄、歴史考古学に対する関心の高さは当然のことでしょうが。

■美学から美術史へ

藤岡　私は、中学時代の社会科の宿題に奈良・京都の寺巡りというのがあって、それがきっかけでお寺に関心を持ったんですね。ただ、大学（東京芸術大学）では、初めは美術史ではなく美学がやりたい、美とは何か、芸術とは何かということを考えたいと思っていたのです。ところが、どうも難しすぎて、観念的なことではなく即物的なことがいいと思って、学部四年の時に専攻を美術史に変えました。仏像の研究者には、子どもの頃から仏像オタクだった人が少なくないのですが、私は全くそうではなくて。

仏像を学び始めた時には、本当に何も知らないまっさらな状態でした。ところが、当時、芸大には、仏像研究のまさに第一線で活躍されていた水野敬三郎先生がおられて、それが幸いでした。研究室には最先端で仏像研究をされている先生・先輩方がおられたので、研究環境はとても恵まれていました。修士論文では興福寺の鎌倉時代の仏像について書いたのですが、これが大当たりだったんですね。これで食べていける、と（笑）。興福寺の南円堂と中金堂の四天王の位置づけが、ともに入れ替わるという内容でしたが、これを公刊した論文では、国華賞（日本美術・東洋美術についての優れた研究論文を顕彰する賞）までいただきました。仏像はもとより信仰の対象なのですが、芸大では様式や技法を中心にした美術史研究が主流で、私は今もそうしたスタンスで研究しています。

その後、大阪市立美術館の彫刻担当の学芸員になりました。天王寺公園にあるこの美術館は、早くから国宝や重要文化財を公開する施設に指定されていて、東京・京都・奈良の国立博物館に次いで国の指定文化財の寄託品が多いところです。また、東アジアの古美術の優れたコレクションがあり、中国石仏のコレクションは世界的に有名です。そうした作品が身近にあったので、引き続き仏像の研究が続けられました。

鎌倉時代の彫刻から研究を始めましたが、美術館ではそれだけというわけにはいかなくて、中国石仏も勉強しなければいけませんでしたし、展覧会のテーマにあわせて、さまざまな勉強をすることになりました。大阪市立美術館では、国立博物館のような直球勝負の展覧会はできません。国立博物館は「平安彫刻展」とか「鎌倉彫刻展」といった大上段のテーマの、あるいは法隆寺や東大寺といったたくさんの名宝をお持ちのお寺の展覧会をやります。でも、私が最初にかかわったお寺の展覧会は四天王寺の展覧会でした。歴史は古いのですが、今に伝わる宝物は少ない。そこでたとえば「聖徳太子信仰」とか「山岳信仰」といった、ひとひねりしたテーマの展覧会になるんですね。そのおかげで、美術だけでなく、文学や歴史にも関心を持つようになりました。展覧会をとおして、あるいはコレクションに導かれて、どんどん世界が広がったというところがあります。

九年間学芸員をした後、大学に移りました。その時、再び鎌倉彫刻に帰ろうとも思ったのですが、結局は拡散したまま、アジア全域、時代も幅広く、研究してきました。近年は韓国の友人との出会いがきっかけで、金銅仏《こんどうぶつ》の研究に力を入れてきました。何か新しいことをしたいと、成分分析(一三六頁、注2参照)をしたり。

藤岡　穣

吉川　藤岡さんは、今回もアジアという広い視野をとり、科学分析などの最新の成果を取り入れて書いておられますが、今までで一番面白かった調査は何ですか。

藤岡　そうですね、最近で言うと飛鳥大仏の調査でしょうか。足場を組んでの大がかりな調査で、二晩かけて成分分析や三次元計測をしました。誤解をおそれずに言えば、とてもスリリングでした。

飛鳥大仏は、鎌倉時代の初めに火災に遭っていて、当初から残っている部分はわずかで、火災後の補修部分が大半とされてきました。ところが、成分分析の結果を見ると、予想に反して当初部分も補修部分も金属の組成はほぼ同じで、いくらエクセルの表を眺めても違いが分かりませんでした。困り果てて、一か八かでデータをグラフに落としてみたんです。すると、ほぼ同じと見えていた鉛《なまり》や砒《ひ》素《そ》の比率の分布が、当初部分と補修部分で綺麗に分かれることが分かりました。その違いが見えた瞬間は本当にうれしかったですね。

■なぜか学生が瓦を拾う

吉川　菱田さんはどうですか。一番面白かった調査は何ですか。

菱田　いっぱいありすぎて(笑)。今やっている犬寺《いぬでら》というお寺を見つける調査もその一つです。今回コラム(一三二―一三三頁)でも書いていますが、あるはずなのだけれども、どこなのか誰にも分からなかったのが、ここかもしれない、と分かってきた時は、やっぱりワクワクしますよね。東大寺の丸山西遺跡を一緒に踏査させてもらった時も、瓦がいくつも落ちていて、しかも興福寺式の瓦が落ちているものですから、東大寺に何でこんな古い瓦が落ちているんだって、本当に驚きました。こういうのはやっぱり印象に残りますね。

吉川　中世の伝承に出てくる犬寺の逸話は、白鳳寺院を建てた話ですよね。

菱田　『元亨釈書《げんこうしゃくしょ》』に「播磨犬寺」と出てきます。「粟賀犬寺」というのが『峯相記《みねあいき ほうそうき》』に出てきて、粟賀《あわが》(兵庫県神河町)のどこかにあるだろうとは思われていたのですが、そこで唯一の古代寺院が、瓦を拾ったことから見つかったのです。そして、発掘したら基壇が出てきたわけです。

吉村　菱田さんが瓦を見つけたのですか。

菱田　学生です。本当に犬のように走って来て、ありましたっていう発見でした。また山林寺院でもまだ発見があって、近年調査している忍頂寺《にんちょうじ》(大阪府茨木市)という平安時代のお寺で、九世紀頃の土器を、やっぱり学生が拾いまして、山頂近くに旧境内《けいだい》があることが分かりました。

吉川　そういう時は、だいたい学生が見つけるんですよね。

菱田　われわれは目が見えていないので。やっぱり学生と一緒に行く調査で、そういう発見があると楽しいですね。

吉川　学生がよく見つけるのは、ものを知らないからいいんだっていう説もありますが。

菱田　おそらく先入観がないんですね。われわれはありそうなところだけ見て、そうじゃないところは見ないから、そういうずぼらな探し方をするとだいたい微笑んでくれないんです、神様は(笑)。

吉川　ビギナーズラックって本当ですよね。では次に海野さん、お願いします。

■倉の研究から寺院研究へ

海野　私だけ工学系研究科、理科系ですから、進路選択からだいぶ皆さんとは違います。私も中学生の時に奈良・京都に来て、古い建物はいいな、歴史をやりたいなとは思っていました。ところが私、世界史が大の苦手で。でも理系でも建築なら歴史をやれると知りました。建築学科に進学するのは、ふつうは新しい建物を設計したいという人が大半なんですが、私は設計者になる気はほとんどゼロで建築学科に進みました。それでも構造的なところがある程度は分かる、そこら辺のところを生かして歴史を見るのは面白そうだな、と思って日本建築史の研究室に進みました。

幸いにして研究室の前の廊下には、戦前に朝鮮古蹟調査を行なった関野貞《せきのただし》が拾ってきた瓦が今でもあり、古代の瓦とか、古代建築の研究というのは比較的身近にありました。ただ、考古学的な成果はともかくとして、現存する古代建築の場合には、基本的にほぼ修理が全部終わってしまっています。過去の調査の蓄積が膨大にありますが、そこから新しいことを言うのはかなり難しく、情報自体新しく増えることは少ないので、そういった中で何かを考えていくということが課題でした。

実は最初は寺院ではなくて、地方官衙《かんが》を専門にやっていました。いわゆる正倉《しょうそう》と言われる倉が地方にたくさん作られたらしいと。奈良時代に大量に同じ建築を作るという時に、じゃあ技術者はどうしたのだろう、何か設計の基準がないと同じものはできないだろうと。倉の研究をするのに、実際に残っているのは結局お寺だけなので、お寺の校倉《あぜくら》を見て回っていたわけです。それをもとに倉の容積を概算して、中に米をいっぱいに入れると重すぎて柱が沈むんじゃないかと推定しました。瓦葺《かわらぶ》きもかなり重いので、もしちゃんと文献に書いてあることをそのまま形にするとしたら、結構グズグズな建築、必ずしも安定していないものになるんじゃないかなと考え、そういう見方で建築に関わる文献史料を見直したら、もうちょっと新しいことが考えられるのではないかと思いました。

修士に進むと、地方に同じような国分寺をたくさん作っているのが気になる。さらに古い時代で言うと、飛鳥寺を作った時に、技術者が来たからといってパッと作れるかというと、たぶん作れないんですね。そうやって新しく技術移転する時に、実際にどうしたのかっていうことに興味を持ちました。そうするとやっぱり建築に関する史料がたくさんある寺院関係を見ていこうかなと思いました。

■発掘や修理の現場で得られた視点

海野　また院生の時に、前職である奈良文化財研究所の発掘調査にアルバイトとして参加できたことも大きなきっかけでした。ちょうど西大寺《さいだいじ》の食堂院《じきどういん》を掘っていた現場でした。私、研究を始めたのが二一世紀になってからで、まだ短いのですが、ちょうどいいタイミングでそういう大きいお寺に入ることができた。やはり西大寺だと資財帳との対応関係で、建築と遺跡、そして文献と三方から分かるのです。西大寺って変わったお寺なので、やっぱり建築的にも奈良時代の現存したものとは何か違うものがあったらしい。

さらに建築史では、今まで最高級品だけ、そして残っている建物を基本的につないで語られてきているけど、何かそれはおかしいのではないかと思い始めました。歴史の過程で失われているものがたくさんあるし、奈良時代でも唐招提寺金堂《とうしょうだいじこんどう》は確かに残っているけど、他の第一級寺院の金堂って一つも残ってないじゃないかと。それがない状態で奈良時代の建築の話をしているというのは何かおかしいぞ、というところから、寺院研究を進めていったのです。

海野　聡

そう見ていくと、やっぱり飛鳥時代、七世紀以前のものには非常に多様性がある。あるいは大陸との関係性からいくつかのルートが想定できるのに対して、奈良時代に入ると社会的に組織の影響力が出ているのではないかなというのが見えてきます。

裳階《もこし》という二重に見せるような差し掛けの屋根の形式が奈良時代に多く作られる、その前の時代の屋根が二重のものを見ていくと、山田寺《やまだでら》のような放射状の変わった柱配置があって、現存建築ではよく分からないものがありそうだと。古代建築だと構造と屋根の形が比較的リンクしているので、実際に建てるかどうかは脇に置いておいて、いろいろな可能性が考えられる。そういったところで寺院研究に入っていったわけです。

さらに、ちょうどいいタイミングで、奈良文化財研究所在職中に薬師寺《やくしじ》の東塔の解体修理がありまして、一年間私はそこに行かせていただきました。ちょうど二層目の解体が終わったぐらいから完全解体と基壇の発掘調査にかけて、と、調査の一番おいしいところにいました。コラム(二五八―二六一頁)にも書いたように、薬師寺の移建論争の話もあり、年輪年代学の調査も一緒にやらせてもらったりして、修理に関わったことで、別の視点も持つことができたのです。これまで建築史や年輪年代学では創建の話しかしてこなかったけれども、途中で必ずメンテナンスをしているだろう、それに関わる部材の年輪年代はあまり押さえられていないんです。文献的にも今まで看過されてきた。

それで最近、私はメンテナンスの歴史に取り組んでいるのですが、創建時の材は文献から建立年代の可能性が考えられる七三〇年かそれより前かぐらいしか分からないのだから、それは押さえられるものを押さえたらよくて、むしろ創建ではないところ、文献に残らない修理の実態を押さえるということを建築史で他の分野と協働すればできるのではないかと考えています。いわばお寺が生きている中で、建築が常に変わり続けるというような側面も面白いなと思っています。

■ 建物の規模が物語ること

吉川　海野さんの論文を読んでお寺見学に行ったら、本当によく分かるでしょうね。面白かったのは、平城遷都でいっぺんに大造営をやったので、それで規格化が進んだという話です。あと、大極殿《だいごくでん》と大仏殿のどっちがでかいかという話。これは本シリーズの『古代の都』の座談会でも話題になりました。

海野　建物の格式を考える上で、規模というのは一つの大きな要素だったのではないかなと思います。特に大極殿との比較は、あくまでもお寺の中での規模の統制が見えてきた中で、よくよく見ると、多くの大寺金堂は大極殿より桁行《けたゆき》が小さいじゃないかというのが見えてくるんだな、と面白くて。また奈良時代の最初と中期と後期で建築の規模に関する考え方は違う可能性もある。

吉川　平安時代はどうですか。

海野　平安になってくるとたぶん、大極殿自体の意味が崩れてくるんじゃないかと思います。儀式自体も大極殿や朝堂院で行われていたものが内裏《だいり》に集約されていきますし。そういった社会変化と建築との関係性がちょうど奈良時代の初めは対応していく時期で、平安時代以降の崩れる前の段階であることも建物規模の関係に影響があります。

吉川　もともと大官大寺《だいかんだいじ》金堂と藤原宮大極殿は、ほぼ同じ大きさですよね。全く同じなんでしょうか。

海野　基壇規模はほぼ近似しますが、全く同じではないです。ただ柱配置は同じと推定されています。そもそも藤原宮大極殿はまだ本体の発掘ができていないので、今後たぶん分かってくるでしょう。平城宮に移されたと言われているところも含めて、大官大寺との関係が綺麗に出てくるかなと。

吉川　面白いなあ。双子かもしれませんね。

海野　そうですね。そうすると飛鳥の宮大寺と宮を一緒に建てるという思想の延長線で、実は藤原宮大極殿と大官大寺のセットの関係があるかもしれないという話になる。藤原京で都城や律令の強い形に一新されたという説ではなく、宮と寺というセットの話はそこまでは少なくとも生きているかもしれないです。

吉川　さっきのメンテナンスの話もですが、もう新しい研究は出てこないかもしれないと思われていても、観点を変えれば、全く新しい切り口が見つかるんですよね。

海野　考古学的には、掘立柱《ほったてばしら》から礎石に建て替えるという話は、同規模・同位置に建て替えていると言いますが、本当に建て替えなのか、あるいはメンテナンスなのか。一回ばらすにせよ、私ら建築屋からすると、同じ規模で建て替えるのだったら、小屋組で使える部材はたくさん再利用しているし、あえて同じ規模にしているならば、バラバラにするにせよ、大きく見ればメンテナンスの一環と言えるんじゃないか。けっこう考古学的なところで拾える情報があるんじゃないかというのが、私の期待しているところです。

吉村　再利用しているかもしれないということを、これまではあまり考えていないですよね。こうなりましたって図面の上だけで考えてしまうけど。

吉川　現代ではメンテナンスのために解体修理をやりますけど、あれは昔からやっていたんですか。

海野　全解体修理というのがいつからあるかは、実ははっきりは分かっていないのです。ただ、平城宮の東朝集堂を唐招提寺講堂に移築しているように、解体して部材を持っていって建てるということがあった。その時に屋根形状や組物を替えるということはあるので、大きく見たら解体修理と言えないこともない。文献史料から平安時代の建物を見ていても、実は応急的な処置しかしていなくて、観世音寺《かんぜおんじ》（福岡県太宰府市）のように、『観世音寺資財帳』によると、葺き材を替えて、檜皮《ひわだ》を草葺き、築地《ついじ》を一部板葺き、一部茅《かや》葺きというように、別の葺き材で適当に補修している例もあります。大寺院の特別な修理を除けば応急的で、ちゃんとした修理というのは、たぶん近代的なものでしょう。

■古代寺院の研究史を探る

吉川　皆さんがどういうきっかけで寺院の研究をしているのか、どういうところが面白いのか、ということを話してもらいました。それらはみな、明治以来の研究史の上に立ってやっていることで、さまざまな発見や論争があって研究が進んできたわけです。そこで今度は、分野ごとにどういう研究の歴史があったのか、現在はどのような段階にあるのかを語っていただければと思います。

私たちはつい、戦後の新しい研究ばかり見てしまいがちですが、戦前にも実に豊かな研究の蓄積がありました。そのあたりもお話しいただけますか。まずは海野さんから。

海野　建築史学の発生は、文化財保護、あるいは寺院の保護というところと密接に関係しています。もともと建築という分野自体、近代的なアーキテクトとして持ち込まれた時には、新しい西洋建築を建てるということに主眼がありました。だから、辰野《たつの》金吾《きんご》という工部大学校第一期の卒業生が、イギリスに留学した時に、日本の建築の古いものにはどんなものがあるのだと問われて答えられなかったといいます。西洋建築の教育は受けたけれども、日本建築の教育を受けていなかったからです。当時、ヨーロッパでは新築をするためにも過去のギリシア・ローマの建築を知っているのが当たり前ですから、それを学びに来ているのに、辰野は日本の古い建築のことを知らない。これはまずいということで、帰国後に、帝国大学工科大学(現、東京大学工学部)に修理職《しゅりしき》の家柄の木子《きこ》清敬《きよよし》という人を呼んできて日本建築の講義を設けました。

その教え子が伊東忠太《いとうちゅうた》です。伊東と木子は、平安神宮で一緒に仕事をするのですが。そうした流れで過去の日本建築の研究をすることになって、伊東は法隆寺の研究を始めました。ただ、実は伊東忠太は、設計するために歴史をやるのだと言っていて、あくまでも作ることが主眼なんですね。

伊東とほぼ同世代に関野貞がいます。関野は奈良に来て実際に古建築の修理に携わるんですね。どの建物を守らなければいけないかをリストアップし、修理をする。先ほど出た薬師寺や新薬師寺本堂などの修理の黎明期を作りました。さらに関野は、建物の編年に加え、文献を使って年代と対応させる。建築史学として建物を見ることと文献を用いることの二つを示しました。それがいわゆる論争を生むことになるのですが。

その後に発掘調査というか、伽藍《がらん》配置や遺構から上物を考える、今で言う復原研究のような調査が、昭和の初期から長谷川輝雄などによって、四天王寺あたりを中心に始まります。もう一つが、解体修理をした時にいろいろな情報が得られて、過去の形が分かるのではないかという話で、それこそ先ほど言った唐招提寺講堂が平城宮からの移築で、以前の形が分かる。これは天沼俊一《あまぬましゅんいち》たちの仕事です。そういったところで、今の建築史の基礎になるような、発掘調査と、現存建築から前の形を探る――両方とも復原という言葉を使いますが――そういう研究が始まっていきます。

遺構の発掘調査については、大岡実に引き継がれて、南都七大寺関係の考古学的な研究の中心になっていきます。そして、ちょうど同時期ぐらいに法隆寺の全体の修理が国の直営で始まります。そのあたりから、浅野清らを中心として、部材の痕跡に基づくものすごく精緻な研究が積み重ねられていきます。日本の解体修理では元に戻したりして形を変えてしまうという、文化財的に言うとオーセンティシティの面で問題があるんじゃないかという言われ方をされたこともあるのですが、ちゃんと過去の痕跡の調査記録は取っていて、変遷の経緯は分かるというところを担保するという方法が、実は戦前から行われていたのです。

そしてその系譜を受け継いで、戦後、浅野清たちと鈴木嘉吉《かきち》あたりが、元興寺《がんごうじ》禅室の調査をします。これも解体部材の痕跡に基づく調査で、それまでの寺院建築史の中であまり着目されていなかった僧房というものを、他寺の発掘調査も含めて考えれば、僧房から新しい寺院建築史像が見えるのではないか、あるいは痕跡から寺院全体、古い建物の姿が見られるのではないか、という研究が進んでいきます。その後、文献を踏まえた造営組織の研究も展開していきます。

その一方で、修理と研究がそのあたりから分化を始めてしまうのです。昔は棟梁《とうりょう》系とは別に大学関係の人が現場に入って、その人が研究成果を発表するというスタイルが多かったものが、「修理工事報告書」という形で成果報告はちゃんとするようにはなるのですが、大学の研究者が直接現場に入るということが近年、難しくなってきている、というのが現状です。

吉川　それは海野さんがおられた奈良文化財研究所の研究者についても言えることですか。

海野　奈文研でもです。私が薬師寺に行けたのはかなり特例で、今は直接的に研究者が入れる環境ではないですね。それとともに、古代建築で言うと、山田寺のような、現存建築では得られない情報が出てくるケースもあります(二三三―二三五頁参照)。そういった出土建築部材を中心とする研究の重要性が、一九九〇年代から二〇〇〇年ぐらいにかけて再認識され始めて、さらなる研究の進展が期待できると思うのですが、現在は古代建築史を研究する人口が減っているという非常に残念な状況があります。

吉川　ということは、現在は修理の現場と研究との乖離があるけれども、戦前から戦後にかけては、ちゃんとつながっていたということになりますか。

海野　戦前から戦後直後ぐらいまでは続いていますね。それこそ例えば鈴木嘉吉さん世代の場合は、文化財保護委員会の体制で、彼らが現場で活躍しているんです。その後、文化財建造物保存技術協会ができると、修理技術者さんたちの雇用は安定化をするのですが、研究者というより修理技術者に調査が集約されていってしまって、修理現場外部の研究との乖離が始まったというところがあります。

■建築史学と考古学との出会い

吉川　海野さんは現場監督の経験はありますか。

海野　私はしたことがないですし、そこはしんどいですね。やっぱり発掘もそうでしょうけど、頭でできるものではないので。若い時から補佐なりで脇で見て、現場経験を積んでいかないと難しいと思います。ところで、明治・大正の頃は、考古学の授業で測量ってやっていたのでしょうか。建築はやるのですが。

菱田　朝鮮半島の古蹟調査で、建築の人たちと考古の人たちが一緒になって、測量ってこうやるんだっていうのが分かっていったようです。

海野　平板測量（測点の上に三脚を立て、アリダード・巻き尺を用いて、そこから目標物までの方向・距離を図面に落とす簡易な測量方法）をやっていると。関野貞が中心になった調査ですね。

菱田　この調査から帰った人たちが西都原《さいとばる》古墳群（宮崎県）の測量をやっているんです。それが考古では時期の早い測量なのですが、それはまさしく建築史との邂逅という経験が直前にあってのことなんです。

吉川　建築史と考古がものすごく近いですね。

菱田　そうですね。だからほぼ建築史の一部のような感じで、考古学の寺院研究は進んできたところがあると思うのです。お寺の場合、瓦も建築部材ですから。建築部材の一つに過ぎない瓦に、すごく分厚い研究史があるというのが考古学の特徴になっています。

「史蹟名勝天然紀念物保存法」が大正八年（一九一九）にできて、これで日本全国の遺跡調査が一気に広がります。その時に、藤原宮以前は瓦葺きはお寺に限られているということもあって、古代のお寺は礎石と瓦から見つけやすいというので、全国一斉にそういう調査が広がっていったのだと思います。

ここ大和で言えば、保井芳太郎《やすいよしたろう》の『大和上代寺院志』（一九三二年）とか、まさしく踏査と文献とを突き合わせて古代寺院を探すというのが一種のブームのような感じで広がっていきます。さらに発掘調査が盛んになるのが昭和一〇年代ぐらいで、日本国内においても古代寺院の調査というのがかなり進んでいくことになります。そこには当然考古学と建築史の両方が関わっていました。京都府の高麗寺《こまでら》とか、滋賀県の雪野寺《ゆきのでら》もその時期で、代表的な古代寺院・白鳳寺院が次々に発掘されていきます。主要な国分寺なども、昭和の一桁年代末から昭和一〇年代に掛けて最初の調査が行われている例が多いです。そういう、建築史の学史から派生してくるような考古学的な発掘調査が活性化してくるという流れがあって、いろいろなところで寺院遺跡を掘ってみようとする動きがその時期にあったと言えると思います。

菱田哲郎

戦後はそういう調査に加えて、先ほども出てきましたが、今度は飛鳥寺を掘ったり、川原寺《かわはらでら》を掘るというように、文化庁（もともとは文化財保護委員会）主導の四天王寺に始まる大寺院の総合調査が、建築史・考古学が相互に乗り入れる形で行われます。それがお手本になって、ちょうどその時期から史跡整備が広がるのですね。国分寺が最初になるのですが、そういう整備に伴ってお寺がたくさん調査されるようになるのと、あとは他の分野の考古学の事象と同じなのですが、開発に伴う調査で、次々にお寺の周辺域とか、隣接する官衙が見つかったりして、寺院周辺が一気に明らかになるというのが、おそらく一九八〇年代以降でしょうか。そういう大開発、大発掘の時代で、考古学的な知見がすごく増えてきています。それがいったん収束して、今は、いろいろな明らかになったものを再整理している時期なのかなという気がしています。

吉川　今はいったん収束しているのですか。

菱田　開発自体がかなり減ってきているので、ちょっと落ち着いて、今までに出たものを見て、もう一回考えましょうという時代が二一世紀になってからかなと思っています。ただ、画期があるとすれば、一九八〇年代ぐらいで、調査が激増して、いろいろなことが分かったのと、瓦について言うと、文様だけではなくて、製作技術をかなり詳しく見ていこうとか、ものに対する研究が緻密化していく時期でもありました。その頃から今日に至るまでの過程の中で、年代決定なども非常に精密になってきていると思います。

吉川　つまり、戦後は開発に伴う発掘が一気に増えたこと、分野横断的な組織的発掘が行われるようになったことが新しいと。内容が緻密化するのは、どのあたりの世代からでしょうか。

菱田　うーん。ここは言い方が難しいのですが。昭和三〇年代は緻密じゃなかったって言うと、その時期に先頭を走っていた方たちは反発するでしょう。でも、全体として言えることは、考古学の研究は八〇年代ぐらいから急に細かくなっていくんですよね。ものの見方が細かくなっていくということが、八〇年代ぐらいから加速化してきました。それまではとにかく大づかみにしていく、大きな枠組の研究が急がれていたのが、八〇年代からそういうものが一段落して、もう一回見直していこう、ということですね。

■瓦の面白さ

菱田 瓦については、同笵《どうはん》関係という言葉がありますよね。同じ型で作った瓦で、首実検してみる。傷が一致して、これとこれは違うお寺の瓦だけど、同じ型で作っているぞとかね。しかも傷の進行具合から見てこちらが先でこちらが後だという、そういうことを普通にやらなければいけなくなってくるのが、八〇年代から九〇年代の研究です。それまでの大づかみに文様で〇〇式と言っていた時代とはちょっとレベルというか見方が変わってきました。証拠の質というものが変わってきているのだと思います。

吉村 ただ瓦の研究というのは、考古学研究者の一部がすごく熱心だけど、一般の人にはちょっと分かりづらいようですね、土器の場合はまだ須恵器《すえき》とか陶器に関心がある人は結構多いけれども。

海野 瓦の文様研究は建築でもたぶんやっている人はいないですからね。

吉川 私は土器は全く分かりません。まだ瓦のほうが、文様があるだけ分かりやすい気がしますけど。

菱田 ただ、当時の人から見ても、軒先の遠いところにある瓦で、そこがちょっと違ったぐらいではおそらく気にしていなかっただろうなというレベルの問題なのですね。でも、研究の対象としては、文様だけじゃなくていろいろな痕跡があるので年代も分かるし、技術集団とか、作った人の問題に迫りやすいといったメリットがあって、瓦が便利なのです。

吉村　それはもちろん分かるのですが、一般の人にとってみれば、例えば展覧会で瓦が展示してあっても、これに一体どういう意味があるのかと。前に京都国立博物館に「畿内と東国――埋もれた律令国家」という瓦の特別展を見に行ったのですが、やはりずっと見るのは本当に疲れるというか。

菱田　私、うかつにもそこにかみさんを連れていって怒られたんです。早く見てって。やっぱり瓦って皆さんから見たらどれもこれも一緒に見えるだろうと思います。

吉村　一般的な感覚はそうだと思うんです。分かっている人には面白いけど。だから、その面白さをどういうふうに伝えていくかということですね。

海野　瓦を展示する時、よく丸瓦と平瓦を上下に並べるじゃないですか。でも実際に葺いている時には絶対に上下に来ないですよね。

菱田　研究者の研究対象になった時点で、本来の姿から遊離してしまうところがありますね。

海野　平瓦や丸瓦とは異なる隅棟《すみむね》や降り棟《くだりむね》などの特殊な部分に使われる道具瓦《どうぐがわら》なんかの話も、葺いているところの様子が示されると分かると思う。そこのワンクッションがあるだけでだいぶ解釈が変わるとは思うのですが。

吉村　それから、瓦は相当重いでしょ。だから柱をどうするかとか、おそらく関係すると思うのですが、あまりそういうことは博物館の展示解説には書いてないのですね。辞典で「瓦」を見ても瓦のことしか書いていないから、瓦を葺くことによってどういう問題が出てくるのか、もう少し説明された方がいいように思います。

菱田　一枚五キロくらいあるので、ある時それが二枚入った箱を持ち上げてぎっくり腰になりました、という話を授業でいつもするのです。

吉川　そういうのを聞くと、みんな瓦の研究はやめとこうと思ってしまいますねえ。

海野　私らが書く時は、瓦葺きだと重いから礎石が必要になるっていう話とリンクさせます。

吉村　逆に重いから安定するっていうのでしょ、建物が。その辺のこともあまり書いていないですよね。

海野　もともと土を葺いて瓦を置くじゃないですか。今は修理の際に、重すぎるというので土を置かない瓦葺きが結構あります。構造的にもたないので、中を空洞にして屋根荷重を軽くするんですね。

吉村　最近は、一般の家では瓦自体が減ってきたでしょう。地震の時も瓦は危ないとか言って。

吉川　でもね、吉村さん。私がもともと歴史をやろうと思ったのは、飛鳥寺院の瓦を触ったからなんですよ。関西では、寺院遺跡に行くと瓦がぼろぼろ落ちていますから。

吉村　東京でも、武蔵国分寺跡なんかには昔はいっぱいありましたけど、今はみんな持って帰ってしまったのか、あまり落ちていないですね。

吉川　学生と寺院見学に行くと、私はつい瓦探しをしてしまいます。古代瓦を見つけるという経験は、みんなあまり持ってないんですよね。だから、ここに落ちてるんよ、と教えてあげたくて。

■研究の画期としての出版企画

吉川　瓦の文様の話で様式論が出てきましたが、藤岡さん、いかがですか。

藤岡　近代以降の、特に古代の美術史の歴史をあらためて振り返って考えると、明治初年に廃仏毀釈があり、その後、明治四年(一八七一)に「古器旧物保存方」、明治三〇年に「古社寺保存法」が定められ、それらに基づいて全国の寺社の宝物調査をしたというのが、その始まりなのかなと思います。

アーネスト・フェノロサがそうした活動に最初に関わった人物として著名ですが、実はフェノロサはあまり見る目がなかったようです。それに対して、岡倉天心は非常に優れた審美眼の持ち主で、彼の「日本美術史」講義は、日本の美術史の基礎を築いたと言ってもいいと思います。ただ、美術史と言いながら、それはあくまで宝物調査に基づいたものでした。天心は、一方で東京美術学校を作って美術教育をするわけですが、文化財行政にしろ、美術教育にしろ、その延長線上の美術史には、縦割りというところに一つ問題があります。彫刻・絵画・工芸。工芸はさらに細分化されます。技法をメインにせざるを得ない、という面があったからです。

ただ、少し遅れてではありますが、たとえば會津八一《あいづやいち》のように、文化財行政とか美術教育とかとは関係のないところで、寺院とその美術の研究をする人も出てきます。

吉川　つまり、文化財保存の問題と学問の問題はもともと違うということですか。

藤岡　いえ、美術史の場合、むしろ不可分に結びついています。ただ、古代の寺院の美術に関する研究を會津八一らが進めたのは、岡倉天心以来の流れとは少し違うところだったのかなとは思います。

戦後については、岩波書店をヨイショするわけではないのですが、『奈良六大寺大観』(一九六八年〜)、『大和古寺大観』(一九七六年〜)の刊行が一大画期をもたらしたのではないかと思います。何が大きかったかというと、所属の異なる、いろいろな立場の人たちが共同で仕事をしたので、そこで一つのプラットフォームができたという点です。

古代の美術は、絵画・工芸の作品が少なくて、どうしても彫刻が中心になってしまいます。そして、彫刻については、『日本彫刻史基礎資料集成』（中央公論美術出版、一九六六年〜）の存在が重要です。最初に出たのが平安時代篇で、銘記や像内納入品のある仏像を網羅した造像銘記篇と、史料等によって制作年代がおよそ知られる中央作品をとりあげた重要作品篇とからなりますが、そこで築かれた仏像の見方が、まさに仏像の見方のスタンダードになりました。それは飛鳥、奈良時代の仏像にも反映され、鎌倉時代篇にも継承されています。

それまでは好事家的な研究であったり、西洋美術史の概念を強引にあてはめたような様式論がまかり通っていたのですが、『奈良六大寺大観』『大和古寺大観』『基礎資料集成』の刊行によって、それ以前の研究の多くが乗り越えられていって、次第に研究が緻密になってきたかなと思います。

吉川　一つの総合の形ですよね。

藤岡　仏像研究というと、まずそこへ立ち返ります。戦前の古い研究から全部拾ってくれていますから。

■寺院史の仏教史からの自立

吉川　文献史学の研究史を振り返りますと、建築史学とすごく近いですね。美術史とも近いと思うのですが、そのベースにあるのは、皆さん文献をよく読んでおられたということです。考古学者もそうですね。文献を武器にして、ばりばり論争をやった喜田貞吉《きたさだきち》などもいます。

そもそも戦前は「寺院史」はあまり注目されなくて、仏教史の一部に過ぎないとされていました。初めて寺院史がクローズアップされたのは、竹内理三《りぞう》さんの『奈良朝時代に於ける寺院経済の研究』（一九三二年）、これが画期的研究だと私は思います。仏教思想史とか仏教制度史とは全然違っていて、お寺そのものの活動を見ようとするものでした。寺院史が仏教史から独立した、金字塔だと思います。これがなんと、竹内さんの卒業論文なんですよね。

吉村　昔の人はすごいですね。

吉川　そのために史料をたくさん集めて、本にしたのが『寧楽遺文《ならいぶん》』上・下（一九四三・四四年、改訂版一九六二年）でした。そのベースは正倉院文書です。福山敏男さんも一九三〇年代から四〇年代、正倉院文書を使って重要な仕事をしている。石田茂作《もさく》さんもそうですね。この時期に寺院史研究が一気に進んだのですが、それには正倉院文書の刊行が大きかったわけです。

戦後になると、「国家仏教」という言葉が流行りました。なんだか重苦しそうですね。仏教史が好きな人はいいんでしょうけど、寺院や僧尼の生態などはあまり見ないで、国家による仏教統制とか、王権と仏教の関係とか、そういう面に関心が集中しました。井上光貞さんもそうですよね。

吉村　少し違った面もありますけどね。さっきの話で言うと、竹内さんの本は非常に買いづらかった、著作集が出るまでは。もう一冊、竹内さんの画期的な著作がありましたね。『日本上代寺院経済史の研究』（一九三四年）。私たちが学生の頃、それも非常に手に入れづらかった。それから福山敏男さんの『日本建築史の研究』（一九四三年）も、古本屋を探し回ってもなかなか買えなくて。紙が非常に悪くて途中から色が違うような本でしたが、どちらもとても高価でした。古書展の抽選に申し込んでやっと入手しました。

吉川　いずれもたいへん有用な、今でも使える本です。竹内さんの『寺領荘園の研究』（一九四二年）もそうですね。お寺の活動というのがよく物語られている。

吉村　竹内さんは、石母田正《いしもだしょう》さんの『中世的世界の形成』(一九四六年)を見て、自分は論が立たないから、史料や基礎的な研究に打ち込もうと思った、といろいろなところに書いておられます。とことん調べる人でしょ。大体あの頃はパソコンがありませんから、全部手書きで集成する。基礎的な史料を残したという意味で、すごい人だと思います。

吉川　文献研究は一九八〇年ぐらいから変わってきたと思います。お寺とかお坊さんというもの自体を見ようという気運が出てくるんです。それは『日本霊異記《にほんりょういき》』の復権だと私は思います。吉田一彦さんや鈴木景二さんなどの、お寺やお坊さんの活動をリアルに描き出す研究が、そのころから一気に開花しました。それ以前はやっぱり抽象的で、実態把握が弱かったなというのが私などの印象ですね。

吉村　私の先生である井上光貞さんについて言うと、『日本浄土教成立史の研究』(一九五六年)あたりから後が一番いい研究だと思います。大学院入学後の指導教官には、国史の平泉澄《ひらいずみきよし》を避けて、倫理学の和辻哲郎を選んでいます。井上さんの仏教史は、社会とのつながりを重視していて、経典研究までやった人なのですね。彼の研究スタイルは、一週間の何曜日かの午後は経典研究に充てるということを一〇年ぐらい続ける、一生懸命ノートをとって自分で考えていくというスタイルなのです。それはまとまった成果として出ていないのですが、未定稿や諸資料は、井上さんが初代館長を務めた国立歴史民俗博物館に保管されています。あとは岩波書店の日本歴史叢書『日本古代の国家と仏教』(一九七一年)ですね。

吉村武彦

戦後、国家仏教的な研究の色彩が強くなっていくかと思います。その中で、『日本霊異記』なんていうのは文学的作品だからあまり使っては駄目だと、井上さんから直接聞いたかどうかは覚えていませんが、そういう雰囲気が強かったですね、東京の方は。

吉川　関西もそうだったかもしれません。『日本霊異記』の復権というのは、もしかしたら「社会史」が日本古代史に与えた影響なのかな、と思ったりもします。

吉村　面白いことは面白いけれども、学生の卒論でも、『日本霊異記』をやられると、ちょっと困るのですよね。正史とか律令を読まなくなるのではないかと。

吉川　正史とか律令とかをかっちりやるのもいいですが、社会や文化は、それだけでは分からないことが多いじゃないですか。それに、『日本霊異記』を読むほうが考古学の成果とつなぎやすい。

菱田　だから、その成果を受けて地方寺院の研究という――私、あまり「地方」って使いたくないのですが――諸国の寺院の研究が一気に進むんですね。例えばそれ以前の研究では、白鳳寺院って各地にたくさんあるけど、あれはほとんど張りぼてみたいなもので、寺田目当《じでん》てに建てたものだと説明されていました。

吉川　財産隠しのためなのだという。

菱田　そういうふうに、各地の寺院の実態があまりない、という方向に理解されていた時期を経て、『日本霊異記』に出てくるようなさまざまな寺院での活動や、お坊さんの行き来が見えてきて、そこに命を吹き込むといいますか、各地のお寺はちゃんと動いているんだ、というのが改めて再認識されるようになったという点で、文献史からの大きな流れを受けていると思いますね。

吉村　それが考古学的な発掘でも裏付けられていますよね。郡名のお寺が出てくるとか。「村落寺院」という名称がいいかどうかは検討の余地がありますが、草堂《そうどう》とか、そういったものは確かに『日本霊異記』にある。両方の知見が合ってくるようになってきたんですね。

吉川　それも八〇年代、九〇年代ですよね。だからおそらく両方から出てきている。もちろん、それまでも国家仏教一色だったわけではなく、民衆仏教論がありました。でも今から見ればイデオロギー的、抽象的な議論です。その意味では石母田さんの行基論も抽象的。地域史とか社会史とかとは全く違います。

吉村　まだ地域研究がそれほどやられていない時期ですよね。井上光貞さんも違う。

吉川　そこに一つの断絶があるような気が私はしています。

吉村　上から見る視点というのは、そういう面があるわけです。だからこそ、民衆史というのが起こってくるわけですからね。

菱田　考古学の資料が地域史を語るための材料になるのだ、ということがちょっと遅れて認識されてくるからじゃないですか。

吉村　そうですよ。私が大学院生の頃には、東京で言うと船田遺跡とか中田遺跡(ともに八王子市)といった全面発掘の事例が出る。その後、千葉で開発が始まって、集合住宅を作るために一つの丘陵を全部剝がすような。

菱田　村上遺跡群(千葉県八千代市)ですね。

吉村　いくつかあるのですよ。千葉はすごくたくさん出てきて。例えば墨書土器でも、単品ではなく、同じ文字が別々に出土することによって、グループ関係とか、住居の結びつきとかが分かってきますよね。

菱田　古代の村が全部見えてくるという、そういう事例を目の当たりにして、地域社会というのはこういうふうに具体的にかなり語れるのだという確信が、これもまた八〇年代以降になってやっと生まれてくると思います。

吉村　龍角寺《りゅうかくじ》（千葉県栄町）でも文字瓦がたくさん出てきたのですが、当初は房総で七世紀末に文字が書かれるはずがないっていうので、八世紀後半説だったらしいですよ。その後、文字瓦は七世紀末で大丈夫になりました。「遅れた東」という意識が非常に強かった時期があったと思うんです。

かつては考古学に対する関心が、確かに井上さんを含めて低かった。それが高松塚古墳壁画の発見（一九七二年）あたりから高まり、考古学との共同研究が急速に進んでいくようになったのではないかと思います。

■古代寺院をめぐる論争――法隆寺と薬師寺

吉川　考古学、文献史、建築史、美術史は、個々バラバラに研究されてきたわけではなく、お互いにつながりがあったんですね。今でいう学際研究です。そのきっかけとして、いくつかの論争の意味が大きかったと思います。海野さん、コラムに書かれた法隆寺金堂と薬師寺東塔の論争を振り返って、どのように思われますか。

海野　この二つの寺院をめぐる論争は、たぶん建築史がもっぱら様式的にばかり見てきたところの限界を示された事例でもあるし、文献なり考古資料なり、他の史料を総合的に見なければいけないということを肝に銘じさせられる機会だったのではないかと思います。

実は今私のいる建築史学の研究室には、『大日本古文書』などの史料が揃っていますが、それはやっぱり文献を手元に置いておかないと駄目だっていう伝統を引き継いでいるのです。今振り返ってみると、法隆寺論争の時に、「より古く見たい」という考えが、確かにあったと思うんですね。文献史料ではこうだけれども、様式論的にはもっと古く位置付けられてしまうという、そこのギャップがあった時に、古い方が価値が高い、という価値観が少なからずあったのだろうなと。それは今、われわれが近世・近代のものを調査していても、古く見がちになってしまいかねないこととつながっていて、古いものはいいという価値観がやっぱりあると感じます。

もう一つが、私の個人的な研究とも関わるのですが、法隆寺について言えば、建立年代よりも一つ前の時代のスタイルを持ってきているのだということを、もっとちゃんと意識していなければいけないと思うのです。西洋というのは基本的に一時代一様式で、時代と様式が比較的対応するのです。ところが日本の場合、中世なんか完璧にそうですけど、大仏様《だいぶつよう》や禅宗様《ぜんしゅうよう》などの新しい様式が出てくるなかで和様《わよう》という奈良時代からのものは残り続ける。他の国ではこういうことは理解できないんですね。外国の研究者からは、それは様式ではなくて、形が違うから形式が違うだけだという言い方をされる。そういう意味では、様式を継承することの意味をこれから考えていく必要があると思います。

私は古代をやっているのですが、最近は、中世に興福寺はなぜ古い様式のものを作ったのかということを考えています。あえて前の時代の様式を持ってくるっていうのはすごく面白いな、と。

もう一つ、法隆寺の場合で言うと、年輪年代で、焼失以前の六六〇年代の天井板が出ていますが、焼失以前に伐採された材が使われていると解釈できるので、建立年代としては六七〇年の焼失以降ということは確かに言えます。それとは別に、五重塔の心柱《しんばしら》が五九四年という計測結果が出ている。伐採と建立が一〇〇年近く違うというのはいかなることか、という問題は解決していないんです。いろいろな説があって、他から持ってきたという説もあるし、貯木していたという説もあるし、その辺はすごく考える材料をわれわれに与えてくれていると思います。後の時代になると、大きな材料を手に入れるということはすごくたいへんになります。それこそ、東大寺大仏殿なんか、中世も江戸時代も再建の際に苦労していますけど、大きい材を採るのはたいへんだと理解していたとすれば、古代にも貯木していた、ということももちろん考えられます。

吉村　古代で一〇〇年も置いておく、ということがあったのでしょうか。

海野　その一〇〇年というオーダーがずいぶん長いので、他の事例と重ね合わせていく必要があると思います。むしろそういう新たな道を示してくれたのが法隆寺や薬師寺の論争かなと思います。今は、薬師寺の東塔は七三〇年の建立であろうということが、年輪年代や発掘調査からある程度正しそうだというところまでは言えると思うのですが。

吉川　これも年輪年代に拠って、ですか。

海野　文献でももちろん分かっていますが、基本的にはそうです。心柱の年輪年代が確か七一九年以降だったかな。心柱はさすがに移築の時に取り替えることはまずしないでしょうから。

吉川　薬師寺東塔の発掘では何が分かったんですか。

海野　一回土盛りをして、その後ちゃんと作る時にもう一回土盛りをしている、その間に時期差がありそうだということが、間に植物層が出たことから分かりました。一回草が生えるぐらい放置をしていたと。東塔は七三〇年に初めて建つのだけれども、伽藍の造成自体は七一八年からやっていますから、要は西塔を先に作って、東塔はその間建設はしていないけれども、ある程度土盛りをするなりして、測量は済ませて基壇は作っていたということがうかがえます。つまり建立の場所の確保は早い時期にしていた。興福寺もそうですが、作っている途中の過程というのが生々しく見えてきているわけです。

吉川　葉っぱが積もったり、草が生えたり。

海野　そういうことですね。そこら辺のことまで分かってきていますので、造営の状況がうかがえます。証明はできませんが、鈴木嘉吉さんは、本薬師寺《もとやくしじ》寺から塔を移築はしたのだけれども、それは西塔にいったと推定しています。

吉川　なぜそんなことが言えるのですか。

海野　いや、明確には言えないんです。確かに基壇の形式が古式であることや柱の配置と礎石の形状から、同じ形であるということは言えるのですが。

吉川　つまりスタイルが残っていると。

海野　法隆寺と一緒で、薬師寺に関しても、なぜか藤原式を平城に持ってきて、古い形のものを作っている、一つ前の時代を継承しているという、不思議なことが起こっているのです。

吉村　移築する時、新しい様式にするということができるのですか。

海野　興福寺では新しい伽藍配置としています。

吉川　法隆寺論争の時、最初から関わっていたのは関野貞・平子《ひらこ》鐸嶺《たくれい》、そして喜田貞吉ですね。その後に関野と足立康《あだちこう》が新非再建説を出した。それにしても、足立って面白い人ですね。彼はとにかく文献をちゃんと読めなきゃ駄目なんだと言う。私などから見ると、まっとうに文献を扱える建築史家がある時期に輩出し、なかでも論争好きなのが足立で、きっちり実証するのが福山敏男というイメージなのですが。

海野 福山さんの方がそこら辺、実証的というか。

吉川 カチッと固めてあまりワーワー言わないですよね。考古の方からはどうですか。

菱田 むしろ美術史の方がそこは関わると思うのですが。考古はさっきの話の続きで言えば、やっぱり若草伽藍の調査で実際に古い遺構が出てきて、何となく鬼の首を取ったような感じになっています。ただ、問題がないわけではなくて、あの当時、石田茂作さんが焼けた痕跡と見たものは、どうもそうではないのだということが言われています。だから、そんなにすべてが分かったわけではないというのは、留意しておかなければいけないとは思います。

■ いまだに分からないこと

藤岡 法隆寺論争というのは、美術史に関してはあまり影響がない、という見方もできます。というのも、美術品はいくらでも動かせますから。その意味で、再建論であっても、非再建論であっても、あまり影響はないのです。そういう中、最近話題になっているのは、百済《くだら》観音がいつ作られたのかという問題です。以前は、飛鳥の早い時期じゃないかと言われることが多かったのですが、百済観音が付けている飾り金具が、金銅灌頂幡《かんじょうばん》の金具、つまり再建期のものと言われているものと全く同じサイズ・デザインなので(一五三頁、注40参照)、実は再建期の作なのではないか、と。

吉川 つまり七世紀の後半。

藤岡 後半というか、六七〇年の火災よりも後じゃないかと。それに対して反論する人もいるのですが。

あと、法隆寺に関して一番問題なのは、焼けてしまった金堂壁画ですね。壁画は建物と一体のものなので、当然問題になるわけです。それについては『仏教芸術』創刊号（二〇一八年一〇月）で座談会をしていて、建築史の清水重敦さんがさまざまな指摘をなさっています。

あとは法隆寺の場合は、年輪年代の調査によって、金堂に六七〇年の火災以前に伐採された材が使われていることが分かり、いつ建築計画が立てられたのかという点が問題になっています。今の法隆寺の伽藍が、本当に若草伽藍を引き継いだものと言えるのかどうか。どうなんでしょう？

海野　木材との関係で言うと、結局木材を流通させる体制がどれぐらいできているかに関わってくるんですね。寺を作ると決まった時に、杣入《そまい》りをして木を伐る、と。確かに飛鳥寺はそうでしょうけど。もうちょっと後の時代になった時には、木が建立年代よりも古いからといって――それが一〇〇年古かったら確かに先ほどのような問題はあると思うのですが――数十年くらい古いという時に、それがそのお寺のためのものなのか、一般的に流通していた材なのか、という判断は、また次の段階ですね。法隆寺の六七〇年以前に伐採されたとされる部材は非再建の根拠にはしがたいところです。

考古にも関わってくるのですが、杣や貯木場の跡って見つからないんですよね。山の中で、今でも開発されないから発掘もされないということはたぶんあるのだとは思うのですが、木材流通を考えると、あれだけの量を伐り出していたら、何らかの痕跡は山にもあるはずなのですが、そこが実証できていない。

藤岡　法隆寺の場合、金堂の建物自体がすごく不思議な建物ですね。

海野　上層が後から足したものじゃないかという単層説もあります。

藤岡　五重塔と比べてもレベルが低い、木の質も悪くて。五重塔の方が上等の建物なんですね。

海野　そこら辺に先ほどの、杣入りをして最初からいいものを採るのか、そうではなくて、応急的に直したくて、規格的に早く集めてきているかの違いがある可能性があります。法隆寺金堂の昭和の解体修理の部材調査をした時に気づいたのですが、確かに木材の節《ふし》がすごく多いんですよ。いっぽうで薬師寺の木って本当に一〇〇本の中から一本採ってきたんじゃないかというぐらい、節のない真っすぐな目の詰んだものを使っている。そこはたぶん太子のお寺と官のお寺との違いが現れているのかなって思っているのです。

藤岡　ということは法隆寺の場合も、金堂の方が先に建ったからだ、と単純に考えることもできなくはないと。

吉川　木材流通がまだ盛んじゃなかったと。

海野　あるいはとにかく金堂だけはまずは建てなくてはということがあったのかも。

菱田　金堂の礎石が転用だという説は有力ですね。

藤岡　ある時から橘夫人《たちばなぶにん》も関わって、法隆寺自体の格が上がって、いい材料を揃えられるようになって五重塔ができた、というストーリーを描けば理解ができると。

あとは薬師寺の方なのですが、薬師寺の論争は彫刻史も関わってきます。様式だけで見ると、あくまで中国のものと比べると、という話なのですが、移坐と言うのは難しいように思います。

吉川　藤原京の本薬師寺から平城京に移してきたということは?

藤岡　あり得ないかな、とは思っています。ただ、ギリギリ成り立たないかというとそうでもないので、悩ましいところです。実は、ちかぢか薬師寺の調査をするんです。三次元計測とともに、成分分析もさせていただくんです。

吉川　じゃあ、それで分かりますか。

藤岡　夏に予備調査をしたんです。そうしたら、金堂三尊の薬師の本体と脇侍《きょうじ》の本体では少し成分が違う。ともに純銅に近いんですが、薬師は少し砒素が多い。また、薬師の台座の、特に上框《うわがまち》には少し鉄が含まれるなど不純物が多い、という結果が出ています。

海野　その話の関連で言うと、薬師寺の水煙《すいえん》がほとんど純銅ですよね。さらには大官大寺の金具が出ているんですが、それもほぼ純銅で、時代的に薬師寺とはずれますが、七世紀後半段階のものはかなり純銅が多い。本来含まれていた砒素などが無くなっているということも考えられるのですが、確かに成分として検出されるのは非常に純度が高い。だから水煙なんかであれ、本当に鋳造で作れるのか、銅が流れないんじゃないかという話がありました。

藤岡　水煙が奈良時代のものというのはほぼ確定ですから、水煙との比較は興味深いですね。ただ、金堂三尊については、本尊と脇侍、あるいは台座も含め、もし成分が違うのであればその理由を考えないといけない。

吉川　本尊だから銅だけにしたという単純な話じゃないんですね。

藤岡　そうですね。成分ですべてが言えるわけではなくて、常に総合的に考えなければいけません。

■東大寺の起源をさぐる

吉川　年輪年代の話にからめて、東大寺の法華堂の創建時期も問題ですよね。これは、東大寺の起源をどこに求めるかということに関わります。『東大寺要録』では天平五年（七三三）に法華堂が建ったと書いてあるのですが、東大寺の起源をその言説どおりに認めるのか、あるいは丸山西遺跡がその前にあったのか、いろいろ問題があるわけです。しかもその法華堂の中に天平仏がいっぱいあって、その制作時期をどこに求めるのかということが絡んできます。藤岡さんはどう思われますか。

藤岡　年輪年代でいう伐採年はあくまで上限なので、それで制作年代を決めるというのは方法論としては問題があります。法華堂の仏像は一から考えなければいけない、どの像がどこにあったのかは、原則として何も分からない、というところから考えなければいけないと思っています。もちろん、不空羂索観音《ふくうけんさくかんのん》に関しては羂索堂と呼ばれていた今の法華堂にあったのは間違いないのですが、それ以外は何も分からない。どこから来たかも分からない、と考えるべきだろうと思っています。

奥健夫《おくたけお》さんが、日光《にっこう》・月光《がっこう》菩薩と戒壇院《かいだんいん》の四天王がもともと不空羂索観音と一具だったとおっしゃっていますが、二重基壇の上の像が置かれた痕跡がいつまで遡るのかというのは論証ができないので、それが正しいかどうかも本当は分からないと思っています。正しい可能性も十分にありますけど。

吉川　仏像は動くから分からないんですね。不空羂索観音の時期はいつごろなんですか。

藤岡　建築と同様、古代の仏像は基準作が少ないので、どれも位置づけが難しい。特に奈良時代前半の仏像って全然分からないんですね。今は多様な小金銅仏をギュッと白鳳期に詰め込んでしまっているんですが、白鳳と言われているものの中に奈良の前半まで年代が下がるものが結構あるかもしれない。飛鳥時代の仏像の多くは斑鳩《いかるが》のものなんですね。王都周辺というと山田寺の仏頭、他の地域のものといっても当麻《たいま》寺《でら》くらいでしょうか。そして、斑鳩には斑鳩の保守的な伝統みたいなものがあったのではないかと。

海野　建築では斑鳩様式と俗に言いますね。

藤岡　そうなんです。その中にギュッと詰め込んでしまっていて。奈良時代の前半の仏像の様相がよく分からず、いきなり不空羂索観音があるので、様式的には位置づけが難しいんですね。

吉川　難しいですねえ。文献史料からは、法華堂はやはり天平二〇年（七四八）前後がいいんですが、上原真人《まひと》さんは、瓦から見ればもっと前なんだとおっしゃいます。私は違うと思うんやけど。

菱田　それでも数年の違いでしょ。

吉川　その数年が大きいんです。

菱田　考古資料で数年差を求められてもなかなか厳しい。あとは整地土《せいちど》の土器とかももちろんあるのですが、それでも数年単位では分かりかねるかなと思います。

海野　法華堂については、建築史から見ても美術史と全く一緒で、あれは特殊すぎる、と。多くの要素が他の古代建築には見られないものばかりです。例えば内陣のところの台輪《だいわ》や横連子《よこれんじ》。あんなものは他にはないです。組物も出組《でぐみ》という、古代にはあそこにしかない不思議なものです。

吉川　やっぱり、法華堂もそうですが、美術と建築と考古と文献と、全部にらみ合わせないと確たることが言えない。寺院の歴史を組み立てていくには、一つ一つのことをきっちり決めていかなければいけないわけですが、それ自体、かなり対話がいるということなんでしょうね。

吉村　今までは学問の系列ごとに、歴史は歴史、考古は考古で、それぞれ違うということが結構多かったですね。主観的な判断をされる人も多いから。ただこれまでのお話を聞いて、海野さんの研究などもかなり実証的ですよね。建築でも何か伝統が残っているから古いとかそういう議論ではなくて、当時あるものから出発して考えるという、ある意味では歴史と同じような手法ですよね、とりあえず同時代史料から考えるという点では。美術史でもそんな感じになってきたかなと。非常にいいことではないですかね。

吉川　『奈良六大寺大観』のような共同作業も良かったけれども、もっと発展させたいですね。

海野　新しい成果と言っても、年輪年代学の成果は数字でパーンと出てきちゃうので、すごく強く出てしまうんですね。本来ならばそれに対して、各分野が解釈を与えていかないと次に進めないでしょう。逆に、少々乱暴にでも、年代が出てきて、法隆寺も薬師寺もですが、論争が起こったことで真実に近付いているという面があります。そういう意味では、最近、批判を恐れて出さないという方向に行きがちですが、うまく年代を出してもらえたら、と思います。

吉川　でも、年輪年代をきちんと扱える人ってわずかしかいないんでしょ？

海野　限られていますね。スクールが限られているようです。

菱田　要するに基準資料が今までは出てなかったこともありますね。

海野　それをちゃんと出しているというのが一つと、以前は、年輪年代学で建築年代が決まるのだ、という出し方をしていたので、反発もあったのですが、今の世代は、年輪年代学で分かるのは伐採年代です、というところまでだいぶ引いています。科学的な手法で、私たちの領分で分かることはここまでですと。そこから先は次の段階の研究で、ということになる。

吉村　確かに伐採の時期しか分からないですよね。ただどれぐらいその木が保存されたか、これがまた先ほどの話じゃないですけど、難しいんでしょう。

海野　建材だと、例えば伊勢神宮だったら今でも普通に一〇年ぐらい水抜きをやりますからね。そこからさらに乾燥させてとなると、二〇年近くという単位は大きい木なら十分あり得る話です。

吉村　都城の建設で、例えば藤原京を作るのを決めたのは、かなり前からだというのは分かってきていますけど。平城京なんかでもそんなに一〇年、二〇年前から建材の準備ができるでしょうか。

海野　遷都した時には、私はあまり建物はできていないと思っているんですよ。遷都後も造営は続けているので、そこら辺のタイムラグで遅れるところも現れてくると思った方がいいのではないかと思います。

■「寺院史」というスタンスから見えてくるもの

吉川　ここで話題を変えて、これからの古代寺院研究について考えてみたいと思います。冒頭でもふれましたが、中世史の分野ではかつて黒田俊雄さんの「寺院史」という研究運動がありました。彼は明らかに学際研究をめざしていた。今では下火になっていますが、黒田さんの問題提起は大切だと思うんですね。私自身は社会集団論とか、生活文化史といったことを考えていますが、今の段階で、さらに学際的な「寺院史」の可能性はいろいろあると思います。皆さん、何かよいアイデアはありませんか。

菱田　私の場合は地方とか地域の方に関心があって、地域社会をどう復原するかということを考えた時に、やはり古代寺院が核になると考えていいと思います。寺院の近くには官衙があったり、また集落もあるわけです。寺院を維持した俗人、檀越《だんおつ》たちの集団もあれば、寺院の中で展開する僧侶の活動もあります。僧侶は、寺院の中で修学、勉強もするし、一方で山へ入って修行もする、そういう関係で地域の中で活動をしているだろうと思います。そこに中央の僧侶が来たり、地域の僧侶が中央に行くということもあって、つながり、ネットワークも持っています。そういう地域の中の核、ネットワークをつなぐ核としての寺院が考えられます。俗人たちが持っているネットワークとはまた別の、僧侶あるいは寺院が持っているネットワークで、それぞれが接続していくという姿は、七世紀後半だとまだ希薄でしょうけれど、奈良時代になるとかなり豊かになってきます。それを核にして地域社会というものを復原していく研究が、かなり展開できると思います。

吉村　黒田さんの『中世寺院史の研究』の「序説」を読み返す前は、黒田さんは「権門体制論」だから、寺社勢力のうちの寺院について解明しないと駄目だという問題意識があったのかと思いました。しかし、もっと奥が深い議論ですね。古代で改めて考えたら、律令には神祇令《じんぎりょう》・僧尼令《そうにりょう》があります。ところが、組織としては神祇官があるけれども、僧尼の場合は三綱《さんごう》、僧綱《そうごう》という形のシステムで支配しますね。中国の場合は道僧格《どうそうかく》という法律です。僧尼令の研究と、それが中世社会にどういう形で移行するかという研究は、実はあまりないですね。今回改めて、方向として言えば黒田さんの議論をふまえ、それから僧尼令・神祇令、それに神祇官の体制がどうなっていくのかということを考えなくてはいけないと思いました。

吉川　ふつうの律令研究では、寺院はよく見えないんです。なぜかというと、律令や正史は中国風の政治文化でしょう。その根本には儒教があるから、仏教的なものが外れてしまうのです。しかし、古代国家の中にあったのは官人社会だけではありません。寺院という独特の社会集団が、律令体制に組み込まれていたと思います。菱田さんがおっしゃったように、地域史をクリアに復原できることは寺院史研究の大きなメリットですが、もう一つ、律令体制そのものを見直す契機にもなると思いますね。

吉村　やっぱり、官人と僧尼というのが古代の文化の担い手として重要ですね。それなのに片方の官人ばかりわれわれは研究するから、僧尼が抜けている、というお話と受け止めました。その通りですね。

なお、文献で言うと『扶桑略記《ふそうりゃっき》』に意外と正史にない仏教的な記述がかなり書いてあるのです。今は考古学的な事例で検証できるような可能性が出てきたから、『扶桑略記』をもうちょっとやり直してもいいかなと思っているのですが。

吉川　『東大寺要録』みたいな本がいろいろなお寺にあり、そういうものを利用したんでしょうかね。

菱田　おそらく資財帳を作成した時に、由緒は全部書いていたと思います。

藤岡　どの時代でもそうなのですが、美術というか仏像ってよく残っているんですよね。例えば法隆寺に伝わった金銅の四十八体仏、実によく残っているんですね。ところが、それぞれについての個別の研究は全然ない。おそらく、元から法隆寺にあったのではなく、近隣の寺院にあったものが、次第に法隆寺に集められたものでしょう。ですので、寺や人のネットワークのようなものを念頭に置きつつ、ていねいに研究を進めていくと、新しいことが見えてくるかなという気はします。

海野　建築というのは、どうしてもそれ単体で作れるものではなくて、最初から社会との関わりがベースにあります。ただ、作った当初、というところに注目されがちですが、建築は、それ自体を使っている間に、その機能が変わっていく、けれども使い続ける、というものです。あるいは先ほどお話ししたメンテナンスや、修理ということも含めて、恒常的に使っていく中で機能が変わっていったり、内容が変わっていくというところには、これまであまり焦点が当てられていなかった。その辺を考えることによって、祀られている仏像の見方は変わるかもしれないし、考古学的にも解明できることがあると思うので、そういったところで学際的に共同で研究できると思います。

もう一つ、材料に関係する話で言うと、建築を作る時は、やっぱり手近にあるものばかりでは作れないので、広いネットワークが必要になります。材木はもちろん、仏像にしても、瓦にしても、どこからものが来ているのかに視点を広げると、もっと社会的な広がりが見えてくるでしょうね。寺院を作っていく過程を考えながら、古代人の気持ちになってやっていくと、共同作業は多くなると思います。

■姿を変えながら続いていく寺院

吉川　使い続けるという話は、本当に重要だと思います。古代寺院がどう変貌していくかという問題にもつながってきますからね。

海野　流行《はや》り廃《すた》りの中でその機能が変わったとしても建物自体は使い続けるということは、今も昔も一緒ですから、そういったところでの変化を追うことはできるのではないかと。

吉村　メンテナンスは本当に重要ですね、一戸建てを持てば分かりますが、二〇―三〇年ごとにやっていかないと駄目ですから。でも、最初に建てる建築費の予算は立てるけど、メンテナンス費用が出てこないのは、今でもそうですね。それが伝統かもしれないですけど、日本の。

仏像のメンテナンスということも当然必要になってくると思いますが、たとえば韓国などに行きますと、今でも金とか極彩色に、二〇―三〇年おきに塗っていくらしいですね。日本はそれをある時期にできなくなって、剝げてきて、「わび・さび文化」になっていく。だから興福寺展をやった時に、古代の姿に復原された阿修羅《あしゅら》像を展示したら、何だこれは、って一般の人が文句を言ってきたらしいですね。

菱田　考古学の寺院の調査でも、微妙に基壇をやり替えたりしているのが分かってきています。最近の例では、福井県美浜町の興道寺廃寺が同じ場所で基壇をちょっと変えて建て直しているのが分かっていますね。そういうちょっとした補修のされ方や、あるいは作り直しをちゃんと評価しないといけないと思います。そこに機能の変化があれば面白いと思います。

海野　塔の機能はさすがに変化しないでしょうけど。

吉川　何で塔は変化しないのですか。あれはモニュメントだから？

海野　一つはそうなのですが、中の空間のど真ん中に心柱がありますから、一堂に会して何かに使おうとしてもできない。後の時代になると、三重塔では、二層目から柱が立つので、一層目は仏堂として使えるようになり、新築の方法としては変わっていく。だけど心柱をぶった切るわけにはいきませんから。

吉川　ということは、塔を使う法会《ほうえ》というのは、まわりをグルグル巡る「遶塔《にょうとう》」しかないわけですか。

海野　基本的にはそれ以外考えにくいですよね。

菱田　逆に熊本市の池辺寺《ちへんじ》跡の百塔のような、本堂の背後に一〇〇基の石塔が整然と並ぶといった特別な例では、何かそれに向けた法会が成立している可能性はあると思いますね。だから塔についても使われ方が変化している可能性があるので、やっぱりそういうところも目を向けないといけないと思います。考古学で言えば塔は塔で金堂は金堂、あるいは仏堂で終わるのですが、そうではなくて、使われ方というのが同じ塔でありながらかなり違うのではないか、という面も考えることは必要かなと思っています。

吉川　すごく気になっているのは、古代の塔の基壇の上に中世の石塔が建っているところが案外あることです。奥山久米寺跡（奈良県明日香村）がそうだし、それから讃岐国分寺（高松市）・備前国分寺（岡山県赤磐市）。他にもあったと思うのですが。

菱田　最近調査されている兵庫県の吸谷《すいだに》廃寺（加西市）も塔の近くに中世の石塔があります。

吉川　瓦葺きの木塔が、檜皮葺きになったり、石塔になったりして、でも塔ではあり続けるんですよね。

■古代寺院から中世寺院へ

吉川　最近考えているんですけど、白鳳時代には全国で六〇〇くらいの寺院があったんですが、平安時代にはその七―八倍の数になるようです。瓦葺きでないから、お寺の遺跡として認識されないんですけど。もしかしたら、白鳳寺院もやがては檜皮葺きとかになって残っていくのかもしれません。

菱田　典型例は京都太秦《うずまさ》の広隆寺《こうりゅうじ》ですよね。あれは資財帳の中では全部瓦葺きでないことが判明します。お坊さんが火を掛けて燃やした、というのが出てきますけど。燃えた後の再興は板葺きですね。だから瓦も当然平安初期までは出るけど、その後は出ないです。

吉川　でも廃寺にはなっていない。仏像はどうですか。新しい仏像を入れたりするんでしょうけど。

藤岡　そうだと思います。ただ、その場合、どうも古い仏像を写しているのではないか、ということがあります。平安前期の木彫だけれども、どこか白鳳の金銅仏に似ている。しかも巨大化しているっていうような例がいくつかあります。西国三十三所の華厳寺《けごんじ》(岐阜県揖斐川町)の本尊なんかも、一瞬白鳳かって思うような仏像なんですよ、秘仏なのですが。他にも、四国八十八箇所の大窪寺《おおくぼじ》(香川県さぬき市)とか。きっとここには古代寺院があったのだろうなと思ったりしますね。

吉川　つまり、古代の受け継ぎ方がだいぶ建物とは違うわけですか。古代の規範が残っていて、それを写そうとするという態度。それは系譜を継承しようというものでしょうか。

藤岡　信仰の対象として、その由緒を受け継ぐということだろうと思いますね。もとの像の一部を残して、再利用して仏像を再興するという事例もありますが、それも同じ意識だと思います。

菱田　華厳寺のあたりも山林寺院がすごく多いところです。国分寺や、それ以外の平地の寺院と関係を持ちながら設けられたようです。特に横蔵寺《よこくらじ》（岐阜県揖斐川町）は最澄の創建で有名ですが、そういう山の寺が同じ頃に展開している可能性は高いのではないかと思います。おそらく霊場として開かれている寺は、いずれも奈良時代まで遡るのではないかと思いますね。瓦がないため、年代の証拠は少ないのですが、播磨の場合は本当に国分寺周辺の山の寺で古い土器が拾われてきていて。やっぱり奈良時代には山寺が始まっているということが確実になってきました。そういう意味では、岐阜の名だたる山寺も平安初期までにできているのではないかと思っています。

吉川　中世寺院として認識していたけれど、実は起源は古代にあると。

菱田　たとえば成相寺《なりあいじ》（京都府宮津市）が典型的ですが、旧本堂が今の場所とは違うところにあって、調査してみると奈良時代終わり頃の土器が出てきました。もっと古いものがあってもいいかなとは思っているのですが。

吉川　古代寺院というものは、中世寺院にかなりつながっていると思いますね。黒田俊雄さんが言っていた寺社勢力というものの淵源も、やっぱり古代にあるんじゃないですか。

吉村　その可能性はあるでしょうね。

吉川　もちろん中世とは全然違う形だとは思うのですが、独特の秩序・集団は古代から始まる。

吉村　それは国家による統制がとれていないから、正史には出てくるはずがないのです。まして、日常的な生活なんか出てくるはずがない。そういう意味では、『日本霊異記』の世界なんでしょうけどね。

菱田　中世の仏教史の研究者には、中世になって全部できるみたいにおっしゃる方もいますが、古代からずっとつながっていると理解しないといけないのではないかとはすごく思います。古代から中世につながる点で言うと、建築の分野になって恐縮なのですが、東大寺二月堂のようないわゆる双堂《ならびどう》形式(一〇三頁参照)、あれがやはり古代からあることは、例えば神雄寺《かみおでら》(京都府木津川市)でも仏堂の前に礼堂《らいどう》が、八世紀中頃にはあります。あまり知られていないのですが、野村廃寺(上ノ段《うえだん》遺跡、兵庫県西脇市)もそうなのですが、さっきの村落寺院の中にもあって、やっぱり奈良時代から出始めて中世につながっていくことを、高く評価していいのではないでしょうか。おそらく法会が引き継がれていくということを物語っているのだと思います。

吉川　寺院の経営形態は大きく変わるでしょうけどね。地域で果たす役割、パトロンとの関係など、さまざまな変化を綿密に考えたいものです。それは都のお寺でも同じことです。その出発点として、寺院の資財帳や『東大寺要録』のような寺誌を、総合的・学際的に研究していくのもいいかもしれません。

藤岡　美術の場合、単独では確たることがなかなか言えない。ものはたくさんあるし、いろいろなことを考えられるけれども、基準になるものが少ないので。文献であれ考古の知見であれ、基準になるものを教えていただけるとより着実な議論ができますね。そうすると、逆にわれわれの情報も役立てていただけるのではないかと思います。

吉川　文献史学から発言する場合には、「こんな面白いことが言える」ではなく、「ここまではほぼ確実に言える」ことを大切にしたいと思います。そうしないと本当の学際研究にならない。史料を読めば面白そうなことはいくらでも思いつくけれど、あやふやな情報を提供してはいけませんからね。

■これからの課題と展望

吉川　最後に、それぞれこれからどんなことをやりたいか、お話しいただけますか。

海野　まず長期的には技術伝播の問題。どうやって建築が朝鮮半島や大陸から来たか。様式的なことにどうしてもなりがちですが、もう一度おさらいをして日本との比較を進めていきたいというのと、もう一つは、その受容をする際に、何らかのモノを介しただろうと推定しています。技術者の頭の中だけで、という可能性もゼロではないですが、中世や近世の伝播を考えても、図面なり模型なり絵なり、何らかの形で伝播をしていて、そこには建築技術者を必ずしも介していない可能性も考えられます。そうすると、今ある史料なり文献なりというのも、何らかの解釈が入って表現されたものだという見方で捉えることで、当時の人たちがどこを重視しているのか、どこを選んで移そうとしているのか、というようなところが見えてこないか、考えてみたいと思います。

建築で言うと、やっぱり屋根と組物については異常に描写とか表現・記述が多いんですね。そこら辺から、当時の人が建築の中でどこを見ているかを考えていくことで広がりが出るのではないかなと。あとは先ほどあげたメンテナンスと材料関係の広がり。これが大きな長期的なところです。

短期的な話で言うと、中世の建築で古代をどう見ていて復古しようとしたのか、中世における古代の受容のあり方、ということに興味を持っています。

藤岡　美術史に何ができるか、ということは常に考えているつもりです。文献はやっぱり文献の方にはかなわないし、考古学的な知見、建築史の知見も私たちは参考にするのですが、そこで勝負はできないわけですね。ですから最終的には形の問題、あるいは技術的な問題だなと自覚しています。

ただ、形の問題には曖昧さがどうしてもつきまといますね。そこで、今年からＡＩ（人工知能）を使って仏像の様式解析を始めようとしています。それですべてが分かるわけでは当然ないのですが、ただわれわれ自身、判断がぶれることもありますし、先入観を持ってしまって見えなくなっていることもありますから、セカンドオピニオンというか、一度ＡＩに聞いてみてもいいんじゃないか、というぐらいのスタンスで、様式解析をやってみたいと思っています。

吉川　え、「顔認証」みたいなものですか。

藤岡　そのとおりです。顔認識の技術も進んでいるので、そうした専門家の力を借りればそれなりのことができるんじゃないかなと思っています。ただ、この間、仏像の表情を読み取るとかいう試みが行われているというニュースを見ましたが、あれはどうかなって思います。阿修羅が泣いているとか怒っているとか。あれは懺悔《ざんげ》と関わる表情なので、悲しんでいるわけでも怒っているわけでもないのです。表情は無理かもしれないけれど、時代性とか地域性とか、あるいは作者の問題は、ある程度判断ができるかもしれない。ＡＩの判定とわれわれの常識や判断とを突き合わせることで、精度を高めていくことが将来的にはできるのではないかと思っています。

金銅仏の成分分析についても同じで、それですべてが分かるわけではないんですが、今まで気付かなかったことを気付かせてくれるということがあるので、それも引き続き、と思っています。

吉川　子どもたちや学生が歴史を好きになる、古代史が好きになる契機っていくつかありますけど、なかでも仏像の魅力は本当に大きいですよ。でも、それはどうしてそうなんでしょうか。

藤岡　仏像って、大切なものほどよく残ってきているんです。授業で時々言うのですが、法華堂の不空羂索観音を作るのは、今で言えばロケットを打ち上げるみたいなものなのだと。それだけ技術の粋を集めて作っているし、とても高価な材料を使って作っているんだと。だからこそ残っているし、われわれは今でも驚きを持って見られるのだ、と話すのです。そういうことが伝わってくれたら嬉しいですね。

吉川　私は仕事が遅いので、まずは東大寺と行基寺院の個別研究を、ちゃんとまとめないといけません。それとともに、若い人に古代寺院の面白さが分かってもらえるような本を書きたいですね。

それから、もっともっと比較研究を進めたいです。同じ中国文化圏でも、国や地域によってお寺の姿はかなり違っていて、調査はわくわく続きです。さらにインド文化圏。ジャワもミャンマーも本当に面白かったんですよ。同じ時代の仏教遺跡なのに、どうしてこんなに違うのか。なんでインド文化圏のほうが楽しそうなんだろう、とか思いました。ちゃんと文献を勉強しながら、これからも学際的な遺跡探訪を続け、考えていきたいと思っています。

その際には、日本の古代寺院の生活様式がどこから来たのか、というのもポイントですね。古墳時代までは全くなかった人間の生き方が、お寺とともにやってくる。それが中世にも受けつがれる。インド・中国・朝鮮を視野に入れながら、その流れを考えてみたい。ありきたりの律令体制論ではよく見えないところを見て、古代社会をゆたかに知っていきたいなと思います。

菱田　お寺の遺跡の調査では、従来はやはりいわゆる中心部分の七堂伽藍の塔とか金堂とか講堂といったところがどこでも注目をされているんですが、それ以外の、僧房とか大衆院《だいしゅいん》とか、僧侶の生活に関わる部分の調査や研究を充実させていきたいです。いろいろなお寺の調査に委員として関わる機会が多いので、そういうところにこそ人に迫るいろいろな情報がありますよ、ということを伝えていくことを、これから一層やらないといけないかなと思っています。

それから吉川さんが、瓦の出ないお寺がもっとたくさんあって、それをちゃんと調べないといけないですよとおっしゃるのは、もっともなことです。関西圏は山寺が遺跡地図にすら載っていないということが本当に多いのです。それはやっぱり山ですから開発がないので、掘らなければ当たらないということです。そういうところこそ意識してちゃんと踏査したいと思っています。学生たちにも「山寺へ行こう、何か拾えるかもしれないよ」と言いたい。山寺のそういう発見、探索はまだまだ途上ではないかと思っています。

さらに、個人的な関心で言うと、なぜそこに寺があるのかにすごく興味があります。山寺なんか特にそうですが、そこが聖地化していくというか、ここはお寺としてふさわしいと、おそらく修行の場所として定めていく時に、例えば山の中でも非常に過ごしやすい、眺めがいいとか、泉が湧いているとか、そういういろいろな要素があって、どうもその場所を選んでいるらしい、ということが分かりつつあります。つまり聖地がどういうふうにできていくかということについて、日本だけではなくて、比較研究をしてみたいなと思っています。ちなみに、イギリスにキリスト教が入って教会ができるのが大体七世紀で、日本に仏教が入って古代寺院ができるのとほぼ同じ時期なのです。古い巡礼教会というのは聖なる泉が湧いているところもあります。そういう、似て非なる現象かもしれないのですが、やはり人間のやることですから意識では共通する点があるかと思いますので、これはぜひ検討したいなと思っています。そういう普遍化みたいなところも、比較考古学という手法でできるかなと思っています。

吉村　これからますます、非常に面白い学際研究ができそうですね。私自身はあまり信仰心がないのですが、現代の若い人たちでも、占いとか、何か混沌とした訳の分からないものに惹かれるということがあるじゃないですか。だから古代にもないはずがないので、むしろもっと強くそうした気持ちがあったわけでしょ。そういうことをどう再現していくか、ですね。

この『古代寺院』を読んで寺院研究の面白さを感じとって、お寺に行こう、奈良だったら例えば東大寺に行ってみよう、というきっかけにしてもらえればいいですね。ただ、関西と違って関東には古代寺院などほとんど残ってないですからね。仏像っていってもそう身近にあるわけじゃない。近世の寺は結構いっぱいあるけれども。東京仏像巡りなんて、どこに行くんでしょうか。

吉川　私などの東国のお寺のイメージは、国分寺と村落寺院からできているんですが、村落寺院の遺跡は見学に行っても分からないことが多いです。そうしたことも、うまく解決できればいいですね。私たちはいろいろな形で文化財の保護行政にも関わることが多いのですが、遺跡・文化財の保存と活用の問題、さらに後継者の問題をしっかり考えていかなければいけないと思っています。

（二〇一八年一二月一四日、東大寺大仏殿集会所にて）

日本古代寺院史略年表

五五二	欽明13	百済の聖明王、仏像・経論などを倭国に贈る(仏教の公伝、一説五三八年)。
五八四	敏達13	蘇我馬子、石川宅に仏殿を造る。
五八八	崇峻1	蘇我馬子、飛鳥寺の造営を始める。
五九四	推古2	仏法興隆の詔。
五九六	推古4	飛鳥寺が完成し、慧慈・慧聡ら入住する。
六〇三	推古11	秦河勝、蜂岡寺(広隆寺)造営を開始。
六〇六	推古14	飛鳥寺の丈六釈迦像が完成する。
六二三	推古31	斑鳩寺(法隆寺)金堂の釈迦三尊像を作る。
六二四	推古32	寺院・僧尼の調査を行なう。寺は四六所、僧は八一六人、尼は五六九人。
六三九	舒明11	百済大寺の造営を始める。
六四五	大化1	孝徳天皇、仏教の興隆と寺院造営の援助を宣言する。
六六七	天智6	近江遷都。ほどなく崇福寺・南滋賀廃寺を創建。
六七〇	天智9	斑鳩寺(法隆寺若草伽藍)、焼亡する。
六七三	天武2	百済大寺を飛鳥北方に移し、高市大寺とする。六七七年、大官大寺と改める。
六八〇	天武9	天皇直営の国大寺を定め、特定寺院に三〇年間の封戸を与えるほかは、寺院造営の援助をやめる。薬師寺の建立を発願。
六八五	天武14	山田寺の薬師像(興福寺仏頭)、開眼。
六九二	持統6	倭国に五四五所の寺があったという。
六九四	持統8	藤原遷都。
七一〇	和銅3	平城遷都。厩坂寺を平城京に移し、興福寺とする。
七一一	和銅4	法隆寺西院伽藍の復興がほぼ終わる。
七一六	霊亀2	寺院併合令が出される。大官大寺を平城京に移し、大安寺とする。
七一八	養老2	飛鳥寺(法興寺、元興寺)と薬師寺を平城京に移す。
七二八	神亀5	聖武天皇、山房を創建する(金鍾寺)。

七三〇	天平2	薬師寺東塔、建つ。
七三九	天平11	法隆寺東院伽藍が創建される。
七四一	天平13	聖武天皇、諸国に国分寺・国分尼寺の建立を命ずる。
七四三	天平15	聖武天皇、盧舎那大仏の造立を発願。
七四五	天平17	大仏建立を平城京東郊で再開する。
七四九	天平勝宝1	宇佐八幡神、東大寺大仏造立の支援のために上京する。
七五二	天平勝宝4	東大寺大仏、開眼供養。
七五五	天平勝宝7	東大寺に戒壇院建立。
七五九	天平宝字3	鑑真、唐招提寺を建立。
七六一	天平宝字5	下野薬師寺・筑前観世音寺に戒壇を建立(日本三戒壇成立)。
七六五	天平神護1	西大寺の造営開始。
七八四	延暦3	長岡遷都。
七八八	延暦7	最澄、比叡山寺を創建するという。
七九四	延暦13	平安遷都。ほどなく東寺・西寺が創建されるが、それ以外の寺は京内に建てられず。
八〇一	延暦20	『多度神宮寺伽藍縁起幷資財帳』成る。
八一六	弘仁7	空海、高野山(金剛峯寺)の開創を許可される。
八二二	弘仁13	空海、東大寺に灌頂道場を置く(真言院)。比叡山延暦寺に大乗戒壇の設立が許可される。
八二三	弘仁14	空海、東寺を与えられる。
八五一	嘉祥4	仁明天皇陵の側に嘉祥寺を建立する。
八七六	貞観18	嵯峨院を寺に改め、大覚寺とする。
八八八	仁和4	仁和寺金堂が完成する。
九〇七	延喜7	醍醐寺、醍醐天皇の御願寺となる。
九五一	天暦5	醍醐寺五重塔が完成する。
九六六	康保3	良源、天台座主となり、比叡山の整備を進める。
九八三	天元6	円融寺が竣工する(四円寺の始まり)。
九九三	正暦4	延暦寺僧の一派が下山し、園城寺(三井寺)に拠る(山門・寺門の抗争の始まり)。
一〇二〇	寛仁4	藤原道長、無量寿院阿弥陀堂を建立。
一〇二二	治安2	無量寿院金堂が完成、法成寺と改称。
一〇五三	天喜1	平等院阿弥陀堂(鳳凰堂)建立。
一〇七〇	延久2	後三条天皇、円宗寺を建立する。
一〇七七	承暦1	白河天皇、法勝寺を建立する(六勝寺の始まり)。

【執筆者】

吉川真司（よしかわ・しんじ）
本書責任編集．【編集委員】紹介参照．

菱田哲郎（ひしだ・てつお）
1960年生．京都府立大学教授．日本考古学．『須恵器の系譜』（講談社），『古代日本 国家形成の考古学』（京都大学学術出版会）など．

藤岡 穣（ふじおか・ゆたか）
1962年生．大阪大学教授．東洋美術史．『日韓金銅半跏思惟像』（共著，韓国国立中央博物館），「飛鳥寺本尊 銅造釈迦如来坐像（重要文化財）調査報告」（共著，『鹿園雑集』19）など．

海野 聡（うんの・さとし）
1983年生．東京大学准教授．日本建築史．『古建築を復元する』『建物が語る日本の歴史』（ともに吉川弘文館）など．

ブライアン・ロウ（Bryan D. Lowe）
1980年生．プリンストン大学准教授．宗教学．*Ritualized Writing: Buddhist Practice and Scriptural Cultures in Ancient Japan*（University of Hawai'i Press），『上代写経識語注釈』（共著，勉誠出版）など．

［ブライアン・ロウ「古代寺院のネットワークと人々」翻訳］
山口えり（やまぐち・えり）
1975年生．広島市立大学准教授．日本古代史．『日本古代史の方法と意義』『仏教文明と世俗秩序』（ともに共著，勉誠出版）など．

【編集委員】

吉村武彦

1945年生．明治大学名誉教授．日本古代史．著書に『日本古代の社会と国家』(岩波書店)，『聖徳太子』『女帝の古代日本』『蘇我氏の古代』『大化改新を考える』(以上，岩波新書)など．

吉川真司

1960年生．京都大学教授．日本古代史．著書に『律令官僚制の研究』(塙書房)，『聖武天皇と仏都平城京』(講談社)，『飛鳥の都』(岩波新書)など．

川尻秋生

1961年生．早稲田大学教授．日本古代史．著書に『古代東国史の基礎的研究』(塙書房)，『平安京遷都』(岩波新書)，『坂東の成立』(吉川弘文館)など．

シリーズ 古代史をひらく
古代寺院――新たに見えてきた生活と文化

2019年12月 3 日 第1刷発行
2021年11月15日 第3刷発行

編　者　吉村武彦《よしむらたけひこ》　吉川真司《よしかわしんじ》　川尻秋生《かわじりあきお》

発行者　坂本政謙

発行所　株式会社 岩波書店
〒101-8002 東京都千代田区一ツ橋2-5-5
電話案内 03-5210-4000
https://www.iwanami.co.jp/

印刷・三陽社　カバー・半七印刷　製本・松岳社

ISBN 978-4-00-028497-4　Printed in Japan